河南专门史大型学术文化工程丛书

主编 谷建全
执行主编 张新斌

河南移民史

任崇岳 李乔 李玲玲 著

中原出版传媒集团
中原传媒股份公司
大象出版社
·郑州·

图书在版编目(CIP)数据

河南移民史 / 任崇岳, 李乔, 李玲玲著.— 郑州 :
大象出版社, 2019. 10
(河南专门史大型学术文化工程丛书 / 谷建全主编)
ISBN 978-7-5711-0207-4

Ⅰ. ①河… Ⅱ. ①任… ②李… ③李… Ⅲ. ①移民—
历史—河南 Ⅳ. ①D69

中国版本图书馆 CIP 数据核字(2019)第 188518 号

河南专门史大型学术文化工程丛书

河南移民史

HENAN YIMIN SHI

任崇岳　李乔　李玲玲　著

出 版 人　王刘纯
选题策划　王刘纯　张前进
项目统筹　李建平
责任编辑　董曌华
责任校对　牛志远　张迎娟　安德华
装帧设计　张　帆

出版发行　大象出版社(郑州市郑东新区祥盛街 27 号　邮政编码 450016)
发行科　0371-63863551　总编室　0371-65597936
网　　址　www.daxiang.cn
印　　刷　北京汇林印务有限公司
经　　销　各地新华书店经销
开　　本　720mm×1020mm　1/16
印　　张　25
字　　数　404 千字
版　　次　2019 年 10 月第 1 版　2019 年 10 月第 1 次印刷
定　　价　113.00 元
若发现印、装质量问题,影响阅读,请与承印厂联系调换。
印厂地址　北京市大兴区黄村镇南六环磁各庄立交桥南 200 米(中轴路东侧)
邮政编码　102600　　电话　010-61264834

河南专门史总论

张新斌

河南专门史研究,是河南历史的细化研究,是河南历史的全面研究,是河南历史的深入研究,也是河南历史的综合研究。河南历史研究,不仅是地方史研究,也是中国史研究,是中国史的核心研究,是中国史的主干研究,更是中国史的精华研究。

一、河南称谓的区域变迁及价值

(一)河南:由地理到政治概念的演变

河南是一个地理概念。河南概念的核心是“河”,以黄河为指向形成地理方位概念,如河南、河东、河西、河内、河外等。《史记·殷本纪》:“盘庚渡河南,复居成汤之故居。”又,《战国策·齐策》:“兼魏之河南,绝赵之东阳。”魏惠王徙都大梁(今开封),而河南地区为魏之重要区域。《史记·项羽本纪》:“彭越渡河,击楚东阿,杀楚将军薛公。项王乃自东击彭越。汉王得淮阴侯兵,欲渡河南。”这里的“河南”明显不是一个政区概念,而是一个地理概念。

河南也是一个政治概念。《史记·货殖列传》所云“三河”地区为王都之地。“昔唐人都河东,殷人都河内,周人都河南。夫三河在天下之中,若鼎足,王者所更居也。”可见河南为周之王畿之地。又,《史记·周本纪》:“子威烈王午立。考王封其弟于河南,是为桓公。”《史记·项羽本纪》:“故立申阳为河南王,都洛阳。”这也从一个侧面反映出河南在战国、秦汉之际与王都连在一起,无疑应为政治中心。《通志·都邑略》对河南有一个重要评价:“故中原依大河以为固,吴越依大江以为固。中原无事则居河之南,中原多事则居江之南。自开辟以来皆河南建都,虽黄帝之都、尧舜禹之都于今皆为河北,在昔皆为河南。”

（二）河南：以洛阳为中心的政区概念

1.河南郡。汉代始设,至隋唐之前设置。《汉书·地理志》云:河南郡,辖县二十二,有洛阳、荥阳、偃师、京、平阴、中牟、平、阳武、河南、缑氏、卷、原武、巩、穀成、故市、密、新成、开封、成皋、苑陵、梁、新郑。以上地区包括今洛阳市区周边,含今新安、孟津、伊川、偃师,今郑州市的全部,今开封市区,以及今原阳县,今汝州市。据《晋书·地理志》,河南郡领河南、巩、安、河阴、新安、成皋、缑氏、新城、阳城、陆浑。西晋时,汉河南郡东部析置荥阳郡,而西晋时的河南郡大致包括今洛阳市区及嵩县、新安、偃师、伊川等,以及巩义、登封、新密,还有荥阳的一部分和今汝州市。《宋书·州郡志》:南朝宋司州有三郡,包括河南郡,领河南、洛阳、巩、缑氏、新城、梁、河阴、陆浑、东垣、新安、西东垣等,其范围与西晋河南郡差不多。《魏书·地形志》说河南郡仅领县一个,其区划郡县叠加。《隋书·地理志》记述隋设河南郡,统领 18 个县,为河南、洛阳、桃林、阌乡、陕、熊耳、渑池、新安、偃师、巩、宜阳、寿安、陆浑、伊阙、兴泰、缑氏、嵩阳、阳城,涉及今三门峡市区及灵宝、渑池、义马等,今洛阳市区及新安、偃师、嵩县、宜阳等,今郑州所辖巩义、登封等。

2.河南尹。东汉时洛阳为都,在都城设河南尹。《后汉书·郡国志》:河南尹,辖洛阳、河南、梁、荥阳、卷、原武、阳武、中牟、开封、苑陵、平阴、缑氏、巩、成皋、京、密、新城、偃师、新郑、平。其所辖范围与西汉河南郡基本相当。三国魏时亦有“河南尹”,如《三国志·魏志》:夏侯惇曾“转领河南尹”,司马芝于“黄初中,入为河南尹”。

3.河南县。西汉时设县,沿至东汉、西晋、刘宋、北魏、隋、唐、宋等,金代已无河南县,洛阳的“河南”“洛阳”双城结构正式瓦解。

4.河南府。唐代始设,沿至宋、金、元,但元代已称之为路。据《旧唐书·地理志》,河南府辖河南、偃师、巩、缑氏、管、告成、登封、陆浑、伊阙、伊阳、寿安、新安、福昌、渑池、永宁、长水、密、河清、颍阳、河阳、汜水、温、河阴。《新唐书·地理志》载,河南府共辖 20 县,有河南、洛阳、偃师、巩、缑氏、阳城、登封、陆浑、伊阙、新安、渑池、福昌、长水、永宁、寿安、密、河清、颍阳、伊阳、王屋。由此可以看出,其地含今洛阳绝大部分,今郑州的巩义、登封,甚至今豫西北的济源。《宋史·地理志》有河南府,辖河南、洛阳、永安、偃师、颍阳、巩、密、新安、福昌、伊阙、渑池、永宁、长水、寿安、河清、登封共 16 县。《金史·地理志》载,金时河南府仅辖 9 个县,即洛阳、渑池、登封、孟津、芝田、新安、偃师、宜阳、巩。以上县名与今县名比较接近,主要分布在今洛阳周边。《元史·地理志》载,在河南行省下有"河南府路",实相当于河南府,相关县有洛阳、宜阳、永宁、登封、巩县、孟津、新安、偃师,以及陕州的陕县、灵宝、阌乡、渑池,相当于今三门峡市一部分、洛阳市一部分及郑州市一部分。《明史·地理志》记录的河南省下有河南府,属地有洛阳、偃师、孟津、宜阳、永宁、新安、渑池、登封、嵩县、卢氏及陕州的灵宝、阌乡 2 县。其地较元代河南府稍大。

5.河南道。仅在唐代、五代时实行。据《旧唐书·地理志》载,"河南道"辖河南府、孟州、郑州、陕州、虢州、汝州、许州、汴州、蔡州、滑州、陈州、亳州、颍州、宋州、曹州、濮州等,其范围"约当今河南、山东两省黄河故道以南(唐河、白河流域除外),江苏、安徽两省淮河以北地区"[①]。《新唐书·地理志》也讲到"河南道",相当于古豫、兖、青、徐四州之域。据《旧五代史·郡县志》载,五代时有"河南道",含河南府、滑州、许州、陕州、青州、兖州、宋州、陈州、曹州、亳州、郑州、汝州、单州、济州、滨州、密州、颍州、濮州、蔡州等,可见其范围是极大的。

(三)河南:以开封为中心的政区概念

自元代开始,"省"成为地方最高级行政建制。元代正式设立"河南江北等处行中书省"。《元史·地理志》云,河南行省辖路 12、府 7、州 1、属州 34、属县 182。其中,汴梁路,领录事司 1(县 17,开封一带),还领郑、许、陈、钧、睢等 5 州 21 县。河南府路,领录事司 1(县 8,洛阳一带),还领陕州及 4 县。南阳府,领南阳、镇平 2 县及邓、唐、嵩、汝、裕 5 州 11 县。汝宁府,领汝阳、上蔡、西平、确山、遂平 5 县及颍、息、光、信阳 4 州 10 县。归德府,领睢阳、永城、下邑、宁陵 4 县及徐、宿、邳、亳 4 州 8 县。襄阳路,领录事司 1 县 6,还领均、房 2 州 4 县。蕲州

---

① 复旦大学历史地理研究所《中国历史地名辞典》编委会:《中国历史地名辞典》,江西教育出版社 1988 年版,第 538 页。

路,领录事司1县5。黄州路,领录事司1县3。以上仅为"河南江北道肃政廉访司",所领范围已包括今河南省黄河以南部分,以及今湖北省江北部分地区,今苏北、皖北部分地区。

明代正式称河南行省(承宣布政使司),《明史·地理志》记录河南省辖府8、直隶州1、属州11、县96。府有开封府、河南府、归德府、汝宁府、南阳府、怀庆府、卫辉府、彰德府,以及直隶州汝州。总的来看,明代的河南省已经与现在的河南省大体范围相当,成为一个跨越黄河南北的省。

清代沿袭了相关的行政建制。需要注意的是,其治所在开封。直到民国及新中国成立初期,开封一直为省会所在。

从以上的史料罗列中可以看出,"河南"是一个重要的概念。先秦时期,河南是一个重要的地理概念,而这个概念中实际上包含了非常深刻的政治含义,河南实际上是天下政治中心的具体体现。从西汉开始到清代,河南成为一个非常重要的行政建制名称。隋唐之前是河南郡(尹),隋唐之后则为河南府(路)。元代之前,河南郡、府、道、尹、县的治所,以及地理概念、政治概念的核心,均在今洛阳。可以说,河南的范围时有变化,作为河南中心的洛阳地位始终是不变的,洛阳甚至是河南的代名词。元代以后行省设立,开封成为行省治所(省会)所在,数以百年。虽然如此,但河南的根源、灵魂在洛阳。

二、河南历史的高度与灵魂

(一)河南历史的高度:河南史的实质就是中国史

河南是个大概念,不仅涉及地理、政区,也涉及政治,研究中国历史是绕不开以洛阳为中心的河南的。《元和郡县志》卷六对"河南"有一个解读:"《禹贡》豫州之域,在天地之中,故三代皆为都邑。"这里对夏至唐的洛阳为都有一个清晰的勾勒,如禹都阳翟、汤都西亳、成王都成周,东汉、曹魏、西晋、北魏等均都洛阳,隋炀帝号为东京,唐代号称东都或东京,"则天改为神都",到了北宋则成为西京。可以说,一部王朝史,绕不开以洛阳为中心的河南。《说苑·辨物》载"八荒之内有四海,四海之内有九州,天子处中州而制八方耳",而这个中州就是河南。

对于河南的认识,其战略地位的重要性不言而喻,还有另外一个角度的分析。《读史方舆纪要》卷四十六:“河南,古所称四战之地也。当取天下之日,河南在所必争;及天下既定,而守在河南,则岌岌焉有必亡之势矣。周之东也,以河南而衰;汉之东也,以河南而弱;拓跋魏之南也,以河南而丧乱。朱温篡窃于汴梁,延及五季,皆以河南为归重之地。以宋太祖之雄略,而不能改其辙也,从而都汴。都汴而肩背之虑实在河北,识者早已忧之矣。”在这里,作者将洛阳的战略地位定性为“四战之地”,讲到得天下者首先要得河南,反映了作者的敏锐性。但是,将洛阳定位于岌岌可危之地则有所不妥。河南对关中的承接,实际上反映了中国古代的两大政治中心相互补充完善的作用。中国历史上的统一王朝,基本上都经历了定都于关中长安和河洛洛阳两个阶段。所以,从某种意义上讲,河南历史既是河南地方的历史,也是中国古代的历史;从区域角度来看,可以说河南区域史是极为精练的中国史,是影响甚至决定王朝走向的关键历史;从中国历史的大视野考察,具备这种关键作用的区域,在中国这种大格局中,也就是那么一两个地区,而河南无疑是其中之一。

(二)天地之中:中国历史最具灵魂的思维探寻

中国古代都城的选择是与中国人特定的宇宙观联系在一起的。在中国人的观念中,“中”具有极为特殊的意义。中国古代历史上最具影响力的都城中,最能体现这种观念的非洛阳莫属。①

周灭商之后,周公受命探寻“天地之中”。《太平寰宇记》卷之三云:“按《博物志》云:‘周在中枢,三河之分,风云所起,四险之国也。昔周武王克殷还,顾瞻河、洛而叹曰:“我南望三涂,北望岳鄙,顾瞻有河,粤瞻雒、伊,毋远天室。”遂定鼎郏鄏,以为东都。’《周书》又曰:‘周公将致政,乃作大邑,南系于洛水,北因于郏山,以为天下之大凑也。’皇甫谧《帝王世纪》云:‘周公相成王,以丰、镐偏在西方,职贡不均,乃使召公卜居涧水东、瀍水之阳,以即中土。而为洛邑,而为成周王都。’”周朝建立后,最大的问题是“择中而居”。选择“天下之中”与“天地之中”,关键是“中”。《路史》卷三十:“古之王者,择天下之中而立国,择国之中而立官,择官之中而立庙。”又,《周礼订义》卷十五:“夫天不足西北,地不足东南,有余不足皆非天地之中,惟得天地之中,然后天地于此乎合土播于四时,所

① 张新斌:《“天地之中”与“天下之中”初论》,《中州学刊》2018年第4期。

以生长收藏万物一时之气，不至则偏而为害。惟得天地之中，然后四时于此而交，通风以散之，雨以润之，偏于阳则多风，偏于阴则多雨。惟得天地之中，然后阴阳和而风雨以序，而至独阴不生，独阳不成。阴阳之和不成则反伤夫形。”这里论述了天地之中的阴阳秩序。但从众多文献看，天地之合、四时之交、风雨之会、阴阳之和是个立体的概念。“天地之中”刻意强调了思想观念上的特殊性，着重关注了本质文化上的特质性，重点强化了政治统治上的正当性，具有综合意义。

“天地之中”所在地，以洛阳（洛、洛地、洛师、洛邑、洛之邑、洛河之邑、洛水之涯、洛邑之地、河洛等）之说为绝对主流观点；与“天地之中”对应的“天下之中”，则更多强调了位置适中，交通便利，其地方文献也多以洛阳为主。《河南通志》卷七：“河南居天下之中，嵩岳表其峻，大河、淮、济萦流境内。”这里所说的河南实则是大河南，河南的本质是洛阳。所以，洛阳为都的观念思想特征的探寻，反映了中国古代的思维方式与思维特点，其理论的深刻性极大丰富了中国古代的思想宝库，也是中国古都历史的灵魂所在。

三、河南历史：既是地方史也是区域史

河南地方史同时还是河南区域史，这是我们对河南专门史进行研究时时常要注意的关键性问题。我们应该如何对待我们的研究？

（一）作为地方史的河南专门史

地方是相对中央而言的。每一个王朝，都有中央与地方。中央就是皇帝，以及三省六部；地方则是郡县、省府县。对中央而言，省及以下建置都是地方。地方史就是研究一定行政建制内的历史，比如县的历史、市的历史、省的历史。

关于地方史，有人认为“所谓地方史研究，就是专门考察、分析某一地区历史变迁的史学工作”①，或认为“地方史的书写往往是一种以国家宏大历史叙事为背景，又兼具本土地方特色的历史书写”，“地方历史的建构既是对国家宏大

---

① 叶舟：《地方文献与地方史研究》，载《上海地方志》编辑部编《2017年地方志与地方史理论研讨会论文汇编》，第199~203页。

历史叙事的补充,也是新时期国家与地方共同致力于民族地方形象、软实力及文化生态打造的努力”。[①] 一般而言,地方史是与一定级别的行政建置有关联的。河南长期为地方行政建置,从河南郡与河南县,到河南尹与河南县,到河南府与河南县,到河南路与河南县,再到河南省,作为省级建置也有七百余年的历史。相对王朝而言,河南的历史理所当然地就是地方史。换句话说,河南地方史就是研究河南地方的历史,就是研究在省的建置下河南这一特定范围内所发生的历史。河南地方史,就是对河南特定行政建置(省)内所有历史大事、历史人物、历史规制、历史机构、历史社会、历史文化等总的汇集、总的提炼、总的评价,是一部中国特定地方的小通史,是中国通史的河南卷。河南专门史,则是河南地方历史的细化,是河南专门历史的汇集,是作为地方的河南的历史的总的盘点。

河南地方史的研究,在河南是个“偏科”。河南史学界研究中国史,研究世界史,研究考古学,研究史学理论,当然,大家的研究无疑必然会触及河南,因为在中国史的研究范畴中,如果回避了河南,中国史肯定就不是完整的中国史。一方面,从夏到北宋,河南是王朝的政治中心所在,从某种意义上讲,这期间河南史中的重大事件无疑也是中国史中的重大事件,河南的历史也是中国的核心历史、中国的精英历史。另一方面,关键是要从河南的角度来研究中国的历史,从历史纵的时间轴来研究河南史,从历史横的空间区域比较中研究河南历史。所以,对于研究中国史的学者而言,河南地方史既是熟悉的,又是陌生的。

(二)作为区域史的河南专门史

区域是相对总体而言的。区域可以是一个地方行政建置,如河南、郑州、新郑,也可以是一个地区,如豫北、河朔、齐鲁、三秦、华北。当然,区域也可以是永恒的,对全球而言,中国、东亚、远东,都是区域。在全球史的背景下,区域史是个很时尚的东西,研究中国史与世界史(世界各国的历史),实质上研究的都是区域史。

学界有关区域史的讨论,是非常复杂的。例如,将地方史等同于区域史就

---

① 杨旭东:《近年来地方史研究评述》,《中原文化研究》2016 年第 1 期。

是一种常见的声音,如:“地方史,或称区域史,是历史学科的一个重要分支。”[①]有的直接将区域史的研究范式等同于地方史的研究范式;[②]也有的将区域史作为地方史的支脉,“地方史内部也演化出了新的支系”[③]。尽管区域史和地方史有一定的契合点,但两者还不能完全画等号。区域史研究一般多关注区域的特殊性,但是,“区域史研究的意义不仅仅在于认识作为个案的区域本身,而且有助于对国家整体史的认识。于是,区域史研究的一个重要归宿还在于对中华帝国整体史的理解和把握,并不是局限于孤零零的区域个案,也非仅凭借一两个新线索的发现来填补漏洞、空白,而是从局部、微观、特殊性中找到一些带有普遍性的反映整体的现象和规则”[④]。区域史,就是由诸地理要素所构成的特定地理空间,有较长时段的经济交流与政治联系,以及内部所共生的以文化为纽带的规律性问题的研究。区域史更多关注点在基层社会,是对特定的人群、组织架构、民间信仰,以及形成的民风进行的研究。除利用正史、正志之外,区域史也要更多关注地方文献,如家谱、文书、契约、方志等,只有这样,区域史才会更加丰满。

河南历史,就河南而言,其起点是地理概念。从历代史志可以看出,行政区划的河南是立足于地理概念河南之上而设置的,在中国古代由特定地理概念而产生的政区并不多见,仅从这一点而言,河南历史既可以是地方史,又可以成为区域史,甚至由于以洛阳为核心的河南在历史上特殊的政治地位,河南史在某些时段可以上升为中国史。这就是河南历史的特殊价值所在。

四、河南历史的研究现状与努力目标

(一)河南历史的主要研究成果

改革开放以来,河南省社会科学院及全省学界陆续推出了一系列河南历史

① 叶舟:《地方文献与地方史研究》,载《上海地方志》编辑部编《2017年地方志与地方史理论研讨会论文汇编》,第199~203页。

② 段建宏:《地方史研究的思考》,《忻州师范学院学报》2007年第1期。

③ 姚乐:《如何理解地方史与区域史?——以〈江苏通史·魏晋南北朝卷〉为例的分析》,《南京晓庄学院学报》2014年第3期。

④ 孙竞昊、孙杰:《中国古代区域史中的国家史》,《中国史研究》2014年第4期。

的研究成果：

一是通史类。如《简明河南史》（张文彬主编，1996）、《河南通史》（4卷本，程有为、王天奖主编，2005）。以上成果有首创意义，但分量不足，不足以反映河南历史文化的厚重与辉煌。

二是专门史类。如《河南航运史》（河南省交通厅史志编审委员会，1989）、《河南少数民族史稿》（马迎洲等，1990）、《河南陶瓷史》（赵青云，1993）、《河南新闻事业简史》（陈承铮，1994）、《河南考试史》（李春祥、侯福禄主编，1994）、《河南文学史·古代卷》（王永宽、白本松主编，2002）、《河南文化史》（申畅、申少春主编，2002）、《河南教育通史》（王日新、蒋笃运主编，2004）、《河南农业发展史》（胡廷积主编，2005）、《河南经济通史》（程民生主编，2012）、《河南生态文化史纲》（刘有富、刘道兴主编，2013）、《中原科学技术史》（王星光主编，2016），以及即将出版的《中原文化通史》（8卷本，程有为主编，2019）等。总体来讲，质量参差不齐，形成不了河南专门史体系类的成果。

三是市县通史类。如《驻马店通史》（郭超、刘海峰、余全有主编，2000）、《商丘通史（上编）》（李可亭等，2000）、《洛阳通史》（李振刚、郑贞富，2001）、《南阳通史》（李保铨，2002）、《安阳通史》（王迎喜，2003）、《嵩县通史》（嵩县地方史志编纂委员会，2016），以及我们即将完稿的《郑州通史》（张新斌、任伟主编，2020）等。

（二）河南历史的研究机构与研究重点

河南历史研究以河南省社会科学院历史与考古研究所为核心。河南省社会科学院历史与考古研究所是专门从事河南历史研究的权威机构，该所前身为成立于1958年的河南省历史研究所。1979年河南省社会科学院成立之际，河南省历史研究所正式成为河南省社会科学院历史研究所，以后又成立了河南省社会科学院考古研究所，2007年正式合并为河南省社会科学院历史与考古研究所。该所现有工作人员19人，其中研究员4人、副研究员10人，博士或在读博士7人，其研究涉及中国历史的各个方面，尤以中国古代史研究实力最为雄厚，在省级社科院中位列前茅。该所主编的"河南历史与考古研究丛书"已出版第一辑（9本）、第二辑（6本），在中原文化、河洛文化、姓氏文化研究方面均有标志性成果。郑州大学的历史研究在以刘庆柱研究员领衔的中原历史文化重点学科、王星光教授为代表的中原科技史方向、吴宏亮教授为代表的河南与近现代中国方向、陈隆文教授为代表的河南史地方向等方面成果卓著。河南大学以黄河文明研究作为主轴，李玉洁教授的河南先秦史研究、程民生教授为代表的以汴京为核心的宋史研究等较为突出。河南师范大学、新乡学院立足新乡，开展牧野文化研究。安阳师范学院则形成了以甲骨文、殷商史为代表的特色学科。河南理工大学立足于焦作，研究太行文化、太行发展。河南科技大学、洛阳师范学院、洛阳理工学院及文物部门的徐金星、蔡运章、薛瑞泽、毛阳光、扈耕田等先生立足于洛阳，开展河洛文化和洛阳学研究。商丘师范学院立足于商丘，对三商文化与商起源的研究颇有建树。许昌学院对汉魏许都的研究、黄淮学院对天中文化的研究、南阳师范学院对东汉文化的研究则各具特色。信阳师范学院以尹全海教授为代表的根亲文化研究、以金荣灿教授为代表的淮河文化研究及三门峡职业技术学院李久昌教授的崤函文化研究等均独树一帜。这些都已经成为河南历史研究的重要力量，也总体反映出河南历史研究的特色。

（三）河南专门史大型学术文化工程运作的过程与目标

2007 年以来，为了进一步整合力量，推出标志性成果，我们在已完成的《河南通史》等研究成果的基础上，提出加大对河南历史研究的力度，并以“河南专门史”作为深化河南历史研究的重要抓手。河南专门史的研究工作得到了河南省社会科学院历任领导的重视。早在 2008 年，河南省社会科学院副院长的赵保佑研究员，就积极支持专门史研究的工作构想，积极推动该项工作的落实。2010 年，院长张锐研究员、副院长谷建全研究员，专门带历史与考古研究所的相关人员到北京社科院进行调研，向他们学习北京专史集成研究的工作经验。2015 年，院党委书记魏一明、院长张占仓研究员、副院长丁同民研究员积极推动，将河南专门史正式纳入河南省社会科学院重大专项工作，并于年底召开了河南专门史的正式启动会。在河南专门史创研期间，院领导积极关注工作进展，副院长袁凯声研究员统筹协调，有力地推动了后续工作。2019 年，院领导班子对河南专门史工作给予了大力支持，尤其是院长谷建全研究员更是将专门史作为院哲学社会科学创新工程的标志性成果，院办公室、科研处等相关部门为本套书的出版做了大量的后勤保障工作，使河南专门史第一批成果能够按时高质量地出版。河南省社会科学院历史与考古研究所在承担繁重的创研工作的同时,也承担了大量的学术组织工作,张新斌、唐金培、李乔、陈建魁多次在一起商议工程的组织与推动,唐金培在学术组织工作方面,在上下联动、督促、组织上付出了大量的艰辛。大家只有一个想法:尽快拿出一批高质量的学术成果。

为了有效推动河南专门史大型学术文化工程,我们在工作之初便编辑了《河南专门史研究编写实施方案》《河南专门史大型学术文化工程第一批实施方案》《河南专门史大型学术文化工程工作方案》《关于征集河南专门史重大专项书稿的函》等文件,成立了以魏一明、张占仓为组长的"河南专门史大型学术文化工程"领导小组,工程实行首席专家制,由河南省社会科学院历史与考古研究所所长张新斌研究员为首席专家。整个工程坚持"三为主、三兼顾"的原则,即以河南省社科院科研人员为主,兼顾河南史学界;以在职科研人员为主,兼顾退休科研人员;以团队合作为主,兼顾个人独著。在写作上,采用"三结合"的方法,即史实考证与理论提高相结合、学术价值与当代意义相结合、学术性与可读性相结合。

在第一批书稿创研中,我们结合各自的研究基础,自动组成团队,不但河南省社会科学院历史与考古研究所全体科研人员参与了该项工程,文学所、哲学与宗教研究所等单位的科研人员也都承担了相关的任务。河南大学、河南师范大学、河南农业大学、华北水利水电大学、郑州市委党校等同行均参与了创研。最终确定了第一批 15 本书稿的创研目标:《河南考古史》《河南水利史》《河南移民史》《河南园林史》《河南哲学史》《河南水文化史》《河南道教史》《河南城镇史》《河南行政区划史》《河南基督教史》《河南古都史》《河南家族史》《河南书院史》《河南诗歌史》《河南史学史》。我们的总体目标是推出 100 部具有学术意义的河南专门史成果。

从第一批 15 部书稿中我们归纳出以下几个特点:一是极大丰富了河南历史研究的内容。这些书稿所涉及的门类有大有小,其研究不仅梳理了相关门类的历史脉络,也丰富了通史类成果无法容纳的分量。如考古史、基督教史时段较短但内容更为丰满,有的甚至可以形成重大事件的编年。二是从更高的视角研究河南。现代考古学在河南的发展对中国考古学的分期具有标志性意义,实际上我们是从中国考古史的角度来研究河南考古史的。正因为这样,我们对河南考古学在中国考古学中的地位有了更为清晰的看法。三是从史料梳理中探寻发展规律。对于每一个专题的研究者,我们更多地要求大家在对史实进行研究的基础上,要探寻相关门类发展的规律,寻找兴衰的规律,以及决定这种兴衰规律的内在因素。我认为在这批成果中,有的已经超越了地方史的范畴,而进入区域史的研究探索之中。当然,研究是一个永无止境的过程,我们期待着河南专门史在以后的创研过程中不断有更多的学术精品问世。

2019 年 8 月

目 录

绪论

中原移民是河南历史乃至中国历史上的一个重要事件。中原汉人多次南迁,形成了一个特殊民系,即客家民系。历史上中原地区的移民从传说时的炎黄二帝时期以迄明清,时间之久,规模之大,移民情况之复杂多样,均非其他地区所能比拟。由移民问题而形成的客家文化、河洛文化、姓氏文化近年来成为学者们探讨的热门话题。但是有些问题还需要继续深入讨论,比如,为什么移民多发生在中原地区?中原汉人南迁形成了客家民系,北迁的汉人情况如何?北方少数民族进入中原后,与汉族是如何融合的?这些问题都需要研究者持续地关注和研究。

一、移民多发生在河南的原因

西晋末年中原百姓因战乱南迁,是我国移民史上规模较大的一次迁徙。在此之后,唐代“安史之乱”、陈元光开发闽漳、黄巢起义、金灭北宋、蒙古人灭金、朱元璋灭元都曾引起中原汉人大规模南迁,聚居于粤、湘、闽、赣等省,形成了客家民系。上海辞书出版社出版的《辞源》(1979 年版)“客家”条说:“汉末建安至西晋永嘉间,中原战乱频繁,居民南徙,北宋末又大批南移,定居于粤、湘、赣、闽等省交界地区,尤以粤省为多。本地居民称之为客家。”

为什么移民多发生在中原地区?这是因为:

第一,中原地区既是全国地理位置的中心,又是政治、经济、文化的中心。《史记·封禅书》就说:“昔三代之居,皆在河、洛之间。”《史记·货殖列传》又说:“昔唐人都河东,殷人都河内,周人都河南。夫三河在天下之中,若鼎足,王者所更居也,建国各数百千岁。”汉代班固则说:“崤、函有帝王之宅,河、洛为王者之里。”中原地区既居天下之中,交通便利,土地肥沃,气候湿润,物产丰饶,人烟辐辏,经济繁荣,使得许多王朝在中原定都,建功立业,黄河流域很自然地成为全国的政治中心,所谓得中原者得天下是也。我国八大古都中中原占有安阳、洛阳、郑州、开封四个。洛阳先后有东周、东汉、曹魏、西晋、北魏、隋、唐、后梁和后唐等朝代在此建都,历时880余年,是中国治乱兴衰的晴雨表。宋人司马光说:“若问古今兴废事,请君只看洛阳城。”另一位宋人李格非说:“洛阳之盛衰,天下治乱之候也。”开封则是战国魏,五代后梁、后晋、后汉、后周,北宋和金朝的都城。安阳从盘庚迁殷到纣亡国,历十二王。郑州曾经是商的都城。除此之外,夏二里头遗址、夏禹建都的阳城、夏启建都的阳翟、太康与桀建都的斟鄩、偃师商城、帝乙末年迁都沬(今河南淇县)、新郑的郑韩故城、金朝末年迁都的蔡州(今河南汝南),均在今河南境内。有这么多朝代在中原建都,这里又是当时全国经济、文化的中心,四方之人纷至沓来,或欲问鼎中原,或懋迁有无,或文化交流,中原成了他们的聚散地。因各种原因从中原外迁的汉人也不在少数,这是造成移民频繁的第一个原因。

第二,战乱。中原自古便是兵家必争之地,且不说中原王朝的更迭靠的是战争,就是北方的游牧民族入主中原,靠的也是战争。兵燹连绵,生灵涂炭,百姓只得辗转流离,迁徙他乡,于是便有了大批移民。如东汉末年董卓挟持汉献帝西迁长安时为避袁绍等人兵锋,胁迫洛阳一带百姓随行,“于是尽徙洛阳人数百万口于长安,步骑驱蹙,更相蹈藉,饥饿寇掠,积尸盈路。卓自屯留毕圭苑中,悉烧宫庙、官府、居家,二百里内无复孑遗”。西晋末年的“永嘉之乱”造成了中原士家大族及流离失所的百姓播迁,“时海内大乱,独江东差安,中国士民避乱者多南渡江”。《晋书·王导传》则说:“洛京倾覆,中州士女避难江左者十六七。”谭其骧先生认为,当时西晋有人口700余万,“南渡人口九十万,占其八分之一强”。翦伯赞先生则说:“南迁人民到达长江流域的,总数至少有七十万人,还有约二十万南迁人民没有到达长江,聚居在今山东境内。”一些族谱也可证明这一点,如广东梅州《谢氏族谱》记载,谢衡(按:东晋名相谢安祖父)“西晋太康七年(286)任国子监祭酒,当晋‘八王之乱’,继五胡十六国乱华之初,衡从阳夏(今河南太康)迁居于浙江绍兴始宁东山,为东山会稽派始祖”。福建邵武《何氏族谱》说:“其先光州固始人,西晋末,五胡战乱之扰,避乱入闽。”类似的族谱还有不少。

唐代的“安史之乱”,河南是主战场之一,锋镝所及之处饿殍遍野,颓垣断壁,百姓携妇将雏,纷纷逃难。这次战乱在文献中多有记载,如“自东都(今河南洛阳)至淮泗,缘汴河州县,自经寇难,百姓凋残,地阔人稀,多有盗贼”。“又缘顷经逆乱,中夏不宁,士子之流,多投江外,或扶老携幼,久寓他乡”。百姓生活无着,逃难他乡,社会秩序大乱,中原地区便成了盗贼的渊薮。而从中原南下的士子、百姓多流寓到了今湖北、湖南一带。据《旧唐书·地理志》之“荆州江陵府”记载:“自至德后,中原多故,襄、邓百姓,两京衣冠,尽投江、湘,故荆南井邑,十倍其初,乃置荆南节度使。”诗人元结本中州鲁山县人,为避寇乱,“召集邻里二百余家,南逃襄阳”。唐高宗总章年间(668~670),福建九龙江流域发生“蛮獠啸乱”,陈政、陈元光父子奉命率军入闽平叛,这是一次具有移民性质的进军,对闽南地区的开发产生了深刻影响。唐朝末年的黄巢起义先后波及大半个中国,中原是遭受灾难最深重的地方之一,引发了大规模的移民浪潮。如福建惠安东园上仑《谢氏族谱》称:“肇基祖十八公,于唐僖宗乾符六年(879)值黄巢乱,从朱皋镇(今河南固始北)避乱入闽。兄弟四人,一居福州闽县,一居晋江,一居惠安,一居永春坂头。”《崇正同人系谱》卷二《氏族·李氏》称:“南来之祖,则始溯于唐之末年。有宗室李孟,因避黄巢之乱,由长安迁于汴梁,继则迁福建宁化石壁乡。”同书“蔡氏”条云:“蔡氏本周姬姓之后,文王子叔度封于蔡……唐末避黄巢之乱,迁于闽南。”据《三朝北盟会编》所引之《汴都记》载,金人灭亡北宋,进入中原后,“虏骑所至,唯务杀戮生灵,劫掠财物,驱虏妇人,焚毁庐舍、产业”。经过金兵的蹂躏,中原大地已是满目疮痍了。宋人庄绰说:“建炎元年(1127)秋,余自穰下由许昌以趋宋城,几千里无复鸡犬,井皆积尸,莫可饮。佛寺俱空,塑像尽破胸背以取心腹中物。殡无完柩,大逵已蔽于蓬蒿,菽粟梨枣,亦无人采刈。”北宋灭亡之后,金人掳掠“工匠人口、医官、乐工、妓女、内侍以至后苑八作、文思院及民工悉取之,约十万口。父子、夫妇生相别离,及提老携幼,系累而去,哭声动天地”。宋高宗即位后,金人仍步步紧逼。高宗急急如丧家之犬,忙忙似漏网之鱼,向南方逃亡,“高宗南渡,民之从者如归市”。朱熹就说:“靖康之乱,中原涂炭,衣冠人物,萃于东南。”蒙古人灭金、朱元璋灭元,中原地区均是主要战场,引起百姓大量流亡也是很自然的。战乱是中原移民频繁的另一主要原因。

二、西迁、北迁的中原汉人

学者们研究中原移民时,往往只关注南迁的汉人,而忽略了西迁、北迁的中原汉人。是什么原因造成中原汉人西迁、北迁?这些人的结局如何?这也是移民史学者应该研究的问题。

中原汉人最早西迁是在西汉初年。汉高祖刘邦听从刘敬徙关东六国贵族于关中以备匈奴的建议,“乃使刘敬徙所言关中十余万口”。刘敬所说六国中的韩、魏都城都在今河南境内,韩国都城在今河南新郑,魏国都城大梁在今河南开封西北,由此可见徙往关中的十余万人中,河南人占有一定比例。“这是西汉第一次大规模的移民,也是人数最多的移民之一,对关中的开发影响也最大。”东汉末军阀董卓挟持汉献帝西迁长安时,“尽徙洛阳人数百万口于长安”。《后汉书·刘焉传》载,他统治四川时,“南阳、三辅民数万户流入益州,焉悉收以为众,名曰东州兵”。在流入益州的数万户中,如南阳流民有 1.5 万户,每户以 5 人计,这支流民队伍便有 7.5 万人,其中的丁壮都被刘焉招募为士兵。这些西迁的百姓卜居不归,后来都成了当地土著。

除向西移民外,也有向北移民者。五胡十六国时,北凉的统治者张轨曾被晋朝封为镇西将军、都督陇右诸军事,王弥等攻打洛阳时,张轨曾派人拱卫京师,“及京都陷……中州避难来者,日月相继,分武威置武兴郡以居之”。北凉的都城为凉州,即今之甘肃武威,将京城一分为二,以安置中州难民,可见难民人数之多。中州百姓避难之所以选择凉州,是因为那里僻处边陲,生活安定,没有干戈之扰。那些逃难到此的中州百姓,为“河西胡族的汉化与经济文化的发展,都起了重要的作用”。汉人李暠建立的西凉定都酒泉,拥有今甘肃西部,他曾分南人五千户置会稽郡,中原汉人五千户置广夏郡。以每户 5 人计,李暠迁往西凉的河南人便有 2.5 万人,这在当时已是很可观的数目了。东晋初年,曾被晋元帝拜为散骑常侍的鲜卑人慕容廆,奉命都督辽左杂夷流人诸军事,“时二京倾覆,幽冀沦陷,廆刑政修明,虚怀引纳,流亡士庶多襁负归之。廆乃立郡以统流人,冀州人为冀阳郡,豫州人为成周郡,青州人为营丘郡,并州人为唐国郡”。这四州中豫州在今河南境内,可知流亡东北的百姓中河南人占有一定比例。

向北移民规模最大的当推北宋灭亡后被金人掳往北方的10万中原人。据《三朝北盟会编》所载,迁往金国的宋朝俘虏是10万人。而《靖康稗史》的记载则是20万人,“天会时,掠致宋国男妇,不下二十万”。据《宋俘记》一书所说,仅跟随徽、钦二帝北上且有案可稽的王子、公主、宗室、戚畹贵族、教坊人等就在1.4万人左右。其实,被金人驱往北方的20万中原汉人并非移民,而是俘虏。他们凄凄惶惶,被驱赶如牛羊,流离辗转,衣食无着,大半客死异乡,幸存者大部分也融入女真社会。

西迁、北迁的中原汉人之所以未引起学者们的重视,是因为规模小,人数不多,不能与“永嘉之乱”、“安史之乱”、黄巢起义南迁的中原士人相比。南迁的中原汉人最后形成客家民系,有自己的聚居区,有客家方言,而北迁、西迁的中原汉人则是散居各处,不成体系,没有方言。他们或融入当地少数民族之中,或成为当地汉人的一部分。

三、外来移民与民族融合

中原地区自古以来就是民族融合的大熔炉,融合民族之多,融合时间之长,都远在其他地区之上。据《国语·郑语》记载,在成周洛邑周围,“南有荆蛮、申、吕、应、邓、陈、蔡、随、唐;北有卫、燕、狄、鲜虞、潞、洛、泉、徐、蒲;西有虞、虢、晋、隗、霍、杨、魏、芮;东有齐、鲁、曹、宋、滕、薛、邹、莒。是非王之支子母弟甥舅也,则皆蛮、荆、戎、狄之人也”。其中狄、鲜虞、潞、洛、泉、徐、蒲、隗都是赤狄、白狄或其他诸狄,莒为东边之夷,荆为南方之蛮。迁入洛邑周围的蛮夷戎狄有多少,不见于记载,但人数不会太多。这些少数民族进入中原后,受到华夏文化的熏陶,逐渐有了姓氏,在经济、文化上也很自然地与中原保持一致。后来,他们都融合到华夏族中,成为汉民族的重要组成部分。

十六国时期,前赵皇帝刘聪死后,大将靳准杀刘聪子刘粲于平阳,石勒率军攻讨,“平阳大尹周置等率杂户六千降于勒,巴帅及诸羌、羯降者十余万落,徙之司州诸县”。据《汉书·沟洫志》“稍筑室宅,遂成聚落”的记载,“落”就是一家一户之意,以一户5口人计,十余万落便有60余万人。他们所迁入的司州,其治所在今洛阳市东北,这就意味着洛阳周围凭空增添了羌、羯等60余万少数民族人口。石勒灭前赵后,即位称帝,史称后赵。其侄石季龙袭位后,攻打辽西鲜卑段辽,段辽战败求和,“季龙纳之,乃迁其户二万余于雍、司、兖、豫四州之地”。这四州中司、豫二州均在今河南境内。就算迁入这两州的鲜卑人有1万余户,以每户5口人计,也有5万余人。有学者认为,这些迁入中原的鲜卑人因是强制迁移,一有机会便会重返故土,“这些人在迁入地居留至多是三十来年,少的只几年,而能够回到家乡的只有十之二三”。两次迁徙进入中原的鲜卑人将近70万人,返回家乡的约20万人,死于迁徙途中的约20万人,剩下的30万人留居中原,久而久之便融入汉人社会了。

鲜卑人大规模迁入中原是在北魏孝文帝时期。北魏都城一直都在平城(今山西大同市东北),这里气候冱寒,风沙又多,不利于稼穑,粮食供应不足,加上农民暴动频繁,周边的柔然族又多次侵袭,魏孝文帝不得不改弦更张,离开平城,到别的地方谋求发展,于是便有了迁都洛阳之举。从太和十七年(493)至十九年(495)共用了3年时间,迁移大致完成。这次有多少鲜卑人迁往中原,学者们见解大致相同,即100万人左右。葛剑雄在《简明中国移民史》一书中说:“由平城迁入洛阳的人口约108万人,由其他地区迁入洛阳的约15万人。”这就是说,洛阳实际上是迁入了123万人口。任崇岳、白翠琴则认为:“前后迁洛的贵族、官僚、军队及民众总数在100万人左右。”按谭其骧先生根据《晋书·地理志》所辖地区的统计,西晋共有700万人,鲜卑人口比西晋少得多,竟有100万人迁入洛阳,可见是倾巢迁移。除鲜卑人外,洛阳还迁入了西域的少数民族商贾。据《洛阳伽蓝记》记载:“自葱岭已西,至于大秦,百国千城,莫不款附。商胡贩客,日奔塞下,所谓尽天地之区已。乐中国土风,因而宅者,不可胜数。是以附化之民,万有余家。门巷修整,阊阖填列,青槐荫陌,绿树垂庭,天下难得之货,咸悉在焉。”“附化之民,万有余家”,以每家5口人计,西域商贾也有5万余人。从“门巷修整,阊阖填列”来看,他们已打算定居不归,认洛阳为故乡了。

五代时期后唐、后晋、后汉三个中原王朝都是沙陀人所建。沙陀属西突厥别部。这三个王朝的创建者李克用、石敬瑭、刘知远所统率的士兵虽然多是汉人,但骨干士兵应是沙陀人,三者合在一起,至少有1.5万人,后来都融入汉人社会之中。此外,郭威建立后周后,令回鹘人在汴京设立市肆,与当地百姓交易,他们之中有些人羡慕中原人的生活方式,便在这里定居不归,不过人数不会太多。还有一个吐谷浑将领白承福,率部族归依后唐,后晋时戍守滑州、太原,后晋将领刘知远、郭威怕白承福据太原反叛，于是“遣使发其部落千九百人，分置河阳（今河南孟州南）诸州”，说明同时进入中原的还有少数奚人。

金朝女真人迁入中原人口也在百万以上。女真人迁入中原规模较大者共有三次。第一次是在金人灭亡北宋后，考虑到中原地区土地广袤，人口众多，即使占有其地，未必人人都肯归依，需要迁入女真人以监视汉人，于是便设置了屯田军。《大金国志·屯田》载：“废刘豫后，虑中州怀二三之意，始置屯田军……自本部徙居中土，与百姓杂处……所居之处皆不在州县，筑寨处村落之间，千户、百户虽设官府，亦在其内。”这次迁徙共 130 余千户，每千户约 400 人，合计迁入中原地区的女真及契丹人、奚人有 5.2 万余人。第二次是海陵王完颜亮于正隆六年（1161）从燕京迁都南京（今河南开封），随行的后妃、子女、宗室、文武百官及其家属，护驾从行的卫士、千户、谋克及大批士兵，还有工匠、医生，加起来至少有三四万人。几个月后，完颜亮大举进攻南宋，在瓜洲渡（今江苏扬州市瓜洲镇）被大将完颜元宜杀死，世宗完颜雍在辽阳即位，把京城又迁回到中都（今北京市）。第三次是金朝末年宣宗为躲避蒙古军的进攻，又一次迁都南京（今河南开封），这次迁移的女真人有百余万口。曾经参与迁徙的大臣高汝砺上疏给宣宗说：“今河北军户徙河南者几百万口，人日给米一升，岁率三百六十万石，半给其直犹支粟三百万石。”另一位大臣陈规说：“比者徙河北军户百万余口于河南，虽革去冗滥而所存犹四十二万有奇，岁支粟三百八十余万斛，致竭一路终岁之敛，不能赡此不耕不战之人。虽无边事，亦将坐困，况兵事方兴，未见息期耶。”这里所说的“冗滥”是指女真人中的老弱病残者，他们不能从戎打仗，消费粮食却不少，所以陈规才说“致竭一路终岁之敛，不能赡此不耕不战之人”。女真人三次南迁中原，即使最保守的估计，人数也当在 150 万左右。因此有的学者说：“内迁的女真人，至少要占女真人口总数的一半左右。这些女真人户分布在中原广大区域内，形成同汉人错杂而居的局面。”无论是晋代的“永嘉之乱”、唐代的“安史之乱”与黄巢起义，还是宋代的“建炎南渡”，都没有金代女真人内迁的规模大、人数多。

蒙古人统一天下，建立了疆土广袤的元朝，为大批少数民族进入中原创造了条件。“蒙古军、探马赤军之镇戍内地者，都是即营以家。蒙古、色目官吏之仕于各地者也往往在那里定居下来。再加上政府的迁民、罪徙和民间的经商、流寓等原因，许多边远少数民族移往内地，形成大分散、小集中的局面，错落在汉人之间。”同时由于元朝政令统一，辽、宋、西夏、金时的畛域已不复存在，尤其是四通八达的驿站，把山水迢递、素无往来的各族百姓联系到了一起，“适千里者，如在户庭；之万里者，如在邻家”，为各民族之间的迁徙提供了极大方便。那时迁入中原的少数民族有蒙古族、维吾尔族、党项族、回族等。元代迁入中原的少数民族有多少，至今尚无精确的统计，但至少在 30 万人左右，其中蒙古人及从中亚来的回族占绝大多数，而回族就是在元代形成的。

除了以上这些少数民族移民，还有宋代迁入开封的犹太人，清朝时在河南戍守的满洲士兵和在邓州屯垦的高山族士兵，以及零星的因经商、当官卜居不归的满洲人，虽然人数不多，但加起来也有 3 万人左右。粗略算来，历代迁入中原的少数民族人口高达 337.8 万人。明朝洪武、永乐年间从山西迁入河南的移民，总数当在 300 万人左右①。还有外省汉人因亡国、居官、经商、避难、疾疫、婚嫁、行医等原因留居不归者也有 30 万人左右。这三者相加，可知历代迁入中原者近 700 万人。这一数目远远超过了历代从中原迁出的人口。河南土地面积只有新疆的十分之一、四川的三分之一，却是全国第一人口大省，除土地肥沃、气候湿润、物产丰饶这些因素外，多次进入中原的移民无疑也是一个重要原因。

进入中原的少数民族长期与汉族百姓生活在一起，无论是语言文字、风俗习惯、宗教信仰、伦理道德还是饮食、服饰，莫不潜移默化受先进的汉文化的影响，久而久之，他们之间便不分畛域融合在一起了。这种民族融合是自然的，不是外力强加的，是值得肯定的。那么是什么原因促成了中原地区的民族大融合呢？

一是更改姓氏。最早更改姓氏的是以北魏孝文帝为代表的鲜卑人。他下令“诸功臣旧族自代来者，姓或重复，皆改之”。《魏书·官氏志》收录了 118 个姓氏，大多改为汉姓，如拓跋氏改为元氏、纥骨氏改为胡氏、普氏改为周氏等。改姓以后，鲜卑姓氏已与汉族姓氏完全相同，单从姓氏上看，已分辨不出孰是汉

---

① 明代从山西迁入河南的移民有多少，尚难作出精确统计，但据葛剑雄主编的《中国人口史》所说：“洪武年间迁入怀庆府的山西移民大约有 9 万人，占洪武二十六年(1393)总人口的 40%以上，而在开封，同一时期迁入的山西移民则多达 55 万人，也占总人口的 40%以上。”仅开封、怀庆两府洪武年间的山西移民就有 64 万人，而卫辉、彰德、河南、归德、南阳、汝宁等府也有不少山西移民。永乐年间又有山西移民入河南。再如，宣德三年(1428)山西遭受旱灾，逃往河南就食者 10 万余口；正统六年(1441)，又有饥民 20 余万人来河南就食。因此，明代从山西迁往河南的移民至少应在 300 万人左右。

人,孰是鲜卑人了。五代时期后唐的李克用、李存勖、李嗣源三个帝王多收养义儿,赐姓为李,使他们为自己效力。那些义儿和被赐姓名的将领就都成了沙陀人,后来又都融入汉族。《金史·国语解》说金朝统治者也大兴改姓之风,如皇族完颜改姓王,夹谷改姓仝,等等。更改姓氏是少数民族汉化过程中的常见现象。

二是通婚。通婚是消弭民族隔阂、加速民族融合的催化剂。北魏孝文帝就主张"合二姓之好,结他族之亲,上以事宗庙,下以继后世"。他不仅纳范阳卢敏、清河崔宗伯、荥阳郑曦、太原王琼四人之女充入后宫,还为诸弟聘中原汉人士族之女为妻。流风所及,这种贵族联姻又推广到百姓中,民间胡汉通婚也逐渐增多。五代时期晋王李克用的三个妻子、唐庄宗李存勖的后妃数十人、唐明宗李嗣源的后妃 30 余人、后晋高祖石敬瑭的妃子蔡氏、后晋出帝石重贵的皇后冯氏皆是汉人。沙陀帝王的公主也多嫁给汉人。如李克用长女嫁给后蜀的创建者孟知祥,次女嫁给汉人张延钊;明宗第十三女兴平公主嫁给汉人赵延寿;石敬瑭的两个妹妹分别嫁给汉人史匡翰、杜重威,长女嫁给汉人杨承祚。此类事例不胜枚举。金人覆亡北宋后,仅宋徽宗的 144 名后妃中,被金朝将领强行纳为妃妾者就达 81 人,甚至宋高宗的生母韦贤妃也被迫嫁给女真大将为妻,其中 8 名后妃都落入了兀术手中。金朝将领宗翰、宗望攻破开封后,强行索要妇女,"上自嫔御,下及乐户,数逾五千,皆选择盛装而出。选收处女三千,余汰入城,国相(宗翰)自取数十人,诸将自谋克以上,各赐数人,谋克以下,间赐一二人"。如果说以上两例都是强迫婚姻的话,到了金章宗时期,尚书省向章宗建议:"齐民(指汉人)往往与屯田户(指女真人)不睦,若令递相婚姻,实国家长久安宁之计。"这一建议被采纳,女真人与汉人结为秦晋之好的越来越多,因而加快了民族融合的过程。

三是生活习俗的汉化。北魏孝文帝下令禁止鲜卑人着胡服,不得在朝廷上讲鲜卑语,年龄在 30 岁以下者须学汉语。语言改革是鲜卑人融入汉族的第一步,也是最重要的一步。五代时期沙陀人在中原建立的后唐、后晋、后汉三个王朝在风俗习惯上接受汉族的传统节日,丧葬、婚姻也因袭了中原王朝的传统。女真人在占有淮河以北的广大地区后,女真族妇女的服饰逐渐向汉人看齐,"自灭辽侵宋,渐有文饰,妇人或裹'逍遥',或裹头巾,随其所好","逍遥"正是汉族妇女的服饰。汉人的其他风俗习惯也为女真人所接受。"自金人兴兵后……已而往来中国(指汉族地区),汴、洛之士,多至其都,四时节序,皆与中国侔矣。”元世祖忽必烈于中统五年(1264)颁布圣旨规定:“若遇天寿、冬至各给假贰日,元正、寒食各叁日,七月十五日、十月一日、立春、重午、立秋、重九、每旬,各给假壹日。”这表明中原地区的生活习俗已被蒙古人认同。

四是对儒家文化的认同。这一点至关重要。中华文明绵延如贯珠,历久不衰,传承数千年,博大精深的儒家文化薪火相传之功不可湮没。难能可贵的是,进入中原地区的少数民族也表示了对儒家文化的高度认同。北魏孝文帝在迁都洛阳前,就曾祭祀唐尧、虞舜、夏禹、周文王,改谥孔子为文圣尼父。至洛阳后,幸太学,观石经,表示对儒家文化的爱慕。他“雅好读书,手不释卷,《五经》之义,览之便讲,学不师受,探其精奥。史传百家,无不该涉。善谈《庄》《老》,尤精释义。才藻富赡,好为文章,诗赋铭颂,任兴而作。有大文笔,马上口授,及其成也,不改一字”,俨然是个汉人天子。五代时期沙陀人建立的王朝对儒家文化也有更多的认同,如尊孔,避讳,雕刻汉文经籍,在公开场合使用汉语、汉文,诏令、文诰、法律也都以汉文颁布,如此等等。女真人进入中原后,也学会了尊孔、避讳,不再施行接续婚制度。元世祖忽必烈、元文宗、元顺帝都熟悉汉文经典,刊印过“四书”、“五经”、《资治通鉴》,元朝的《元典章》《通制条格》等法令汇编中就包含儒家文化。清王朝更是全面继承了儒家文化的精华。少数民族统治者对儒家文化的认同,大大促进了民族融合的进程。

四、河南移民史的几个时期

按照《辞海》的说法,“中原”一词有广义、狭义之分。广义上的中原指黄河中下游一带,有时也指整个黄河流域;狭义上的中原则专指今天的河南省。历史上曾有河南郡、河南道、河南路的建置,但正式设立河南江北行省是在元代,本书讨论范围只限于今天的河南省,不涉及黄河中下游的其他地区。

本书写的是移民。对移民的定义,学者们的见解大致相同,有的认为移民是“具有一定数量,一定距离,在迁入地居住了一定时间的迁移人口”①。还有

① 葛剑雄等:《简明中国移民史》,福建人民出版社 1993 年版,第 1 页。

人认为,“移民指以改变定居地点为目的而进行的跨地区、跨国界的人口迁移和流动。它既包括由各种灾变而引起的流民,也包括国家政府出于政治、经济或军事目的而组织的有计划的人口迁移”①。这两种说法都言之有理,但又有可商兑之处。第一种说法中的“一定数量”“一定距离”“一定时间”比较笼统,使人无从捉摸,不好把握。究竟多少人才算一定数量?多少公里才算一定距离?移居多少年才算一定时间?第二种说法中只包括因灾荒而引起的流民和政府出面组织的移民,也不够全面。本书界定的移民范围是:不论出于何种原因,凡是在历史上迁入、迁出如今河南省境内的人口,均属移民。这些人中除了灾荒及政府因政治、经济、军事原因而组织的移民,还包括居官、经商、戍守、避难而卜居他乡的人口。

中原地区历史上的移民从传说中的炎黄二帝以迄明清,时间之长,移民情况的复杂多样,均超过了其他地区,非其他地区所能比拟。中原地区是华夏文明的摇篮和发祥地,华夏族在这里肇兴,中华民族的主体民族——汉族,在中原地区形成,有众多的少数民族从东北、西北进入中原地区并建立了政权,后来都融入汉族。

(一)先秦时期

考古材料证明,先秦时期是中华民族的孕育时代,也是中华民族历史上第一次大迁徙、大融合的时代。炎黄二帝是传说时代的英雄人物,分别是远古两大部落集团的领袖,他们都活跃在中原地区,因为这里气候温和,水草丰美,是原始人类理想的生活栖息之地。黄帝与炎帝为争夺部落联盟的盟主地位,双方激战于阪泉(今河北涿鹿东南),炎帝败北,两族逐渐融合,他们的后裔结成了新的联盟。同时也加强了与居住在中原地区的其他氏族部落的联盟,如西北的戎人、羌人、狄人,东方的夷人,南方的苗人与蛮人等。郑州大河村遗址是仰韶文化中晚期遗址,出土的陶器除含有仰韶文化外,还有东部的大汶口文化与南方的屈家岭文化因素,这表明中原文化已与东夷文化、南方苗蛮文化融合,华夏民族文化已初露端倪。

我国的奴隶社会历经夏、商、周三代。这三代的来源不同,夏部族是黄帝后

---

① 丁鼎:《中国古代移民述论》,载《移民史论集》,齐鲁书社 1998 年版,第 2 页。

裔,居住在中原地区河洛一带,公元前 2100 年前后建立了夏王朝,这标志着我国历史已进入文明时代,华夏族的名称也随之产生。相传从禹到桀曾十迁其都,史称“夏后十迁”,但都城大多在今河南境内。商族本是游牧起家的东夷人,几经迁徙到达河南东部,据传“自契至汤八迁”,契的孙子相土迁到商丘。汤建立商朝后,由于种种原因,又屡次迁都,都在黄河中下游地区,盘庚时迁殷(今河南安阳西北),帝乙末年迁沬(今河南淇县),后来亡于周。周族最初活动于渭水流域,原是西戎的一支羌人,灭商后势力扩大到黄河中下游的中原地区。可以说,中原地区是夏、商、周三代的政治、经济、文化中心,司马迁在《史记·封禅书》中就说:“昔三代之居,皆在河、洛之间。”夏二里头文化、夏禹建都的阳城、夏启建都的阳翟、太康与桀建都的斟鄩,偃师商城、郑州商城、安阳殷墟,东周时的都城洛邑,都在今河南境内。这一时期与夏人、殷人、周人错杂而居的还有蛮、戎、夷等少数民族,如洛阳附近便居住有陆浑之戎、伊洛之戎。到战国时期,居住在中原地区的一些少数民族已消失在史乘之上,表明他们不是远徙他乡,就是与华夏族融合,形成了新的华夏族。这个华夏族是由黄河中下游的炎黄集团及部分东夷集团为主体形成的。这其中除了夏人、殷人、周人的血统,还有一部分少数民族的成分,可见华夏族本身便是多民族融合的共同体。

夏、商、周时期,今河南省境内大约出现了 160 个大大小小的封国,在不断的兼并战争中,一些国家灭亡了,另一些国家则在灭亡之后被迫迁徙到他乡,有案可稽的国家即有 40 余个。尽管被迫迁徙的不是全部百姓,只是国君、宗室及一少部分百姓,但迁移的人口也不在少数。

(二)秦汉时期

秦始皇统一六国,建立起了秦王朝。秦王朝虽然短暂,但在全国范围内却有不少次大规模的人口迁徙,如徙六国富豪于咸阳,移民琅邪山下(今山东胶南市西北)、丽邑(今陕西西安临潼)、云阳(今陕西淳化)、北河(今内蒙古巴彦淖尔盟)、榆中(今内蒙古伊克昭盟东部)等地,这些移民中当有不少河南人。秦始皇末年发丁壮“南戍五岭”、修阿房宫、修骊山墓、戍守长城均调用了大批人力,河南百姓肯定参与了这些劳役。

汉承秦制,刘邦建立的汉王朝把我国的统一多民族国家发展到了一个新阶段,这一时期一个重大的事件便是汉族在中原地区的形成。“汉人”作为族称广泛使用,是在汉朝以后。“汉”取代“华夏”并非这一人类共同体的改变,更不是新民族的形成,只是民族名称的变化而已。但这一变化也在某种意义上显示了这一人类共同体居住区域的扩大和人口的增加,这不仅表现在经济文化的发展上,还表现在它内在联系的加强和汉民族基本特征的形成上。秦汉时期,汉民族有了共同的语言、共同的地域、共同的经济生活以及共同的文化心理素质,形成了事实上的汉民族,而“汉人”自称和他称的出现是汉民族民族意识增强的表现,也是汉民族形成在形式上的认同。

战争与灾荒瘟疫也是造成汉代人口迁徙的原因之一。汉武帝穷兵黩武,北伐匈奴,南征南越、东越、西南夷;王莽北伐匈奴,东征高丽,西征西域,南征蛮夷;东汉末年的军阀混战;两汉时期的农民起义;三国鼎立时期有一批河南人在吴国做官;因饥馑灾荒而引起的流民问题。以上这些都对人口迁徙产生了重大影响。

(三)魏晋南北朝时期

这一时期有两次大规模的移民,都对中国历史产生了重大影响。一次是西晋末年“永嘉之乱”引起的中原汉人南迁,这就是历史上所说的“永嘉之乱,衣冠南渡”。这一次人口迁移历时久,迁入的地区广泛,迁徙的人口众多。另一次是北方少数民族纷至沓来,在黄河流域建立政权,影响最大的是北魏孝文帝迁都洛阳,一大批鲜卑人及其他少数民族进入中原。至北魏后期,匈奴、羯、氐、羌等少数民族已不见于史册,柔然、吐谷浑、敕勒等族也与汉族逐渐融合,洎至隋朝统一黄河流域,从北方迁入中原的少数民族差不多都被汉族融合了,连鲜卑族也最终完成了汉化。浚县等地尚有匈奴赫连氏的后裔,但除了姓氏,已没有匈奴族的任何特征了。

除了以上两次大规模的人口迁出、迁入,频繁的自然灾害也导致了河南百姓流徙他乡。流民大多去了南方,但也有流徙到东北、西北去的,不过人数较少而已。

(四)隋唐五代时期

唐朝初年,国力强盛,洛阳是北方物资交换的中心,“商胡贩客,日奔塞下”,西北方的少数民族及中亚、日本、朝鲜半岛的外国人长住洛阳不归,有许多从此成为中原人。如唐代安姓胡人中,不少人占籍河南。

战争是造成唐代移民的重要原因。总章二年(669)福建漳州“蛮獠”反唐,光州固始人陈政奉命率兵入闽。陈政卒后,其子陈元光代父领兵,平定骚乱后,经朝廷批准,设立漳州郡,被尊称为“开漳圣王”,随同陈政父子入闽的中原人甚多。

唐朝中叶的“安史之乱”给中原人民带来了深重灾难,兵燹波及河南、河北、京畿等大部分地区,百姓流离失所,辗转沟壑,逃往他乡,诚如《旧唐书·地理志》所说:“自至德(唐肃宗年号)后,中原多故,襄、邓百姓,两京衣冠,尽投江、湘。”

唐末政治腐败,社会矛盾加剧,终于导致了乾符元年(874)的王仙芝、黄巢农民大起义。起义军所经之地有10省之多,包含今日的河南、湖北、湖南、广东、福建、安徽等地,都是起义军辗转经过的要冲。当时举国扰攘,民不宁居,唯有逃难一途,中原百姓逃入南方者不在少数,有一批移民进入福建。

黄巢起义失败后,他的部下朱温降唐,被授为权倾一方的宣武节度使。他杀死唐昭宗,建立后梁,从此开始了五代割据纷争的新格局。而在此之前,寿州(今安徽寿县)人王绪已攻陷光州(今河南潢川),被秦宗权委任为光州刺史,王绪以固始县佐王潮为军正,后为秦宗权所击,率光、寿两州兵二万余人,渡江入赣,再转入福建,王绪为王潮所杀,唐朝以王潮为福建观察使,其弟王审知为副使。王潮卒后,王审知代立,自称福建留后,唐朝封他为威武军节度、福建观察使,累迁检校太保,封琅邪郡王。朱温建梁后,封他为闽王。王审知统治福建长达55年,德政甚多,中原子弟在福建瓜绵椒衍,至今恐怕已有上百万之众了。

唐代初年到玄宗时的移民垦荒政策,给如今的河南地区增加了不少人口。由于中原地区是兵家必争之地,干戈频仍,人口锐减。贞观年间魏徵曾说:“今自伊、洛之东,暨乎海、岱,萑莽巨泽,茫茫千里,人烟断绝,鸡犬不闻,道路萧条,进退艰阻。”①这里说的是河南、山东两省,而河南尤甚。唐朝施行由狭乡移宽乡的政策,中原便是地旷人稀的宽乡,关中百姓迁往神都洛阳及邓、汴、怀、许、汝等州者甚多。

五代时期中原地区先后建立了后梁、后唐、后晋、后汉、后周五个王朝,其中

① 〔唐〕吴兢:《贞观政要》卷二《纳谏第五·附直谏》,中华书局2003年版,第126页。

后唐、后汉、后晋分别是沙陀人李存勖、刘知远、石敬瑭建立的，沙陀源于突厥。这三个少数民族建立的王朝使得西北的大批少数民族进入中原地区。

五代十国中，除了以上述及的闽王王审知，还有荆南的创立者高季兴为陕州硖石（今河南三门峡陕州东南）人，建立楚国的马殷为许州鄢陵（今河南鄢陵）人，建立前蜀的王建为陈州项城（今河南项城）人，他们把大批中原人带到了今湖南、湖北、四川等地。

五代时的后晋为辽朝灭亡，出帝石重贵全家及臣僚等数百人被迁于建州（今辽宁朝阳市西南黄河滩喀喇城），种地自食，除少数随从逃归外，大部都悄然物故在那里了。

（五）宋辽金元时期

宋朝有两次大规模的移民。靖康二年（1127）三月底，金人在颠覆了北宋，掳掠了大批金银财宝后撤军，徽、钦二帝及宗室、工匠等数千人被金人拘押北上，“华人男女驱而北者，无虑十余万”①。紧接着便是大批中原士庶随宋高宗、隆祐太后渡江南下。宋高宗先是将宗室迁往江宁、镇江等地，他本人于这年九月离开应天府（今河南商丘）向江南进发，隆祐太后则在八月间启程前往东南避难，六宫、卫士家属及中原百姓随行南下者甚众。于是今江西、浙江、广东等地皆有大批中原百姓居住，久而久之，遂成为当地人。中原文化也传播到了江南。

两宋时期还有一些小规模的人口迁移。如宋灭南唐、后蜀、北汉、南汉等国，将其国主及家属迁往汴京安置。南唐后主李煜在离开金陵赴汴京途中咏诗云：“兄弟四人三百口，不堪闲坐细思量。”光是后主宗室即有300人，加上随行北上的大臣及其家属，总人数当在千人左右。仅安置降国君臣及其家属，汴京便增加了数千人口。北汉国境因与河南毗邻，北汉灭亡后，宋太宗又多次徙河东百姓于河南。其他如岳飞在朱仙镇班师时有数万中原百姓跟随南下，宋徽宗时犹太人定居汴京等。

北宋与辽、金、西夏诸国并存，使轺相接，络绎于途，不少契丹、女真、党项人来到了汴京。此外，还有其他少数民族，北宋词人周邦彦在《汴都赋》中说：“至于羌氐僰翟，儋耳雕脚，鸟居兽语之国，皆望日而趋，累载而至。”许多人后来都

---

① ［宋］李心传：《建炎以来系年要录》卷四，台湾文海出版社1980年版。

定居在了中原。契丹人大批进入中原是在金国灭亡北宋之后,金国统治者“虑中州怀二三之意,始置屯田军,非止女真,契丹、奚家亦有之。自本部徙居中土,与百姓杂处,计其户口给以官田,使自播种,以充口食”①。到元代中叶,契丹人已被元朝政府视同于汉人,陶宗仪在《南村辍耕录》中所列汉人 8 种就有契丹人,元代后期“契丹”之名便逐渐消失了。女真人的内迁从金太宗至金末,一直没有停止,特别是在金宣宗时因受蒙古人的压迫迁都汴京,内迁的女真人更多,约占女真人总数的一半。他们与汉人错杂而居,互为婚姻,改用汉姓,提倡儒学,女真人的民族特色已逐渐丧失。迨至元末,中原地区的女真人已完全融入汉族中了。

蒙古人、色目人是因戍守而进入中原的。元朝统一全国后,因幅员辽阔,需屯兵驻守,便“以蒙古、探马赤军镇戍河洛、山东,据天下腹心”。这项措施使得大批蒙古、色目军士离开故土,迁入中原各地,驻戍之兵,皆错居民间,“与民杂居,横亘中原”。河南濮阳的西夏遗民在家谱中说:“时北方人初至,犹射猎为俗,后渐知耕垦,播殖如华人。”到元末明初,经过长期的杂居交往,蒙古族和维吾尔族、回族、西夏遗民等色目人与汉人已达到了相忘相化、不易识别的程度。

(六)明清时期

河南是元末农民战争影响最大、造成损失最严重的地区,频繁的战争使得百姓流离失所,田地荒芜,正如明初人高巍上疏所说:“臣观河南、山东、北平数千里沃野之土,自兵燹以来,尽化为榛莽之墟。土著之民流离军伍,不存十一。”而山西受战乱较轻,生齿日繁,致使耕地面积减少,劳动力相对过剩,倘不加以疏导,必然会引起社会的动荡。有鉴于此,户部郎中刘九皋给朱元璋上疏说:“今河北诸处,自兵后田多荒芜,居民鲜少。山东、山西之民自入国朝,生齿日繁,宜令分丁徙居宽广之地,开种田亩,如此则国赋增而民生遂矣。”②朱元璋认为山东土地广阔,百姓不必迁徙,山西则应如刘九皋所言。山西密迩河南,因此从洪武到永乐年间,大批移民进入彰德(今河南安阳)、归德(今河南商丘)、卫辉、怀庆(今河南沁阳)、开封府、南阳府等地。明初官府往往先将移民集中在洪

---

① 〔元〕宇文懋昭:《大金国志》卷三六《屯田》,中华书局 1986 年版。

② 《明太祖实录》卷一九三,台湾“中央研究院”历史语言研究所 1962 年版。

洞县广济寺旁的一棵大槐树下再行发遣,“问我祖先来何处,山西洪洞大槐树”成了河南百姓传唱不衰的歌谣。

从明仁宗朱高炽即位的洪熙元年(1425)到明宪宗成化年间,在大约半个世纪的时间里,由于山西连年饥馑,疾疫洊臻,流民拥入河南觅食者甚众。如宣德三年(1428)“行在工部郎中李新自河南还,言:山西饥民流徙至南阳诸郡,不下十万余口”①。河南因与山西毗连,成为流民最主要的聚居地,“山西频岁旱荒,民多转移河南就食”②。后来河南也发生了饥荒,有些流民又辗转南下荆襄地区,成为“荆襄流民”。有官员说:“荆襄虽流民渊薮,其来实自河南。”③此言虽有夸大之处,但基本符合事实。

元朝灭亡后,蒙古人、女真遗民、维吾尔族人、回族人大量拥入河南,后来有些民族融入汉族中,但大多数都保留了原来的民族成分,成为河南的土著居民。

清代进入中原的多是满族,他们是因戍守、居官致仕、经商或因灾荒流寓于此,后来定居下来的。还有一支高山族从台湾迁居邓州(今属河南),但清代移民的规模无疑少多了。

历代中原人南迁,多占籍于闽、赣、粤等省,这些中原移民的后裔又成为南方诸省一些姓氏的开基祖,如福建林、陈、张、王、刘、吴、黄、李、郑、何等10个大姓便是。他们之中的一部分于明清之际徙居台湾及东南亚。郑成功率兵驱逐荷兰人,收复台湾,部下将士多是中原人的裔孙。据有人统计,现在台湾2000多万人口中有80%以上是郑成功所率部众的后代,其中陈、林、黄、郑、王、张、李、吴、蔡、杨、谢、曾、郭、丘、周、叶、廖、庄、何、肖、詹、沈、施、占、傅、董、彭、康、游等姓氏族谱都明确记载祖籍在光州固始。此说容或有夸大之处,但基本上符合事实。闽台地区有“陈林半天下,黄郑排满街”的俗谚,近年来台湾同胞纷纷来中原寻根谒祖,表现出了慎终追远、弘扬祖德的一片悃诚。“根在中原”或“根在河洛”已是台湾人的共识。连横先生在所著《台湾通史》中说:“台湾之人,中国之人也,而又闽、粤之族也……若再溯及远祖,则皆来自中原。”中原人为台湾的开发作出了巨大贡献。

---

① 《明宣宗实录》卷四二,台湾“中央研究院”历史语言研究所1962年版。

② 《明英宗实录》卷八二,台湾“中央研究院”历史语言研究所1962年版。

③ 《明宪宗实录》卷一九七,台湾“中央研究院”历史语言研究所1962年版。

第一章 先秦时期的河南移民

先秦是中华民族的孕育期，也是中华民族历史上最早的族群大迁徙、大融合时期。先秦时期的河南移民主要体现在族群迁徙中，文献记载这种以族群为主体的大规模迁徙始于上古传说时代的炎黄时期，主要由族群生活方式的改变、族群间的冲突和战争、自然环境的影响等原因造成。夏、商、周时期，族群迁徙依然频繁，原因更加复杂多样，除上述原因外，还有政治动荡、迁都、灭国、分封等。先秦时期，频繁的族群迁徙加速了中原地区族群融合的进程，使华夏民族在此肇兴并最终形成。

第一节　上古传说时代的族群迁徙

上古传说时代的河南移民，主要是由早期族群和部落的迁徙形成，既有周边族群迁入河南，又有生活于河南境内的族群向周边地区的扩散迁徙，其中以周边族群进入河南为主。这促进了河南地区经济文化的发展，使河南成为文明起源的核心区和最早国家的诞生地。

一、周边族群迁入河南

我国上古时期主要是指夏王朝建立之前的三皇五帝时期。这一阶段，早期人类从原始群发展进入氏族，再扩展形成部落，进而形成部落联盟。从文献记载看，从炎黄时期开始进入部落和部落联盟阶段，因此，徐旭生先生认为从炎黄时期才有比较可靠的历史传说,研究传说时代的历史要从炎黄时代开始。[①] 这个看法是很有见地的,因此我们论述先秦时期的河南移民,也从炎黄时代开始。

古代的河南地理环境优越,交通便利,气候适宜,物产丰富,水源充足,在生产力低下的上古时期,是早期人类的理想宜居之地,所以起源于不同地区的早期族群,在势力足够强大之后,都将扩展的方向聚焦到以河南为核心的中原之地,纷纷迁入河南,在河南发展壮大后又迁徙扩散至其他区域。不同族群迁入中原,导致早期族群间的征战,多是围绕对中原地区的争夺与开发而进行[②]。而且各族群在河南的会聚,不同族群文化在河南的交流碰撞,也使以河南为中心的中原地区成为文明起源的核心区和早期国家的孕育之地。

(一)西方族群东迁入河南

由西部地区东迁进入河南的重要族群主要是炎帝和黄帝族群。徐旭生先生认为,上古时期,有三大部落集团,即华夏、东夷、苗蛮,其中炎黄族群是华夏集团的重要亚族[③]。炎黄族群东迁进入河南,在中原地区与东方的东夷族群和南方的苗蛮族群发生交流融合,共同形成了华夏民族的雏形。

炎帝族群最早的活动地在陕西中西部渭水流域。该族群兴起后,一部分沿渭水向东迁徙,进入中原腹地,主要活动于今河南及冀、鲁、豫交界地带,与当地的东夷、九黎等族群杂居相处,其后裔扩展至全国各地[④]。炎帝起源地的最早记载出现于《国语·晋语四》:“昔少典娶于有蟜氏,生黄帝、炎帝。黄帝以姬水成,炎帝以姜水成。成而异德,故黄帝为姬,炎帝为姜。二帝用师以相济也,异德之故也。”姜水,北魏郦道元《水经注》中认为在陕西地区,属于渭水流域的支流,此后学者多遵循此观点,认为炎帝生于陕西地区。炎帝族群在陕西兴起后,随着族群的发展壮大,开始沿着黄河流域不断东迁,直至进入河南,并在河南地区建立都城,发展壮大。《帝王世纪》载炎帝“初都陈,又徙鲁”,陈即今河南淮阳。此外还有炎帝居陈留之说,即今河南开封东南陈留镇。炎帝族群进入中原后,其后裔不断壮大,发展繁衍出众多分支,共工氏族群、四岳部落、金天氏部落等

---

① 徐旭生:《中国古史的传说时代》,广西师范大学出版社 2003 年版,第 42 页。

② 任崇岳:《中原移民简史》,河南人民出版社 2006 年版,第 18 页。

③ 徐旭生:《中国古史的传说时代》,广西师范大学出版社 2003 年版,第 45 页。

④ 任崇岳:《中原移民简史》,河南人民出版社 2006 年版,第 14 页。

都是炎帝后裔。西周以后,炎帝后裔还建立了齐、吕、申、许等诸多诸侯国,遍布于河南、山东多个地区[①]。

黄帝族群与炎帝族群最初的发源地都在陕西中部地区。黄帝族群兴起后,其活动区域也开始向东、西扩展,向西扩展至今甘肃东北部与山西接壤处,向东沿黄河扩展。徐旭生先生认为:"黄帝氏族东迁的路线大约偏北,他们大约顺北洛水南下,到今大荔、朝邑一带,东渡黄河,跟着中条及太行山边逐渐向东北走。"[②]黄帝族群向东进入河南后,曾在河南新郑建立都城,并以河南为中心继续扩展。《史记·周本纪·集解》谯周曰:"(黄帝)有熊国君,少典之子也。"皇甫谧曰:"有熊今河南新郑是也。"皇甫谧《帝王世纪》载:"新郑,古有熊国,黄帝之所都。受国于有熊,居轩辕之丘,故因以为名,又以为号。"《水经注·洧水》曰:"(新郑县)故有熊氏之墟,黄帝之所都也。"

从文献所载炎黄时期相对应的新石器时代晚期仰韶文化的分布发展来看,也可以看出炎黄族群的东迁趋势。典型仰韶文化三个一脉相承的发展阶段为半坡文化、庙底沟文化、西王村文化,其核心区域分别为陕西、豫西、晋南[③],呈现出由西向东再向北发展的态势,并且对豫中地区的大河村文化、豫西南的下王岗文化、冀南豫北的后冈一期文化产生了重要影响。这与文献所载炎黄族群兴于陕西,东迁进入河南建都立业,影响广泛的史实有吻合之处,尤其是仰韶文化末期所对应的黄帝时代的鼎盛期,其势力向北扩展至内蒙古中南部、山西北部和河北西北部,向南达到汉水中游,向西扩展至甘、青地区,东达豫东地区,影响范围更广泛,涉及大半个中国,中原地区周边的红山文化、大汶口文化、大溪文化、松泽文化等都有仰韶文化的踪迹[④]。与文献记载的黄帝族群和炎帝族群在中原地区结盟,黄帝占据主导地位,势力迅速扩展也是相吻合的。《史记·五帝本纪》载黄帝"以与炎帝战于阪泉之野。三战,然后得其志……而诸侯咸尊轩辕为天子。""天下有不顺者,黄帝从而征之,平者去之,披山通道,未尝宁居。"其控制和影响范围"东至于海……西至于空桐……南至于江……北逐荤粥",涉及今

---

① 任崇岳:《中原移民简史》,河南人民出版社 2006 年版,第 14 页。

② 徐旭生:《中国古史的传说时代》,广西师范大学出版社 2003 年版,第 50 页。

③ 中国社会科学院考古研究所:《中国考古学·新石器时代卷》,中国社会科学出版社 2010 年版,第 214 页。

④ 张国硕:《先秦人口流动民族迁徙与民族认同研究》,大象出版社 2011 年版,第 46 页。

天的山东、甘肃、湖南、河北等地区①。随着黄帝族群的扩展，其后裔的分布范围更加广泛。《国语·晋语》载“凡黄帝之子二十五宗，其得姓者十四人为十二姓”，到西周以后黄帝后裔在黄河中下游地区建立了一系列姬姓古国，如韩、魏、郑、燕、虢、焦、滑、虞、霍、杨、芮等，《山海经》中甚至有北狄、犬戎均为黄帝后裔的记载。黄帝族群的外迁扩展和后裔的广泛分布是黄帝族群得以构成华夏民族主体的重要基础。

（二）东方族群迁入河南

上古时期的东方族群主要是东夷族群，活动区域以河南、山东、安徽的交界处为核心，向西曾扩展至豫西地区，向东几乎遍布整个山东地区和安徽北部地区。

东夷族群一直是中原华夏族群的重要同盟者，二者之间的交流融合在炎黄时期已经开始，并长期延续。《尚书·尧典》载，舜担任中原族群联盟首领后曾任禹为“司空”，主持治理洪水，平定水土；命皋陶为“士”，主持刑罚，皋陶即是东夷族群的首领。《史记·夏本纪》中有“禹乃遂与益、后稷奉帝命，命诸侯百姓兴人徒以傅土，行山表木，定高山大川”。皋陶、益都是当时东方族群的首领。皋陶、益与大禹族群一起为当时尧、舜部落联盟的成员，也就是说当时中原族群与东方族群为联盟关系。禹担任部落联盟首领后，皋陶和益继续辅佐他，《史记·夏本纪》有“帝禹立而举皋陶荐之，且授政焉，而皋陶卒……而后举益，任之政”。这些记载在一定程度上能反映出舜、禹所属的中原族群与皋陶、益所属的东方族群之间的密切关系。

东夷族群由东向西迁徙，在早期的大汶口文化时期就已经有所体现，一直延续到山东龙山文化时期。大汶口文化早期以山东中南部、苏北地区和山东半岛一带为中心，而到中晚期以后，分布范围则向东南西北迅速扩张，豫东地区成为该文化的重要分布区之一②。中原境内来自东方大汶口文化的因素逐渐增多，大汶口文化的典型陶器和墓葬开始出现于中原多地。如大汶口文化中晚期

---

① 张国硕：《先秦人口流动民族迁徙与民族认同研究》，大象出版社2011年版，第44页。

② 伍人：《山东地区史前文化发展序列及相关问题》，《文物》1982年第10期；栾丰实：《大汶口文化的发现与研究》，《海岱地区考古研究》，山东大学出版社1997年版。

的陶器，如背壶、宽肩壶、平底尊、圈足尊、豆和杯等，在豫中、豫西的郑州、许昌、洛阳一带比较集中和常见，在豫北辉县、豫西三门峡等地也有少量出土；典型的大汶口文化墓葬则集中在豫东的周口，豫中和豫西的平顶山、郑州、洛阳等地，墓主有东夷族群常见的拔牙习俗，随葬器物形制和组合为典型大汶口文化因素，这些都表明其墓葬主人应该是西迁而来的东方族群之人[①]。作为日常生活用具的陶器和作为族属区别的墓葬在河南地区的广泛分布，不可能仅是文化的交流，而是人口迁移现象的直接反映。因此，有学者认为大汶口文化时期，东方族群西进河南的迁徙路线应该是沿着颍水及其支流贾鲁河迁到豫中地区，继而又西进至豫西的洛阳地区甚至更远。[②]

（三）南方苗蛮族群北迁入河南

南方苗蛮族群北迁入河南在炎黄时期已经出现。炎黄时期南方苗蛮族群的考古学文化代表主要是长江流域的大溪文化和屈家岭文化，分布于今湖南、湖北和重庆东部一带。仰韶文化晚期，大溪文化和屈家岭文化由南向北进入河南南部的南阳地区，尤其是屈家岭文化晚期，其影响范围达到河南中南部的信阳、驻马店、许昌、平顶山、漯河、郑州、洛阳地区，鲜明地体现出南方族群向中原地区的迁徙汇聚态势。龙山时期，即炎黄之后的颛顼、帝喾、尧、舜、禹时期，随着南方苗蛮族群不断发展壮大，南方苗蛮族群成为中原族群的重点打压对象，尧、舜、禹时期均有针对南方苗蛮族群的军事行动。如《吕氏春秋·恃君览·召类》载："尧战于丹水之浦，以服南蛮。舜却苗民，更易其俗。"《尚书·尧典》中有"舜流共工于幽州，放驩兜于崇山，窜三苗于三危，殛鲧于羽山"。《淮南子·修务训》载帝舜"南征三苗，道死苍梧"。《墨子·非攻下》有"禹亲把天之瑞令，以征有苗"。《尚书·大禹谟》中更是对禹征三苗有详细记载。经过尧、舜、禹三个时期对三苗地区的持续征伐和镇压，到大禹时期，南方苗蛮族群除一部分南迁发展外，居于原地的大部分族众被中原族群同化融合，成为华夏民族的重要组成部分，即《尚书·吕刑》中提到的"遏绝苗民，无世在下"和《墨子·非攻下》中的"苗师大乱，后乃遂几"。这与考古学文化中体现的在河南龙山文化晚期王

① 张国硕：《先秦人口流动民族迁徙与民族认同研究》，大象出版社2011年版，第49、50页。
② 张翔宇、曹建敦：《试论大汶口文化在河南境内的传播》，《平顶山师专学报》2002年第3期。

湾三期时,代表长江流域苗蛮族群的石家河文化被迫中断,被代表中原族群的河南龙山文化取代基本是吻合的,体现的正是中原族群对苗蛮族群的控制,以及苗蛮族群融入华夏民族的历程。

二、中原族群的外迁

除了周边族群迁入河南,在河南发展壮大后分迁扩散至各地外,起源或最初活动于河南地区的族群,也有向周边地区外迁的,这种外迁的原因有的是为寻求更好的生存环境,有的则是因为战争或政治原因而被迫外迁逃亡。源于河南地区继而向周边迁徙扩展的族群主要有太昊族群的东迁、共工氏族群向周边地区的流徙、夏后氏族群的外迁。

太昊族群原居于河南淮阳一带,《左传·昭公二十七年》载:“陈,太昊之墟也。”后随着太昊族群的发展,其后裔不断向东迁徙扩展,遍布今山东多个地区,成为东夷族群的重要组成部分。《左传·僖公二十一年》中记载:“任、宿、须句、颛臾,风姓也,实司太皞与有济之祀。”这里记载的任、宿、须句、颛臾均为太昊后裔的封地,都位于今山东境内。据《左传》杜注所载,任即任城县,位于今山东济宁县境内;“宿在东平无盐县”,即今山东东平县境内;“颛臾在泰山南武阳县东北”,即今山东费县境内;“须句在东平须昌县西北”,即今山东东平县境内。由此可知,太昊后裔中有一部分从河南迁徙到了山东地区,分布于山东各地。[①] 太昊及其后裔所形成的东夷族群与中原地区的族群长期交流融合,共同构成了华夏民族的主体成分。

共工氏族群是上古时期源于河南的重要族群之一,从三皇时期一直延续发展至夏、商、周时期。该族群最早的聚集地和活动区域学界多认为在今河南辉县地区,如徐旭生先生曾称“它的旧地在今辉县境内”[②]。邹衡先生认为:“共工氏的主要活动地区是太行山东麓一线,即南起河南辉县,北至河北北部长城以

① 任崇岳:《中原移民简史》,河南人民出版社 2006 年版,第 15 页。
② 徐旭生:《中国古史的传说时代》,广西师范大学出版社 2003 年版,第 55、53 页。

内和山西境内。”[1]辉县孟庄遗址的发掘，为共工氏族群活动于此提供了更充足的考古学证据。共工氏族群一直生活于河南地区，在该族群的长期发展中曾多次参与争夺部落联盟的主导权但均以失败告终。如《文子·上义》：“共工为水害，故颛顼诛之。”《淮南子·原道训》：“昔共工之力，触不周山，使地东南倾，与高辛争为帝。”《史记·楚世家》：“共工氏作乱，帝喾使重黎诛之而不尽，帝乃以庚寅日诛重黎。”《尚书·尧典》：“（舜）流共工于幽州。”《荀子·成相》：“禹有功，抑下鸿，辟除民害逐共工。”由于在这些政治争斗中，共工族群多处于失败方，因此不同时期的共工氏族群都有部分支系被迫外迁，同时也把有关“共”“共水”等共工氏族群的标志性称谓传到了许多地方。如仅古代的共水称谓，《山海经》中就有三处记载，分别位于“泰头之山”“甘枣之山”“长石之山的共谷”。除了由于政治原因被迫外迁，共工氏后裔的发展也使共工氏族群的一部分支系不断远离故土，外迁他地。如《国语·周语下》载共工氏之后，“祚四岳国，命以侯伯，赐姓曰姜，氏曰有吕……申、吕虽衰，齐、许犹在”。齐国即周武王分封姜太公之诸侯国。太公望吕尚在赴任齐国之前的出身是吕国。吕国为共工氏后裔所建，最早很可能在现在山西河东的地方。[2] 也有人认为在山西霍太山一带。[3]说明共工氏后裔当时已经远离故地迁徙分布于各地。

夏后氏族群是夏王朝建立之前的夏族群，目前学界公认夏后氏族群是发源和活动于河南地区的重要族群，其起源地为嵩山地区的伊洛汝河流域。

河南龙山文化晚期时，大禹所在的夏族群曾向南方长江流域和淮河流域进行过一次大的迁徙扩张，对湖南、湖北甚至安徽地区当地族群的社会发展产生了重要影响。李伯谦先生曾指出：“夏文化的向南扩张，打乱了长江中游一带正常的发展秩序，使该地区最终失去了独立进入文明的机会。”[4]夏后氏族群除了向南方扩张迁徙，也开始向东和东南地区即东夷族群所在的区域进行扩展，迫使东夷族群全面退缩。龙山文化晚期至二里头文化早期（夏代早期）时，在以淮河流域为中心的西到豫东、北至鲁西北、东至鲁东南的大面积区域内，东夷族群

---

① 邹衡：《关于夏商时期北方地区诸邻境文化的初步探讨》，《夏商周考古学论文集》，文物出版社1980年版，第283—284页。

② 杨筠如：《姜姓的民族与姜太公的故事》，《古史辨》第二册，上海古籍出版社1982年版。

③ 王玉哲：《中华远古史》，上海人民出版社2000年版，第452—455页。

④ 李伯谦：《长江流域文明的进程》，《考古与文物》1997年第4期。

的控制范围出现了向东向南的大面积退缩,呈现出夏族群文化与当地东夷族群文化的冲突现象。夏后氏族群从黄河流域中游扩张至下游地区和淮河流域,进而沿淮河流域南下,直接影响到长江中下游地区的文明进程,在今江、浙、沪等地多发现有龙山时代的陶器,具有典型河南龙山文化晚期陶器特征,应是夏后氏族群向东南扩展的证明。

上述这几个族群均是起源或最初活动于河南的重要的上古族群,也是华夏民族的重要组成部分,他们在长期的发展过程中,不断扩展到周边地区,加快了中原族群与周边族群的融合进程,扩大了中原族群的影响力。

从上古时期族群迁徙的整体状况来看,文明起源是多中心的,在新石器时代晚期,全国各地尤其是黄河流域中下游地区和长江流域中下游地区均出现了文明的曙光,相继进入农耕文明。但是随着文明进程的发展,中原地区的作用和影响开始凸显,出现了周边族群向中原地区内迁汇聚的趋势,不同区域文明在中原地区的交流碰撞,加快了中原地区文明进程的步伐,从而使中原地区成为文明进程的核心区,率先进入早期国家阶段,而不同族群在中原地区的交流融合也为华夏民族的形成奠定了重要基础。

第二节　夏代的河南移民

夏代的河南移民以夏族群的迁徙为主,包括夏王朝强盛时期向各个方向的扩张迁徙和夏王朝灭亡后夏后裔的迁徙。夏代的移民使先进的技术和文化随之扩散,促进了东南和西南地区文明进程的发展。

一、夏王朝扩张造成的族群外迁

随着夏王朝的建立和夏族群的发展,加强和控制周边族群对夏王朝统治的稳定至关重要,这直接造成了夏族群的扩张性外迁。夏王朝在禹、启初建时,国力强盛,统治稳固,对周边地区的影响比较大。除上述夏禹时期夏后氏族群向东扩展至东夷族群所在地,并向东南扩展至淮河流域、长江流域下游,向南扩展至长江流域中游地区以外,启继位后,还曾西征有扈氏,征西河,将疆域范围扩展至陕西东部地区。但随后太康继位,因各种原因,导致东夷族群西进代夏,随后的几代夏王被迫四处辗转流徙,直到少康时,才在诸多夏同盟族群的支持下再次复国,重新振兴夏王朝,向周边地区扩展,开启了夏王朝的全盛时期。

(一)夏族群西迁扩展

夏王朝建立之初,夏族群就开始了向西扩展的进程。《史记·夏本纪》载夏后帝启继位后“有扈氏不服,启伐之,大战于甘……遂灭有扈氏。天下咸朝”。有扈氏及甘的所在地文献记载多在陕西地区,如《史记索隐·地理志》曰:“扶风县鄠是扈国。”《正义》引《括地志》云:“雍州南鄠县本夏之扈国也。”即有扈氏所在的扈国位于陕西扶风。而甘地所在,《史记集解》马融曰:“甘,有扈氏南郊地名也。”紧邻有扈氏所在地,应该也位于陕西关中平原地区。夏启时,曾对有扈氏发动战争,最终灭掉有扈氏,使其并入夏王朝的统治范围,成为夏王朝的组成部分,夏的统治疆域也随之西扩,即《史记·夏本纪》所载:“禹为姒姓,其后分封,用国为姓,故有夏后氏、有扈氏……”除征伐西部地区的有扈氏外,还有“启征西河”的记载,“西河”的地望众说纷纭,有豫北东部说、山西汾阳说、龙门至华阴说、洛阳至陕西华阴说①等,从大范围来看,处于夏王朝的西部地区,对其征伐应该也是夏族群的西迁扩张行为②。到夏王胤甲时,古本《竹书纪年》记载其曾“居西河”,说明这一地区已经处于夏的控制区域,纳入夏王朝的西部疆域。夏启对有扈氏、西河地区的征服,除以军事力量获得成功外,因将其纳入夏王朝的统治范围,所以在军事征服之后,应该是有夏族之人迁移至当地,才能确保这些地区统治的稳定。

---

① 范文澜:《中国通史简编》第一册,人民出版社 1995 年版,第 102 页;张国硕:《夏商时代都城制度研究》,河南人民出版社 2001 年版,第 12 页。

② 关于启征西河这一事件,除了普遍认为的西河位于夏王朝西部的观点,周书灿先生认为西河为古观国,在今豫东地区,反映的是夏族和东夷族群之间的冲突。

（二）夏族群南迁成为多支南方族群先祖

夏族群的南迁扩张早在夏禹时期就已开始。在夏立国之前的夏禹时期，就曾多次征伐南方三苗地区，并使三苗族群所在的豫南和湖北北部并入夏禹的统治范围。夏启立国后，夏王朝对南方地区的控制依然稳固，并不断有夏族之人南迁，开拓疆土，封邦建国，与当地土著族群融合发展，成为后世多个南方族群的先祖。

夏王朝直接控制的南方疆域已到达今南阳、信阳地区。《史记·货殖列传》载："颍川、南阳，夏之居也。夏人政尚忠朴，优有先人之风……故至今谓之'夏人'。"《汉书·地理志》载："颍川、南阳，本夏禹之国。"这说明颍川、南阳一带已纳入夏王朝统治区域，是夏人的重要分布区。夏族群不仅在这些地区立足，而且还建立了同姓即姒姓方国以加强统治，如分布于南阳、信阳一带的有南氏、缯氏、褒氏等，均为夏王朝的同姓方国①。虽然夏王朝的南方疆域文献记载并未超出今河南南境，但其在南方地区的扩张却并不限于南方疆域所至之处，而是继续南下，延伸至长江流域中下游地区甚至东南的江浙地区。

夏族群的南下扩展，不仅是军事实力的扩张和军事据点的建立，也是支系的迁徙和与当地族群的融合发展，长江流域的巴人、楚人和东南沿海的越族等南方族群的先祖，均与夏族群密切相关，一定程度上体现的是夏族群的南迁扩展历程。

《山海经·海内南经》中有一段关于夏与长江流域巴人关系的记载："夏后启之臣曰孟涂，是司神于巴，巴人请讼于孟涂之所，其衣有血者乃执之，是请生。居山上，在丹山西。丹山在丹阳南，丹阳居属也。"郭璞注："今建平郡丹阳城秭归县东五里，即孟涂所居也。"袁珂先生《山海经校注》卷五引《路史·后记》十三注："丹山之西，即孟涂之所埋也。丹山乃今巫山。《巫山县志》卷一七云：'孟涂祠在县南巫山下。'"这段记载讲述的是夏启的下属孟涂在巴地的事迹，虽不乏后人附会之说，但也不能完全否定其中的史实因素，即夏王朝的影响在当时已经到达长江流域中游地区，所以这些相关传说才能长期流传下来②。除湖

---

① 张国硕：《先秦人口流动民族迁徙与民族认同研究》，大象出版社 2011 年版，第 105 页。

② 周书灿：《中国早期四土经营与民族整合》，合肥工业大学出版社 2011 年版，第 60 页。

北地区的巴人外，分布于豫南和湖北北部的楚人以及分布于东南江浙地区的越人都有其为夏人之后的记载，应该与夏族群支系的南迁发展密切相关。《史记·楚世家》和《国语·郑语》中对楚人的先祖和世系有详细记载，认为楚人之远祖为祝融，近宗为鬻熊。祝融与夏密切相关，即《国语·周语》所载“昔夏之兴也，融降于崇山”，韦昭注：“融，祝融也。”所以学界有观点认为楚人的先祖为夏族群的支系。如姚汉荣先生认为楚人和夏人有着共同的先祖和“熊”图腾崇拜，楚人“是从原来定居在黄河流域的夏民族分化出来的”①；刘玉堂先生认为楚国的始祖为祝融，该集团的早期居地位于今河南嵩山地区双洎河流域一带，与夏族群是一个统一的部族，后在夏代前期、夏商之际和商末周初，不断南迁分化，有的仍活动于中原地区，有的远迁至江汉地区发展为楚人②。至于江浙地区的越人，《史记·越王勾践世家》明确记载：“越王勾践，其先禹之苗裔，而夏后帝少康之庶子也。封于会稽，以奉守禹之祀。”《史记正义》引《吴越春秋》载：“禹周行天下，还归大越，登茅山以朝四方群臣，封有功，赏有德，崩而葬焉。至少康，恐禹迹宗庙祭祀之绝，乃封其庶子于越，号曰‘无余’。”这一事件《越绝书·外传·地传》也有记载：“昔者，越之先君无余，乃余之世，别封于越，以守禹墓。”至今坐落于浙江绍兴会稽山的大禹陵依然祭祀不绝。这些流传于江浙地区的记载、传说和史迹，一定程度上说明了夏族与越族之间的密切关系，即越之先祖为夏族之苗裔、夏帝少康之庶子③。

（三）夏族群东扩造成夷夏族群的长期对峙

夏族群与东方族群之间长期以来或同盟或对峙，一直伴随着整个夏王朝的始末。

在尧、舜时期和大禹执政的先夏时期，夏族群与东方族群一直都处于同盟关系，其首领共同在尧、舜、禹族群联盟中任职，并且一起参与洪水治理。夏王朝建立后，双方关系互有进退。太康继位后因荒于政务，曾经的东方同盟者有穷氏后羿族取而代之，“因夏民以代夏政”，从而导致“太康失国”，此后仲康、相

---

① 姚汉荣：《先楚族属源流考辨》，《江汉论坛》1983年第11期。

② 刘玉堂：《楚公族先祖的居地及其南迁》，《荆州师范学院学报》2000年第6期。

③ 张国硕：《先秦人口流动民族迁徙与民族认同研究》，大象出版社2011年版，第106页。

两任后继夏王流徙不定,无力复国,夏王朝的中心区域先后被东夷族群的后羿族群和寒浞族群所控制。直到少康时期,在夏族群及其同盟者的支持下,少康才最终打败寒浞,重新巩固了夏王朝的统治,史称“少康中兴”。因东方族群是由众多小族群构成,所以即便在太康失国的混乱阶段,除有穷氏族群与夏族群的冲突,西进代夏外,夏族群和东夷其他族群间也有冲突。如古本《竹书纪年》载夏后相在位期间先后有“征淮夷”“征风夷及黄夷”等重大军事行动,淮夷是居于今山东潍水流域一带的夷人,风夷、黄夷位于潍水流域附近,在今山东半岛北部一带,不会离夏王朝的中心区域太远①。少康中兴后,夏王朝进入稳定发展期,在与东方族群的关系中开始处于主导地位,逐渐加强了对东方地区的控制。文献记载帝杼时曾远征东海,如《山海经·海外东经》引《纪年》载:“柏杼子东征于东海及王寿,得一狐九尾。”逄振镐先生综合《路史·国名纪》《汉书·地理志》和《读史方舆纪要》中关于王寿所在地的记载,认为王寿国应在今潍县西南30里②。到夏王芬继位后,已形成“九夷来御”的局面,说明夏代中期时,在夷夏关系中夏王朝已处于主导地位。到夏代晚期,夏与东夷仍有冲突,桀曾征伐位于鲁西南地区岷山的东夷族群有缗氏,即《左传·昭公四年》:“夏桀为仍之会,有缗叛之。”《左传·昭公十一年》:“桀克有缗以丧其国。”顾祖禹《读史方舆纪要》卷三二《山东三·兖州府》金乡县中记载:“古缗国,春秋时宋邑。”同卷东缗城下曰:“本夏之缗国,《传》曰:‘帝相娶于有缗氏也。’春秋时属宋。”由此可知,有缗氏所在的地区应该位于今鲁西南一带,夏代晚期时,夏灭掉有缗氏,控制了该区域。

从文献记载来看,夏代中期以后,夏与东夷族群的关系中夏王朝已经开始处于主导地位,但从考古学文化的分布来看,夏王朝的东方疆域界限似乎并未超出豫东地区,对山东地区的东夷族群并未能实现直接控制,更多的是一种文化的交流与影响。夏族群的东迁除仅有少量外迁至安徽西部地区,成为夏文化向东南地区扩展的据点外,并未实质性地进入东夷族群所在的山东腹地。

---

① 周书灿:《中国早期四土经营与民族整合》,合肥工业大学出版社2011年版,第57页。

② 逄振镐:《山东境内的夏诸侯国与姓氏》,《禹城与大禹文化文集》,中国文联出版社2007年版,第341页。

（四）夏族群的北迁

夏族群的北迁主要是指夏王朝对晋南地区的控制。在夏王朝建立之前，晋南地区一直是尧、舜、禹所在的晋豫陕族群联盟的核心统治区，该区域不仅有被广泛认为是尧都的山西临汾陶寺遗址的存在，也有禹都阳城位于此区域的文献记载。如《史记·夏本纪》云："禹于是遂即天子位。"《集解》引皇甫谧曰："都平阳，或在安邑，或在晋阳。"平阳、安邑、晋阳皆在老河东地区。李玉洁先生认为夏后禹最初所居的阳城当在晋南地区，后为避开舜旧势力的控制，才把都城阳城迁到洛邑，即今河南省洛阳一带，登封告成镇发现的阳城，当是夏禹从晋南迁到河南之后，把新的都城仍名为阳城之地①。所以，晋南地区在夏禹时应该是其重要的统治区域。

太康失国后，夏王流徙不定，逐渐失去了对晋南地区的控制。直到少康中兴后，夏王朝才重新加强对晋南地区的控制。帝宁（杼）继位后，曾将都城迁至原，即今黄河北岸的济源一带，目的正在于加强对豫北晋南地区的有效控制。如《竹书纪年》载："帝宁居原。"《史记·赵世家·正义》引《括地志》云："故原城在怀州济源县西北二里。"其地在今河南济源市西北郊的原村一带。夏王朝在此立都的同时还将大量族众迁至豫西北和晋南地区，并建立多个方国，《史记·夏本纪》所载姒姓十二方国的"冥氏"即位于晋南地区。② 夏王朝都城的北迁以及诸多同姓方国的建立，目的皆在于加强对先夏故地的控制。

从上述夏族群的扩张外迁来看是全方位进行的，促进了夏族群与周边族群的交流与融合，并将先进的文化和技术传播至周边地区，直接加速甚至改变了周边族群的社会发展进程。

二、夏亡后夏族后裔的外迁

夏代的河南移民，除了夏王朝扩张，加强对周边地区控制而形成的外迁，最

① 李玉洁：《夏人"十迁"及夏都老丘考释》，《中州学刊》2013 年第 2 期。

② 张国硕：《先秦人口流动民族迁徙与民族认同研究》，大象出版社 2011 年版，第 107 页。

重要的移民和族群迁徙则是发生在商灭夏以后夏族后裔的四散外迁。夏灭亡后，大部分夏族群的族众在原居地定居，最后融入商族群；但一部分夏王族及其族众，则随着夏王或其他王室贵族，外逃迁徙到了其他地区。

夏亡国后夏后裔四散迁播，涉及的地点有鸣条、南巢、大水、亭山、历山、夏台等。桀奔鸣条，《史记·殷本纪》载："桀败于有娀之虚，桀奔于鸣条，夏师败绩。"《史记正义》引《括地志》云："高涯原在蒲州安邑县北三十里南阪口，即古鸣条陌也。鸣条战地，在安邑西。"桀流于南巢，《史记正义》引《括地志》云："庐州巢县有巢湖，即《尚书》'成汤伐桀，放于南巢'者也。《淮南子》云：'汤败桀于历山，与妹喜同舟浮江，奔南巢之山而死。'"《周书·殷祝》："汤放桀于中野，士民闻汤在野，皆委货扶老携幼奔，国中虚。桀与其属五百人南徙千里，止于不齐，不齐士民往奔于汤，桀与其属五百人徙于鲁，鲁士民复奔汤。桀与其属五百人去南巢。"这段记载显示了桀败走逃亡的路线，即先南下，又折而东进，然后又南下南巢。除此之外，关于桀的流放地或葬身地，文献中还有多种记载。如《墨子·三辩》："汤放桀于大水。"《荀子·解蔽》："桀死于亭山。"《太平御览·皇王部》引《尸子》："桀放于历山。"《淮南子·本经》："汤以革车三百乘伐桀于鸣条，放之夏台。"

古今学者对文献中涉及的夏亡后夏桀及其族众的流亡地多有考证，认为夏王朝灭亡后，夏后裔的外迁主要有东、南、西北三个方向。认为鸣条在西方安邑，南巢在南方庐州巢县，桀徙鲁在东方，今人对此也基本赞同。如翦伯赞先生认为夏遗民的迁徙主要有三个方向，即向东或东南为一支，向南为一支，向西北是一大支。向东或东南迁徙的一支，翦文说是"原住徐淮一带的'夏族'，则继续南徙于吴越。传说中谓汤伐桀于鸣条，擒之焦门，放之夏台，死于亭山。又谓'（桀）与妹喜同舟浮江，奔于南巢之山而死'。这些传说，都是暗示夏商之际，'诸夏'南迁吴越的事实"。向南迁徙的一支，翦文认为"其原住豫西一带的'夏族'，则被迫而南徙荆楚，与原住荆楚的'诸夏'合流"。而向西北的一支夏人，则说是"其原住山西及河南西部的'夏族'，则大批地退回西北一带，是为后来之'鬼方'"。[①] 学界对夏遗民迁移路线、迁徙地点以及后裔发展还有其他观点，虽

---

① 翦伯赞：《中国史纲》，商务印书馆 2012 年版，第 151、152 页；王克林：《从出土文物看夏遗民的迁徙》，《考古与文物》2001 年第 2 期。

然具体内容有所不同,但在夏后裔迁徙的方向上则基本与传世文献记载一致,即主要有西北、东或东南、西南三个大的方向。

(一)夏遗民向西北的迁徙

夏遗民向西北地区的迁徙,主要是指商灭夏后,夏后裔向晋南地区的撤退,并以此为据点,继续向北、西北和西部地区迁徙。夏后裔远退西北地区后,与当地的戎狄杂居,长期延续发展,在商周时形成实力强大的土方、鬼方、羌方等方国,并与后世匈奴、大夏的形成有一定关系。

位于夏王朝西北部的豫西北和晋南地区一直是夏王朝的重要统治区,当商族自东向西伐夏,越过夏都,占领豫西地区后,夏族群向东向西的路均已被切断,北部豫北地区又是商人的根据地,所以夏人只能向西北晋南或南方商人势力弱的地区撤退,由于西北晋南地区一直是夏族群的故地和长期经营之地,所以夏后裔首选的撤退地便是西北晋南地区。上述所引文献中提到“桀败于有娀之虚,桀奔于鸣条,夏师败绩”,《史记正义》引《括地志》云:“高涯原在蒲州安邑县北三十里南阪口,即古鸣条陌也。鸣条战地,在安邑西。”蒲州在今晋西南永济市境内,安邑也在今山西夏县,所以“有娀之虚”和“鸣条”都在晋南地区。这说明面对商人的进攻压力,夏族最初确实首先退居西北晋南地区,并以此为据点与商对战。夏桀再次战败后,夏后裔的一部分继续盘桓于晋南地区发展繁衍,与商对抗,所以晋南地区一直有“夏墟”之称。如《左传·定公四年》载:“分唐叔以大路……而封于夏虚。启以夏政,疆以戎索。”周唐叔虞的封地位于晋中晋南地区被称为夏墟的区域。《史记·吴太伯世家》载:“武王克殷,求太伯、仲雍之后,得周章。周章已君吴,因而封之。乃封周章弟虞仲于周之北故夏虚,是为虞仲,列为诸侯。”《集解》引徐广曰:“在河东大阳县。”清代顾栋高《春秋大事年表》卷七解释为:“夏墟,今为山西解州之平陆县……县东北四十里有古虞城。”文献中对“夏墟”所在地均认为在晋南地区。张国硕先生认为,整个晋南地区皆应属于“夏墟”之范围,晋南地区被称为“夏墟”是由于商王朝灭夏之后夏族聚居晋南,直到商代和西周初年仍有夏族群聚居于此。[①] 除有“夏墟”称谓外,晋南地区还有“夏都”“大夏”等说法,如《史记索隐》有:“夏都安邑,虞仲都

① 张国硕:《晋南“夏墟”考》,《中原文物》2006年第6期。

大阳之虞城，在安邑南，故曰夏虚。”这些广泛分布于晋中南一带的“夏墟”“大夏”“夏都”等称谓，不仅说明夏人迁往了山西，而且还暗示出夏人由南往北推移之踪迹[①]。

除在晋南地区发展外，夏后裔有一部分继续向北和西北地区迁徙，并与当地族群融合，形成鬼方、土方、羌方等多个对商王朝形成重大威胁的敌对方国。殷商时期，活动于西北地区的羌方、土方、鬼方，长期与商王朝对抗，商王朝曾多次发兵征伐土方、鬼方、羌方等，学界多认为这些商王朝的敌对方国正是溃逃于西北地区的夏遗民融合当地族群所形成的，反映的是夏商族群的持续对抗。如翦伯赞先生认为，“当夏之末季，曾有一部分夏族在殷族压迫下，退回西北老家”，“即殷时之鬼方”。郭沫若先生说商代“所谓土方即是夏民族”。陈梦家先生认为，经常被商人掳来作为牺牲品的羌人，大概就是夏人后裔。胡厚宣“断定土方在今山西南部，河南西部，即夏遗民之未服商朝的方国”[②]。除殷商时期活跃于商代西北和北方地区的敌对方国与夏遗民有关外，秦汉以后的匈奴等少数民族，文献中也有其为夏族后裔的记载，如：《史记·匈奴列传》载：“匈奴，其先祖，夏后氏之苗裔也，曰淳维。”《史记索隐》引张晏曰：“淳维以殷时奔北边。”又引乐产《括地谱》：“夏桀无道，汤放之鸣条，三年而死。其子獯鬻妻桀之众妾，避之北野，随畜移徙，中国谓之匈奴。”[③]夏遗民甚至有继续西移逾天山到中亚阿富汗，为后来大夏先世。徐中舒先生就认为：“匈奴、大夏、月氏、越等为虞夏之后。”[④]

夏后裔向西北地区的撤退迁徙，从西北和北部地区多处考古学文化中存在的二里头文化因素也可略窥一二。如晋西南地区的夏县东下冯遗址，是夏代中晚期时，夏人建立的据点，夏被灭后，夏遗民撤退至晋西南继续与商对抗，所以夏县东下冯遗址的下限一直延续至商代二里岗时期。另外在晋中地区的太原附近，也发现有一些爵、鼎、豆、盆等陶器[⑤]，与夏晚期二里头文化同类器物非常

---

① 杜金鹏：《试论夏商之际的民族迁徙与融合——关于九州“禹迹”的考古学研究》，《郑州大学学报》（哲学社会科学版）1992 年第 2 期。

② 胡厚宣：《甲骨文土方为夏民族考》，《殷墟博物苑苑刊》创刊号，中国社会科学出版社 1989 年 8 月。

③ 王克林：《从出土文物看夏遗民的迁徙》，《考古与文物》2001 年第 2 期。

④ 徐中舒：《月氏为虞后及“氏”和“氐”的问题》，《燕京学报》第 13 期。

⑤ 山西省考古研究所：《太原狄村、东太堡出土的陶器》，《考古与文物》1989 年第 3 期。

相似。夏族群迁入晋南地区长期延续发展,由此可见一斑。此外,在西部关中地区,陕西华县南沙村发现有一些二里头文化陶器,其年代最早者为二里头文化二期[①]。在北部内蒙古敖汉旗大甸子遗址夏家店下层文化墓葬中,出土的陶爵、鬶[②]等具有鲜明的二里头文化特征。在喀喇沁旗西府遗址(属夏家店下层文化)发现的石磬[③]与二里头文化石磬很相像。这些广泛分布于西北和北部边远地区的二里头文化因素,时代特征多是二里头二期偏晚阶段,也就是夏末或夏商交替之际,所以很可能与文献记载中夏灭亡后夏后裔的迁播密切相关[④]。

夏后裔在西北晋南地区与商的对抗,仍是以夏师败绩为结局,所以除一部分继续向西北和北方腹地迁徙外,另外一部分夏族人开始向南方撤退,进入荆楚地区,进而向西南巴蜀地区和东南江浙地区继续远迁,远离商王朝的中心统治区。

(二)夏遗民向西南巴蜀地区的迁徙

夏遗民向西南的迁徙主要是夏族群南下荆楚进而折向西南进入巴蜀之地。夏后裔迁往巴蜀地区的重要证据,是从汉魏时期就广为流传的“禹出西羌”“禹生于石纽,石纽位于蜀郡”的相关记载和传说。学界多认为巴蜀地区广泛流传的大禹出生传说虽然很大程度上与后世附会有关,但也不能否定夏后裔迁入巴蜀地区发展繁衍的真实的历史素地,因为从考古材料看,早在夏商时期巴蜀地区已经和中原地区有了文化和经济上的交流。

文献中大禹生于西羌,为蜀郡之人的说法比较常见,甚至占主流地位。如《史记·六国年表》有“禹兴于西羌”。《吴越春秋》中载禹“家于西羌,地曰石纽。石纽在蜀西川也”。汉代扬雄在《蜀王本纪》中说:“禹本汶山郡广柔县人,生于石纽。”这些记载使大禹与四川紧密地联系在了一起,成为当今部分学者坚信大禹出生于四川、夏民族发祥于岷江流域[⑤]的重要证据。但从夏代考古学文

① 北京大学考古教研室:《华县、渭南古代遗址调查与发掘》,《考古学报》1980年第3期。

② 中国社会科学院考古研究所:《新中国的考古发现与研究》,文物出版社1984年版,第340页。

③ 郑瑞丰、张义成:《喀喇沁旗发现夏家店下层文化石磬》,《文物》1983年第8期。

④ 王克林:《从出土文物看夏遗民的迁徙》,《考古与文物》2001年第2期。

⑤ 罗香林:《夏民族发祥于岷江流域说》,陈志良:《禹与四川之关系》,姜蕴刚:《治水及其人物》,林名均:《四川治水者与水神》,均载《说文月刊》第3卷第9期;陈志良:《禹生石纽考》,《禹贡》半月刊第6卷第6期。

化的分布范围来看,先夏文化和夏文化的中心位于豫中和豫西地区的嵩洛、颍汝河及伊洛河流域,直接控制区域也主要在今山西南部地区和河南境内,所以远在西南长江流域上游的巴蜀之地不可能是夏文化的核心区域,大禹传说在此地的广为流传应是族群迁徙和文化交流的结果。

对二者之间产生联系和交流的具体方式,学界多认为与夏族群的迁徙有关。如翦伯赞先生认为"余疑史前时代,属于夏族之诸羌,已有南徙四川者",还说商以前的四川人"其为夏族,似无可疑"①。李学勤先生认为:"在商代及其以前,蜀人已经和中原文化有所沟通。蜀国的陶盉、牙璋等确与二里头文化明显相关,而牙璋长期成为蜀人的崇拜物。二里头文化最可能是夏文化,其牙璋又最为发达。这指示我们,夏与蜀实有一定关联。"②孙华先生认为:"三星堆文化所代表的三星堆王国的上层社会有来自中原及其以东的人群,三星堆王国王族如果不是全部的话,也有一个支系应当来自二里头王国王族中的东方氏族。"③至于二里头夏族群向巴蜀地区的迁徙路线,有学者认为是夏人从中原腹地向南迁徙,经南阳入湖北,沿汉江南下,然后分为二支,西支溯长江而上经鄂西入四川,在重庆、宜宾有所逗留,后来到达成都平原。所谓禹生石纽在汶川、北川或宜宾,禹娶涂山在重庆以及孟涂、夏耕居处巫山等传说,当皆由此而来。④ 有学者认为是通过鄂西、三峡这样的路线进入四川盆地。⑤ 而夏族群进入巴蜀地区的性质,有学者认为是夏亡后夏人迁徙所致,甚至其中存在着一定的对当地族群的武力征服行为。三星堆文化是二里头的一支西迁成都平原,在征服宝墩文化的基础上形成的。⑥ 有学者认为四川三星堆文化中的夏文化因素是夏亡后迁入此地的夏遗民带来的,并判定禹生石纽的传说是后人附会之辞。⑦ 有学者认为夏人在夏王朝建立及灭亡前后,出于社会情势的变迁,大规模地向巴蜀地区

---

① 翦伯赞:《先秦史》,北京大学出版社 1990 年版,第 149 页。

② 李学勤:《走出疑古时代》(修订本),辽宁大学出版社 1997 年版,第 226 页。

③ 孙华:《来自二里头文化的王族》,《神秘的王国》,巴蜀书社 2003 年版。

④ 杜金鹏:《试论夏商之际的民族迁徙与融合——关于九州"禹迹"的考古学研究》,《郑州大学学报》(哲学社会科学版)1992 年第 2 期。

⑤ 孙华:《四川盆地的青铜时代》,科学出版社 2000 年版,第 37 页。

⑥ 向桃初:《三星堆文化的形成与夏人西迁》,《江汉考古》2005 年第 1 期。

⑦ 沈仲常、黄家祥:《从新繁水观音遗址谈早期蜀文化的有关问题》,《四川文物》1984 年第 2 期;杜金鹏:《三星堆文化与二里头文化的关系及相关问题》,《四川文物》1995 年第 1 期。

移民,从而对当地社会生活发生了极为重大的影响。[①] 不管是何种观点,夏族群曾向西南巴蜀地区迁徙,对当地文化产生了重要影响是无可争辩的事实。

(三)夏遗民向东南地区的迁徙

夏遗民向东南地区的迁徙,主要是“桀奔南巢”。此事在《尚书·仲虺》、《国语·鲁语上》、古本《竹书纪年》、《逸周书·殷祝》、《吕氏春秋·论威》、《说苑·权谋》等典籍中均有记载。至于南巢的地望,《史记正义》引《括地志》云:“庐州巢县有巢湖,即《尚书》‘成汤伐桀,放于南巢’者也。”今人多认为是在以安徽巢湖为中心的江淮一带[②]。除进入江淮地区以外,文献记载夏桀还曾“与妹喜同舟浮江”“同舟浮海”,即顺江入海,进一步南迁进入上海至浙江北部,成为越人的远祖。其实早在夏灭国之前,夏人已经进入江浙地区发展,有所经营,所以灭国后,撤退至这一地区也是有可能的。文献中有江浙地区的越人为夏后裔的明确记载。《史记·越王勾践世家》:“越王勾践,其先禹之苗裔,而夏后帝少康之庶子也,封于会稽,以奉守禹之祀。”《史记正义》引《吴越春秋》:“禹周行天下,还归大越,登茅山以朝四方群臣,封有功,赏有德,崩而葬焉。至少康,恐禹迹宗庙祭祀之绝,乃封其庶子于越,号曰‘无余’。”《越绝书·外传·地传》中也有“昔者,越之先君无余,乃余之世,别封于越,以守禹墓”。这些记载出现的时间比较晚,不能排除后世的附会之说,但夏禹传说和夏人后裔说法在该地区的广为流传,应该与夏人南迁密切相关,很可能就是夏亡国后,一部分夏族之人迁居于此,才使夏禹和夏王朝的诸多传说得以长期流传。

从上述夏王朝时期的族群迁徙状况来看,因为夏王朝以中原地区为统治中心和主要活动区域,所以夏代的移民主要以夏族群的外迁为主,主要方式是夏王朝扩张性的主动迁徙和夏灭亡后的被迫外迁。当然,夏王朝时期的人口流动还有其他形式,如迁都、其他族群首领在夏王朝任职并定居,夏族群与其他族群通婚或其他交流往来等,都可能伴随着一定的人口流动,但因规模较小,或流动区域不出河南地区,所以不作为河南移民范畴考证。夏代的外迁式迁徙,使夏文化的影响扩展至各地,也使夏这个最早的相对统一的广域主权国家成为国家

---

① 曾超:《夏人对巴地的移民新探》,《烟台大学学报》(哲学社会科学版)2004 年第 10 期。

② 杜金鹏:《关于夏桀奔南巢的考古学探索及其意义》,《华夏考古》1991 年第 2 期。

正统地位的指代，后世商、周相继建国，均承夏祀，不仅认可夏王朝最早的国家地位，而且均承继夏王朝的中心统治区域，并以此区域为核心，扩大自己的势力范围。

第三节　商代的河南移民

商代的移民也是以商族群的迁徙为主，造成移民的原因主要有迁都、扩张、灭国等，规模和影响进一步扩大。商族群的迁徙方向与商王朝自身实力的变化密切相关，不同时期有不同的战略重心。

一、先商时期商人的迁徙历程

商人建国后的中心统治区虽然以河南地区为主，但起源却另有其地。早在夏代时，商族群就以部族的形态长期存在，并且不断发展壮大，在夏代晚期时实力基本能与夏王朝抗衡，并最终联合东夷族群灭掉夏王朝。目前学界多认为商人最早的活动地可能位于晋、陕、豫交界区域，后迁入晋南，又东迁至冀南漳河流域和豫北地区发展壮大，并以黄河为界占据黄河北岸的豫北冀南地区，长期与黄河以南的夏代二里头文化并行发展。

从文献记载看，在商人建国前的部族时期，曾有八次大的族群迁徙，即《史记·殷本纪》中"自契至汤八迁"的记载。王国维先生曾对先商时期商族群的八迁做过详细考证，认为八迁具体为：契居蕃为一迁，昭明居砥石为二迁，昭明迁商为三迁，相土东徙泰山后归迁商丘为四迁和五迁，上甲微迁殷又复迁商丘为六迁、七迁，自汤始居亳，从先王居，为八迁。至于八迁的具体地点，由于文献记载语焉不详，造成后人分歧众多。所以自汉代以来，对商人的起源问题便一直争论不休,形成了西方说[①]、东方说[②]、河北说[③]、东北说[④]、晋南说[⑤]等观点,难以形成共识。但不管商人起源于何方,至少有一点可以肯定,即商人并非起源于河南地区,与商建国后统治区域位于河南相比较,商人在建国以前内迁进入河南是存在的。

对于先商时期商族群的活动区域和范围,学界多认为在晋西南、冀北和豫北地区。如李民先生认为商族最早源于山西南部,然后辗转晋中、晋南,经多次迁徙,终于在豫北、冀南逐渐发达,最终形成可与夏王朝抗衡的强劲实力[⑥]。陈昌远先生认为从先商文化的分布与殷人先公迁徙的历史地理考察,商族并不兴起于东方,也不兴起于北方,而应兴起于晋南,后迁徙到豫北、冀南漳河流域,以后漳河型先商文化发展为辉卫型先商文化,而向东发展到濮阳,再发展到沁水流域,沿太行山东麓南下,最后"始居亳"到山西垣曲商城,称为北亳,最后完成灭夏任务后,迁都偃师商城,称为西亳,大其亳邑为郑州商城居黄河之南称为南亳[⑦]。李维明先生认为商族兴起于晋南,而发展于豫北、冀南,到豫北、冀南后逐渐扩大,吸收周围文化的有利因素,从而形成独具特色的先商文化,为中国远古的殷商文明奠定了雄厚的基础。先商文化漳河型,主要分布于河北省滹沱河以南、漳河以北之间;辉卫型主要分布于黄河以北、淇县以南,包括沁河、卫河上游一带[⑧]。从上述诸多学者对先商文化的论述可知,多认为晋南、豫北、冀南等地区与先商文化密切相关。

---

① 西方说的观点主要见于古籍记载,如《史记·六国年表》《尚书序》孔疏引郑玄语及许慎《说文解字》等文献。

② 王国维:《殷周制度论》,《观堂集林》卷十,中华书局1961年版;徐中舒:《殷商史中的几个问题》,《四川大学学报》1979年第2期;王玉哲:《商族的来源地望试探》,《历史研究》1984年第1期。

③ 丁山:《商周史料考证》,中华书局1988年版,第17页。

④ 傅斯年:《夷夏东西说》,《庆祝蔡元培先生六十五岁论文集》下册,《史语所集刊》外编第一种,1935年;金景芳:《商文化起源于我国北方说》,《中华文史论丛》第七辑,上海古籍出版社1978年版;干志耿、李殿福、陈连开:《商先起源于幽燕说》,《历史研究》1985年第5期。

⑤ 李民:《关于商族的起源》,《郑州大学学报》(哲学社会科学版)1984年第1期;陈昌远:《商族起源地望发微》,《历史研究》1987年第1期。

⑥ 李民:《关于商族的起源》,《郑州大学学报》(哲学社会科学版)1984年第1期。

⑦ 陈昌远、陈隆文:《论先商文化渊源及其殷先公迁徙之历史地理考察》(下),《河南大学学报》(社会科学版)2002年第2期。

⑧ 李维明:《从二里头文化晚期遗存与先商文化异同看其性质归属》,《华夏考古》1994年第3期。

先商时期,商族群确然经历了一个由其他地区迁入豫北的迁徙过程,即最初活动于晋南、晋中地区,后迁入河北漳河流域,进而南下进入豫北地区,沿淇水、卫河一线发展壮大,向西突破沁水到达沁水西岸,东和东南以濮阳、杞县为界[①]与东部东夷族群的岳石文化并行发展,南到达黄河北岸,与南岸的夏代二里头文化以黄河为界并行发展。所以宋豫秦先生认为:"卫河以东的濮阳—滑县东部—长垣—杞县—鹿邑一线,均发现有漳河型一类文化遗址和遗物。这一线的黄河以北地区,东西分别与岳石文化和辉卫型文化为邻,黄河以南其东西则分别为岳石文化和二里头文化的分布范围。"[②]这说明早在夏代时,商族群已然开始发展壮大,商族群以及东夷族群是夏代时与夏族群并行发展的重要族群。

二、商建国后屡次迁都引发的族群迁徙

商建国后,都城仍有五迁。古本《竹书纪年》对这五次迁都有详细记载,即成汤仲丁前的商王建都于亳,"仲丁即位,元年,自亳迁都于嚣……河亶甲整即位,自嚣迁于相……祖乙滕即位,是为中宗,居庇……南庚自庇迁于奄……盘庚旬自奄迁于北蒙,曰'殷'。殷在邺南三十里……自盘庚迁殷,至纣之灭,二百七十三年,更不徙都"。《尚书·盘庚》中有概括性的记载:"先王有服,恪谨天命,兹尤不常宁,不常厥邑,于今五邦。"可以说直到商代中晚期盘庚迁殷之前,商王朝的都城一直是迁徙无常。而这五次迁都的具体地点,因文献记载简略,所以从古至今也是考证不断、分歧诸多,但与夏代迁都范围主要位于河南境内不同,商建国后的这五次迁都,涉及的地理范围比较广泛,不乏在河南之外的都城,而且商王朝都城的迁徙是以商王族、各级贵族及其附属宗族为主的整个商族群的大迁徙,所以从地理范围来看涉及到迁入迁出河南的应属于移民范畴。下面对商建国后五次迁都中涉及迁入迁出河南的情况进行具体分析。

商汤建国时将都城建于亳,即《史记·殷本纪》中的"汤始居亳"。亳的具体地望,从古至今众说纷纭,莫衷一是,概括来说有关中杜亳说、偃师西亳说、谷

---

① 汪培梓:《从考古发现看商族势力的消长》,《黄河科技大学学报》2010年第4期。

② 宋豫秦:《夷夏商三种考古文化交汇地域浅谈》,《中原文物》1992年第1期。

熟南亳说、蒙县北亳说、泰安东亳说、内黄卫亳说、郑州郑亳说、晋南垣亳说等观点。[①] 对于文献中多地有“亳”之称的现象,李民先生认为南亳说、北亳说、西亳说同为商汤都城有其一定的合理性,反映的是商初数都并存的历史事实。南亳在今商丘一带,是商汤最早设立的都城;北亳即景亳,位于山东曹县,是拱卫南亳的门户,距离南亳很近,是汤伐桀的出发点和商汤的军事大本营;西亳,是汤灭夏后建立的,位于今河南偃师,即考古发掘出的偃师商城[②]。从考古材料看,郑亳所在的郑州、西亳所在偃师、垣亳所在的山西垣曲,都发现了商代早期即二里岗时期的城址,其中偃师商城和郑州商城在规模和遗迹规格上,更接商代都城,因此是学界讨论亳都所在的热点,其中郑亳说得到了更多的认可。到商王仲丁时,将都城由亳迁至隞(嚣)。隞都的具体位置,历代文献多认为在今郑州附近。从仲丁到河亶甲商王朝一直定都于隞都,河亶甲时将都城迁往相,相的具体地望今人比较认同的是位于今河南安阳内黄县,这两次迁都属于近距离的人口迁移,范围并未超出河南境界。属于河南移民范畴的迁都主要是祖乙迁邢(耿、庇),盘庚迁殷。

关于祖乙所迁之地,文献中的记载比较复杂,有记载祖乙迁邢,有记载祖乙所迁之地为耿,还有记载为庇,邢、耿、庇的具体地望更是众说纷纭。如邢的地望有河北邢台、山西河津县、河南武陟与温县之间;耿的地望有山西河津县、河南温县、山东定陶等;庇的地望有山东费县、朝歌北等。可以说从古至今争论不休。今人对此也有诸多考证,丁山先生认为,从音韵学角度来看,邢、耿、庇三字古音相同,应该同为一地[③]。李民先生认为其迁都之地的具体地望,应该在今河北邢台[④]。目前祖乙所迁之邢,学界多认为位于今河北邢台,因为不仅文献中有相关记载,考古学上也得到了一定证实。《括地志》载:“邢国故城在邢州外城内西南角。”《通典》卷一七八“巨鹿邢州”条下载:“邢州,亦古邢侯之国……按故邢国今州城内西南隅小城是也。”今河北邢台发现有诸多商代前期文化遗存,如邢台市郊发现有贾村、尹郭、曹演庄等十几处商代前期的文化遗存,并且曹演庄

---

① 郑杰祥:《郑州商城与早商文明》,科学出版社 2014 年版,第 52 页。

② 李民:《殷商社会生活史》,河南人民出版社 1993 年版,第 13—14 页。

③ 丁山:《商周史料考证》,中华书局 1988 年版。

④ 李民、朱桢:《祖乙迁邢与卜辞井方》,《郑州大学学报》(哲学社会科学版)1989 年第 6 期。

遗址下层年代与二里头上层年代相当[1],面积较大,文化内涵丰富,有铜礼器和兵器的出土,级别比较高,与文献记载中祖乙所迁之都的地点、年代等有一定吻合。祖乙迁邢,将都城从河南境内迁至河北邢台地区,必然有一部分百姓随之迁徙。

到商王南庚时期,将都城从河北邢台东迁至奄,即今山东曲阜一带。商代迁都中规模较大的移民行为则是商王盘庚的迁都。商王盘庚时,将都城从偏居东部的商奄之地迁入殷地,即今天的安阳,此后商都就此稳定,再无大规模的迁徙之举,即文献记载中的"自盘庚徙殷,至纣之灭,二百七十三年,更不徙都"。盘庚所迁之殷位于今安阳,已是学术界的共识。在安阳发现有商代中后期城址,洹北商城和殷墟,洹北商城始建年代稍早于殷墟,学界多认为应该是盘庚所迁之地,殷墟则是武丁时期的政治中心。

三、商王朝扩展形成的人口外迁

在商代前期,商王朝的扩张和人口外迁重点在西、北、南三个方向,向东并未能突破河南境界进入东夷腹地。随着商代中晚期都城向北迁徙,商王朝的控制中心也开始北移,对西部和南部的控制开始大大缩减,加强东部地区的控制成为重心,商族群开始大量迁入东夷腹地。

(一)商代前期的扩展外迁

商代前期主要指商代二里岗文化期,这一阶段是商王朝的稳定和巩固期,其统治中心位于河南中西部地区的郑州、洛阳,以加强夏故地即"有夏之居"的统治为重点。此时商王朝以洛阳偃师商城和郑州商城为核心,不断向南、西、北三个方向扩展延伸,以建立军事据点和诸侯国的形式加强统治,在西到晋南,北至冀南,南至长江流域汉江平原的广大区域内,广建城邑,迁入大量商族之人,作为控制这些区域的重要据点。

西部地区,商代前期时势力扩展已进入陕西关中平原地区。《后汉书 · 西

---

① 河北省文物管理委员会:《邢台曹演庄遗址发掘报告》,《考古学报》1958 年第 4 期。

羌传》载："后桀之乱，畎夷入居邠、岐之间，成汤既兴，伐而攘之。"说明商初时，商汤为稳定统治已经进入陕西邠、岐之地。从商前期的考古学文化分布看，在二里岗下层时，已有商人迁至关中平原东部，到二里岗上层，继续向西发展，扩展至关中西部和陕南地区。目前陕西地区被认为是商文化的遗存有近百处。[①]这些广泛分布于陕西关中平原的商代早期遗址，鲜明体现出商人势力在西部地区的分布状况。

商代前期在南方地区的扩展建立在夏王朝南方疆域的基础之上。夏朝时，其南方疆域已达到信阳、南阳一带，影响范围远至长江流域中下游和江浙一带，商代夏后，势力继续向南扩展，深入长江沿岸地区和江汉平原的湖北、湖南北部、安徽中西部、江西北部等地区，湖北黄陂盘龙城商代遗址和江西清江吴城遗址的发掘，正是商王朝向南方地区扩展迁徙的具体证据。湖北黄陂盘龙城遗址和江西清江吴城遗址体现出商王朝向南方扩展的两种不同方式和途径，一种是商族群南下建立城邑为据点，加强对当地的控制，以商族群为主体，湖北黄陂盘龙城遗址是此类扩展方式的典型代表。该遗址发现有商代前期的城址，出土有大量与商代早期二里岗文化相似的陶器、铜器等遗物，其城邑的建筑方式、规划布局以及出土器物的形制、纹饰等与二里岗文化有高度的一致性，因此学界多认为该遗址是商族群南下所建立的一个政治、军事中心，也是控制这一地区资源和财富的经济中心[②]，以商人为主体，是商人控制南方地区的重要军事据点。另一种是商族群南下，与当地族群融合发展，因地制宜，从而加强对所在地区的控制。其统治者仍以当地族群为主体，遗址中的地方特色非常明显。因商人迁入这些地区后，带来了相对先进的技术和文化，所以这些遗址的文化特征中有大量的商文化因素。江西清江遗址、湖南石门皂市遗址等，正是此种方式的典型代表。江西清江遗址的持续年代比较长，其早期相当于二里岗早商文化，中期相当于商代晚期的殷墟早期或中期，晚期进入商末周初。该遗址出土有大量商代早期二里岗文化时期的遗物，从其代表性的陶器特征来看，明显分为两组：一组为具有典型地方特色的器物；另一组则与商代的同类器物基本相同，有着

---

① 中国社会科学院考古研究所：《中国考古学·夏商卷》，中国社会科学出版社 2003 年版，第 197 页。

② 张国硕：《先秦人口流动民族迁徙与民族认同研究》，大象出版社 2011 年版，第 124 页。

典型的二里岗早商文化因素。湖南石门皂市遗址的出土器物,除了有典型的商文化因素,地方特色也非常明显。此类遗址体现的主要是商族群与当地族群的融合发展。不管是上述哪种方式,都内含着商族群的大量迁徙,因为大量典型商文化因素的出现,仅靠文化交流传播是不可能实现的,必然伴随着人口的迁徙定居和长期发展。至于商族群南迁的途径,有学者认为主要有两条路线:一是沿今京广铁路的走向,到湖北武汉市折向东南,最终到达江西北部地区,湖北黄陂盘龙城①、江西樟树吴城②为这一线上的典型遗存;另一条是沿今焦枝铁路的走向,通过南阳盆地,深入江汉平原地区,在湖北荆州荆南寺③、湖南石门皂市④等,均发现有典型的商文化遗存⑤。

商代前期商人的北迁方向主要为冀南和晋南地区。商人建国前,最初活动于晋南地区,后迁至冀南豫北地区,并以此为基地逐渐发展壮大与夏抗衡。商建国后,虽然都城南迁,但北方地区冀南和豫北作为商族故地依然是商王朝的重要统治区。晋南地区在商灭夏后,曾短暂作为夏遗民的逃亡据点,后随着夏族群再次战败被迫继续北迁和西迁,晋南重新成为商王朝的重要控制区域。商王朝对晋南地区的控制方式主要是迁徙大量的商族之人前往这一地区,直接建立城邑作为军事据点,以加强和巩固统治,减弱夏遗民的影响和反抗,山西垣曲商城和夏县东下冯商城的建立正是出于此目的,其性质明显是以商族群为主的商文化遗址。

商代前期的外迁扩展主要是北、西、南三个方向,其东界仍位于建国前的东界线,即河南鹿邑、杞县一带,并未超出今河南东境,进入山东腹地。这主要是因为商夷联盟在商代前期时依然相对稳固。商人能够对抗夏人并最终灭夏建国,除了自身力量逐渐强大,与东夷族群的联盟也是重要保证。在商灭夏的过程中,东夷族群中的有施氏、有仍氏、有缗氏、有莘氏、薛、卞等都曾加入商夷联盟⑥,是商灭夏的重要力量。这种联盟关系在商代前期依然存续,所以商王朝在

① 湖北省博物馆、北京大学考古专业盘龙城发掘队:《盘龙城一九七四年度田野考古纪要》,《文物》1976 年第 2 期;湖北省文物考古研究所:《盘龙城》,文物出版社 2001 年版。

② 江西省文物考古研究所等:《吴城:1973—2002 年考古发掘报告》,科学出版社 2005 年版。

③ 荆州地区博物馆等:《湖北江陵荆南寺遗址第一、二次发掘简报》,《考古》1989 年第 8 期。

④ 何介钧:《湖南商周时期古文化的分布探索》,《湖南考古辑刊》2,岳麓书社 1984 年版。

⑤ 张国硕:《先秦人口流动民族迁徙与民族认同研究》,大象出版社 2011 年版,第 124 页。

⑥ 张国硕:《先秦人口流动民族迁徙与民族认同研究》,大象出版社 2011 年版,第 120 页。

早期时并未向东部地区扩展，直到商中期以后，商夷关系恶化，商王朝才开始加强对东方地区的控制。

（二）商代中后期的扩展外迁

随着商代中期都城的北迁，商王朝对南部和西部地区的控制逐渐减弱。其在西部地区的撤退与关中地区周族的兴起和发展不无关系，而其在南部地区控制的萎缩，应该与商王朝中后期都城不断北迁，实力难以企及有关。

商代中后期商人开始大举向东扩展，到商代晚期，除了胶东半岛及鲁东南部分地区，今山东地区已完全成为商文化覆盖区①，并且向东南延伸至江苏北部地区。商王朝向东部地区的扩张迁徙始于商代中期商王仲丁时，当时商夷联盟开始瓦解，双方不断发生冲突。古本《竹书纪年》载："仲丁即位，征于蓝夷。"《后汉书·东夷列传》载："至于仲丁，蓝夷作寇，或畔或服。"一直到河亶甲时，商王朝和蓝夷的冲突仍在持续，即古本《竹书纪年》所载："河亶甲整即位……征蓝夷，再征班方。""蓝夷"所在的位置，丁山先生认为在今山东省滕州市东南，即春秋时代的"滥邑"②，为东夷的一支；"班方"则位于山东省东南部，为汉代时东海郡的襄贲③。到商代晚期，东夷文化的分布范围继续缩小，大部分山东地区已纳入商文化范围。商王朝在东方地区建立了"薄姑、商奄"等诸侯国以加强对东方地区的控制，如《左传·昭公九年》："及武王克商，薄姑、商奄吾东土也。""薄姑"的地望，《水经·济水注》引《地理志》载："薄姑故城在临淄西北五十里。""商奄"的地望，为山东曲阜一带，《后汉书·郡国志》载："鲁国，（古）奄国。"《括地志》云："兖州曲阜县奄里，即奄国之地也。"考古工作者曾在山东益都县（今青州市）城东北的苏埠屯，发掘出四座商代后期的墓葬④，其中出土的器物在形制、纹饰上与殷墟所出的同类器物非常相似，而且其中一座大型墓中还出土有"亚醜"铭文的象征军事权力的铜钺。由于有"亚醜"铭文的青铜器在山东地区曾多次被发现，此墓葬所在的地区又与文献记载的"薄姑"所在地相近，因

---

① 张国硕：《先秦人口流动民族迁徙与民族认同研究》，大象出版社 2011 年版，第 121 页。

② 丁山：《商周史料考证》，中华书局 1988 年版，第 29 页。

③ 丁山：《商周史料考证》，中华书局 1988 年版，第 30 页。

④ 殷之彝：《山东益都苏埠屯墓地和亚醜铜器》，《考古学报》1977 年第 2 期。

此学界多认为苏埠屯商代大墓可能是薄姑君主的陵墓,“亚醜”是薄姑氏的族徽①。这些东方诸侯国的广泛建立,充分显示出商族群在东方地区的扩展状况。

商代中后期向北方的扩展重点在河北和京津地区,这与商代后期祖乙将都城北迁至河北邢台,以及商晚期都城建于豫北安阳地区密切相关。与此同时,商王朝对西北和南方地区的控制开始收缩。

商代前期曾广泛分布于西部关中平原的早商遗址开始逐渐被废弃,商晚期文化在这些地区几乎难以见到。这种局面的形成一方面与商代后期统治中心向冀南豫北地区转移,扩张重点随之转移到东部和北部地区有关;另一方面与西部地区周族群的发展壮大有直接关联。

南部地区也是如此,商代前期南方地区的江汉平原一直是商王朝的重要统治区域,但商中晚期时商人势力开始逐渐退缩。商王武丁时,位于今湖北地区的“荆楚”就经常发生叛乱。如《诗经·商颂·殷武》:“挞彼殷武,奋伐荆楚……维女荆楚,居国南乡。”武丁以后,商王朝在南方地区的控制开始减弱,并退出江汉地区,其南方疆域的界限移至今南阳、信阳一带②。商王朝势力在南方地区的退缩导致在这些地区生活的商族人出现了两种倾向:一种是随之北撤,迁回至中原地区商的中心统治区发展;另一种则是继续向南方腹地或西南方向迁徙。考古工作者在今四川和汉中地区都发现有商代中晚期的文化遗存,如陕西城固县发现有不少殷商青铜器③,四川彭县竹瓦街发现有商代晚期的青铜器窖藏④,四川广汉三星堆遗址发现有商代城址⑤,等等,这些地区发现的青铜器有的有着非常鲜明的殷商青铜器风格,有的甚至和殷商时期的器物完全一致,一定程度上反映了商代晚期商文化与西南地区的文化交流以及人员的交流往来,即商代晚期应该有商族人迁入西南巴蜀地区,并对这些地区的青铜文明发展进程产生了重要影响和作用。

---

① 张国硕:《先秦人口流动民族迁徙与民族认同研究》,大象出版社 2011 年版,第 122 页。

② 张国硕:《先秦人口流动民族迁徙与民族认同研究》,大象出版社 2011 年版,第 125 页。

③ 唐金裕等:《陕西城固县出土殷商铜器整理简报》,《考古》1980 年第 3 期。

④ 王家佑:《记四川彭县竹瓦街出土的铜器》,《文物》1961 年第 11 期。

⑤ 陈德安、罗亚平:《广汉三星堆遗址发掘获重大成果》,《中国文物报》1989 年 9 月 15 日。

四、商亡后其后裔的迁徙

商代移民除迁都和兴盛期的扩张迁徙外，商灭亡后，商后裔的迁徙也是重要内容之一。由于商纣王失去民心，许多贵族大臣早在武王进攻之前已投奔西周，战争进行至最后，士兵倒戈，败局已定。灭国后，商人后裔的外迁主要有以下三种情况。

第一种是融入西周族群，随周初分封分迁至各地的商后裔。这应该是商后裔外迁最主要的方式，多是举族而迁。《史记·管蔡世家》载："周公旦承成王命，伐诛武庚……而分殷余民为二……其一封康叔为卫君，是为卫康叔。"《左传·定公四年》载分康叔以"殷民七族"，包括陶氏、施氏、繁氏、锜氏、樊氏、饥氏、终葵氏等，又分鲁公以"殷民六族"，包括条氏、徐氏、萧(肖)氏、索氏、长勺氏、尾勺氏等。鲁公即周公旦，封国为鲁，都城在今山东曲阜，分给鲁公的"殷民六族"必然会随之迁往山东封国境内。

第二种是迁入关中地区的西周都城，主要是商时的重要大臣及其宗族。《史记·殷本纪》载："纣愈淫乱不止。微子数谏不听，乃与大师、少师谋，遂去……殷之大师、少师乃持其祭乐器奔周。"由此可知，这种商朝臣投奔西周的现象早在商代晚期就已出现。西周建国后，对商王朝遗留的重臣依然起用，或给其封邑，或封为诸侯。如分封纣子武庚，令其"以续殷祀，令修行盘庚之政"。后武庚联合周之三监发动叛乱被平息后，周又分封商王族微子于宋，以承殷祀。除就地分封外，周王朝还起用商王朝时的祝宗卜史等大臣，让其继续担任周王朝的职官，以便更好地吸纳商王朝先进的文化和技术，同时稳定殷商旧臣宗室。《诗经·大雅·文王》中有关于殷商遗臣在周王室为官的记载："殷士肤敏，祼将于京。"意思是，来自殷朝的臣子，漂亮聪明，都行祼献之礼，在周王京城助祭，扶助周室①。这说明周初时商人迁入周都在朝为官是比较常见的。

最后一类是在商王朝灭亡后远迁他地的。迁播方向主要有北方和东北方、南方江南地区。迁往北方和东北方的殷商后裔，主要有王子禄父北迁和箕子远

---

① 张国硕：《先秦人口流动民族迁徙与民族认同研究》，大象出版社 2011 年版，第 163 页。

赴朝鲜。《逸周书·作洛解》中有"王子禄父北奔"的记载,王子禄父即纣子武庚。武王灭商后,分封武庚于殷地,以承商祀,命其修行盘庚之政,后武庚联合西周的管叔、蔡叔、霍叔一起发动"三监之乱"。被周公平息后,王子禄父开始向北出逃,其具体的北逃路线,学者推测应该是沿着太行山东麓向北逃窜至周人不能直接控制的区域①。商后裔在东北地区的存续证据与文献中记载的东北腹地的夫余国有关,该国中盛行的礼俗与商人非常近似。《三国志·乌丸鲜卑东夷传》载:"夫余……食、饮皆用俎豆;会同拜爵、洗爵,揖让,升降;以殷正月祭天……国之耆老自说古之亡人。"夫余国的地理位置主要位于今辽、吉两省,由于夫余国沿用殷商礼俗,所以有学者认为并不能排除其为北逃的殷商后裔或武庚后裔②。商后裔有史所载的向东北方的迁徙就是箕子入朝鲜。《尚书大传》载,商亡国后"箕子不忍周释,走之朝鲜。武王闻之,因以朝鲜封之"。《汉书·地理志》对此事也有记载:"殷道衰,箕子去之朝鲜,教其民以礼仪田蚕织作。"其他文献中对此事也多有记载。至于箕子所建的"朝鲜",学界有不同看法,有认为在辽西,并非今天的"朝鲜"③;有认为在周代燕国东北④;有认为最初在辽西后东迁至辽河以东甚至朝鲜半岛⑤。从考古资料看,西周初年,今辽西地区确实有商族人的活动遗迹。在辽西地区的喀左县西南大凌河两岸曾先后出土一批商周时期的窖藏青铜器,并且常常是商代器物与西周初期器物同在一个窖藏内。对此,有学者认为应该是箕子封国的遗存⑥;有学者认为"是商文化在当地扎根的反映"⑦。不管是何种看法,西周初年商文化在辽西地区仍有遗留是不争的事实,也是殷商遗民文化在东北地区延续的具体体现。有学者对迁往东北辽宁地区殷遗民的重大影响高度赞扬,认为箕子迁入辽西,表明了殷商文化向东北扩散的趋势,经过箕子入朝鲜及其后再次迁移的朝鲜侯和乐浪朝鲜,中华文明"由辽西到辽东,最后到乐浪,由西到东,由南到北,在当时东北谱写了一部以殷遗

① 张国硕:《先秦人口流动民族迁徙与民族认同研究》,大象出版社2011年版,第166页。
② 张国硕:《先秦人口流动民族迁徙与民族认同研究》,大象出版社2011年版,第166页。
③ 张博泉:《箕子与朝鲜研究的问题》,《吉林大学社会科学学报》2000年第3期。
④ 吕思勉:《中国民族史》,中国大百科全书出版社1987年版,第120页。
⑤ 阎海:《箕子东走朝鲜探因》,《北方文物》2001年第2期。
⑥ 喀左县文化馆等:《辽宁喀左北洞村出土殷周青铜器》,《考古》1974年第6期。
⑦ 魏凡:《就出土青铜器探索辽宁商文化问题》,《辽宁大学学报》1983年第5期。

为主的东北古代文明史”[1]，对东北和朝鲜半岛中北部各民族的文化发展和文明进程产生了深刻影响。商遗民向南方地区的迁徙，主要是迁入湖南、湖北，少数有迁至更远的岭南地区。《吕氏春秋·古乐》篇载：“成王立，殷民反，王命周公践伐之。商人服象，为虐于东夷。周公遂以师逐之，至于江南。”今湖南、湖北地区曾出土有大量商周青铜器，有的青铜器上有殷代望族的族徽铭文。另外在今广西境内也出土有商末周初的青铜器，有的与中原晚商青铜器非常相似，因此并不能排除是商灭后由被迫逃亡至岭南地区的殷遗民所带入[2]。在这些远离西周统治区的地区发现的西周初年的商代晚期遗址或遗物，虽不排除有文化交流的结果，但一定程度上也可能是殷商遗民迁移的反映。

商代河南境内的族群迁徙和移民，进一步加速了夏商族群、东夷族群及南方族群的融合同化，华夏民族的主体成分逐渐扩大。同时由于商王朝统治疆域的扩大和影响力的增强，在商的统治区和影响区，社会习俗、宗教信仰等意识形态开始逐渐趋于统一，华夏民族进入自在民族阶段[3]，出现了初期的民族意识。

第四节　周代的河南移民

周代的河南移民可以分为西周和东周两个时期，不同阶段移民方式有所不同。周代的移民范围远比夏商时期广泛，族群间的交流融合达到了一个新的高潮，并促使华夏民族最终形成。

① 张博泉：《箕子与朝鲜研究的问题》，《吉林大学社会科学学报》2000 年第 3 期。

② 蒋廷瑜、蓝日勇：《广西先秦青铜文化初论》，《中国考古学会第四次年会论文集》，文物出版社 1985 年版。

③ 王震中：《从复合制国家结构看华夏民族的形成》，《中国社会科学》2013 年第 10 期。

一、西周分封制引发的移民

西周分封制是引起西周大规模移民的主要原因和方式。分封主要以同姓宗亲为主，除了分封同姓宗亲，还有一些异姓功臣和古帝王之后也在分封之列。因以同姓宗亲为主要分封对象，所以周初封国中，以姬姓方国数量最多。《荀子·儒效篇》记载"周之子孙，苟不狂惑者，莫不为天下之显诸侯"，"姬姓独居五十三人"，由此可见姬姓诸侯国数量之多。这些姬姓诸侯国以周人为主体建立，必然有大量的周族之人迁入封国。涉及河南移民的主要是建立于中原地区的姬姓封国。武王灭商后，为加强对殷遗民的控制和管理，在殷商故地率先设立了三监，即管叔、蔡叔和霍叔，后又陆续在河南境内设立卫、东虢、南虢、应、密等姬姓诸侯国，其中规模较大的有管、蔡、卫等。随着获得分封的周王室贵族从西周都城就迁封地，其族人及附属宗族也随之迁入河南境内。

管为武王弟管叔的分封地，位于今郑州地区。《史记·管蔡世家·正义》引《括地志》载："郑州管城县，今州外城即管国城也，是叔鲜所封国也。"关于管的地望还有荥阳、郑州西北等观点，但大致范围均不出今郑州地区。考古工作者在郑州西北郊郑州大学新校区一带发现了丰富的西周文化遗存，如郑庄遗址、祥营遗址、瓦屋李遗址、冉屯遗址、道李遗址、洼刘遗址等[①]，有学者认为该地区应该是西周早期管国的所在地[②]。周公执政后，管叔不满周公独自辅政，于是联合同为三监的蔡叔、霍叔，以及纣王之子武庚一起发动了"三监之乱"，后被周公平定，管国也被废除。

蔡是武王弟蔡叔的封地，与管同为三监。蔡的地望在今河南上蔡县，不仅是监管殷遗民的三监之国，更是西周统治淮河流域，维护东方稳定的重要诸侯国。所以"三监之乱"被平定后，蔡叔虽被流放，但蔡国并未被废，周公封蔡叔之子胡于蔡，继续维持蔡国的统治，以保障淮河流域的稳定。

---

① 张松林：《郑州市西北郊区考古调查简报》，《中原文物》1986年第4期。

② 张松林：《郑州文物考古工作回顾与思考》，《郑州文物考古与研究》(一)，科学出版社2003年版。

卫是武王弟康叔的封地，都城设于朝歌（今河南淇县）。卫是在“三监之乱”被平定后，取代三监对殷遗民的控制而设立的。“三监之乱”爆发时，康叔支持周公，在平叛中起到了重要作用，因此，被分封于商都故地河淇之间，以代替三监，镇守殷商王畿地区。周王对卫国的分封非常重视，《左传·定公四年》载，康叔受封时，周王曾举行“授土”“授民”仪式，将大片土地和原居于殷商故地的“殷民七族”分封给他。考古工作者在河南浚县辛村发现有大量西周早期至春秋初年的墓葬及车马坑[1]，有大、中、小等不同的级别和类型，出土的青铜器铭文中有“卫”“侯”等，因此，有学者认为该处墓地应是卫国贵族的埋葬地[2]。

从上述管、蔡、卫等姬姓诸侯国的设立来看，西周王朝对殷商故地的控制是极其重视的，殷商故地位居中原腹心，这一地区的稳定直接关系着周王朝中部和东部地区的稳定，再加上大量殷商遗民的存在，对刚刚建立的西周王朝来说也是一个极大的不稳定因素。所以，周王在殷商故地直接派遣周王族建立诸侯国，以加强控制，随之迁往封国的必然有大量周族之人，如此才能在殷遗民众多的地区逐渐占据主导，稳定统治。从河南地区发现的商末周初遗址来看，西周早期，殷遗民集中的地方，晚商文化因素一直与西周早期文化因素并存了很长一段时间，才逐渐减弱消亡，西周文化完全占据主导地位是有一个发展过程的。

二、西周营建成周洛邑带来的周人移民

除分封制引发的移民之外，成周洛邑的营建也造成了大量周人向河南的迁徙。周灭商后，开始在洛阳营建成周作为稳定中原和东方地区的重要陪都。成周建成后，散居各地的殷商遗民尤其是商故都之地的王室贵族被集中迁往成周，以便统一加强管理。与此同时，大量的周人也随之迁入，成为这一地区的主导者。

成周的营建是作为都城来配备的，不仅有宗庙建筑，也有百官理政之所，各

---

① 郭宝钧：《浚县辛村》，科学出版社 1964 年版。

② 张国硕：《先秦人口流动民族迁徙与民族认同研究》，大象出版社 2011 年版，第 159 页。

种基础设施齐全,为当时的都城和政治、经济、文化中心毫无疑问[①]。文献明确记载当时的洛邑成周有“东都”之称。如《左传·昭公三十二年》载“昔成王合诸侯城成周,以为东都”[②]。《史记·周本纪》:“平王立,东迁于洛邑,辟戎寇。”《史记正义》:“(洛邑)即王城也。平王以前号东都。”[③]成周不仅有“东都”之称,而且还是象征国家主权的九鼎所在地,《左传·桓公二年》载“武王克商,迁九鼎于洛邑”[④],同时还建有宗庙建筑和各级中央官僚机构,以加强对四方诸侯的管理。除了政治上的中心地位,成周还驻扎有强大的军事力量以震慑四方诸侯,巩固国家统治,常见的便是文献和铜器铭文中的“成周八师”。成周八师之外还有其他军事力量,可以说洛邑兵力雄厚,足以稳固西周王朝的统治。在经济上,成周也是当时天下会聚之所,《史记·货殖列传》云:“洛阳东贾齐、鲁,南贾梁、楚。”[⑤]成周还是当时的文化中心,《尚书大传》载周公“五年营成周,六年制礼作乐,七年致政成王”。郑玄曰:“(周公)作六典之职,谓之周礼,营于土中,七年致成王,以礼受之,使居洛邑治天下。”周公在成周制礼作乐,对后世影响深远[⑥]。成周建成后,殷商遗民被大量移居于此,如果没有周人的大批移入,占据主导地位和统治地位,洛邑根本不可能成为周人的政治文化中心。在考古材料中也有证明,西周时期洛阳地区的文化是以周人文化为主导的。在今洛阳瀍河两岸,考古工作者发现有大量西周时期的墓葬和遗址,既有贵族墓又有平民墓,出土有大量具有西周早期风格的遗物和遗迹。除了大量的西周遗址,还发现有一些典型殷商晚期风格的殷遗民墓葬,证实了文献记载中迁殷遗民于成周的事实[⑦]。这说明,洛邑在西周初年确曾迁入了大量的西周族群,与迁居于此的商遗民长期并存发展,最后融合同化,西周文化占据主导地位。

---

① 豫乔:《正确看待洛阳在中国古都中的地位》,《河南大学学报》(社会科学版)1993 年第 4 期。

② 杨伯峻编著:《春秋左传注》,中华书局 2000 年版,第 1517 页。

③ 〔汉〕司马迁:《史记》,中华书局 2003 年版,第 149 页。

④ 杨伯峻编注:《春秋左传注》,中华书局 2000 年版,第 89 页。

⑤ 〔汉〕司马迁:《史记》,中华书局 2003 年版,第 3265 页。

⑥ 豫乔:《正确看待洛阳在中国古都中的地位》,《河南大学学报》(社会科学版)1993 年第 4 期。

⑦ 叶万松等:《西周洛邑城址考》,《华夏考古》1991 年第 2 期。

三、东周王室和诸侯都城迁徙形成的移民

东周时，周王室力量逐渐衰落，各诸侯国势力则不断扩大直接威胁到王室统治，使周王室连表面上的统一都难以维持。失去了王室约束力的诸侯国，纷争和混战不断，导致诸侯国的统治区域不断变化，都城频繁搬迁，国内民众也不得不随之迁徙不定。这种由于都城迁徙造成的河南移民现象除东周王室迁都洛阳带来的内迁外，主要涉及曾在河南建都的韩、赵、魏、郑和南方地区的楚等诸侯国。

由南向北迁徙进入河南境内的诸侯国以春秋战国时期的楚国最为典型。楚国兴起于南方，春秋时期，偏居南方地区的楚国先后征服周边小国，实力不断扩张，到楚庄王时，北上与晋国争霸，曾一度成为霸主。当时楚国的疆域西北到达武关（今陕西丹凤县东南），东到韶关（今安徽含山县北），北到今河南南阳市，南到洞庭湖以南。楚的北部疆域已进入河南境内，对于逐渐扩展的疆域，楚国必然会派遣本国的王室宗族迁往新扩之疆域，以加强控制。到战国时，楚国疆域进一步扩大，但随着西部强秦的崛起，秦楚之间不断发生战争，楚屡次战败，疆域开始缩小。公元前 278 年，秦军攻下楚都郢，楚国不得不迁都于陈，即今河南淮阳。这种迁都过程是楚国王室、宗族、臣民的大迁徙，由南向北迁入河南境内。但在秦军的不断追击下，楚以陈为都并未持续太久，就不得不再次迁徙。在楚考烈王十年（前 253）时，从河南的陈再次南下，迁出河南，迁都至钜阳（今安徽阜阳市北）；二十一年（前 242），再次迁都于寿春（今安徽寿县）。在短短的三十几年时间内，楚国的大量人口从长江中游长途迁至淮河中游，规模之大，距离之长，在整个春秋战国时期也是非常罕见的①。

与南方诸侯国向北迁徙的长途跋涉相比，北方地区诸侯国众多，且大多疆域有限，面积狭小，由于战争激烈，人口的迁徙流动更加复杂和频繁。

郑国获封于西周时期，其封地最初在今陕西华县。西周末年，由于王室力量衰微，郑桓公让封国内的宗族和国人率先向东迁徙进入河南境内，在今洛阳

---

① 葛剑雄：《中国移民史》第二卷，福建人民出版社 1997 年版，第 24—25 页。

以东,夺取东虢(今河南荥阳市东北)和郐(今河南新郑市西北)的十个城邑,并在这一带建立了自己的国家。犬戎攻入西周都城后,郑武公护送周平王东迁洛阳,由于护送有功被周平王封为公卿,势力迅速扩展。此后郑武公灭掉东虢和郐这两个小诸侯国,正式将都城建于新郑(今河南新郑市),开启了春秋五霸的早期霸主模式,一直到公元前 375 年被魏所灭都没有再迁过都城。[①]

韩、赵、魏三国原本属于春秋时期晋国的公卿,后随着晋国公室衰落,韩、赵、魏三家分晋,建立了自己的国家。韩国的先公最初是春秋时期晋国的大夫,其封邑在韩原(今山西河津县东北),春秋末年,韩贞子迁居平阳(今山西临汾市西南),韩武子时东迁进入河南境内,建都于宜阳(今河南宜阳县西)。与赵、魏三家分晋后,被正式封为诸侯,在阳翟(今河南禹州)建都。韩哀侯时,攻灭郑国,将都城迁至郑国都城所在地新郑,此后直至被秦所灭未再徙都。赵是西周末年晋的属国,春秋晋献公时,赵夙受封于耿(今山西河津县东南),晋文公时,赵衰被封为原大夫,由山西地区迁往原(今河南济源市西北),进入河南境内。三家分晋后,被周威烈王正式封为诸侯。赵桓子继位后,将都城迁往中牟邑(今河南鹤壁市西)。赵敬侯元年由中牟迁往邯郸(今河北邯郸市),迁出河南。魏国的始祖也是晋献公的大夫,封地在魏(今山西芮城县北),后有几次迁徙均在山西境内。三家分晋后被正式封为诸侯,建都于安邑(今山西夏县西北)。战国初年,魏文侯任用李悝变法,国力大增,打败了周边许多诸侯国,疆域迅速扩大,在魏惠王时将都城迁往大梁(今河南开封市),直到公元前 225 年被秦所灭[②],未曾徙都。

除上述这些较大的诸侯国建都或都城迁徙带来的人口迁徙外,东周时期,诸侯之间长期纷争不断,一些实力小、范围小的小诸侯国在夹缝中艰难地寻求生存,或依附于大诸侯国成为其附庸,或辗转迁徙寻求安全之所,这些小诸侯国的迁徙往往是以君主为首的举国迁徙。如杞在周初被封于雍丘(今河南杞县境内),《左传·僖公十三年》载,为躲避淮夷之难,公元前 647 年,杞成公曾将都城迁至缘陵(今山东昌乐县东南),文公时,又遭到鲁国侵略,被迫继续东迁至淳于

---

① 葛剑雄:《中国移民史》第二卷,福建人民出版社 1997 年版,第 36 页。

② 葛剑雄:《中国移民史》第二卷,福建人民出版社 1997 年版,第 33 页。

（今山东安丘市东北）[1]。许国，原封地在今河南许昌市附近，因力量弱小，春秋时经常遭到郑国、楚国、晋国等大国的侵略和掠夺。为躲避楚国和郑国的锋芒，许国只能迁徙，公元前 576 年，许灵公被迫迁到了叶（今河南叶县西南），成为楚国附庸，原居地被郑国占领。公元前 533 年，楚灭陈，许将都城由叶迁至夷邑（今安徽亳州市东南城父镇），后楚国惧怕郑国和晋国进入楚国境内伐许，又迫使许将都城迁至析（今河南西峡县西关外），公元前 506 年，又迁往容城（今河南鲁山东南）。蔡国，原为西周时期的三监之一，封地在今河南上蔡县，后迁都至新蔡县。进入东周以后实力也开始衰落，在楚、郑等强国的压迫下艰难生存。《左传・哀公二年》记载，公元前 493 年，蔡国为避免楚国的军事打击和报复，在吴国的帮助下将都城由中原地区迁至州来（今安徽寿县，一说在凤台县）。

东周时期这些诸侯国政治中心的不断迁移，造成了大范围的人口迁徙和混居现象，这也是中原地区族群融合的重要时期，促使华夏民族最终形成。

四、东周时期周边戎狄的内迁中原与民族融合

西周晚期，生活于西北和北方地区的戎狄族群开始向中原地区逼近，由于犬戎的攻击，周平王被迫放弃宗周，东迁洛阳，西周原有之地被犬戎占据。此后，周边的戎狄族群更是大规模的向中原地区内迁，与中原族群杂居相处，交错分布。后随着中原诸侯国的强大，戎狄之族除少数被打击四散逃亡，大多数在长期与中原族群的混居中，逐渐同化融合于中原华夏族群，成为华夏民族的重要组成部分。当时内迁中原的戎狄部族主要来自西部、西北部和北部地区。

《后汉书・西羌传》中对东周时期戎狄在中原地区的分布和作用都有提及："及平王之末，周遂陵迟，戎逼诸夏，自陇山以东，及乎伊、洛，往往有戎……伊、洛间有扬拒、泉皋之戎，颍首以西有蛮氏之戎。当春秋时，间在中国，与诸夏盟会。"其中，扬拒、泉皋、蛮氏之戎原居于西部和西北地区，此时已经内迁至中原腹地，主要活动地为山西西北部和河南中西部地区。内迁的戎狄族群多以其所居之地命名，如骊戎、冀戎、扬拒、泉皋、伊洛之戎、陆浑之戎、茅戎、阴戎、九州之

---

① 唐嘉弘：《春秋时代的戎狄夷蛮》，《先秦史研究》，云南民族出版社 1987 年版。

戎等,从其名字就可以看出所在区域。其中,迁居周都洛邑附近的戎狄族群,主要有伊洛地区的扬拒、泉皋、伊洛之戎和活动于河南伊川境内的蛮氏之戎[①],又称戎蛮子或陆浑蛮氏。其中陆浑之戎除分布于伊川之外,还有一些分布于熊耳、外方诸山以北,称为“阴戎”和“九州之戎”。除了西部和西北部的戎人内迁,北部地区的戎狄族群也在这一时期南下内迁,多次进攻中原诸侯国,甚至危及周王室。如公元前 714 年,“北戎侵郑”;公元前 706 年,“山戎越燕而伐齐”[②];公元前 664 年,“山戎伐燕”[③];公元前 664 年,山戎攻打周王朝,周王告急于齐,齐令各诸侯国发兵救周,才打败山戎。整个东周时期,北部戎狄的势力一度侵占至太行山以东、黄河以北的广大地区[④]。

除大量迁入中原外,戎狄族群也加入了东周时期的诸侯纷争。《史记·匈奴列传》载,公元前 645 年左右,周襄王想要伐郑,以打击郑国势力,所以就娶了戎狄女为后,借助戎狄的力量联合起兵攻郑。随后不久,襄王就废除了狄后,狄后非常生气,于是联合襄王后母惠后,打算立惠后之子子带为王,并且引戎狄兵入境赶走了周襄王,立子带为天子,“于是戎狄或居于陆浑,东至于卫,侵盗暴虐”[⑤]。后来在晋文公的帮助下,才打败戎狄,杀了子带,将周襄王迎回洛邑。《后汉书》中记载,平王东迁后,周朝衰弱,“戎逼诸夏,自陇山以东及乎伊洛,往往有戎”[⑥],甚至“伊、洛戎强,东侵曹、鲁”[⑦]。在晋楚争霸时,陆浑戎、伊洛阴戎事晋,后陆浑戎背叛晋国,被晋所灭,融入华夏族群;伊洛阴戎也被战国时期中原地区的大国韩、魏所灭,除少部分西逃外,其余族众皆融入中原地区的华夏族群[⑧]。北方的戎狄也是如此,多次南下攻击中原诸侯国,并在被占领地区建立自己的小国家。《左传·闵公元年》记载,公元前 661 年“狄人伐邢”,第二年,“狄人伐卫……卫师败绩,遂灭卫”。北狄先后灭掉邢、卫,迫使这两个中原诸侯国迁到黄河以南躲避狄难,而狄人中的一些部落,如甲氏等迁到邢卫故地,并在太

---

① 〔南朝宋〕范晔:《后汉书》卷八七《西羌传》,中华书局 1965 年版,第 2872 页。
② 〔汉〕司马迁:《史记》卷一一〇《匈奴列传》,中华书局 1965 年版,第 2881 页。
③ 〔汉〕司马迁:《史记》卷三二《齐太公世家》,中华书局 1965 年版,第 1488 页。
④ 张国硕:《先秦人口流动民族迁徙与民族认同研究》,大象出版社 2011 年版,第 201—203 页。
⑤ 〔汉〕司马迁:《史记》卷一一〇《匈奴列传》,中华书局 1965 年版,第 2882 页。
⑥ 〔南朝宋〕范晔:《后汉书》卷八七《西羌传》,中华书局 1965 年版,第 2872 页。
⑦ 〔南朝宋〕范晔:《后汉书》卷八七《西羌传》,中华书局 1965 年版,第 2872 页。
⑧ 任崇岳:《中原移民简史》,河南人民出版社 2006 年版,第 26 页。

行山以东主要是河北中部地区建立自己的小诸侯国，如肥、鼓、中山等。到战国晚期，北方戎狄族群除少数加入东胡族群外，大多数已经融入周属族团[①]，成为华夏族群的组成部分。随着戎狄族群融入中原，在战国晚期时已经融合形成统一的华夏民族，“自是中国无戎寇”[②]。

第五节 先秦河南古国兴亡引发的移民及其影响

先秦时期，除以夏、商、周三族为主体建立的夏、商、周王朝外，还同时存在着众多、大小不等的小邦国、方国，与夏、商、周王朝之间或附属和同盟，或敌对。这些古国、封国的兴亡或迁都也引发了一定的人口迁徙流动。

一、上古中原古国的灭亡与迁徙

夏代时被灭国，后裔迁徙情况有据可考的位于河南的古国，据马世之先生考证主要有有穷氏和鬲（有鬲氏），其后裔在国灭后，主要是向东和东南地区迁移，进入东夷族群的核心区域。有穷氏，为夏代时的偃姓国，原本就属于东夷族群的一支。其最初的活动范围在今河南滑县以东至濮阳市一带。夏王太康由于荒废政事导致国家动乱，有穷氏首领后羿趁机西进河洛，取代夏政权，后被大臣寒浞杀死，取代其位，仍袭有穷氏之号。直到夏王少康时，才联合夏族旧部，打败寒浞父子，重新恢复夏王朝统治。而有穷氏残部则被迫离开河洛地区，沿颍水向东南方逃至淮水流域，即今安徽霍丘县一带。[③] 鬲，即有鬲氏，也是夏代时的偃姓国，其原居地位于今河南新密市一带。有穷氏西进代夏时，鬲人被迫

---

① 张国硕：《先秦人口流动民族迁徙与民族认同研究》，大象出版社 2011 年版，第 203 页。

② 〔南朝宋〕范晔：《后汉书》卷八七《西羌传》，中华书局 1965 年版，第 2872 页。

③ 马世之：《中原古国历史与文化》，大象出版社 1998 年版，第 141 页。

向东迁徙至今山东平原县西北，其地有故鬲城，即汉代的鬲县故城，应该为东徙后鬲人的居住地。[①]

商周时期被灭国的河南古国比较多。这些古国或是在夏代时就已经建立延续发展至商周，或是商周时期建立很快被灭国，灭国后其后裔的迁徙方向比较复杂，主要是向东、南、西三个方向外迁。

灭国后后裔向东或东北地区迁徙的河南古国主要有河、逢、豕韦。河，夏代归姓国，最初居于今河南荥阳、巩义一带，后迁至豫北鲁西一带，与商人结盟共同对抗夏王朝。逢，夏商时期的姜姓国，其地原在今河南开封市附近。商代晚期，逢人举族东迁，先后进入今山东临淄、蓬莱，后融入莱夷成为蓬莱族。[②] 豕韦，夏代彭姓国，其地域最早在今河南滑县一带，后被商灭亡，其中一部分逃亡至东北地区，在汉代时称为貊，唐代时称为室韦，是今天赫哲族的祖先。[③]

灭国后后裔向南部地区迁徙的古国主要有虎方、房、干、冉等。虎方，商代时常见的古国，地域在今河南荥阳市及新郑一带，荥阳市汜水镇古称虎牢，可能就与虎方有关。虎方最初居于虎牢、七虎涧一带，与商王朝时有冲突，在商王朝的逼迫下，南迁至淮北地区。[④] 房，商周时祁姓国，其地域在今河南遂平县全境及西平、泌阳、舞钢市的一部分。春秋末年被楚国所灭，部分房人被迁往今湖北房县一带。[⑤] 干，商周时期的古国，其地域原在今河南濮阳市孟轲乡一带。商朝灭亡后，干人南迁至淮水下游一带，在今江苏泗洪县南城头建立邗国，春秋时期被楚国所灭。[⑥] 冉，商周时期的古国，是商时羌人姜姓的一支，其居地离殷都安阳不远，今河南修武县西 10 公里处有聃村，应为冉人故地。周武王灭商后，将其弟季载封于聃，人称聃季载。聃伯娶郑国郑姬为妻，后被楚国所灭。冉国灭亡后，一部分冉人南迁至今湖北荆门市东南之那口城。[⑦]

灭国后其后裔向西部地区迁徙的河南古国有羲、程、濮等。羲，夏商时期的风姓国，为伏羲氏的后裔。其活动地原在今河南登封、巩义、荥阳一带，商代末

---

① 马世之：《中原古国历史与文化》，大象出版社 1998 年版，第 205 页。

② 马世之：《中原古国历史与文化》，大象出版社 1998 年版，第 308 页。

③ 马世之：《中原古国历史与文化》，大象出版社 1998 年版，第 144—145 页。

④ 马世之：《中原古国历史与文化》，大象出版社 1998 年版，第 34 页。

⑤ 马世之：《中原古国历史与文化》，大象出版社 1998 年版，第 356 页。

⑥ 马世之：《中原古国历史与文化》，大象出版社 1998 年版，第 75 页。

⑦ 何浩：《姬姓冉国的存灭》，《楚灭国研究》，武汉出版社 1989 年版。

年被周武王讨伐,向西迁徙至今河南郑州西南的浮戏山一带,后又继续西迁至今陕西西安临潼区的戏水之滨。程,也是商代时的风姓古国,是火神祝融的后裔。原居地位于今河南洛阳一带,商代后期受商王朝势力的逼迫,被迫西迁至关中毕原之上,所以又称毕程,即今陕西咸阳市东的北坂。西周时,因讨伐徐国有功,被周王朝重新封于洛阳古程国故地。[①] 濮,夏商时期的古国,其地域原在今河南濮阳的范县、滑县及山东鄄城一带。商王武丁时曾大举伐濮,濮人战败被迫西迁至汾水上游,与周人结盟。[②]

二、夏、商、周时期河南封国的灭亡与迁徙

夏代河南境内的夏王朝同姓诸侯国即姒姓诸侯国主要有崇、南氏、缯氏、褒氏等。崇,应该是先夏族群的一支所建立的诸侯国,一直延续发展至商代。文献记载大禹的父亲鲧曾被封为崇伯,应该就是崇国最早的来源,其封地位于今河南登封、嵩县一带。夏灭亡后崇国延续发展至商末,纣王时,其首领崇侯虎曾在商朝为官,并给纣王献计囚禁周文王于羑里。周文王获释后,就发兵讨伐崇国,但因崇国国力强盛,并未将其灭亡,直到周人灭商后才最后灭亡崇国。崇国被灭后,其遗民南迁至上庸一带,即今湖北竹山县境内。[③] 南氏、缯氏、褒氏等主要分布于南阳、信阳一带,是夏王朝南方疆域的重要守护者,但其发展演变因缺乏史载,难以进行详细考证。

商代时,不仅分封有大量的同姓诸侯国,也有异姓诸侯。商代分封的同姓诸侯国即子姓诸侯国位于河南境内的主要有来、瓦、亘、铁、梅、桐等,大多随着商王朝的覆灭而灭亡,部分国人外迁各地。来,商代子姓国,其地域最早位于河南郑州市北郊一带,商朝末年灭亡。有学者认为来国在商末东迁至今山东济宁市,称为郲国,春秋时被鲁国所灭[④]。瓦,商代子姓国,原居于今河南延津县与滑县交界处一带。周灭商后,部分瓦人西迁至今甘肃天水市的瓦亭山、瓦亭水定

① 马世之:《中原古国历史与文化》,大象出版社 1998 年版,第 176 页。
② 马世之:《中原古国历史与文化》,大象出版社 1998 年版,第 72 页。
③ 马世之:《中原古国历史与文化》,大象出版社 1998 年版,第 253 页。
④ 何光岳:《商源流史》,江西教育出版社 1994 年版,第 461—462 页。

居。今宁夏固原市的瓦亭山、瓦亭关也可能与瓦人有关。[①] 亘,商代子姓国,其地域原在今河南长垣县一带。商后期亘国被蒲人所灭,部分亘人先后迁往今山西垣县、垣曲县等地。[②] 铁,商代子姓国,地域原在今河南濮阳县一带。周灭商后,铁人向北迁徙至河北深泽县的铁干镇和辽宁的铁岭等地。[③] 梅,商代子姓国,其地域原在今河南新郑市西北与郑州市南郊一带。商朝末年,梅国国君梅伯因向纣王直言进谏而被杀,梅人被迫南迁,逃至今安徽亳州市与湖北黄梅县等地。[④] 桐,商周子姓国,其地域原在今河南虞城县境,西周初年被宋国兼并。桐国灭亡后,部分桐人南迁至今安徽桐城县另建桐国,后被楚所灭。还有一部分桐人向西迁徙,今河南汝州市西30公里广成泽旁的崆峒山,以及甘肃平凉市西崆峒山等,均是桐人西迁经过之地。[⑤]

与同姓诸侯国相比,商代时建立的异姓诸侯国大多能在新王朝建立后继续发展,因此,这些诸侯国多延续到了春秋战国时期,重要的如杞、邳、锡、江等。杞,应是商代时为延续夏祀而以夏人为主建立的姒姓诸侯国,一直延续发展至春秋时期。其地域原在今河南杞县及开封县陈留乡一带。春秋时,杞国在郑、宋两国的攻伐下被迫东迁,曾先后迁至牟娄(今山东诸城地区),淄水、洙水流域(今山东新泰一带),缘陵(今山东昌乐东南),淳于(今山东安丘东北)等地。[⑥] 邳,商周任姓国,其地域原在今河南荥阳市汜水镇一带。商代中叶,邳国势力逐渐强大,对商王朝构成了严重威胁,招致商王武丁的攻伐。商朝末年,邳国人被迫东迁至今山东沂水县北的邳乡。西周初年周武王时获封为邳伯,后又迁至今江苏邳县之"下邳",战国时迁到山东峄县,即今枣庄市峄城区,号称"上邳"。战国时被楚国所灭。[⑦] 锡,商周御姓国,其地域原在今河南兰考县境内,春秋时被郑国所灭,锡人西迁至陕西白河之锡县,古称锡穴。[⑧] 江,商周嬴姓国,其地域原在今河南正阳县南部与东南部分地区。春秋时江国被楚国灭亡,部分江人被

① 马世之:《中原古国历史与文化》,大象出版社1998年版,第64页。
② 马世之:《中原古国历史与文化》,大象出版社1998年版,第65页。
③ 马世之:《中原古国历史与文化》,大象出版社1998年版,第74页。
④ 何光岳:《商源流史》,江西教育出版社1994年版,第251页。
⑤ 马世之:《中原古国历史与文化》,大象出版社1998年版,第348页。
⑥ 程有为:《杞国及其迁徙》,《东夷古国史研究》第一辑,三秦出版社1988年版。
⑦ 马世之:《中原古国历史与文化》,大象出版社1998年版,第30页。
⑧ 马世之:《中原古国历史与文化》,大象出版社1998年版,第321页。

迁至郢都一带,即湖北荆州。[1]

周代分封制的实行,使周族的生存范围扩展至更广泛的地域。同姓诸侯国和异姓诸侯国的大量建立,打破了之前夏商王朝以血缘政治为基础的统治模式,地缘政治与血缘政治的结合使不同族群间的融合达到了前所未有的高潮,为华夏民族的形成奠定了重要基础。周代分封于河南境内的同姓诸侯国主要有焦、邢、应、蔡、道等,到春秋战国时期,这些诸侯国多在大国争霸中沦为附庸或被灭国。焦,西周姬姓古国,原封地在今河南三门峡陕州区及灵宝一带,东周初年郑国攻占焦城,焦人迁往中牟,后又继续南迁至商水县西南的焦城,被楚国灭后,焦人被迫再次迁往今山东嘉祥县青山东的焦城。邢,周代姬姓国,地域原在今河南温县东,也称邢丘。周成王封邢侯于邢丘不久,北戎就南下侵犯,燕、卫两国抵挡不住,成王就迁邢国于河北邢台,以便共同抵抗北戎侵扰。[2] 应,周代姬姓国,原居地位于今河南襄城、郏县、宝丰、鲁山、叶县与平顶山一带,应国故城在今平顶山市原滍阳镇,春秋时期被楚国灭亡。应人后裔的迁徙地主要有以下三处:一是迁往湖北应城、应山一带,南朝时宋设应阳县;二是向西南迁至今湖北恩施市的应山,后又迁入黔北的德江、恩南,唐朝时在德江设有应州,恩南设有应江县;三是从湖北应城、应山继续南迁至今湖南安东的应水,晋朝时在此设有应阳县。[3] 蔡,周代姬姓国,始封者为周武王之弟叔度。武王克商后,在殷商故地设立三监,加强对殷遗民的控制管理,蔡即是三监之一。武王死后,成王年少即位,周公辅政,引起三监不满,于是联合纣王之子武庚发动变乱,史称“三监之乱”。后被周公平定,管叔被杀,蔡叔被流放。周公另立蔡叔之子胡于蔡,以继承蔡国祭祀。其地域范围在今河南上蔡县城关一带。蔡国所处之地,为汝水中游,是周抵抗荆蛮的南方屏障。春秋时期,随着楚国的崛起,蔡国沦为楚国附庸,后被楚国所灭,成为楚县。楚平王继位后,为争取中原诸侯国的认可又允许蔡国复国,蔡平侯被迫南迁新蔡,继续作为楚的附庸。因蔡、楚积怨甚深,后背楚向吴,在吴国的护送下,将都城南迁至州来,即今安徽凤台县。[4] 道,周代姬姓国,原居地为河南确山县,其地域范围包括今河南汝南县南部及正阳

① 马世之:《中原古国历史与文化》,大象出版社 1998 年版,第 361 页。
② 马世之:《中原古国历史与文化》,大象出版社 1998 年版,第 108 页。
③ 马世之:《中原古国历史与文化》,大象出版社 1998 年版,第 270 页。
④ 何浩:《战国时期楚灭国考述》,《楚灭国研究》,武汉出版社 1989 年版。

县西北部一带。楚国灭蔡，楚灵王迁道于荆，即楚国境内。楚平王复位后，为保持政局稳定，又把部分道国人迁回故地。①

周代建于河南境内的异姓诸侯国主要有柏、申、蛮氏等。柏，周代嬴姓国，其地域最早在今河南西平县境，春秋时被楚国所灭。柏国灭亡后，其移民被楚国迁于柏子山，在今湖北麻城县东北15公里处。② 申，周代姜姓国，最早的封地位于今宁夏中卫县至陕西米脂县一带。到周宣王时，为加强对南方地区的控制，抵御楚国北侵，申伯被封至南阳盆地，并在谢地营造新都。由于申国都城是在谢邑的基础之上修筑的，所以也称谢城。申国的地域以今河南南阳市为中心，北至伏牛山南麓，东至方城，南与西蓼、邓国接壤。申国最后被楚国所灭。国灭后，除少数老弱病残留居原地外，大部分申谢之人被作为楚国俘虏迁至淮河中上游，后又不断向南和西南地区迁徙，一部分到达今湖南南部与广西交界处，一部分向西南迁徙至今四川涪陵地区。③ 蛮氏，春秋姜姓国，是内迁进入河南的少数民族之一，原居于今泾水上游的甘肃平凉至宁夏固原一带。随着秦人在关中地区的崛起，蛮氏被迫向东迁徙，进入今河南汝州市与汝阳县、伊川县一带，后被楚国所灭。④

在这种频繁而复杂的迁徙活动中，不同地域族群间的融合程度日益加深，统一的民族意识逐渐形成，华夏民族由夏商时期的"自在民族"，经过春秋战国时期频繁的族群迁徙和交流融合逐渐发展形成"自觉民族"⑤，为秦汉以后汉民族的形成和高度统一的集权国家的建立奠定了基础。

三、先秦河南移民的影响

先秦时期，周边族群大量汇入以河南为中心的中原地区，促使这一地区成

---

① 马世之：《中原古国历史与文化》，大象出版社1998年版，第358页。

② 马世之：《中原古国历史与文化》，大象出版社1998年版，第354页。

③ 任崇岳：《中华姓氏谱·谢》，现代出版社2002年版，第27—28页。

④ 马世之：《中原古国历史与文化》，大象出版社1998年版，第258页。

⑤ 王震中：《从华夏民族形成于中原论"何以中国"》，《信阳师范学院学报》（哲学社会科学版）2018年第2期。

为先进社会生产力和生产方式的聚集地,不仅促进了该区域社会文明进程的发展,而且使这一区域的族群融合空前发展,国家率先出现,统一的民族意识逐渐形成,并最终形成华夏民族。同时先进的中原技术和文化又随着中原族群的外迁,传播至全国各地,进一步促进了整个社会的发展和前进。

(一)先秦河南移民与文化技术的交流传播

先秦河南移民加速了不同区域之间的经济文化交流,使中原文化的影响不断扩大,对周边地区的发展产生了重要影响。

在吸收整合周边地区优秀文化因素和先进技术的基础之上,以河南为中心的中原地区迅速崛起,成为先进文化和先进技术的引领区。考古发现,新石器时代晚期仰韶文化时期,黄河流域、长江流域和北方辽河流域的社会发展基本都进入农业定居时代,各区域间不乏交流和相互影响,但这种交流和影响并不能对其他区域的文明化进程产生显著影响。到新石器时代末期的龙山时期,这种局面发生了改变。由于各族群向中原地区的汇聚迁徙,黄河中游地区成为族群交流、融合的核心区,各区域的文化因素也在这一区域被广泛接受并发扬光大,加速了这一区域经济文化发展和文明化进程,使其处于领先地位。随着族群迁徙融合程度的加深,最初萌发于黄河中游的冶铜技术开始盛行于整个黄河中下游地区,成为先进社会生产力的代表,为中原地区率先迈入文明社会奠定了重要基础。

夏商时期,夏商族群的扩张迁徙,使夏商先进的文化和技术传播至更广泛的区域,带动了周边地区社会生产力和经济文化的发展。当时比较先进的农耕技术、手工业制造技术等主要集中于王畿地区,随着夏商族群向各地的扩张迁徙,中原地区先进的手工业技术尤其是青铜铸造技术随之传播至周边地区,使西南、东南等原本相对落后区域的文明化进程加快,直接进入青铜时代。同时,随着夏商青铜技术的传播,青铜器的礼制内涵及其蕴含的等级秩序等意识形态内容也被广泛接受,为西周的统一及华夏民族的形成奠定了重要基础。另外,作为夏商政治中心的河南地区,由于人口迁徙的频繁,也成为当时的经济文化贸易中心。考古资料显示,“偃师二里头的贵族墓葬中出现了可能来自印度洋的黄宝螺或金环宝螺,某些具有中亚特征的器物和纹饰也发现于二里头遗址中，说明夏代奢侈品的长距离贸易交换不仅存在，而且还发展到了一个新水平”[①]。殷墟墓葬中，普遍发现有用来自于东南沿海地区的贝类随葬品。除贝之外，辽宁岫岩玉、新疆和阗玉、黄金等也都在商王畿地区被大量发现[②]。这些珍稀物产在河南地区的汇聚，除贡纳、战争掠夺等政治、军事因素外，应该与当时中原地区与其他区域移民及贸易往来有密切关系。

两周时期，随着周人大量迁入河南地区，在吸收商人先进文化和技术的基础上，周人形成了自己独具特色的文化和技术，并随着大规模的分封迁徙传播至更广泛的区域。在广大的周王朝控制区和影响区，经济文化面貌呈现出与周王朝的高度一致性，显示出中原文化的强大影响力。从考古发现看，周代青铜礼器的传播范围更加广泛，不仅在周王朝的直接统治区和重要影响区之内，即使远在“江南、两湖、四川都普遍发现了形态一致的西周青铜礼器”，而且“宗周文化及政治势力的强大使无论分布于何地的西周青铜礼器的形制、铭文体例及书写位置都高度一致”，“表明当时各区域不同的社会集团的政治思想内涵、等级观念等，都与中原商周王朝的礼制文化基本一致”。[③]

（二）先秦河南移民与文明进程的发展

先秦时期的河南移民，促进了文明起源格局的改变，使以河南为中心的中原地区率先迈入文明门槛，诞生早期国家，进而在商周时期发展成为文明进程的核心区，并形成了对后世影响深远的华夏文明。

夏代建立之前，河南移民的主要趋势为周边区域族群向河南内迁汇聚，然后再向周边辐射，这种族群迁徙融合态势使以河南为中心的中原地区在文明发展进程中开始占据优势，为早期国家的建立提供了必要的政治基础和经济基础。如仰韶文化时期炎黄族群向中原腹地的汇聚，使中原地区形成了以炎黄为中心的族群联盟，中原族群的影响力开始扩大。龙山时期，以尧舜禹族群为中心形成了覆盖整个黄河中下游的族群联盟。大范围的族群联盟的出现，直接促进了社会公权力的快速发展及社会管理水平的提升，尤其是各族群联合起来共

① 陈朝云：《先秦中原文化传播态势及动因探究》，《江海学刊》2009年第3期。

② 陈朝云：《先秦中原文化传播态势及动因探究》，《江海学刊》2009年第3期。

③ 陈朝云：《先秦中原文化传播态势及动因探究》，《江海学刊》2009年第3期。

同进行大规模征战或工程建设时，能有效增加族群的认同感，增强族群联盟首领的权力，为王权的产生、王权国家的建立提供了重要前提，为中原地区率先进入国家阶段奠定了必要的政治基础和社会组织基础。除族群迁徙融合形成大范围族群联盟为早期国家建立奠定政治基础外，上古族群向中原地区的汇聚迁徙，也使中原地区能够在经济文化上兼收并蓄，博采众长，成为先进生产力和生产方式的代表，进而得以率先迈入文明社会。

夏商时期以夏商族群为主体的王权国家的建立，使夏商族群在与周边族群的交流融合中居于主导和核心地位，导致这一时期的河南移民主要表现为夏商族群的强势对外扩张。这种以夏商族群为主导的扩张性迁徙，使中原文化对淮河流域、长江流域乃至岭南地区都产生了重要影响，甚至改变了这些地区的文明发展进程，也使以河南为中心的中原地区成为当时的文明核心区。如夏代时，夏族群迁徙扩展至长江中游地区，直接取代了当地原有的文化，使其纳入夏文化范畴，改变了当地的文明进程。迁到东南沿海地区的夏族群的一支，与当地土著融合发展，成为后世越人的先祖。迁到西南地区的夏族群的一支，与当地土著融合发展，成为后世巴人的先祖。夏族群的这些迁徙，将最先进的技术和文化带入蛮荒之地，加速了这些地区的文明发展进程。商朝灭亡后，商王室后裔箕子远赴朝鲜，促进了当地社会的发展，对东北地区甚至朝鲜半岛中北部各民族的文明发展进程都产生了重要影响。

西周时期，河南地区作为殷商故地是西周王朝的重要控制区，因此为周王朝的三监所在地和重要王室封国所在地，大量周族之人迁入河南，与殷遗民及当地其他族群长期融合发展，为华夏民族的最终形成奠定了重要基础。而东周时，河南地区是东周王朝的都城所在地和王畿地区，是众多诸侯国争霸混战的主战场，人口的迁徙流动极为频繁和复杂，再加上周边的戎、狄族群趁着周王室力量衰弱，诸侯混战，大量进入中原地区与当地族群杂居相处，导致中原地区的族群融合的广度和深度进一步加深。这种族群间的大迁徙和大混居一方面加剧了不同族群间的融合，另一方面直接加速了统一民族意识的形成，至此，华夏民族在以河南为中心的中原地区正式形成，开启了华夏文明的新篇章。

（三）先秦河南移民与华夏民族的形成

先秦河南移民最直接的社会作用之一便是加速了不同族群的融合进程，使统一的民族意识逐渐形成，最终形成了华夏民族。

上古传说时期，不同族群纷纷内迁以河南为核心的中原地区，为争夺更好的发展空间，上演了历史上第一次逐鹿中原的大戏。在逐鹿中原的过程中，不同族群间的交流融合也借由联盟和战争达到了历史上第一个高潮。文献记载炎、黄族群最初有争端，但最后结成联盟共同发展。进入中原地区后，黄帝族群与蚩尤族群爆发了激烈战争。《史记·五帝本纪》载："蚩尤作乱，不用帝命。于是黄帝乃征师诸侯，与蚩尤战于涿鹿之野，遂禽杀蚩尤。"这次战争使华夏族群和东夷族群这两大中华民族的主要族源开始融合，是华夏族成为中原主体民族发展过程中的重要一环①。到尧舜时期，与南方的三苗族群长期发生冲突，战争的结果是，在大禹时彻底征服三苗，商周以后，古代文献中就不再有三苗活动的记载②，三苗族群已大部分并入华夏族群，成为中华民族的重要组成部分。可以说上古传说时期，华夏、东夷、苗蛮族群在中原地区的碰撞和融合，形成了华夏民族的主体成分，是华夏民族得以形成的基础。

夏王朝建立后，进一步加速了中原地区族群融合的进程，自发性的民族意识开始出现。夏王朝是以夏族群为主体建立的，有学者认为夏族群本身就是融合东西方族群而形成，如陈连开先生认为，从夏人的族源来看，夏人是从黄河中下游炎帝集团中分化出来，又融合了黄帝、少昊集团许多氏族部落而发展到最早建立国家的一支，他们能率先打破部落与地域的局限而向国家与民族过渡，是东、西两大区系文化与部落融合的结果③。夏王朝建立后，建立了有效的国家统治体系，加强了对周边地区族群的控制，进一步促进了族群融合的进程。整个夏代，夏王朝将长江流域的三苗族群纳入夏王朝，和东夷族群之间既有联盟又有冲突，正是在这种不断的结盟与冲突之中，以夏族群为主体的华夏族群和东夷族群的融合同化进一步加深。据文献记载，夏代已经有了中央和四方的概念，初步出现了东夷、北狄、西戎、南蛮的观念和称谓④，说明此时华夏民族自发的民族意识已经出现。

商人灭夏建立了商王朝，夏族群大部分融入商族群并延续发展，成为商

---

① 任崇岳：《中原移民简史》，河南人民出版社 2006 年版，第 18 页。

② 任崇岳：《中原移民简史》，河南人民出版社 2006 年版，第 18 页。

③ 陈连开主编：《中国民族史纲要》，中国财政经济出版社 1999 年版，第 70—72 页。

④ 任崇岳：《中原移民简史》，河南人民出版社 2006 年版，第 20 页。

族群的重要组成部分，所以商王朝不仅继承了本族群的先商文化，而且也继承和吸收了处于先进地位的夏文化。《论语·为政篇》曰："殷因于夏礼，所损益，可知也。"据甲骨文记载，商王朝的国家政体比夏王朝更加成熟，内外服制度已经成形，内服即商王朝派遣同姓或异姓贵族建立的诸侯国，直接臣服于商王朝，外服即商王朝的臣属方国和同盟方国。内外服制度的成熟，使商王朝和周边族群的经济文化交流更加频繁，也进一步加深了商族群与周边族群的融合同化。除了纳入商王朝内外服的诸侯国和方国，商王朝周边有一些方国长期与商王朝处于敌对和战争状态，如活跃于商王朝北部和西北部的土方、𢀛方、鬼方等，他们经常与商王朝发生冲突；西方有西戎、氐羌、昆夷等。甲骨文中常见商王朝对土方、𢀛方、羌方用兵，并俘虏大量羌人的记载，这些被俘虏的族群生存下来的都融入了商族群。商人与羌人还有婚姻关系，殷王曾娶女羌为妇，表明殷羌在民族融合的道路上已开创了先例[①]。除西部和北部的对立族群及方国外，商王朝中后期开始向东夷族群所在的东方地区全面扩展，在商末时基本将东夷族群的大部分地区纳入商王朝版图，而大量的东夷人也融入以夏商族群为主体的华夏民族。对于南方地区，商王朝在夏的基础上进一步扩展，考古资料表明，无论荆楚、吴越、巴蜀都深受商文化的影响。可以说经过商王朝几百年的扩展和经营，华夏民族的主体进一步扩大，华夏民族已经进入自在民族阶段，有了较强的影响广泛的民族意识，与周边的族群狄、戎、羌等已有了较明确的区分。

西周时期，夏、商、周三族融合的雏形已经形成，由于三族交叉混居，文化前后相继传承，统治区域重叠，所以民族差异逐渐减少，民族观念渐趋一致，已经具备了属于同一民族共同体的基本条件[②]。政治上西周王朝实行的分封制和宗法制，打破了传统的血缘政治，实现了地缘统治和血缘统治相结合，周族群随着分封迁徙至各地，与当地族群融合同化，族群间的交流融合达到了先秦历史上的第二个高潮。文化上，周公兼收并蓄，制礼作乐，全面推行西周礼乐制度，华夏民族的共同文化得到进一步扩充和发展，民族文化中的礼仪制度、典章制度

---

① 任崇岳：《中原移民简史》，河南人民出版社2006年版，第23页。

② 任崇岳：《中原移民简史》，河南人民出版社2006年版，第25页。

也更加完善,民族意识由夏商时期的自发阶段进入自觉阶段[①]。

春秋战国时期,随着周王室的衰落,以周天子为“天下共主”的复合制国家结构名存实亡,礼乐征伐不出自天子,西周时严格的礼乐等级制被不断破坏和僭越,天下处于混乱状态,大量周边地区的戎狄异族进入中原地区与以夏、商、周族群为主体的华夏族混居,直接激发了“华夷之辨”思想的出现,这种思想强调的是华夏族在礼仪制度、典章制度、衣冠服饰社会习俗方面的一体性和同一性[②],与戎狄异族截然不同,是华夏民族正式形成的重要标志之一。所以,春秋战国时期,文献中已常见以“华夏”“诸夏”“夏”“诸华”“华”等称谓来强调华夏族与其他异族的区别。这不仅表明华夏民族已经形成,而且也体现出华夏民族在民族意识上的自觉性[③],华夏民族已经由夏商时期的自发民族正式发展形成自觉民族,即真正的民族。而进入中原地区的戎狄蛮夷族群,长期在华夏文化的熏陶中,其经济、文化、社会风俗也逐渐向华夏族靠拢,经过春秋战国500余年的纷争与迁徙,大部分都融入华夏民族之中,成为秦汉以后汉民族的重要组成部分[④]。

---

① 王震中:《从华夏民族形成于中原论“何以中国”》,《信阳师范学院学报》(哲学社会科学版)2018年第2期。

② 王震中:《从华夏民族形成于中原论“何以中国”》,《信阳师范学院学报》(哲学社会科学版)2018年第2期。

③ 王震中:《从华夏民族形成于中原论“何以中国”》,《信阳师范学院学报》(哲学社会科学版)2018年第2期。

④ 任崇岳:《中原移民简史》,河南人民出版社2006年版,第26页。

第二章 秦汉时期的河南移民

秦汉时期中原移民虽然频繁,但由政府组织者不多,迁徙原因也多种多样,如战争、疾疫、迁民实关中、修陵墓、居官致仕不归等。从移民的规模与人数来看,也远不及晋、唐、宋、明时期。

第一节　秦朝时期的河南移民

秦朝从公元前221年建国,至公元前207年覆亡,在历史上只存在了15年之久,移民不可能很多。但秦朝统一天下的过程中,曾有计划地迁民于中原地区。

战国七雄中,以秦国最强,秦国在统一六国的过程中,不断移民中原地区地广人稀之地。如秦昭襄王二十六年(前281)"赦罪人迁之穰"(今河南邓州)[①],二十七年(前280)"赦罪人迁之南阳"(今河南西南部)[②],二十八年(前279),秦将"白起攻楚,取鄢(今河南漯河郾陵西北)、邓(今河南郾城东南),赦罪人迁之"[③]。除迁徙罪人外,秦国也迁徙其他百姓。如秦攻齐,齐王田建拱手出降,"秦虏王建,迁之共(今河南辉县)"[④]。秦灭魏国,迁魏国孔氏于南阳:"宛(今河南南阳)孔氏之先,梁(今陕西韩城西南)人也,用铁冶为业。秦伐魏,迁孔氏南

---

① 〔汉〕司马迁:《史记》卷五《秦本纪第五》,中华书局1959年版,第213页。
② 〔汉〕司马迁:《史记》卷五《秦本纪第五》,中华书局1959年版,第213页。
③ 〔汉〕司马迁:《史记》卷五《秦本纪第五》,中华书局1959年版,第213页。
④ 〔汉〕司马迁:《史记》卷四六《田敬仲完世家》,中华书局1959年版,第1902页。

阳。"[①]又如东汉初年的大臣冯鲂,"其先魏之支别,食菜冯城,秦灭魏,迁于湖阳(今河南唐河县西南湖阳镇)"[②],遂为湖阳人。《史记·货殖列传》又说:"秦末世,迁不轨之民于南阳。"所谓"不轨之民",是指对秦朝统治不满意的百姓。

秦朝统一六国,定都咸阳,秦始皇为防范六国贵族死灰复燃,于秦始皇二十六年(前221)"徙天下豪富于咸阳十二万户"[③]。以每户5人计,便有60万人,这在当时是个不小的数字。60万人口中,来自河南的当占有一定比例。这批移民为发展关中地区的经济、文化作出了巨大贡献。秦始皇三十三年(前214),又"发诸尝逋亡人、赘婿、贾人略取陆梁地,为桂林、象郡、南海,以適遣戍"[④]。"適"字已简化为"适",但古代適、适是两个字。"適"与"谪"通假,即贬谪之意。陆梁泛指今五岭以南地区。当时岭南还是未经开发的瘴疠之乡,偏僻荒凉,很多人不愿前往,秦始皇为设立桂林、象郡、南海三郡,才派遣罪人去开发这些地区。这些人中肯定有中原人,但无法统计数目。秦始皇三十四年(前213)筑长城,三十五年(前212)修阿房宫,"隐宫徒刑者七十余万人"[⑤],还有,秦始皇在即位之初,便"穿治郦山",为自己修建陵墓,"及并天下,天下徒送诣七十余万人"[⑥]。在这些庞大的建筑工程中,也自然少不了河南人参加。

还有一些河南人成了秦国举足轻重的大臣,后来便迁往秦国。如卫国(今河南沁阳)人公孙鞅(也称卫鞅)因在秦国实行变法,使秦国富强,被"封之於商十五邑",於商即今陕西商县之地。他因此被称作商鞅。按照惯例,大臣受封后就在封邑内活动,商鞅一家就移民到了关中。上蔡(今属河南)人李斯在秦始皇时任丞相,其子李由为三川(今河南境内黄河、伊河、洛河,秦庄襄王在此置三川郡)守,诸男皆娶秦国公主为妻,诸女皆嫁秦国公子,富贵尊荣,无人可比。秦二世胡亥时,李斯父子被腰斩于咸阳市。临刑时,李斯哭着对李由说:"吾欲与若复牵黄犬俱出上蔡东门逐狡兔,岂可得乎?"[⑦]看来李斯一家也迁入了咸阳。秦

---

① 〔汉〕司马迁:《史记》卷一二九《货殖列传》,中华书局1959年版,第3278页。
② 〔南朝宋〕范晔:《后汉书》卷三三《冯鲂传》,中华书局1965年版,第1147页。
③ 〔汉〕司马迁:《史记》卷六《秦始皇本纪》,中华书局1959年版,第239页。
④ 〔汉〕司马迁:《史记》卷六《秦始皇本纪》,中华书局1959年版,第253页。
⑤ 〔汉〕司马迁:《史记》卷六《秦始皇本纪》,中华书局1959年版,第256页。
⑥ 〔汉〕司马迁:《史记》卷六《秦始皇本纪》,中华书局1959年版,第265页。
⑦ 〔汉〕司马迁:《史记》卷八七《李斯传》,中华书局1959年版,第2562页。

始皇生身父亲吕不韦乃阳翟(今河南禹州)大商人,后来位至丞相,称仲父,封文信侯,食河南洛阳十万户。但他当时圣眷正隆,仍留朝中。后来因吕不韦私通太后、进嫪毐事发,秦始皇下令,“其与家属徙处蜀”①。吕不韦饮鸩自杀,他的家属被贬谪至蜀地。以上所举三人皆是个案,是因仕宦而移民者,人数不多。

秦朝立国时间不长,但移民次数不少,有学者统计,“从秦始皇八年,到秦始皇三十七年,较大规模的人口迁移就有10多次”②,但与河南有关者不多。就移民的去向而言,多是边远空旷、人口稀少之地;就移民的成分而言,有六国贵族、平民百姓、富豪缙绅、赘婿、罪人、商贾等。

第二节 两汉与三国时期的河南移民

这一时期中央政府有计划有组织的移民有两类:一是安置因灾荒而流徙的百姓;二是安置内附的匈奴、羌人于中原,多是因居官而徙居外地者,因灾荒而流徙者也不少。汉献帝刘协的后裔迁往日本也值得一提。

一、两汉时期的河南移民

两汉时期的移民分迁出、迁入两类。

(一)迁出今河南地区者

一是刘邦即位后,先是迁关东六国之民于关中。所谓“关中”,是指函谷关以西之地,函谷关在今河南灵宝东北。

---

① 〔汉〕司马迁:《史记》卷八五《吕不韦传》,中华书局1959年版,第2513页。

② 袁祖亮、高凯:《略论先秦秦汉时期的制土分民思想》,《郑州大学学报》(哲学社会科学版)1998年第3期。

汉高祖五年(前202)五月,刘邦迁都长安之前,都城还在洛阳,他就下诏:"诸侯子在关中者,复之十二岁,其归者复之六岁,食之一岁。"[①]以减免赋税的方式吸引大臣子弟留在关中,这是因为关中地区经过多次战争,经济萧条,人丁稀少,需要更多的人手发展经济。这年六月,戍卒娄敬上奏说:"陛下取天下与周异,而都洛阳,不便,不如入关,据秦之固。"[②]刘邦接受了这一建议,把都城从洛阳迁往长安。高祖七年(前200),匈奴兵围困刘邦于白登山(今山西大同市东北),刘邦被迫与匈奴和亲才得以解围。两年之后,刘敬(即娄敬,赐姓刘)从匈奴归来,又向刘邦献计说,如今陛下虽然已迁都关中,但这里人口太少,北边有匈奴为寇,东边有六国贵族,一旦发生变故,陛下想安枕而卧,不可得也,"臣愿陛下徙齐诸田,楚昭、屈、景,燕、赵、韩、魏后,及豪杰名家,且实关中。无事,可以备胡。诸侯有变,亦足率以东伐。此强本弱末之术也。"刘邦听后称善,"乃使刘敬徙所言关中十余万口"[③]。刘敬所说六国中的韩、魏,都城都在今河南境内,韩国都郑(今河南新郑市),魏国都大梁(今河南开封市西北)。可见迁往关中的10余万人中,河南人占有一定比例。"这是西汉第一次大规模的移民,也是人数最多的移民之一,对关中的开发影响也最大。"[④]高祖十二年(前195)刘邦又下诏:"吏二千石,徙之长安,受小第室。"[⑤]二千石是指该官员每年的俸禄为粮食二千石,级别不同,每年所得的俸禄也不同,二千石大约相当于郡守一级。河南人在西汉任郡守一类官员者甚多,他们也就举家迁到了长安。

二是采用建陵的办法安置关东移民,这是西汉统治者常用的方法。大体在元帝以前的诸帝,甫即位即修筑陵墓,并在帝陵设邑,皇帝厝葬后,陵邑随即成为陵县。刘邦的陵墓称长陵,在今陕西咸阳市东北。《汉书·地理志》说:"汉兴,立都长安,徙齐诸田,楚昭、屈、景及诸功臣家于长陵。"但当时徙往关中的10余万户不可能全部安排在长陵,迁往那里的只是其中一部分。其余诸陵分别是:惠帝安陵,故址在今陕西咸阳市东北;文帝霸陵,故址在今陕西西安市东北;景帝阳陵,故址在今陕西高陵县西南;武帝茂陵,在今陕西兴平县东北;昭帝平

---

① 〔汉〕司马迁:《史记》卷八《高祖本纪》,中华书局1959年版,第380页。
② 〔汉〕班固:《汉书》卷一《高帝纪下》,中华书局1962年版,第58页。
③ 〔汉〕班固:《汉书》卷四三《娄敬传》,中华书局1962年版,第2123页。
④ 葛剑雄等:《简明中国移民史》,福建人民出版社1993年版,第60页。
⑤ 〔汉〕班固:《汉书》卷一《高帝纪下》,中华书局1962年版,第78页。

陵,故址在今陕西咸阳市西北;宣帝杜陵,故址在今陕西西安市东南。此外还有文帝薄太后南陵(故址在今陕西西安市东)、昭帝母赵婕妤云陵(故址在今陕西淳化县东南)、宣帝父史皇孙奉明园(故址在今陕西西安市西北)。西汉皇帝多次迁百姓于诸陵,如汉武帝"徙郡国吏民豪杰于茂陵、云陵",宣帝"募郡国吏、民訾百万以上徙平陵"。这些记载见于他们的本纪中。有人估计,"西汉末年,在关中的关东移民后裔已有约121.6万人,几乎占当时三辅(即京兆尹、左冯翊、右扶风三个郡级政区,大致相当本文所定的关中)人口的一半。由于居住集中,长安和陵县中移民后裔所占比例更高"①。

西汉因建陵置县迁往关中的人口中有多少河南人,恐怕算不清楚,但从《汉书》有关的传记中,我们可以找到河南人迁往关东各陵县的例子。如"杜邺字子夏,本魏郡繁阳(今河南内黄县西北)人也。祖父及父积功劳皆至郡守,武帝时徙茂陵"②。游侠郭解乃河内轵(今河南济源)人,他也在迁徙茂陵之列,托卫青为自己求情,免于迁徙。汉武帝说:"解布衣,权至使将军,此其家不贫!"③郭解还是被迁到了茂陵。"原涉字巨先,祖父武帝时以豪杰自阳翟徙茂陵。"④汉宣帝时任丞相的黄霸,"字次公,淮阳阳夏(今河南太康)人也,以豪杰役使徙云陵","为丞相后徙杜陵"。⑤ 汉成帝时任丞相的张禹,"字子文,河内轵(今河南济源)人也,至禹父徙家莲勺(颜师古注:莲勺乃左冯翊县名,音辇酌)"⑥。

三是因居官而迁往关中者亦复不少。如汉初的丞相张苍系阳武(今河南原阳)人,举家迁长安,致仕后居家,"传子至孙类,有罪,国除"⑦。汉文帝时的丞相申屠嘉,梁(今河南商丘)人,食邑500户,"传子至孙臾,有罪,国除"⑧。哀帝时任大司空、长平侯的彭宣,淮阳阳夏(今河南太康)人,哀帝时迁御史大夫,转为大司空,封长平侯,致仕后居封国。"宣居国数年,薨,谥曰顷侯。传子至孙,

---

① 葛剑雄等:《简明中国移民史》,福建人民出版社1993年版,第66—67页。
② 〔汉〕班固:《汉书》卷八五《杜邺传》,中华书局1962年版,第3473页。
③ 〔汉〕班固:《汉书》卷九二《游侠传》,中华书局1962年版,第3704页。
④ 〔汉〕班固:《汉书》卷九二《游侠传》,中华书局1962年版,第3714页。
⑤ 〔汉〕班固:《汉书》卷八九《黄霸传》,中华书局1962年版,第3635页。
⑥ 〔汉〕班固:《汉书》卷八一《张禹传》,中华书局1962年版,第3347页。
⑦ 〔汉〕班固:《汉书》卷四二《张苍传》,中华书局1962年版,第2099页。
⑧ 〔汉〕班固:《汉书》卷四二《申屠嘉传》,中华书局1962年版,第2105页。

王莽败，乃绝。”[①]西汉末年的宰相翟方进，汝南上蔡（今河南上蔡）人，他“以孤童携老母，羁旅入京师”，后来官至丞相。他死后天子亲临吊丧，长子翟宣袭官，任南郡太守，致仕后居长安。方进次子翟义起兵反对王莽称帝，兵败被杀[②]。哀帝祖母傅太后本家叔父的弟弟傅喜，河内温（今河南温县）人，官至大司马，封高武侯。王莽专擅朝政，免傅喜官爵归故郡，后来又让他返回长安，赐以府第，奉朝请。“后复遣就国，以寿终。莽赐谥曰贞侯。子嗣，莽败乃绝。”[③]以上只是随手拈来的例子，类似情况还有不少。

四是因灾荒而外徙者。汉朝建立后，天灾洊臻，五谷不登，路有饿殍，人口流移就不可避免。汉景帝就曾下诏说：“间者岁比不登，民多乏食，夭绝天年，朕甚痛之。郡国或硗狭，无所农桑系畜，或地饶广，荐草莽，水泉利，而不得徙。其议民欲徙宽大地者，听之。”[④]这是说土地肥沃、水草丰茂地区的百姓，即使遇到灾荒之年，也不至于冻馁，大可不必迁徙。而土地瘠薄，农桑没有保障地区的百姓，如果想迁入富饶地区，可以准许。汉武帝时，“山东（汉代山东指崤山或华山以东，即今河南地区）被火灾，民多饥乏，于是天子遣使虚郡国仓廪以赈贫，犹不足，又募富豪人相假贷。尚不能相救，乃徙贫民于关以西（潼关以西地区），及充朔方以南新秦中（今内蒙古河套以南、宁夏清水河流域、甘肃环县、陕西吴起县一带），七十余万口，衣食皆仰给于县官”[⑤]。这 70 余万人口中，大部分是今河南地区人，他们被迁到了今内蒙古、宁夏、甘肃、陕西等西北的广袤地区，后来卜居不归，成了当地居民。若干年后，崤山（今河南西部）以东的山区，也就是河南地区又因黄河泛滥造成了水灾，粮食歉收，饥民再次流徙：

> 是时山东被河灾，乃岁不登数年，人或相食，方二三千里。天子怜之，令饥民得流就食江淮间，欲留，留处。使者冠盖相属于道护之，下巴蜀粟以赈焉。[⑥]

这次灾荒统治者处理得比较妥善，先是迁河南之民于江淮地区，又派官吏

---

① 〔汉〕班固：《汉书》卷四二《彭宣传》，中华书局 1962 年版，第 3052 页。
② 〔汉〕班固：《汉书》卷八四《翟方进传》，中华书局 1962 年版，第 3441 页。
③ 〔汉〕班固：《汉书》卷八二《傅喜传》，中华书局 1962 年版，第 3382 页。
④ 〔汉〕班固：《汉书》卷五《景帝纪》，中华书局 1962 年版，第 139 页。
⑤ 〔汉〕班固：《汉书》卷二四《食货志下》，中华书局 1962 年版，第 1162 页。
⑥ 〔汉〕班固：《汉书》卷二四《食货志下》，中华书局 1962 年版，第 1172 页。

守护,这是一次有计划有组织的移民。王莽执政时期,关东(潼关以东地区,即今河南、山东等地)发生了灾荒,青州(今属山东)、徐州(今江苏长江以北和山东东南部地区)百姓无食果腹,竟有人吃人的惨剧:

北边及青、徐地人相食,洛阳以东米石二千。莽遣三公将军开东方诸仓赈贷穷乏,又分遣大夫、谒者教民煮木为酪,酪不可食,重为烦扰。流民入关者数十万人,置养澹官以禀[廪]之,吏盗其禀[廪],饥死者什七八。[①]

关东发生了灾荒,王莽虽命官吏开仓赈贫,但杯水车薪,无济于事,又派人教百姓煮木头为奶酪,真是异想天开,这种奶酪当然不能喝,于是流民相率逃入关中(函谷关以西称关中)地区,多达几十万人,这其中今河南人占了相当大的比例。王莽设置专门机构养活这些逃难百姓,而官吏又上下其手,克扣粮食,致使十之七八的人饿死,真是一幅惨不忍睹的图画。

即使没有灾荒,人口增长过快,也须迁富乡之民于地广人稀地区。汉武帝时关东地区战乱较少,百姓生活安定,人口繁殖甚快,而西北与江南的会稽等地则地方空旷,人烟稀少,汉武帝迁关东地区 72 万余人于西北地区与会稽郡等地[②]。这种移民方法也为后世的统治者所仿效,明朝就是一例。

五是因战乱迁徙者。西汉末年有绿林、赤眉起义,东汉末年有黄巾起义,天下动荡,民不安居,百姓逃亡,迁移甚多。东汉末年的军阀混战,也使得中原百姓大量流移。如南阳人任延更始(淮阳王刘玄年号)年间任会稽(今浙江绍兴)都尉,"时天下新定,道路未通,避乱江南者皆未还中土,会稽颇称多士,延到,皆聘请高行如董子仪、严子陵等"[③]。由是可知,西汉末年中原百姓避乱者不少人逃到了会稽郡。又如东汉末年军阀混战,百姓大批逃亡,而时任徐州刺史的陶谦治理下的徐州却相对安定,"是时徐方百姓殷盛,谷实甚丰,流民多归之"[④]。东汉时徐州的郡治在今山东郯城县,距今日河南东部的永城、夏邑等县甚近,中原流民肯定有至迁徐州者,但人数不详。

南阳也有上万户百姓因东汉末年的战乱逃往蜀地。刘焉统治四川时,"南阳、三辅(即京兆尹、左冯翊、右扶风三个郡级政区,大致相当本文所定的关中)

① 〔汉〕班固:《汉书》卷二四《食货志上》,中华书局 1962 年版,第 1145 页。
② 王鸣盛:《十七史商榷》卷九《汉书三》,凤凰出版社 2008 年版,第 46 页。
③ 〔南朝宋〕范晔:《后汉书》卷七六《任延传》,中华书局 1965 年版,第 2461 页。
④ 〔南朝宋〕范晔:《后汉书》卷七三《陶谦传》,中华书局 1965 年版,第 2367 页。

民数万户流入益州，焉悉收以为众，名曰‘东州兵’”[①]。流入益州（今四川成都）的南阳、三辅民有数万户，如南阳籍的有1.5万户，每户以5人计，这支流民队伍即达7.5万人，其中的丁壮都被刘焉强征为士兵了。刘表在荆州（今属湖北）时，百姓悦服，“关西、兖、豫学士归者盖有千数，表安慰赈赡，皆得资全”[②]。所谓“学士”，当指饱学之士，也即读书人，可见河南籍的士人也有不少投奔了刘表。

当然规模最大的一次移民是东汉末年军阀董卓强迁洛阳百姓于长安。灵帝死后由少帝刘辨继位，大将军何进执政，他与袁绍杀死宦官蹇硕，并召并州牧董卓入京，帮助打击宦官势力。不料宦官杀死何进，袁绍又出兵杀掉宦官，董卓趁机带兵进入洛阳。他专横跋扈，废黜少帝，改立陈留王刘协为帝，即汉献帝，又逼走袁绍、曹操，引起了各地军阀割据势力的不满。初平元年（190），以袁绍为盟主的关东各路讨伐董卓的队伍齐集洛阳周围。董卓为躲避兵锋，挟持汉献帝西迁长安，并驱赶洛阳一带百姓随行。“于是尽徙洛阳人数百万口于长安，步骑驱蹙，更相蹈藉，饥饿寇掠，积尸盈路。卓自屯留毕圭苑中，悉烧宫庙官府居家，二百里内无复孑遗。又使吕布发诸帝陵，及公卿以下冢墓，收其珍宝。”[③]一次强迫迁徙便能迁走数百万人口，堪称我国人口迁移史上规模最大的一次，洛阳及其周围州县的人口可能是迁徙一空了。

六是零星迁徙者，这些虽是个案，但集中起来也不少。这些个案中最值得一提的是西汉武帝时的许濙和东汉末年的汉献帝后裔刘阿知。

许濙被称为中原王朝开闽第一人，但正史无传。（民国）《同安县志》卷三〇《武功录》云：

> 许濙，字元亮，河南许州人。西汉武帝朝为左翊将军，驻师于郡（指泉州）之西南百里境上，世传其址为营城，便宜调度。十年闽越平，以反覆数为边患，复蒙敕旨永镇斯土。铜符虎节，兵卫森严。以久戍，爰卜居于五垆山下，遂家焉。乡之谚曰：未有同安，先有许督，即其事迹也。许督当汉时闽地纷扰不定，首开草昧，厥功盛矣。卒武帝后元元年（前88），谥武靖。

---

① 〔南朝宋〕范晔：《后汉书》卷七五《刘焉传》，中华书局1965年版，第2433页。

② 〔南朝宋〕范晔：《后汉书》卷七四《刘表传》，中华书局1965年版，第2421页。

③ 〔南朝宋〕范晔：《后汉书》卷七二《董卓传》，中华书局1965年版，第2327页。

子十五人,分镇闽地。[①]

《同安县志》的这条记载采自宋代许顺之编纂的《许氏族谱》。许顺之号存斋,乃理学家朱熹弟子,朱熹称他为"乡先正",这一族谱资料应属可信。许濙当年驻军之地在今同安县,但同安设县是在西晋太康年间,许濙驻军时尚无同安县,因此有"未有同安,先有许督"的民谚。

据《史记·东越传》,先秦时统治闽越地区的诸王,皆越王勾践之后,"秦已并天下,皆废为君长,以其地为闽中郡"[②]。同安即属闽中郡。西汉初年,闽越国一分为三。汉武帝建元年间,三王之一的闽越王发兵围攻另一南越王,南越王向汉朝求援,武帝派左翊将军许濙出兵讨伐闽越王,闽越王郢之弟余善杀了兄长,向朝廷谢罪。余善本想以此邀功,凭此继承王位,不料朝廷却立无诸之孙繇君丑为越繇王,立余善为东越王,余善不服,举兵反叛。朝廷再次发兵讨伐,余善被杀,闽越国覆亡。武帝因"东越狭多阻,闽越悍,数反覆,诏军吏皆将其民徙处江淮间"[③]。许濙及其将士卜居不归,其地即现在的同安县。许濙带来了中原地区先进的生产技术和文化,促进了当地经济的繁荣和文化的进步,因此《同安县志》盛赞许濙"首开草昧,厥功盛矣"。这并非溢美之辞。许濙的15个儿子分镇闽地,瓜绵椒衍,成为望族,《同安许氏家谱》说"凡闽之许姓,多濙公之子孙也",信非虚语。随着人口的播迁,文莱、缅甸、泰国、越南、印尼、新加坡、菲律宾、马来西亚等国家和香港、台湾地区,都有许濙的后裔[④]。许濙墓穴在今同安县从顺里五虎山之西,碑文是"故汉上柱国左翊将军许公墓"12个字。当年许濙屯兵之营城,即如今同安县城内大同街道三秀街的营城巷,许濙在那里修筑的府第许督府,宋代后改称存斋书院、许督书院,现在是许氏家庙。

汉献帝后裔东迁日本,在日本的多种史籍中都有记载。汉献帝刘协被曹丕废黜后,封为山阳公,山阳在今河南焦作市东南修武一带,他死后葬在今修武县北16公里处的古汉村南。刘协的裔孙大部分居住在焦作一带。他的玄孙刘阿知则率部分族人东渡,到了日本,在那里繁衍生息,成了地道的日本人。2005年

---

① (民国)《同安县志》卷三〇《武功录》,民国18年(1929)铅印本,第2页。

② 〔汉〕司马迁:《史记》卷一一四《东越传》,中华书局1959年版,第2979页。

③ 〔汉〕司马迁:《史记》卷一一四《东越传》,中华书局1959年版,第2984页。

④ 颜立水:《"未有同安,先有许督"与"未有同安,先有北山"》,《河洛文化与闽南文化》,河南人民出版社2014年版,第496页。

6月1日《大河报》有一篇《山阳后人今何如》的文章说：

> 据日本《大藏朝臣原田家历传》(即原田家谱)记载，山阳公刘协有一个玄孙刘阿知，大概是山阳公刘秋(刘协四世孙)的兄弟辈，于刘秋袭爵为山阳公时，见当时天下混乱之象已生，遂于是年五月初一召集家臣商议对策。
>
> 刘阿知说："我久在此地，恐有覆灭之祸，闻东国于日本，有圣天子。"遂决定率家族东渡，前往日本避难。这样，刘阿知便率领他的儿子刘都贺、舅舅赵与德和族人刘国鼎、刘涛子、刘鹤明、刘信子等男女共2040人，离开中国本土，漂洋过海，几经艰难，于日本应神天皇二十九年九月五日到达日本，成为刘姓在日本的始祖，并被后世称为"阿知王"。
>
> 阿知王到达日本后，被日本天皇赐号东汉使主，奉命定居于大和国高市郡桧前村，在今天日本的奈良县桧前村和冈山县仓敷市妙见山顶，现在都有"阿知宫"，这是后人祭祀阿知王的场所。

这则记载有其他文献资料佐证，可信度很高。这篇文章中注明，刘秋是刘协的第四代裔孙，袭封山阳公，西晋永嘉三年(309)"五胡乱华"时被胡人所杀，山阳国到此灭亡。"永嘉之乱"导致中原百姓大批南迁，当时干戈纷扰，生灵涂炭，刘协后裔这一支东渡日本，似乎也在情理之中。刘阿知的长子刘都贺，被天皇赐姓为直，定居日本后，被称为"渡来人"。

东渡的刘阿知家族在大和政权建立后，分别组成"汉人""秦人"等集团，进入日本的政治、经济、文化领域，为日本的经济繁荣和文化兴盛作出了贡献。日本史学家坂本太郎撰写的《日本史概说》一书中说：

> 刘阿知一族及其后裔传入日本的汉文化，无论在精神还是在物质方面，都给日本文化以划时代的影响。在精神文化方面，汉字、汉籍以及儒教和佛教的传入决定了后来日本文化的性质。在物质文化方面，水利、灌溉、养蚕等农业技术，建筑、雕刻、织布、冶金、制陶等各种工艺技术及其制品，都为当地人生活水平的提高作出了巨大贡献。①

这一评论恰如其分，非常公允。

刘阿知之子刘都贺为日本的经济发展也作出了巨大贡献，他把中国先进的

① 转引自韩达主编：《河朔名邦焦作》，河南科技出版社2011年版，第79页。

纺织技术带到了日本,因而被封为都贺王。他的后裔多次被日本天皇赐姓:

> 仁德天皇六十年(372)四月,刘阿知的后裔被赐姓"坂上",再到雄略天皇十六年(471)十月,刘阿知的后裔又改赐姓为"大藏"。到日本朱雀天皇时代(930~946),刘阿知后裔、汉高祖刘邦的第39代孙大藏春实官任征西将军,为平定当时日本发生的"天庆之乱"立下了汗马功劳,于朱雀天皇天庆三年(940)五月受到天皇的嘉奖和赏赐。自从大藏春实之后,大藏家族一直担任显要职务。①

日本还有一支以原田为姓的刘阿知后裔,时至今日,原田家族已繁衍到刘邦的第93代,他们在日本九州福冈市建有汉太公庙,"他们至今保存着代代相传的族谱,注明自己是刘邦的后裔,而且按照传统的礼节到太公庙对刘邦等刘姓远祖朝廷定期祭祀。直到今日,原田家族的成员还明确宣布自己是汉高祖刘邦、光武帝刘秀的后裔,并一代一代地记入族谱之中"②。

正史中也有不少零星迁徙的记载。如孟光,"河南洛阳人也,汉太尉孟郁之族,灵帝末为讲部吏,献帝迁都长安,遂逃入蜀"③。许慈,"字仁笃,南阳人也,师事刘熙,善郑氏学,治《易》《尚书》《三礼》《毛诗》《论语》,建安中,与许靖等俱自交州入蜀"④。来敏,"字敬达,义阳新野人,来歙之后也。父艳,为汉司空。汉末大乱,敏随姊奔荆州"⑤。东晋大臣孔愉,"字敬达,会稽山阴人也,其先世居梁国(今河南商丘南)。曾祖潜,太子少傅,汉末避地会稽,因家焉"⑥。晋朝人周访,"字士达,本汝南(东汉时汝南郡在今河南平舆北)安城人也,汉末避地江南,至访四世。吴平,因家庐江浔阳(今江西九江)焉"⑦。宋朝人郑刚中《北山文集》称:"余郑氏,本固始,至建安徙居金华(今属浙江)拱垣。"⑧和洽,"字阳士,汝南西平人也,举孝廉,大将军辟,皆不就……荆州刘表无他远志,爱人乐

① 韩达主编:《河朔名邦焦作》,河南科技出版社2011年版,第79页。
② 韩达主编:《河朔名邦焦作》,河南科技出版社2011年版,第79页。
③ 〔晋〕陈寿:《三国志》卷四二《蜀书·孟光传》,中华书局1959年版,第1023页。
④ 〔晋〕陈寿:《三国志》卷四二《蜀书·许慈传》,中华书局1959年版,第1022页。
⑤ 〔晋〕陈寿:《三国志》卷四二《蜀书·来敏传》,中华书局1959年版,第1025页。
⑥ 〔唐〕房玄龄:《晋书》卷七八《孔愉传》,中华书局1974年版,第2051页。
⑦ 〔唐〕房玄龄:《晋书》卷五八《周访传》,中华书局1974年版,第1578页。
⑧ 〔宋〕郑刚中:《北山文集》,《丛书集成初编》本,民国24年(1935)版。

士,土地险阻,山夷民弱,易依倚也,遂与亲旧俱南从表”[①]。又如颖容,“陈国长平(今河南西华东北)人也,博学多通,善《春秋》《左氏》,师事太尉杨赐。郡举孝廉,州辟公车征,皆不就。初平(汉献帝年号)中,避乱荆州,聚徒千余人。刘表以为武陵太守,不肯起”[②]。再如东汉末年的大臣袁术,汝南汝阳(今河南商水西南)人,累官至河内尹,建安二年(197)称帝于寿春。因骄奢淫逸,不恤百姓疾苦,江淮百姓因饥馑而死者甚众,将士离心,部下多叛,乃归帝号于袁绍。后为曹操所败,愤慨呕血而死。妻子依故吏庐江太守刘勋。“孙策破勋,复见收视,术女入孙权宫,子曜仕吴为郎中。”[③]袁术一家从此流落江南,以后就定居在那里。以上所列个案,说明汉代零星迁徙的中原人,不是去了蜀地,就是去了江南,没有迁往北方者。

许多家谱中也可得到佐证。如发源于今河南平顶山市叶县的叶姓,有一支在汉末先迁今江苏丹阳句容,再迁寿昌(今浙江建德)。建德厚塘《叶氏宗谱》载:“汉末天下大乱,望公(叶氏第二十一世孙)以建安二年(197)渡江侨迁丹阳之句容,望之夫人生一子曰遂。遂生成允,成允生二子,长曰琚,次曰璲。璲生四子,长曰硕……居睦州之寿昌者皆承硕(第二十五世孙)之裔。”叶氏南渡丹阳之祖是叶望,“夫人陈氏生子叶遂,传至第二世孙叶璲、叶琚”。叶琚生四子,至此叶氏分支,散居一方,自立支系。长子叶硕,迁徙睦州寿昌,为建德叶氏始迁祖。其他有迁居福建建安者,有徙浙江湖州乌程者,有徙浙江衢州西安者。叶氏自汉末迁江南,至今已有近19世纪,人丁繁衍,成为江南望族。发源于今河南淮滨县的蒋姓,乃周公旦第四子伯龄被封于蒋,建立了蒋国,其后裔遂姓蒋。浙江建德“大洋镇贺宅村蒋姓,始居豫州弋阳(今河南潢川西),奉伯龄公为正宗。至四十七世孙蒋横,仕汉大将军,随光武帝讨伐赤眉有功,封浚遒侯。蒋横生九子,八子居江南,一子在楚,后诏随地(今湖北随县)”。建德黄村《蒋氏族谱》说:“至四十七世孙蒋横,仕汉为大将军,从光武讨赤眉有功,封浚遒侯。侯生九子,八子居江南,一子在楚,后诏随地封侯……今世称江南无二蒋,九子八封侯。”[④]

---

① 〔晋〕陈寿:《三国志》卷二三《魏书·和洽传》,中华书局1959年版,第655页。

② 〔南朝宋〕范晔:《后汉书》卷七九《儒林传下》,中华书局1965年版,第2584页。

③ 〔南朝宋〕范晔:《后汉书》卷七五《袁术传》,中华书局1965年版,第2443页。

④ 转引自戴荣芳编著:《建德姓氏》,天津古籍出版社2008年版,第78页。

又如程姓。秦朝末年有个叫程林的人,因不堪暴政,举家从中原地区迁往会稽(今浙江绍兴)。他精通酿酒术,酿造出的酒味道醇美,他开的酿酒作坊生意兴隆。当地还有一个叫乌中的人也善于酿酒,这个地方便成了著名的酒乡。人们为纪念这两个人,就叫这个县为乌程,古代的乌程县在今天的浙江吴兴县南。[①]《方氏家谱》记载,西汉末年有个叫方纮的人,曾任汝南尹,因避王莽之乱,携妇将雏由河南迁徙至今安徽歙县东乡绩溪定居[②]。廖姓发源于今河南唐河、固始,在今河南南部的上蔡、平舆、汝南等县发展繁衍的廖氏,成为当地望族。因这一带西汉初年属汝南郡,故廖氏族人皆以汝南为郡望。1922年湖北蒲圻世彩堂《廖氏族谱·七修新拟原胄》说:"吾族第一世祖政权,系叔安公十一世孙也。事威烈王,封汝南侯,食采邑于平舆。"传至廖焕时,已是东汉安帝时期,焕在永初年间任北地太守。他的儿子廖扶明天文、谶纬风角推步之术,终身不仕,以教授生徒为业。他有两个儿子:"孟举、伟举。孟举生子醇。醇因汉末乱离,自汝南平舆迁楚郡之黔中。生子化,化为诸葛孔明南征有功,封中乡侯,迁衡山。"[③]这支廖姓因食采邑于平舆(今属河南),便世代生活于此。直到东汉末年因战乱迁至今贵州省,廖化辅佐诸葛亮南征有功封侯,又迁到了湖南衡山。再如东汉时汝南新息(今河南息县西南)人高获善天文,晓遁甲,因不愿出仕,"遂远遁江南,卒于石城(今江苏南京市西清凉山),石城人思之,共为立祠"[④]。这支高姓人从此定居江南。东汉末年曹操与袁绍分据河南、河北对峙,陈留圉(今河南杞县南)人高柔的堂叔高干"率家人迁往河北,投靠袁绍,出任并州刺史之职,部分族人也随其迁往河北"[⑤]。

又如吴姓。南阳吴氏是东汉时期吴氏宗族中最显贵、最兴旺的一支。"南阳吴氏是吴衍陵的后代,他居住在山西蒲坂,是吴芮的第六世孙(笔者注:吴芮是西汉初年的开国功臣)。据谱载,吴衍陵生二子,长子吴全,次子吴介。吴全曾任城门尉,娶县令冉参之女为妻,生子吴隆,家族从山西迁到了亳(今河南商丘睢阳区西南)。吴隆娶端木氏为妻,生二子,长子吴复兴,次子吴复奇。吴氏

---

① 程有为:《程姓》,陕西人民出版社2002年版,第29页。
② 戴庞海:《方姓》,陕西人民出版社2003年版,第6页。
③ 无言:《廖姓》,陕西人民出版社2002年版,第11页。
④ 〔南朝宋〕范晔:《后汉书》卷八二《高获传》,中华书局1965年版,第2711页。
⑤ 陈国灿等:《中华姓氏谱·高》,现代出版社、华艺出版社2000年版,第44页。

家族很快走上了复兴之路,吴复兴就是吴汉的祖父。吴复兴从亳迁居南阳(今河南南阳市),死后葬于宛(今属南阳)。”[①]西汉末年农民起义后,吴汉被更始帝任命为安乐令,后又升至大将军。东汉王朝建立后,吴汉被任命为大司马,封为舞阳县(今河南舞阳)侯,后改广平侯。死后葬枣阳(今属湖北),由长子吴成袭封。吴成死,广平侯国被废除,“朝廷将吴汉的封国分为三国,封吴成的长子吴旦为灈阳(今河南遂平)侯,以奉吴汉之祀;封吴旦的弟弟吴盱为范阳(今湖北谷城)侯;封吴成的弟弟吴国为新蔡(今河南新蔡)侯”。[②] 这支吴姓先是由山西迁往河南,其中的一部分又迁到了湖北。

河南还有一支祖孙三代都任廷尉的簪缨之家吴氏,他就是东汉时的河南(今河南洛阳)人吴雄。他在汉顺帝时任廷尉,汉桓帝时任司徒,位列三公,其子、孙都任过廷尉,可说是司法世家。“其后裔后来从河南迁入安徽,居住在徽州(今安徽休宁)等地。另据记载,吴雄家族的另一支迁居渤海,成为渤海吴氏的组成部分。”[③]

(二)迁入今河南地区者

这一时期最值得一提的是少数民族的内迁。

匈奴族内迁有两次。第一次是在西汉宣帝五凤二年(前 56)。这年冬天,匈奴发生内讧,“呼韩邪单于左大将军乌厉屈与父呼遬累乌厉温敦皆见匈奴乱,率其众数万人降汉。封乌厉屈为新城侯,乌厉温敦为义阳侯”[④]。呼遬累是官号,乌厉温敦是人名,此人乃乌厉屈之父。新城侯食邑于汝南之细阳,即今日之安徽太和县东南;义阳侯食邑于南阳之平氏,即今日之河南桐柏县西北平氏。既食邑于中原腹地,这些内迁的匈奴人肯定与汉人有接触。第二次是东汉安帝元初五年(118),匈奴单于逢侯既为鲜卑所破,部众分散,多归北匈奴,这年春天,“逢侯将百余骑亡还,诣朔方塞(今内蒙古杭锦旗北)降,邓遵奏徙逢侯于颍川郡(今河南禹州市)”[⑤]。邓遵是邓太后从弟,时任度辽将军,是他接受了逢侯

---

① 吴强华:《中华姓氏谱·吴》,现代出版社、华艺出版社 2000 年版,第 45 页。

② 吴强华:《中华姓氏谱·吴》,现代出版社、华艺出版社 2000 年版,第 46 页。

③ 吴强华:《中华姓氏谱·吴》,现代出版社、华艺出版社 2000 年版,第 47 页。

④ 〔宋〕司马光:《资治通鉴》卷二七《汉纪十九》,上海古籍出版社 1987 年版,第 181 页。

⑤ 〔南朝宋〕范晔:《后汉书》卷八九《南匈奴传》,中华书局 1965 年版,第 2958 页。

的归附,并上奏天子,徙逢侯于颍川郡。章怀太子李贤为之作注说:"逢侯本是前单于,屯屠何子。右薁鞬日逐王诸降胡万余人胁立为单于,被鲜卑所破,部众分散,若留匈奴,或恐更相招引,故徙于颍川郡也。"汉朝怕逢侯留在匈奴故地,会招集旧部,再度与汉朝为敌,故徙之于远离匈奴故土的颍川郡,使他们处于汉人的包围之中,无力与汉朝抗衡。

羌族人也有迁居河南者。东汉灵帝建宁三年(170),戍边多年的大将段颎被调回京师洛阳,他率"秦胡步骑五万余人,及汗血千里马,生口万余人,诏遣大鸿胪持节慰劳于镐(今陕西长安县西)"①。这些羌人中有一部分被安置于今河南境内,后来都融入汉人中了。

除了匈奴人、羌人,进入今河南的还有大月氏人。自汉武帝开通西域后,便有了丝绸之路,中原与西域的贸易往来频繁,西域商贾不但贩卖货物,而且还贩卖人口。东汉时一位名叫辛延年的诗人,在他的乐府诗《羽林郎》中描写了一个被卖到洛阳酒家的胡姬。诗云:

昔有霍家奴,姓冯名子都。依倚将军势,调笑酒家胡。胡姬年十五,春日独当垆。长裾连理带,广袖合欢襦。头上蓝田玉,耳后大秦珠。两鬟何窈窕,一世良所无。一鬟五百万,两鬟千万余。不意金吾子,娉婷过我庐。银鞍何煜爚,翠盖空踟蹰。就我求清酒,丝绳提玉壶。就我求珍肴,金盘脍鲤鱼。贻我青铜镜,结我红罗裾。不惜红罗裂,何论轻贱躯!男儿爱后妇,女子重前夫。人生有新故,贵贱不相逾。多谢金吾子,私爱徒区区。

诗中的羽林是指汉武帝时设置的禁卫军,羽林郎则是羽林军的军官。胡姬是指从西域贩卖来的女子,汉代统称西北少数民族为胡。诗中的霍家指霍光,他在西汉昭帝、宣帝时为大将军、大司马,权势显赫。冯子都是他的家奴。这个胡姬是不是大月氏人,不好遽下结论,但她既在洛阳当垆卖酒,说明她已在洛阳长期居住。似她这样的西域妇女,在洛阳恐怕还有不少。

与胡姬命运相同的,确有大月氏人。《后汉书·梁冀传》云:

初,父商献美人友通期于顺帝(章怀太子李贤注:友,姓也,《东观汉纪》友作支),通期有微过,帝以归商,商不敢留而嫁之,冀即遣客盗还通期。会商薨,冀行服,于城西私与之居。寿(梁冀之妻名孙寿)伺冀出,篡取通期

① 〔南朝宋〕范晔:《后汉书》卷六五《段颎传》,中华书局1965年版,第2153页。

归，截发刮面，笞掠之，欲上书告其事。冀大恐，顿首请于寿母，寿亦不得已而止。冀犹复与私通，生子伯玉，匿不敢出。寿寻知之，使子胤诛灭友氏。冀虑寿害伯玉，常置复壁中。①

文中提到的美人友通期，李贤注为支通期，支氏是西域大月氏人之姓。这则记载向我们讲述了大月氏女子在洛阳的遭遇。梁冀之父梁商献大月氏美女支通期于顺帝，因有小过错，顺帝又把她还给了梁商，梁商把她嫁出去，却被梁冀盗回。梁商死后，梁冀霸占了支通期。事为梁冀之妻孙寿得知，乘梁冀外出之机，劫持了支通期，几乎拷打至死。后来几经周折，梁冀还与大月氏女子生了儿子，支通期终于被害殒命。支通期的遭遇表明，大月氏女子是被贩卖至洛阳的，可以当作礼物送来送去，最后死于非命，这样的大月氏女子，当不止支通期一人。

汉代的大月氏，其实就是西域中亚的贵霜王朝。《后汉书·西域传》称："诸国称之皆曰贵霜王，汉本其故号，言大月氏云。"②东汉时大月氏发生战乱，一部分人东迁，辗转来到都城洛阳，卜居不归，最后融入汉族中。《出三藏记·支谦传》又称支谦为"河南支恭明"。东汉末年的军阀董卓部下便有胡兵，《续汉书·五行志》说："董卓多拥胡兵，填塞街衢，虏掠宫掖，发掘园陵。"③东汉末年洛阳确有不少胡人。

西南夷在东汉时也有内附者。西南夷与汉朝蜀郡毗邻，双方虽有矛盾，但大多数时间是友好往来，汉王朝对西南夷恩威并用，以笼络羁縻为主。西南夷中的哀牢夷曾有数千人内附并献乐人、魔术师于洛阳，《后汉书·西南夷传》载：

永初元年(107)缴外僬侥种夷陆类等三千余口，举种内附，献象牙、水牛、封牛。永宁元年(120)掸国王雍由调复遣使者诣阙朝贺，献乐及幻人，能变化吐火，自支解易牛马头，又善跳丸，数乃至千。自言我海西人，海西即大秦也。掸国西南通大秦。④

掸国在今缅甸东北部一带。内附的僬侥等3000余人大概都安置在了洛阳周围。掸国所献的乐人及魔术师是否卜居洛阳不归，不得而知，但他们表演的

① 〔南朝宋〕范晔：《后汉书》卷三四《梁冀传》，中华书局1965年版，第1180页。

② 转引自程政举、袁延胜、焦培民：《袁祖亮文集》，河南人民出版社2013年版，第228页。

③ 转引自程政举、袁延胜、焦培民：《袁祖亮文集》，河南人民出版社2013年版，第229页。

④ 〔南朝宋〕范晔：《后汉书》卷八六《西南夷》，中华书局1965年版，第2581页。

幻术,被中原艺人吸收改造后,成为广大百姓喜闻乐见的娱乐项目。

除了少数民族迁入今河南地区,东汉初年还有一支从平原(今山东德州、齐河、阳信一带)迁往颍川(今河南许昌)和陈留(今河南开封东南)的有罪之人。光武帝建武年间,南阳宛人赵熹任平原太守,“时平原多盗贼,熹与诸郡讨捕,斩其渠帅,余党当坐者数千人,熹上言:‘恶,恶止其身,可一切徙京师近郡。’帝从之,乃悉移置颍川、陈留”①。在汉代一次迁徙数千人,也算是规模较大的一次迁徙了。

二、三国时期的河南移民

从220年魏文帝曹丕即位,至265年晋武帝司马炎即位,只有40余年,史称三国时期。这一时期兵燹不断,移民频繁,迁入今河南境内者也有不少。河南境内士庶迁往吴、蜀两国也多有,但均是个案,大规模的迁徙不多。

(一)曹魏移民

汉献帝时董卓称兵作乱,胁迫天子迁往长安,洛阳百姓迁徙一空,曹操、钟繇徙关中之民于洛阳:“自天子西迁,洛阳人民单(殚)尽,繇徙关中民,又招纳亡叛以充之,数年间民户稍实,太祖(曹操)征关中,得以为资。”②曹操知道若无百姓种田,军粮便没有着落,因此徙关中之民于洛阳为其耕耘,实乃聪明之举。曹操最大的一次迁民活动是在建安二十年(215)。这年七月,曹操由武都(今甘肃成县境)出征汉中,击败了长期盘踞在汉中的张鲁,完成了北方的统一,“以夏侯渊为都护将军,督张郃、徐晃等守汉中,以丞相长史杜袭为驸马都尉,留督汉中事。袭绥怀开导,百姓自乐出徙洛、邺者八万余口”③。由于曹操处置得当,汉中百姓自愿迁徙洛阳、邺城(今河北临漳西南)者达8万余口,大部分安置在了洛阳周围。

---

① 〔南朝宋〕范晔:《后汉书》卷二六《赵熹传》,中华书局1965年版,第914页。

② 〔晋〕陈寿:《三国志》卷一三《魏书·钟繇传》,中华书局1959年版,第393页。

③ 〔宋〕司马光:《资治通鉴》卷六七《汉纪五九》,上海古籍出版社1987年版,第450页。

魏文帝曹丕即位后,打算迁徙“冀州(今河北临漳西南)士家十万户实河南(今河南洛阳)”,河南当时兵燹之后,又连遭蝗灾,人烟稀少,因此曹丕打算迁冀州民充实河南之地。而河南连年饥馑,饿殍载道,移民河南显然不合时宜,群臣进谏,曹丕不纳。侍中辛毗反复劝说,他的理由是“今徙,既失民心,又无以食也”。冀州人既不愿迁徙,来河南后又无粮可食,必致民心嗟怨。曹丕终于回心转意,“遂徙其半”[①]。原来打算迁10万户,徙其半就是5万户,以每户5口人计,这次迁入河南的就有25万人。这是曹魏时期迁徙规模最大的一次。

曹魏时期还迁徙过高句骊(今辽宁沈阳市东)人入河南。齐王曹芳正始六年(245)大将毌(音贯)丘俭率军攻打高句骊,“过沃沮千有余里,至肃慎氏南界,刻石记功,刊丸都(今吉林集安西北)之山,铭不耐(今朝鲜北部德源、永兴一带)之城,诸所诛纳八千余口,论功受赏,侯者百余人”[②]。一次就能迁8000余口,规模不算小。《资治通鉴》则说这次高句骊移民迁入了荥阳:“正始中,毌丘俭讨句骊,徙其余种于荥阳,始徙之时,户落百数,子孙孳息,今以千计。”[③]看来高句骊人并未全部迁入荥阳,迁入的只有100余户,以每户5口人计,迁入荥阳者只有五六百人,其余的都迁入洛阳周围的其他地方了。

也有因其他原因投奔曹魏者。如吴国宗室孙壹与孙綝有怨,“及孙綝诛滕胤、吕据,据、胤皆壹之妹夫也,壹弟封又知胤、据谋,自杀。綝遣朱异潜袭壹,异至武昌,壹知其攻己,率部曲千余口过将胤妻奔魏。魏以壹为车骑将军、仪同三司,封吴侯”[④]。又如杜夔,“字公良,河南(今河南洛阳)人也。以知音为雅乐郎,中平五年(188),疾去官,州郡司徒礼辟,以世乱奔荆州,荆州牧刘表令与孟曜为汉主合雅乐。乐备,表欲庭观之”,杜夔认为此乐乃为天子所作,庭观不合礼仪,刘表纳其言而止。“后[刘]表子琮降太祖(曹操),太祖以夔为军谋祭酒,参太乐事。”[⑤]这样的例子不多。

(二)蜀汉移民

蜀国僻在四川一隅,立国时间又短,没有大规模的中原移民入蜀,只有零星

---

① 〔晋〕陈寿:《三国志》卷二五《魏书·辛毗传》,中华书局1959年版,第697页。

② 〔晋〕陈寿:《三国志》卷二八《魏书·毌丘俭传》,中华书局1959年版,第762页。

③ 〔宋〕司马光:《资治通鉴》卷八三《晋纪五》,上海古籍出版社1987年版,第555页。

④ 〔晋〕陈寿:《三国志》卷五一《吴书·宗室传》,中华书局1959年版,第1208页。

⑤ 〔晋〕陈寿:《三国志》卷二九《魏书·杜夔传》,中华书局1959年版,第806页。

的中原士人投奔刘备,从此卜居不归。如南阳人黄忠,先在荆州牧刘表手下任中郎将,与刘表的侄子刘磐共守长沙、攸县(今湖南攸县东北),曹操攻占荆州,仍委任黄忠原来职务。"先主(刘备)南定诸郡,忠遂委质,随从入蜀。"[①]后来驰骋疆场,成为与关羽、张飞、赵云齐名的大将。汝南平舆人许靖,少年时即以博学知名,刘璋统治蜀地时,派人"招靖,靖来入蜀,璋以靖为巴郡、广汉太守……先主克蜀,以靖为左将军长史,先主为汉中王,靖为太傅",他"年逾七十,爱乐人物,诱纳后进,清谈不倦,丞相诸葛亮皆为之拜"[②]。南阳人陈震,刘备领荆州牧时辟为从事,后跟随刘备入蜀。"蜀既定,为蜀郡北部都尉,因易郡名,为汶山太守。"[③]南阳人吕乂,他的父亲吕常送刘焉入蜀,"值王路隔塞,遂不得还"[④],吕乂遂为蜀国臣子。诸葛亮连年出征,调发诸郡百姓从军,百姓多不从,吕乂招募士兵5000人从军,无一人逃窜,后任汉中太守、蜀郡太守,官至尚书令。南阳人李严少有才干,投入荆州牧刘表麾下,曹操破荆州,李严入蜀投奔刘璋。刘备率军攻打绵竹(今四川德阳北),"严率众降先主,先主拜严裨将军,成都既定,为犍为太守、兴业将军"。刘备弥留之际,"严与诸葛亮并受遗诏辅少主,以严为中都护,统内外军事,留镇永安(今重庆奉节县)"[⑤]。他是蜀汉重要大臣。南阳人王连,"刘璋时入蜀,为梓潼令"。刘备率军来攻,王连闭城不降,刘备也不强逼。刘备攻占成都,李严始降,"以连为什邡(今属四川)令"[⑥],从此为蜀国效力。南阳人许慈、洛阳人孟光都为蜀汉的大臣。

(三)吴国移民

吴国也和蜀汉一样,没有大规模的中原移民入吴,只有个别士人投奔孙氏政权。如固始人胡综,少年丧父,母亲带着他避难江东,孙策任会稽太守时,胡综年方14岁,投入孙策门下,与其弟孙权同窗读书。孙权继位后,胡综颇受重用。孙吴定都建康后,胡综与是仪、徐详俱典军国密事。"凡自权统事,诸文诰、

① 〔晋〕陈寿:《三国志》卷三六《蜀书·黄忠传》,中华书局1959年版,第948页。
② 〔晋〕陈寿:《三国志》卷三八《蜀书·许靖传》,中华书局1959年版,第967页。
③ 〔晋〕陈寿:《三国志》卷三九《蜀书·陈震传》,中华书局1959年版,第984页。
④ 〔晋〕陈寿:《三国志》卷三九《蜀书·吕乂传》,中华书局1959年版,第988页。
⑤ 〔晋〕陈寿:《三国志》卷四〇《蜀书·李严传》,中华书局1959年版,第999页。
⑥ 〔晋〕陈寿:《三国志》卷四一《蜀书·王连传》,中华书局1959年版,第1009页。

策命、邻国书、符、略，皆综之所造也。”[①]河南（今河南洛阳）人赵达，少年时跟随汉侍中单甫受学，“谓东南有王者气，可以避难，故脱身渡江”[②]，投奔孙权。他治九宫一算之术，善于占卜，孙权每次出师打仗，便命赵达推算休咎，皆如其言。孙权问他推算秘诀，赵达终不肯说，从此孙权疏远了他。汝南南顿（今河南项城西）人程秉，师事郑玄，东汉末避乱于交州（今广东广州），博通五经，交州刺史士燮任命他为长史。长史是官府中的僚属，文职办事人员。“权闻其名儒，以礼征。秉既到，拜太子太傅。黄武四年（225），权为太子［孙］登聘周瑜女，秉守太常（太常卿掌管礼乐、郊庙、社稷等事），迎妃于吴，权亲幸秉船，深见优礼。”[③]后病卒于任上。陈留（今河南开封东南）人濮阳兴，父亲濮逸，“汉末避乱江东，官至长沙太守”[④]，遂家于江东。濮阳兴少年时即有名士之誉，孙权招募麾下，任命他为上虞令，迁为尚书左曹，出使蜀汉，还朝后任会稽（今浙江绍兴）太守。当时琅邪王孙休居会稽，濮阳兴与他结交，孙休即位，濮阳兴颇受重用，升迁至丞相。濮阳兴与孙权宠臣、左将军张布勾结，国人大失所望。孙休死后，濮阳兴与张布废孙休嫡子而迎立孙皓。孙皓即位，任濮阳兴为侍郎，领青州（今山东淄博市东北临淄北）牧。他的所作所为被人告发，孙皓贬谪濮阳兴于广州，又追杀于途中，夷三族。濮阳兴乱国蠹政，受到了应得惩处。

三国时期迁徙较为频繁的当数曹魏。蜀汉和吴国时期的迁徙多是个案，在历史上没有什么影响。

---

① 〔晋〕陈寿：《三国志》卷六二《吴书·胡综传》，中华书局 1959 年版，第 1418 页。

② 〔晋〕陈寿：《三国志》卷六三《吴书·赵达传》，中华书局 1959 年版，第 1424 页。

③ 〔晋〕陈寿：《三国志》卷五三《吴书·程秉传》，中华书局 1959 年版，第 1248 页。

④ 〔晋〕陈寿：《三国志》卷六四《吴书·濮阳兴传》，中华书局 1959 年版，第 1434 页。

第三章 魏晋南北朝时期的河南移民

魏晋南北朝是我国历史上战乱最多、动荡不安的时期,也是移民最为频繁的时期。这一时期移民的特点,一是规模大,无论是西晋“永嘉之乱”时的衣冠南渡,还是北魏迁都洛阳,人数都在 90 万到 100 万人之间,而当时中国北方人口不足 1000 万;二是匈奴、羌、氐、鲜卑等少数民族进入中原,他们进入中原后,受到汉族先进文化的影响,加速了民族融合的进程。

第一节　晋代的河南移民

西晋在统一全国后,曾经有过短暂的安定局面,蜀、吴两国灭亡后,有一部分人迁入洛阳,因社会矛盾尖锐,出现了流民的迁移活动。迨至“永嘉之乱”,有大量中原百姓移民江南,带去了先进的生产方式和文化,对江南社会产生了深远影响。

一、“永嘉之乱”前的河南移民

最早进入洛阳的是三国中的蜀国、吴国君臣。景元四年(263)十一月,曹魏大将邓艾攻克成都,蜀后主刘禅率太子大臣等衔璧出降,举家迁往洛阳。“后主东迁洛阳,时扰攘仓卒,蜀之大臣无翼从者,惟[郤]正及殿中督汝南张通,舍妻子单身随侍。”[①]可谓狼狈至极。景元五年(264)三月,刘禅被封为安乐县公,“子孙为三都尉,封侯者五十余人。尚书令樊建、侍中张绍、光禄大夫谯周、秘书令郤正、殿中督张通并封列侯”[②]。刘禅从成都出发时,除家属外,大臣只有郤正、张通随侍,樊建、张绍、谯周等当是随后迁入洛阳者。按一家5口人计,随刘禅迁入洛阳者应有千人之多。其时虽是魏元帝曹奂当朝,但掌权的是晋王司马炎,他次年便禅代曹奂,建立晋朝。司马炎宴请刘禅,演奏蜀国音乐,原蜀国大臣因国破家亡,社稷丘墟,听了故国音乐,都感慨系之,而刘禅却嬉笑自若。司马炎对大臣贾充说,人之无情,乃至于此,虽诸葛亮复生,也不能辅佐他了,何况姜维?过了几天,司马炎问刘禅:“颇思蜀否?”刘禅曰:“此间乐,不思蜀也。”郤正得知后对刘禅说,晋王如果再问,你应哭着回答:先人坟墓,远在岷蜀,望西心悲,无日不思。过了几天,晋王又问刘禅,刘禅把郤正教他的话说了一遍,晋王说:“何乃似郤正语耶?”禅惊视曰:“诚如尊命。”[③]左右皆笑。刘禅无心肝如此,蜀国焉能不亡!

吴国比蜀国灭亡稍晚。太康元年(280)西晋将领王濬等已扫清了建业(今江苏南京)外围的吴军,三月间,王濬所率水师抵建业城下,吴主孙皓大惧,面缚舆榇,降于军门。王濬解缚焚榇,由琅邪王司马伷押送京师洛阳。是年五月,晋武帝司马炎“封孙皓为归命侯,拜其太子为中郎,诸子为郎中,吴之旧望,随才擢叙。孙氏大将战亡之家,徙于寿阳(今安徽寿县),将吏渡江复十年,百姓及百工复二十年”[④]。吴国有多少人迁入洛阳,目前尚无确切统计数字,但太康二年(281)二月,司马炎下诏“赐王公以下吴生口各有差,诏选孙皓姬妾五千人入宫”[⑤],已可看出吴国迁往洛阳的人甚多。把迁来的百姓当作奴隶赏赐给王公,且是按官阶大小分配,这部分人当在1000人左右。而司马炎竟能从孙皓的姬妾中挑选出5000人,说明随孙皓进入洛阳的姬妾至少有1万人或1.5万人,才可从中挑选。又司马炎为招徕吴国官员百姓,规定渡过长江北上者,是官员的免10年赋税徭役,百姓及工匠则免20年,如此优厚的待遇,吴国的官员百姓自

---

① 〔晋〕陈寿:《三国志》卷四二《蜀书·郤正传》,中华书局1959年版,第1041页。

② 〔晋〕陈寿:《三国志》卷三三《蜀书·蜀后主传》,中华书局1959年版,第902页。

③ 〔宋〕司马光:《资治通鉴》卷七八《魏纪十》,上海古籍出版社1987年版,第525页。

④ 〔唐〕房玄龄:《晋书》卷三《武帝纪》,中华书局1974年版,第72页。

⑤ 〔唐〕房玄龄:《晋书》卷三《武帝纪》,中华书局1974年版,第73页。

然会纷至沓来,其中当有不少人迁入河南境内。如此算来,吴国灭亡后,迁入河南的人口至少在5万人以上。孙皓虽是荒淫之君,但才思敏捷,能随口吟诗:

> 晋武帝问孙皓:“闻南人好作《尔汝歌》,颇能为不?”皓正饮酒,因举觞劝帝而言曰:“昔与汝为邻,今与汝为臣。上汝一杯酒,令汝寿万春。”帝悔之。①

孙皓在洛阳抑郁不得志,太康四年(283)病逝,葬于洛阳邙山,年仅42岁。

比孙皓稍早一些降晋的还有孙秀等人。孙秀是吴国宗室,曾祖父孙坚、祖父孙匡、父亲孙泰,孙皓曾祖父也是孙坚,两人是从兄弟。孙泰跟随孙权围攻新城(今湖北房县)时阵亡,孙秀以宗室之亲任前将军、夏口(今湖北武汉市)督,因手握重兵,引起了孙皓的猜忌。“建衡二年(270)皓遣何定将五千人至夏口猎。先是,民间佥言秀当见图,而定远猎,秀遂惊,夜将妻子亲兵数百人奔晋。晋以秀为骠骑将军、仪同三司,封会稽公。”②《三国志》说孙秀“将妻子亲兵数百人奔晋”,而《晋书》则说“吴夏口督孙秀率部曲二千余人来降”③,以情理揆之,“二千余人”之说较为可信。晋朝给孙秀以如此高的待遇,是为了让他招徕更多的吴国将领归依。果然,孙秀降后不久,“孙秀部将何崇帅众五千人来降”④。晋武帝司马炎极尽笼络之能事,把姨妹蒯氏嫁给孙秀为妻:

> 孙秀降晋,晋武帝厚存宠之,妻以姨妹蒯氏,家室甚笃。妻尝妒,乃骂秀为貉子,秀大不平,遂不复入,蒯氏大自悔责,请救于帝。时大赦,群臣咸见。既出,帝独留秀,从容谓曰:“天下旷荡,蒯夫人可得从其例不?”秀免冠而谢,遂为夫妇如初。⑤

和孙秀命运相同的还有孙楷。孙楷也是吴国宗室,他任宫下镇骠骑将军,职责是拱卫京师建业(今江苏南京)。江洋大盗施但劫持了吴主孙皓之弟孙谦,并袭击了建业。有人告发孙楷首鼠两端,不立即出兵讨伐施但。孙皓听信谗言,几次派人责问孙楷,又打算把他召到朝廷责问。“楷常惶怖,而卒被召,遂将

---

① 〔南朝宋〕刘义庆:《世说新语》,凤凰出版社2012年版,第382页。
② 〔晋〕陈寿:《三国志》卷五一《吴书·孙匡传》,中华书局1959年版,第1213页。
③ 〔唐〕房玄龄:《晋书》卷一三《天文志》,中华书局1974年版,第396页。
④ 〔唐〕房玄龄:《晋书》卷三《武帝纪》,中华书局1974年版,第60页。
⑤ 〔南朝宋〕刘义庆:《世说新语》,凤凰出版社2012年版,第456页。

妻子亲兵数百人归晋，晋以为车骑将军，封丹杨侯。”[①]待遇同样也很优渥。但在吴国平定以后，孙秀、孙楷失去了利用价值，待遇便急遽下降。“初，朝廷尊宠孙秀、孙楷，欲以招徕吴人。及吴亡，降秀为伏波将军，楷为渡辽将军。”[②]

除吴国宗室降晋外，大将也有降晋者。咸宁三年(277)“夏五月，吴将邵觊、夏祥，率众七千余人来降”[③]。

西晋统一全国不久，便爆发了“八王之乱”，司马氏宗族长达十几年的混战，使得中原地区的生产力和社会秩序受到了极大破坏。加上天灾疾疫，百姓衣食无着，离乡背井，辗转流徙者成千上万人。归附匈奴的汉人王弥“率二千骑寇襄城(今属河南)诸县，河东(今山西夏县西北)、平阳(今山西临汾)、弘农(今河南灵宝北)、上党(今山西潞城东北)诸流人之在颍川(今河南许昌市东)、襄城、汝南(今河南息县)、南阳(今属河南)、河南(今河南洛阳市东北)者数万家”[④]。此次迁入河南的流民有数万家，以最保守的3万户计算，每户5人，迁入河南者也有15万人。又如“八王之乱”时乘机起事的义阳(今河南新野县)人张昌，太安二年(303)“于安陆县(今属湖北)石岩山屯聚，去郡八十里，诸流人及避戍役者，多往从之”[⑤]。安陆在湖北北部，邻近河南，流离失所及逃避徭役者都投奔他，希冀得到庇护，这其中肯定有河南人，只是数目不详而已。由于战乱不止，流民愈来愈多，晋怀帝永嘉四年(310)“雍州(今陕西西安东北)流民，多在南阳，诏书遣还乡里，流民以关中荒残，皆不愿归。征南将军山简、南中郎将杜蕤，各遣兵送之，促期令发。京兆(今陕西西安)王如，遂潜结壮士，夜袭二军，破之”[⑥]。流民不愿归乡，政府动用武力驱赶，而这些政府军队又轻而易举地被击败，于是流落在南阳的京兆人可以卜居不归了。安土重迁是中国人固有的传统，京兆流民不愿返回故土，必然是那里残破得无法生活，而南阳兵燹较少，生活相对安定，因此就选择在这里定居了。

在这一时期，还有匈奴及其他少数民族的内迁。如咸宁三年(277)，“是岁

---

① 〔晋〕陈寿：《三国志》卷五一《吴书·孙匡传》，中华书局1959年版，第1216页。
② 〔宋〕司马光：《资治通鉴》卷八一《晋纪三》，上海古籍出版社1987年版，第542页。
③ 〔宋〕司马光：《资治通鉴》卷八〇《晋纪三》，上海古籍出版社1987年版，第537页。
④ 〔唐〕房玄龄：《晋书》卷一〇〇《王弥传》，中华书局1974年版，第2610页。
⑤ 〔唐〕房玄龄：《晋书》卷一〇〇《张昌传》，中华书局1974年版，第2612页。
⑥ 〔宋〕司马光：《资治通鉴》卷八七《晋纪九》，上海古籍出版社1987年版，第582页。

西北杂虏及鲜卑、匈奴、五溪蛮夷、东夷三国前后十余辈,各帅种人部落内附”①。这些内附的匈奴、鲜卑、五溪蛮夷等少数民族被安置到了哪里,没有明确记载,但洛阳是西晋的都城,都城周遭肯定有他们的足迹。还是在这一年,“三月,平虏护军文鸳督凉(今甘肃武威)、秦(今甘肃天水)、雍州(今陕西西安)诸军讨树机能,破之,诸胡二十万口来降”②。树机能是鲜卑人,姓秃发,全称是秃发树机能。三国时魏将邓艾曾率兵攻打鲜卑,“纳鲜卑降者数万,置于雍、凉(今甘肃武威)之间,与民杂居”③。秃发树机能就活动在雍、凉一带。势力强大后,称兵作乱,与晋朝相抗,来降的 20 万人中有鲜卑人,肯定也会有其他少数民族。在这之后,不断有匈奴人来降。如太康五年(284),“匈奴胡太阿厚帅部落二万九千三百人来降,帝处之塞内西河(今山西汾阳)”;七年(286)秋,“匈奴胡都大博及萎莎胡各帅种落十余万口,诣雍州降”;八年(287),“是岁,匈奴都督大豆得一育鞠等,复帅种落万一千五百口来降”④。这三次匈奴内迁,一说安置在西河,一说安置在雍州,太康八年这一次未说具体地点,估计是安置在了京师洛阳周围。

二、“永嘉之乱”与中原百姓大迁徙

西晋末年中原百姓的迁徙移民是我国历史上规模较大的一次。是什么原因造成了这次移民浪潮,还须从当时的政治形势说起。

司马氏集团统一全国,建立西晋后,全国曾有一个短暂的和平安定局面,但不久便因“八王之乱”而陷入动荡不安之中。原来西晋执政的大臣多系司马氏集团的开国元勋及其子弟,他们骄奢淫逸,醉生梦死,全不以国事为重。朝政腐败,贿赂公行,引起了老百姓的强烈不满。统治集团内部的争权夺利,又引起了激烈的党争,朝廷陷于争权夺利的互相排斥倾轧之中。西晋开国皇帝司马炎的第二子司马衷继位,是为惠帝,皇后贾南风趁机弄权。元康元年(291),她密召都督荆州军事的楚王司马玮入京,让他与都督扬州军事的淮南王司马允合势,

---

① 〔唐〕房玄龄:《晋书》卷三《武帝纪》,中华书局 1974 年版,第 68 页。
② 〔宋〕司马光:《资治通鉴》卷八〇《晋纪二》,上海古籍出版社 1987 年版,第 537 页。
③ 〔宋〕司马光:《资治通鉴》卷七九《晋纪一》,上海古籍出版社 1987 年版,第 530 页。
④ 〔宋〕司马光:《资治通鉴》卷八一《晋纪三》,上海古籍出版社 1987 年版,第 547 页。

率领禁军杀掉当时辅佐惠帝的杨骏，而杨骏是惠帝的外祖父。杨骏之死，引起朝廷的极大震动，其他诸王为控制朝政，也纷纷出兵，互相攻杀，终于酿成了“八王之乱”。元康六年(296)赵王司马伦被召入京师洛阳，掌握了禁军，控制了朝政，他于永宁元年(301)废黜晋惠帝，自立为帝。赵王司马伦自立为帝引起了其他诸王的强烈反对，镇守许昌的齐王司马冏、镇守邺都的成都王司马颖、镇守关中的河间王司马颙一起出兵讨伐赵王司马伦，一时间黄河南北的广袤地区成了战场。长安、洛阳也变作兵燹之地，深受其害的是哀哀无告的蚩蚩小民。不久，赵王司马伦兵败被杀，被废黜的晋惠帝复位，但其他诸王之间的冲突并未停止。为了在斗争中稳操胜券，他们纷纷引入居内地的少数民族势力为奥援，如成都王司马颖勾结匈奴族首领刘渊，而东瀛公司马腾则引来乌桓、羯族兵袭击司马颖。蛰伏多年、备受欺凌的少数民族势力乘机崛起。

“八王之乱”时，山西的匈奴族各部首领共同推举刘渊为大单于，成为一支强大的独立势力。晋惠帝永兴元年(304)，刘渊在左国城(今山西吕梁离石)自称汉王，永嘉二年(308)自称皇帝，国号汉，第二年迁都平阳(今山西临汾)。但是好景不长，永嘉四年(310)，刘渊撒手人寰，由第四子刘聪嗣位。次年刘聪派刘曜、石勒、王弥等进攻洛阳，晋怀帝司马炽被掳，后被杀死。刘曜等“焚烧宫庙，逼辱妃后”①，又“纵兵大掠，悉收宫人、珍宝，曜于是害诸王公及百官已下三万余人”②，洛阳经过这一场浩劫，到处都是颓垣断壁，一片瓦砾。百姓在锋镝之下辗转沟壑，星散四方。历史上称之为“永嘉之乱”。

建兴元年(313)，晋愍帝司马邺即位于长安，建兴四年(316)，刘曜率匈奴兵攻破长安，晋愍帝投降。从此西北各族的铁骑蹂躏中原，荼毒生灵，百姓殆无宁日。不久，石勒夺取了幽、并诸州，西破刘曜，南取豫州，定都邺城(今河北临漳)，史称后赵；东胡鲜卑族慕容氏也跟着入寇，在石勒衰落后，夺得青、冀、幽、并、荆、徐、司、豫之地，慕容儁也在邺城建立前燕；后赵时徙居中原的氐族，乘后赵崩溃之际，由苻健率领，在长安建立前秦，尽有关、陇之地。而在“永嘉之乱”前，晋琅邪王司马睿奉命都督扬州江南诸军事，移镇建业(今江苏南京)，建武元年(317)自称晋王。次年三月，司马睿粉墨登场，正式称帝，即历史上的晋元帝，

① 〔唐〕房玄龄：《晋书》卷五《孝怀帝纪》，中华书局1974年版，第123页。

② 〔唐〕房玄龄：《晋书》卷一〇二《刘聪载记》，中华书局1974年版，第2659页。

改年号为大兴。因建康在原晋国都城的东南,因而史书上称为东晋。

中原板荡,干戈不息,西晋灭亡后,中原士家大族及流离失所的百姓都被迫播迁,寻找安身立命之地,大部分人到了江南。“时海内大乱,独江东差安,中国士民避乱者多南渡江。”①这就是历史上说的晋室衰微,“衣冠南渡”。与此同时,也有少部分人逃难到了北方。

“永嘉之乱”,“洛京倾覆,中州士女避乱江左者十六七”②。以十之六七而言,表明中州士女大多数是逃向了南方。个中原因不外两条:一是战争多在黄河中下游的陕西、河南、河北南部、山西、山东东部地区进行,而江南则极少兵燹,如“荆襄晏安,户口殷实”,中州人为“寻得桃源好避秦”,很自然地到江南作求田问舍之计;二是晋元帝定都建康,是西晋王朝的继续,芸芸众生认为只有在皇帝的荫庇下才能求得生存发展,于是都纷至沓来,投奔东晋了。至于南迁人数,学者们看法虽不尽一致,但差异不大。谭其骧先生认为,按《晋书·地理志》所辖地区统计,“以一户五口计,共有人口七百余万,则南渡人口九十万,占其八分之一强。换言之,致北方平均凡八人之中,有一人迁徙南土”③。翦伯赞先生则认为,“南迁人民到达长江流域的,总数至少有七十万人,还有约二十万南迁人民没有达到长江,聚居在今山东境内”④。一说 90 万人,一说 70 万人,虽然差了 20 万人,但如果把翦先生所说已经迁移但未至长江的 20 万人计算在内,正好也是 90 万人。这一说法也为后来学者所接受,沈益民、童乘珠认为,西晋覆亡,“大批北民渡江南下避乱,一些士族、地主也纷纷率家族、部曲迁到长江以南,这股移民南下的浪潮此起彼伏,持续了一百七十多年。官方文献记载其总人口当在 90 万人左右”⑤。当然,南下的不尽是河南人,但河南人占有很大比例则是可以肯定的。

南渡流民是如何渡江的?谭其骧先生根据《宋书·州郡志》《南齐书·州郡志》《晋书·地理志》,把移民进入省份分为两大区、六小区。东区包括长江下游与淮河流域,在这一区域,接收的移民以黄河下游的山东、河北及河南东部之人

① 〔宋〕司马光:《资治通鉴》卷八七《晋纪九》,上海古籍出版社 1987 年版,第 585 页。

② 〔唐〕房玄龄:《晋书》卷六五《王导传》,中华书局 1974 年版,第 1746 页。

③ 谭其骧:《晋永嘉丧乱后之民族迁徙》,《长水集》上册,人民出版社 1987 年版,第 220 页。

④ 翦伯赞主编:《中国史纲要》第二册,人民出版社 1965 年版,第 82 页。

⑤ 沈益民、童乘珠:《中国人口迁移》,中国统计出版社 1992 年版,第 111 页。

为主。东区又分为三个小区，其中河南、湖北、江西、安徽四省交界及其周围地区的移民以河南和安徽北部人为主。西区包括长江上游及汉水流域。这一地区的移民主要来自河南西部及甘肃、陕西、山西的部分地区。西区也分为三个小区，这三个小区中有两个与河南移民有关：一是湖北西部与湖南北部小区的移民多是山西、河南两省人，以山西移民为主，河南移民为辅；二是河南、湖北交界处的汉水岸旁，这一小区的移民以陕西与河南西北部地区之人为主。

谭其骧先生的意见颇有见地，这当然是一家之言。对客家文化有精湛研究的罗香林教授则认为有三条路线，秦、雍等州难民多走向荆州南徙，沿汉水流域进入湖南的洞庭湖流域，远者进入今广西东部，这是第一支。"并、司、豫诸州的流人，则多南集于今日安徽及河南、湖北、江西、江苏一部分地方，其后又沿鄱阳湖流域及赣江而至今日赣南及闽边诸地，是为南徙汉族第二支派。"[①]第三支是青、徐诸州的流人，先进入江苏，又迁徙于今日的浙江、福建。司、豫二州的流人是今日河南境内的居民。陈寅恪先生认为，到南方避难的北方人，"约略可以分为两条路线，一至长江上游，一至长江下游。路线固有不同，在避难的人群中，其社会阶级亦各互异。南来的上层阶级为晋的皇室及洛阳的公卿士大夫，而在流向东北与西北的人群中，鲜能看到这个阶级中的人物"[②]。谭其骧先生也认为，"中原人民南迁……淮域诸支流皆东南向，故河南人都由东南迁安徽，不由正南移湖北也"[③]。

根据谭其骧先生在《晋永嘉丧乱后之民族迁徙》一文中所列之河南人迁徙情况表，稍作调整，列表如下（表内所列郡县是侨治州郡）。

"永嘉之乱"后河南人迁徙情况表

郡名统县	本地	侨地	备考
济阳郡·考城	河南（今兰考县）	武进（今属江苏）	
淮阳郡	河南（今淮阳县）	淮阴（今属江苏）	
秦郡·尉氏	河南（今尉氏县）	六合（今属江苏）	

① 罗香林：《客家研究导论》，上海文艺出版社1992年影印本，第41页。

② 陈寅恪著，万绳楠整理：《陈寅恪魏晋南北朝史讲演录》，黄山书社1987年版，第117页。

③ 谭其骧：《晋永嘉丧乱后之民族迁徙》，《长水集》上册，人民出版社1987年版，第221页。

（续表）

郡名统县	本地	侨地	备考
淮南郡・繁昌	河南	繁昌(今属安徽)	东晋侨立襄城郡(河南)，领繁昌、定陵等县
淮南郡・定陵	河南	青阳(今属安徽)	
燕、朝歌	河南	临淮(今属安徽)	
虞	河南	怀远(今属安徽)	
谷熟(属新昌郡)	河南	和州(今安徽和县)	
鄼(属新昌郡)	河南	全椒(今属安徽)	
考城	河南	盱眙(今属安徽)	前表中已有考城，考城人有迁江苏武进者，有迁安徽全椒者
南豫州	河南	和(今安徽和县)	
雍丘(属历阳郡)	河南	和(今安徽和县)	
南汝阴郡・阳夏、安阳	河南	合肥(今属安徽)	
南梁郡・睢阳、蒙、宁陵、虞、南汲、陈	河南	寿(今安徽寿县)	
颍川郡・邵陵、临颍	河南	巢(今安徽巢县)	《齐志》又领有许昌(河南)
陈留郡・浚仪、小黄、雍丘、白马、封丘、襄邑、尉氏	河南	寿(今安徽寿县)	
汝南郡・上蔡、平舆、北新息、真阳、安城、南新息、临汝、阳安、西平、瞿阳、安阳	河南	江、淮之间	
陈郡・项、西华、阳夏、苌平、父阳	河南	江、淮之间	

（续表）

郡名统县	本地	侨地	备考
南顿郡·南顿、和城 汝阳郡·汝阳、武津	河南	江、淮之间	
西汝阴郡·安城	河南	江、淮之间	
豫州	河南	寿（今安徽寿县）	豫州郡县在淮西，而寄治于此
蒙、魏（属谯郡）	河南	蒙城（今属安徽）	
安城（属汝阴郡）	河南	阜阳（今属安徽）	
陈留郡·小黄、浚仪、白马、雍丘	河南	亳（今安徽亳州）	宋初又领酸枣（河南）
南新蔡郡·苞信	河南	黄梅（今属湖北）	东晋曾一度侨立豫州于黄冈
汝南（属江夏郡）	河南	武昌	
弘农郡·卢氏、圉	河南	襄阳（今属湖北）、南阳一带	
南义阳郡·平民	河南	安乡（今湖南安乡县西南）	
北阴平郡·南阳、顺阳	河南	梓潼（今属四川）	
曲阳（属颍川郡）	江苏	郾城（今属河南）	此为由江苏迁河南的移民
池阳（属新野郡）	陕西	新野（今属河南）	此为由陕西迁新野者
槐里郑（属顺阳郡）	陕西	淅川（今属河南）	此为由陕西、甘肃迁淅川者
清水（属顺阳郡）	甘肃		
广平郡·广平	河北	邓（今河南邓州）	
魏郡·安阳	河南	历城（今属山东）	
高阳郡·鄚	河南	临淄（今属山东）	

据王大良先生考证，西晋末南迁的中原士族可考者有30余家，占全部南迁官宦士族的1/3。“他们主要来自中原的陈郡、颍川、陈留、荥阳、南阳、汝南、河内等郡，其中陈郡有王、谢、袁、陈、殷、邓六姓，颍川有庾、钟、荀、韩四姓，陈留有

蔡、江、范、阮四姓,荥阳有郑、毛二姓,汝南有周、应、李三姓,南阳有范、乐、刘、张、庾、宗六姓,新蔡有干、毕二姓,河内有郭、王、山三姓,义阳有朱氏一姓,河南(今洛阳)有褚氏一姓,濮阳有吴氏一姓。"①他又列表格如下:

西晋末年中原士族南迁情况表

族别	南渡时间	迁徙方式	侨居地	资料来源
南阳范氏	永嘉中	全家同迁	未详	《晋书·范汪传》《晋书·范晷传》
南阳乐氏	永嘉中	全家同迁	江陵	《晋书·乐广传》《南史·乐颐之传》
南阳刘氏	未详	未详	江陵	《晋书·刘耽传》《南史·刘虬传》
南阳张氏	未详	未详	浔阳	《南史·张孝秀传》
南阳庾氏	随元帝过江	未详	江陵	《隋书·庾季才传》
南阳宗氏	永嘉中	全家同迁	江陵	《北史·宗懔传》
汝南周氏	随元帝过江	全家同迁	未详	《晋书·周嵩传》
汝南应氏	惠帝末	全家同迁	未详	《晋书·应詹传》
汝南李氏	随元帝过江	全家同迁	未详	《晋书·周嵩传》《晋书·周颉·母李氏传》
新蔡干氏	未详	未详	未详	《晋书·干宝传》
新蔡毕氏	大兴末	未详	未详	《晋书·毕卓传》
义阳朱氏	未详	未详	未详	《晋书·朱序传》
陈郡袁氏	东晋建国前	全家同迁	江都	《晋书·袁环传》
			丹阳	《北史·袁充传》
陈郡谢氏	东晋建国前	全家同迁	豫章	《晋书·谢鲲传》
			会稽	《晋书·谢安传》
陈郡王氏	建兴中	未详	未详	《晋书·王隐传》
陈郡陈氏	大兴初	未详	未详	《晋书·陈頵传》
陈郡殷氏	未详	未详	未详	《晋书·殷浩传》
陈郡邓氏	未详	未详	未详	《晋书·邓岳传》

① 王大良:《宁化石壁与客家民系渊源》,《宁化石壁与客家世界学术研讨会论文集》,中国华侨出版社1998年版,第147页。

（续表）

族别	南渡时间	迁徙方式	侨居地	资料来源
颍川庾氏	永嘉初	未详	会稽	《晋书·庾琛传》
	建兴中	全家同迁	未详	《晋书·庾衮传》
颍川钟氏	建兴中	全家同迁	未详	《晋书·钟雅传》
颍川荀氏	建兴中	全家同迁	未详	《晋书·荀邃传》
	大兴初	举族而往	未详	《晋书·荀组传》
颍川韩氏	未详	未详	未详	《晋书·韩伯传》
河南褚氏	建兴初	举族而往	未详	《晋书·褚裒传》
荥阳郑氏	未详	未详	寿阳	《晋书·郑绍传》
荥阳毛氏	未详	未详	未详	《晋书·毛宝传》
陈留蔡氏	未详	未详	未详	《晋书·蔡谟传》《晋书·蔡豹传》
陈留江氏	建兴中	未详	临海	《北史·江悦之传》
			东阳	《晋书·江惇传》
陈留范氏	未详	全家同迁	豫章	《晋书·范宣传》
陈留阮氏	未详	全家同迁	剡县	《晋书·阮孚传》《晋书·阮裕传》
河内郭氏	永嘉末	只身渡江	余杭	《晋书·郭文传》
	大兴初	未详	未详	《晋书·郭默传》
河南王氏	永嘉末	全家同迁	江夏	《晋书·王尼传》
河内山氏	建武初	未详	余姚	《晋书·山遐传》
濮阳吴氏	未详	未详	吴兴	《南史·吴庆之传》

从以上表格可以看出，流民进入江苏者不多；而安徽省境内的侨民大多数来自河南；湖北武昌、黄梅一带的侨民多来自河南，襄阳一带也有一些河南人；湖南、陕西、山东也有一部分迁入的河南人。而河南省除了有一部分人在本省范围内流动，比如除由平舆迁信阳、由新蔡迁固始外，还有从陕西、甘肃、河北等地迁入河南的。由此我们可以想见，流民迁徙的范围波及了全国的大部分地区。

还可以说得更具体一些。据葛剑雄教授主编的《中国移民史》统计，陈郡（今河南淮阳）殷氏（殷颢、殷叔文等）、陈郡长平（今河南西华县东北）殷氏（殷浩等）、陈郡阳夏（今河南太康）谢氏（谢鲲、谢安、谢玄、谢石等）多迁往浙江会稽，即今浙江绍兴；陈郡阳夏的袁氏（袁悦之、袁乔等）多迁入建康（今江苏南京）；陈留尉氏的阮氏（阮孚等）迁入会稽等地；陈留圉（今河南杞县西南）的江氏（江虨等）、河内温（今河南温县西南）的司马氏（司马纯之、司马亮等）、济阳考城（今河南民权县东北）的江氏（江虨、江夷等）、南阳涅阳（今河南邓州东北）的宗氏（宗繇之、宗悦等）多迁入江陵（今湖北荆州）；汝南安城（今河南汝南东南）的周氏（周顗等）迁入建康；新野的庾氏（庾深之等）、荥阳和开封的郑氏（郑万顷、郑袭等）、荥阳阳武（今河南原阳东南）的毛氏（毛宝、毛穆之等）、颍川长社（今河南长葛东北）的钟氏（钟雅、钟诞等）迁入建康；临颍的荀氏（荀崧等），鄢陵的庾氏（庾亮、庾悦等），许昌的荀氏（荀邃、荀奕等）也迁入建康[①]。河南迁出的大姓远比其他省份多。此一分析大致可信，但说陈郡阳夏谢氏的始迁人中有谢安、谢玄、谢石则不妥。其时谢安、谢玄、谢石尚未出生，南迁的是谢安的祖父谢衡、父亲谢裒和叔父谢鲲。

特别值得一提的是河南人进入福建，载入地方志与家谱者比比皆是。如福建《建瓯县志》："晋永嘉末，中原丧乱，士大夫多携家避乱入闽，建瓯为闽上游，大率流寓者居多。"[②]唐末林谞所撰《闽中记》称："永嘉之乱，中原士族林、黄、陈、郑四姓入闽。"宋代《福州图经》："晋永嘉衣冠趋闽。"[③]迁入闽南晋江流域的中原汉人甚多，他们多"沿江以居"[④]。道光《晋江县志》说晋江的得名与西晋末年中原"衣冠南渡"有关，尤其是"洛阳江""洛阳桥"的水名、桥名，带有"洛阳"二字，更是中原人南迁的印记。《三山志》说："永嘉之乱，中原板荡，衣冠入闽者八族，陈、林、黄、郑、詹、邱、何、胡是也。"北齐人颜之推《观我生赋》自注说："中原冠带随晋渡江者百家。"所谓"冠带"，当是指做官的簪缨之家，渡江者就有百家之多，芸芸众生当然更多，这其中的一部分人去了福建。

家谱说得更为详尽具体。东汉末年曾任太丘（今河南永城市）长的颍川许（今河南长葛市古桥镇陈故村）人陈寔的玄孙陈润在咸和六年（331）撰《闽中草寓记》，详细地记载了这支陈姓迁徙的经过。咸和是东晋成帝司马衍的年号，这也许是记载晋室衣冠南渡最早的一篇文献，还未见有人引用过，今逐录于此：

---

① 葛剑雄：《中国移民史》第二卷，福建人民出版社 1997 年版，第 342—372 页。

② 〔明〕黄仲昭修纂：《八闽通志》上册，福建人民出版社 2006 年版，第 54 页。

③ 〔明〕黄仲昭修纂：《八闽通志》上册，福建人民出版社 2006 年版，第 54 页。

④ 〔明〕黄仲昭修纂：《八闽通志》上册，福建人民出版社 2006 年版，第 177 页。

国家盛衰聚散，理数相寻所不能免者，惟有子孙生于其间，扶植之，则文献足而祚命可延矣。我陈自妫分而虞，至思、遂二公世承舜帝祀，历夏而商几千年，至希公（虞遂的十一世孙）始，国废祀坠。周启运，索满公（妫满），封为陈国，实故虞封内三百里颍川地也，子孙以陈为氏。历二十三世，至闵公六年，为楚公子申所灭，族属遂散处为陈留，为汝南，为下邳，为临颍。若长葛，十六世祖孤立（孤立即陈伯轸，字孤立，齐王建次子，避难入颍川长葛，恢复陈姓）公避择地也。至太丘公（陈寔）以文行功业范于世，后裔仕魏仕晋，皆修家法，无一毫可指议。奈何物盛而衰，刘（刘曜）、石（石勒）入寇，司马倒戈，无一尺净土可居，颍川衣冠旧族周人伯、王茂弘辈同渡江者百余家，或住石头之豫章、之会稽，为苟安暂偷一时之性命。我宦游江表七载，痛荆棘载途，不能携抱以归见颍川族人，复不能支赋役，又转而之闽者。呜呼，闽自汉武虚其地，至今凡五百年，山峭水险，藤木参天，禽兽之薮，民居寂寥，岂吾辈衣冠清族之所宜居？顾时势至此，姑雷同，披草莽，削木为堂，取茨为盖，遣童仆垦荒为食，暇教子孙读礼。少待天下之清，归祀颍川铁墓，修长葛故庐，添郾城坯土，重墟颍川大德，使祀不终坠，则吾愿毕矣。然犹恐至此复不能安，将更何之耶？闽晋安郡（治所为今福州市鼓楼区）有太平山莲花峰与壶公山对峙，水秀山明，舟车不可至，可以水遁，此又在子孙自择焉。吾今年已耄，恐不得归故土，可择彼胜地暂藏衣冠。吾生于泰始元年（265，晋武帝司马炎于是年即位）庚申，与室林氏皆八十三。创业不成，首末无一足纪，但书所见，俾后世玩之，知所感而兴起耳。

晋咸和六年岁次辛卯八月望日

陈胡公四十二世孙散骑常侍润书于闽中草寓①

此文有自相矛盾之处。陈润说他生于泰始元年（265），写此文在咸和六年（331），这期间只有67年，他却说自己与夫人林氏皆已83岁，凭空多出了十几年。一个人记不清自己的年龄，这岂非笑话！显然“吾生于泰始元年庚申，与室林氏皆八十三”这两句话是陈润的子孙辈加上去的。尽管如此，文中所述事件、地点均翔实可信。“八王之乱”时，陈润一家同周、王两姓及其他人共百余家从

① 福建莆阳县图书馆藏：《莆阳玉湖陈氏家乘》，转引自陈瑞松：《中华望族颍川陈氏》，中州古籍出版社2014年版，第95页。

颍川(今河南许昌)渡江南下,迤逦来到了晋安郡(今福建福州),当时那里偏僻荒凉,古木参天,野兽出没,居民鲜少,不是宜居之地,更是缙绅之家不愿涉足之地。但是逃难至此,也就顾不得许多了,只得披荆斩棘,伐木造屋,以茅草代替砖瓦,搭成简陋的住房,再令童仆垦荒稼穑,自给自足。闲暇之余,教子孙读书,所谓耕读传家是也。唐人欧阳詹的文集《欧阳行周集》中收录有两则墓志铭,记载了墓主先人迁徙入闽的经过。如《杨公墓志铭》称:"其先关右弘农(今河南灵宝)人,永嘉过江,公自始迁之祖若干代处于闽越。"①《郑公墓志铭》云:"其先宅荥阳,永嘉之迁,远祖自江上更徙于闽。"②如危姓"因中国北方战乱,晋永嘉三年(309),危京从光州的固始县率乡民避乱到建州任刺史,其乡人后均落籍建安。东晋时期(317~420),中原动乱,汉族人民南迁福建,其中部分居住在建溪流域(古代福建范围,上至今崇洋镇),建阳县亦在迁徙范围内"③。如黄姓,福建《莆田县志 · 黄璞传》记载,黄氏祖先为河南固始人,随徙侯官(今福建福州)。再如郑姓,郑姓发源于河南荥阳,福建《莆田南潮郑氏谱》记载:"晋永嘉时,郑昭入闽任刺史,是为闽中郑氏开山祖。"④福建邵武何氏,"其先光州固始人,西晋末,五胡乱华云扰,避乱入闽"⑤。《全五代诗》卷八七载有詹慥的一首诗:"永嘉乱,衣冠南渡,流落南泉,作《忆昔诗》:忆昔永嘉际,中原板荡年。衣冠坠涂炭,舆辂染腥膻。国势多危厄,宗人苦播迁。南平(今属福建)频洒泪,渴骥每思泉。"

家谱中记载河南人迁往江南其他省份的也有不少。如廖姓,《兴宁廖氏族谱》称:"五世诚希公,原籍汝南,因五胡云扰,太元九年(按:太元是三国吴孙权的年号,太元只有二年,没有九年,"九"或是"元"之误,时间为 251 年),复迁江南。"⑥如罗姓,"历代相承,繁殖中土,自东晋南渡,罗之族人,遂有南来,而奠居

---

① 〔唐〕欧阳詹:《欧阳行周集》卷四,上海古籍出版社 1993 年版,第 25—27 页。

② 〔唐〕欧阳詹:《欧阳行周集》卷四,上海古籍出版社 1993 年版,第 25—27 页。

③ 《建阳县志》第三编"人口",群众出版社 1994 年版,第 47 页。

④ 徐晓望:《论河洛文化的南传与闽文化的崛起》,《洛汭与河图洛书》,河南科学技术出版社 1996 年版,第 484 页。

⑤ 徐晓望:《论河洛文化的南传与闽文化的崛起》,《洛汭与河图洛书》,河南科学技术出版社 1996 年版,第 484 页。

⑥ 罗香林:《客家研究导论》,上海文艺出版社 1992 年影印本,第 42—43 页。

于江浙之间者”[①]。又如程姓,洛阳上程聚人程元谭随晋室南迁,在晋元帝大兴年间曾任襄州刺史,后被任命为假持节新安(今浙江淳安西北)太守。因为政绩卓著,深受郡中百姓拥戴,任届期满后民众上书朝廷,恳请他留任,后来竟以身殉职。他的子孙后来有迁往歙县(今属安徽)篁墩者。由于迁往江淮一带的河南流民甚多,有人认为中原士族“定居地点都在江淮流域,说明迁居江淮流域是当时移民的主流”[②]。这一结论未必准确,但不失为一家之言。

流亡百姓的遭遇如何?《晋书》中有令人悲怆不已的记述。当时百姓“流移四散,十不存二,携老扶弱,不绝于路。及其在者,鬻卖妻子,生相捐弃,死亡委厄,白骨横野,哀呼之声,感伤和气”[③]。同书《慕容皝载记》也说:“自永嘉丧乱,百姓流亡,中原萧条,千里无烟,饥寒流陨,相继沟壑。”[④]这真是一幅血泪斑斑、惨不忍睹的图画!在大规模的南迁浪潮中,人们通常是按籍贯聚集若干家,以便路途中有个照应。然后是节节迁移,即走完一段路后,在某地稍作停留,待体力恢复,筹措到一定数量的食物后,再继续行进,这样就形成了一个又一个流民群。南渡的官僚士族在逃难的同时,还带着宗族、部曲,沿途又收集流散百姓,以壮大自己的势力,他们的境遇比普通百姓要好得多。

为了安置这些河南移民,东晋王朝专门设立了侨州郡县。《晋书·地理志》说:“永嘉之后,司州(今河南洛阳市东北)沦没刘聪……元帝渡江,亦侨置司州于徐(今江苏镇江市),本非所也(不是江苏徐州)。后以弘农(今河南灵宝北)人流寓浔阳(今江西九江市西)者,侨立为弘农郡。”这是说司州被刘聪占领后,晋元帝在徐(今江苏镇江市)另设司州,特别注明此徐州并非原先之徐州。弘农人流寓浔阳者,就在浔阳侨设弘农郡。可知中原人南渡,也把司州、弘农这些中原郡县移植到了江南。《晋书·地理志》又说:“永嘉之乱,豫州(《尔雅·释地》:河南曰豫州,西晋时豫州治所在陈县,即今河南淮阳县)沦没石氏(石勒),元帝渡江,以春谷县(今安徽繁昌县西北)侨立襄城郡(今河南襄城县)及繁昌县(今河南临颍县西北繁城镇)。成帝乃侨立豫州于江淮之间,居芜湖……因新

① 罗香林:《客家研究导论》,上海文艺出版社1992年影印本,第42—43页。

② 王大良:《客家与中原关系刍论》,《中原与闽台渊源关系研究三十年(1981—2011)》,九州出版社2012年版,第137页。

③ 〔唐〕房玄龄:《晋书》卷六二《刘琨传》,中华书局1974年版,第1680页。

④ 〔唐〕房玄龄:《晋书》卷一〇九《慕容皝载记》,中华书局1974年版,第2823页。

蔡县人，于汉九江王黥布旧城置南新蔡郡，属南豫州。"[①]上述这些原属于中原地区司州、豫州及新蔡等地的百姓，渡江后被安置在江淮流域的芜湖（今属安徽）、浔阳（今江西九江）、春谷（今安徽繁昌县）等地，成为当地的侨居者，同时也反映出客家先民是在晋代就卜居于江淮流域了。

渡江流民中有不少人是衣冠旧族，簪缨之家，在晋元帝建立的晋王朝中多官高位显，功勋卓著。如陈郡阳夏（今河南太康）的谢氏家族，南迁到山水迢递的始宁（今浙江上虞），瓜绵椒衍，成为江左望族。从东晋至南朝，谢氏后裔又播迁于全国各地。宋人苏老泉《赠谢氏族谱序》说："迄晋，吏部尚书讳裒（按：此人是谢安之父）字桓彝，生子六：长奕、次据、三安、四万、五石、六铁，俱为公侯将相。厥后繁衍各省，有迁于建康（今江苏南京）、歙州（今安徽歙县）者，有迁于姑苏（今江苏苏州）、云间（今山西大同）者，有迁于绍兴、宁波者，有迁于江西吉安者，有迁于福建汀州者，有迁于济南、兖州者，有迁于湖广宣城（今属安徽）、广德（今属安徽）者，皆出于裒公一脉也。"谢安是千古名相，他指挥的淝水之战，以少胜多，使晋祚延续了近半个世纪。谢安之孙谢混任东晋宰相，南朝宋宰相谢晦是谢安之兄谢据的曾孙。谢玄、谢石、谢万等人是军事家，谢安的伯父谢鲲是玄学家，谢灵运、谢朓、谢惠连、谢庄、谢道蕴是著名文学家。这样的例子不胜枚举。如钟雅，"字彦胄，颍川长社（今河南长葛）人也……雅少孤，好学有才志……避乱东渡，元帝以为丞相记室参军"[②]。如周访，"本汝南安城（今河南平舆）人也，汉末避地江南，至访已四世。吴平，因家庐江浔阳（今江西九江）……元帝渡江，命参镇东军事"[③]。南阳顺阳（今河南淅川）人范坚，"博学善属文，永嘉中，避乱江东，拜著作佐郎"[④]。又如蔡谟，"陈留考城（今河南兰考）人也，世为著姓……避乱渡江。时明帝为东中郎将，引为参军。元帝拜丞相，复辟为掾，转参军，后为中书侍郎"[⑤]。再如荀崧，"字景猷，颍川临颍（今属河南）人，魏太尉彧之玄孙也……元帝践祚，征拜尚书仆射，使崧与刁协共定中兴礼仪"[⑥]。又

---

① 〔唐〕房玄龄：《晋书》卷一四《地理志》，中华书局1974年版，第47页。
② 〔唐〕房玄龄：《晋书》卷七〇《钟雅传》，中华书局1974年版，第1877页。
③ 〔唐〕房玄龄：《晋书》卷五八《周访传》，中华书局1974年版，第1579页。
④ 〔唐〕房玄龄：《晋书》卷七五《范坚传》，中华书局1974年版，第1989页。
⑤ 〔唐〕房玄龄：《晋书》卷七七《蔡谟传》，中华书局1974年版，第2034页。
⑥ 〔唐〕房玄龄：《晋书》卷七五《荀崧传》，中华书局1974年版，第1976页。

如蔡豹，“字士宣，陈留圉城（今河南杞县西南圉镇）人……豹有气干，历河南丞，长乐、清河太守。避乱南渡，元帝以为振武将军、临淮太守，迁建威将军、徐州刺史”①。

正是这些渡江南下的中原士族，撑起了东晋王朝的半壁江山，把中原地区的先进文化、先进生产方式传播到了江南。诚如谭其骧教授在《晋永嘉丧乱后之民族迁徙》一文中所说：“中原遗黎南渡，虽为民族一般之趋势，然其间要以冠冕缙绅之流尤盛。”又说：“考东晋、南朝虽立国江左，然其庙堂卿相，要皆以过江中州人士及其后裔任之……自是而后，东南人物声教之盛，遂凌驾北土而上之。”也有学者认为，东晋王朝是在本土士族、南渡士族两大势力支撑下才得以生存的：“中原世家的南迁，不仅改变了江南的人口构成，而且在朝中形成了本土与南渡士族两大势力。东晋政权就是在这两大势力的支撑下生存和延续的。”②

南渡士族多出于诗书之家，他们满腹经纶，才气纵横，或长于政治、军事，或擅长文学艺术，他们与南渡的中原百姓一起，把家乡的生活习俗、风土民情、生产方式乃至语言都带到了山水迢递的江南，也把中原文化的古朴典雅、厚重深邃、雄浑豪放风格传播到了江南，与江南文化的绵密细致、阴柔圆润之风相融合，从而给江南文化注入了新的活力，形成了一种大气磅礴的新文化。

把儒学和佛教传播到江南，是中原士族的一大功绩。西晋时统治集团内部倾轧激烈，阶级矛盾尖锐，“八王之乱”和各族人民起义接踵不断，匈奴、鲜卑、羯、氐、羌等少数民族乘机入侵，又出现了民族矛盾。在这一复杂的社会环境中，名士阮瞻、王澄、谢锟等继承阮籍、嵇康等人，表现了他们空虚绝望的心情，清谈、玄学成为时尚。晋室南渡后，建康又成了玄学的中心。有识之士已经意识到了清谈误国的危害，决心匡正世俗，矫正谬误，而提出这一建议的是南渡的中原士人。汝南南顿（今属河南项城西）人应詹渡江后曾任后军将军，他上书晋元帝，称“元康（西晋惠帝司马衷年号）以来，贱经尚道，以玄虚宏放为夷达，以儒术清俭为鄙俗。永嘉之弊，未必不由此也”③。安西将军、颍川郡鄢陵（今属河

① 〔唐〕房玄龄：《晋书》卷八一《蔡豹传》，中华书局1974年版，第2111页。

② 卫绍生：《南渡中原士族对东晋历史文化的贡献》，《魏晋文学的多维观照》，河南人民出版社2014年版，第426页。

③ 〔唐〕房玄龄：《晋书》卷七〇《应詹传》，中华书局1974年版，第1858页。

南）庾翼曾写信给中军将军、扬州刺史殷浩说："正当抑扬名教，以静乱源，而乃高谈《庄》《老》，说空终日，虽云谈道，实长华竞。"[①]这些言论针砭时弊，可谓一针见血。如何补苴罅漏，纠正这些弊端，答案是兴学育人，崇尚儒教。应詹认为，为今之计，"宜修辟雍，崇明教义，先令国子受训，然后皇储亲临释奠，则普天尚德，率土知方矣"[②]。晋元帝采纳了这一建议，从此儒学在江南迅速兴起。所谓"辟雍"，就是指学校；所谓"释奠"，是古代学校的一种典礼，陈设酒食以祭奠先圣先师。

颍川临颍人荀崧在复兴儒学中起了重要作用。"时方修学校，简省博士，置《周易》王氏、《尚书》郑氏、《古文尚书》孔氏、《毛诗》郑氏、《周官礼记》郑氏、《春秋左传》杜氏服氏、《论语》《孝经》郑氏博士各一人，凡九人。其《仪礼》《公羊》《穀梁》及《郑易》皆省不置。"荀崧以为不妥，认为各种博士"宜各置一人，以博其学"。元帝说："崧表如此，皆经国之务，为政所由，息马投戈，犹可讲艺。今虽日不暇给，岂忘本而遗存耶？"下诏让群臣商议。大臣们认真推敲，一致认为应采纳荀崧的意见。元帝说："《穀梁》肤浅，不足置博士，余如奏。"[③]东晋儒学在建国之初便艰难起步，荀崧有筚路蓝缕之功。

陈郡阳夏（今河南太康）人袁瑰在成帝时任国子祭酒（最高学府长官），有感"时丧乱之后，礼教陵迟"的状况，上书成帝说："畴昔皇运陵替，丧乱屡臻，儒林之教渐颓，庠序之礼有阙，国学索然，坟籍莫启，有心之徒，抱志无由……古人有言：'《诗》《书》义之府，《礼》《乐》德之则'，实宜留心经籍，阐明学义，使讽诵之音盈于京室。味道之贤是则是咏，岂不盛哉！若得给其宅地，备其学徒，博士僚属粗有其官，则臣之愿也。"成帝览奏，一一采纳。正是在袁瑰的不懈努力下，儒学教育才在江南蓬勃兴起。史称"国学之兴，自瑰始也"[④]。又如东晋孝武帝"太元（376～396）中，顺阳（今河南淅川）范宁为豫章（今江西南昌）太守，宁亦儒博通综，在郡立乡校教授，恒数百人，由是江州（今江西九江）人士并好经学"[⑤]。豫章为江西省的别称，江州也属豫章所辖，因此江州人也因兴建学校而

① 〔唐〕房玄龄：《晋书》卷七七《殷浩传》，中华书局 1974 年版，第 2044 页。
② 〔唐〕房玄龄：《晋书》卷七〇《应詹传》，中华书局 1974 年版，第 1858 页。
③ 〔唐〕房玄龄：《晋书》卷七五《荀崧传》，中华书局 1974 年版，第 1978 页。
④ 〔唐〕房玄龄：《晋书》卷八三《袁瑰传》，中华书局 1974 年版，第 2167 页。
⑤ 〔唐〕房玄龄：《晋书》卷九一《范宣传》，中华书局 1974 年版，第 2360 页。

兴起了经学热。

把佛教传播到江南的是支遁。关于支遁其人，南朝梁释慧皎《高僧传》、南朝宋人刘义庆《世说新语》均有记载。支遁字道林，河内林虑（今河南林州市）人，一说陈留（今河南开封东北）人。本姓关，出家后改姓支。25 岁时出家，云游京师，讲解经文，谢安很欣赏他，誉之为九方皋相马。他曾在建康（今江苏南京）白马寺与刘系之等谈《庄子·逍遥篇》，后还吴县（今江苏苏州）建支山寺，与何充等僧俗 20 余人于土山墓下举行八关斋会，与谢安、许询在王濛家清谈《庄子·渔父》，与许询在会稽王司马昱府邸讲《维摩经》，又与殷浩辩论才性，一时名声大噪。永和五年（349），后赵石虎死亡，国内大乱，东晋政权欲乘机北伐，支遁于此时南下会稽（今浙江绍兴）。是时王羲之在会稽，支遁谈《庄子·逍遥篇》，王羲之甚为折服。不久，支遁南下剡县（今江苏镇江），在沃州山（今浙江新昌县东）小岭立寺行道，后移居石城山（今浙江新昌县城南），建栖光寺。晋安帝即位，应召入京，居建康东安寺，或讲经，或清谈，颇得名流赞许。太和元年（366）卒于郯县石城山，终年 53 岁。《世说新语》称王羲之佩服支遁的学问：

> 王逸少（羲之）作会稽，初至，支道林在焉。孙兴公（孙绰）在焉。孙兴公谓王曰："支道林拔新领异，胸怀所及乃自佳，卿欲见不？"王本自有一往隽气，殊自轻之。后孙与支共载往王许，王都领域（闭门不出），不与交言。须臾支退。后正值王当行，车已在门，支语王曰："君未可去，贫道与君小语。"因论《庄子·逍遥篇》，支作数千言，才藻新奇，花烂映发。王遂披襟解带，流连不能已。①

王羲之刚在会稽做官时，名士孙绰便向他推荐支遁，王羲之看不起支遁，拒绝和他见面。后来孙绰领着支遁又来见他，再次吃了闭门羹。等王羲之车子出门时，支遁拦住了他，大谈《庄子·逍遥篇》，一口气说了数千言，才藻新奇，灿烂如花，王羲之敞开衣襟，解下袍带，留恋不舍。博学如王羲之者都对支遁佩服得五体投地，可见支遁学问之高深。

又如《世说新语》还记载："三乘佛家滞义，支道林分判，使三乘炳然。"②三乘是佛家很难讲的经义，支遁剖析讲解，使三乘的内容变得清楚明白。再如：

---

① 〔南朝宋〕刘义庆：《世说新语》，凤凰出版社 2012 年版，第 94 页。

② 〔南朝宋〕刘义庆：《世说新语》，凤凰出版社 2012 年版，第 95 页。

支道林、许掾诸人共在会稽王斋头，支为法师，许为都讲。支通一义，四座莫不厌心，许送一难，众人莫不抃舞。[1]

所谓“法师”“都讲”是指魏晋以后，佛家开始讲佛经，一人唱经，一人解释。唱经者称都讲，解释经义者称法师。支遁、许询同在会稽王司马昱的书斋中，支遁为主讲法师，许询为都讲唱经。支遁每阐述一段经义，满座叹服；许询每提出一个诘难，众人莫不高兴得手舞足蹈。汤用彤《汉魏两晋南北朝佛教史》说：“自佛教传入中国，由汉至前魏，名士罕有推重佛教者。尊重僧人，更未之闻……而东晋名士崇奉林公（支遁字道林），可谓空前。”[2]郑振铎《插图本中国文学史》更是对支遁赞誉不已：“这时佛教的哲理已被许多和尚诗人招引到诗篇里去了……支遁在诸和尚诗人里是最伟大的一位……道林的文采风流，为时人追随仰慕之标的。他的诗是沉浸于佛教的哲理中的，便题目也往往是佛家。”[3]

在文学、史学方面，南渡士人也有很大贡献。颍川鄢陵（今属河南）人庾阐擅长诗赋，新蔡人干宝的《搜神记》是魏晋时期最有影响力的志怪小说，谢安之孙谢混、支遁的诗，鄢陵人庾亮、陈郡阳夏（今河南太康）人袁山松、南阳顺阳（今河南淅川）范宁的散文，均有很高成就。史学方面，陈郡阳夏人袁宏有《后汉纪》30 卷，干宝有《晋纪》20 卷，陈郡（今河南淮阳）人王隐有《晋书》，鄢陵人庾翼有《晋阳秋》，在后世都很有影响。

三、中原百姓北迁

在中原百姓南迁的同时，也有一部分人因各种原因迁到了北方。北方又有东北、西北之分。“流向东北的一支，托庇于鲜卑慕容政权之下。流向西北的一支，归附于凉州张轨的领域。”[4]

统治凉州（今甘肃武威）的张轨，幼年时曾隐居于宜阳（今属河南）女几山，“永嘉之乱”时，朝廷无力西顾，张轨遂称霸于河西，晋朝拜他为镇西将军，都督

---

① 〔南朝宋〕刘义庆：《世说新语》，凤凰出版社 2012 年版，第 97 页。

② 转引自张富春：《支遁集校注》前言，巴蜀书社 2013 年版，第 9 页。

③ 郑振铎：《插图本中国文学史》，人民文学出版社 1957 年版，第 178—179 页。

④ 陈寅恪著，万绳楠整理：《陈寅恪魏晋南北朝史讲演录》，黄山书社 1987 年版，第 115 页。

陇右诸军事,封霸城侯。策命未至,王弥等攻洛阳,“轨遣将军张斐、北宫纯、郭敷等率精骑五千来卫京都,及京都陷,斐等皆没于贼。中州避难来者日月相继,分武威置武兴郡以居之”①。晋愍帝迁都长安后,拜张轨为侍中太尉、凉州牧、西平公。中州百姓避难之所以选择了凉州,是因为那里僻在边陲,生活安定,没有干戈之扰。那些逃难到此的中州人,为“河西胡族的汉化与经济文化的发展,都起了重要作用”②。史称张轨统治的地区为前凉。

汉人李暠建立的西凉,定都酒泉,拥有今甘肃西部。在此之前,前秦的统治者苻坚曾在建元(365~384)末年“徙江汉之人万余户于敦煌,中州之人有田畴不辟者,亦徙七千余户。郭𪊨之寇武威,武威、张掖以东人西奔敦煌、晋昌(今甘肃安西东南锁阳城)者数千户。及玄盛(按:李暠字玄盛)东迁,皆徙之于酒泉,分南人五千户置会稽郡,中州人五千户置广夏郡”③。以每户 5 人计,李暠下令迁往酒泉的河南人便有 2.5 万人,这在当时来说,已是一支数目可观的人口队伍了。

前秦是氐族人苻健建立的国家,定都长安。传至苻坚时,“徙关东豪杰及诸杂夷十万户于关中,处乌丸杂类于冯翊、北地(今陕西渭北),丁零翟斌于新安(今河南渑池),徙陈留(今河南开封县陈留镇)、东阿(今山东阳谷东北阿城镇)万户以实青州”④。苻坚这次移民是交替进行的,既徙北方的丁零族于新安,又徙陈留人于山东青州,但移出、移入的数目均不详。

后秦是羌族人姚苌建立的国家,都城也在长安。其子姚兴袭位后,派兵进攻洛阳,为西晋河南太守夏侯宗所拒,后秦兵攻之不克,“乃陷柏谷(今河南宜阳县南),徙流人西河(今河南浚县、滑县一带)严彦、河东(今山西夏县西北)裴岐、韩袭等二万余户而还”⑤。这些人都被安置在了长安周围。若以一半河南人计算,也有 1 万余户,以每户 5 人计,估计迁入关中者约有 5.5 万人。

西晋初年,鲜卑族慕容部兴起,元康四年(294),慕容廆移居大棘城(今辽宁义县西北),教百姓以农桑,法制仿效晋朝,百姓失业流亡归附者相继。晋愍帝

---

① 〔唐〕房玄龄:《晋书》卷八六《张轨传》,中华书局 1974 年版,第 2225 页。

② 陈寅恪著,万绳楠整理:《陈寅恪魏晋南北朝史讲演录》,黄山书社 1987 年版,第 115 页。

③ 〔唐〕房玄龄:《晋书》卷八七《凉武昭王李暠传》,中华书局 1974 年版,第 2263 页。

④ 〔唐〕房玄龄:《晋书》卷一一三《苻坚载记》,中华书局 1974 年版,第 2893 页。

⑤ 〔唐〕房玄龄:《晋书》卷一一七《姚兴载记》,中华书局 1974 年版,第 2978 页。

拜廆为镇军将军，昌黎、辽东二国公。建武初年，晋元帝在建业拜廆为散骑常侍、都督辽左杂夷流人诸军事。“时二京（长安、洛阳）倾覆，幽、冀沦陷，廆刑政修明，虚怀引纳，流亡士庶多襁负归之。廆乃立郡以统流人，冀州人为冀阳郡、豫州人为成周郡、青州人为营丘郡、并州人为唐国郡。”①这四州中豫州在今河南境内。可见流亡到东北的百姓中，河南人占有一定比例。

四、迁往中原的外地人

匈奴族刘曜称帝后，羯人石勒乘中原混乱之际起事，在襄国（今河北邢台）称赵王，转战于今河北、山西一带，攻克了不少壁垒，把其中一部分坞主署为将军、都尉，并把被征服的胡人及并州的羯人迁往襄国一带，以便就近控制。如他破“东燕酸枣（今河南延津）而还，徙降人二万余户于襄国”②。这是迁河南人于河北的例子。又如前赵皇帝刘聪死后，大将靳准杀刘聪子刘粲于平阳（今山西临汾），石勒率军攻讨，“平阳大尹周置等率杂户六千降于勒，巴帅及诸羌、羯降者十余万落，徙之司州诸县”③。司州治所在今洛阳市东北，这“十万余落”的少数民族都被迁到了洛阳周围。那么，“十万余落”是多少人呢？这里的“落”应是“聚落”之意，杜甫诗云：“君不闻汉家山东二百州，千村万落生荆杞。”《汉书·沟洫志》：“稍筑室宅，遂成聚落。”如此看来，“落”就是“一家一户”之意。以每户 5 口人计，这意味着洛阳周围凭空又添了 60 余万人口。石勒灭前赵后，称皇帝，迁都邺城（今河北临漳），史称后赵。

石勒侄子石季龙袭位后，他攻打辽西（今河北迁安西南）鲜卑段辽，段辽战败求和，“季龙纳之，乃迁其户二万余于雍、司、兖、豫四州”④。这四州中司、豫二州均在河南境内。后来石季龙又准备攻打慕容皝，再“徙辽西、北平（今河北遵化东）、渔阳（今北京市密云西南）万余户于兖、豫、雍、洛四州之地”⑤。这四

① 〔唐〕房玄龄：《晋书》卷一〇八《慕容廆载记》，中华书局 1974 年版，第 2806 页。
② 〔唐〕房玄龄：《晋书》卷一〇四《石勒载记》，中华书局 1974 年版，第 2724 页。
③ 〔唐〕房玄龄：《晋书》卷一〇四《石勒载记》，中华书局 1974 年版，第 2728 页。
④ 〔唐〕房玄龄：《晋书》卷一〇六《石季龙载记》，中华书局 1974 年版，第 2767 页。
⑤ 〔唐〕房玄龄：《晋书》卷一〇六《石季龙载记》，中华书局 1974 年版，第 2770 页。

州中豫、洛两州为今河南之地。《晋书·段匹磾传》称，地处辽水流域胡汉杂处之人有三万余家，后被“季龙所破，徙其遗黎数万家于司、雍之地”[①]。后赵政权在与别国征战过程中迁徙户数达“五十万户以上，人数在百万以上……移民的来源主要是青（今山东青州）、雍（今陕西西安市西北）、幽（今北京城西南）、荆州（今湖北江陵），其成分是氐、羌、胡、蛮等”[②]。从人口数量上看，石勒、石季龙时迁入河南境内的汉人和少数民族的确不少。

十六国时期人口虽然迁移很频繁，但实际上并未成为真正的移民。葛剑雄等人把其中原因归纳为四点：一是被迁移者在居住地生活还未安定，便又被迁往他乡；二是迁移不是自愿，而是强制迁移，他们都有深恋故土的情结，一有机会便会重返故土；三是在战乱时期统治者不考虑迁居对象的生活条件，被迁徙者无法生活，只得再次迁徙；四是强制迁移造成被迁徙者的大量死亡，最终到达迁居地的只是少数人。例如，后赵政权先后曾将几百万人口强制迁至以襄国、邺城为中心的今河北、河南、山东一带，但石虎死后，这几百万人基本都返回故乡。这些人在迁入地居留至多是三十来年，少的只几年，而能够回到家乡的只有十之二三。这个分析是符合实际的。十六国时期迁入河南的百姓虽然数量庞大，但真正定居于此者不多。

中原流人在北方传播儒学，促进了少数民族政权统治者的汉化，加速了民族融合的进程。即使在汉人建立的政权中，通过中原士人的努力，使得一些行将湮灭的典籍得以保存下来。如后赵石勒设“君子营”，礼遇“衣冠华族”。他虽是羯人，但在中原士人的熏陶下，对汉文典籍却知之甚稔。一次他问臣下：“朕方自古开基何等主也？”臣下奉承他说，陛下的功业超过了高皇（刘邦）、魏祖（曹操），三皇以来，无人可比，仅次于轩辕黄帝。石勒说：“人岂不自知，卿言亦以太过，朕若逢高皇，当北面而事之，与韩（信）、彭（越）竞鞭而争先耳。脱遇光武（刘秀），当并驱于中原，未知鹿死谁手。大丈夫行事当磊磊落落，如日月皎然。终不能如曹孟德、司马仲达父子，欺他孤儿寡妇，狐媚以取天下也。朕当在二刘（刘邦、刘秀）之间耳，轩辕岂所拟乎？”[③]石勒又“广招贤之路，起明堂、辟

① 〔唐〕房玄龄：《晋书》卷六三《段匹磾传》，中华书局 1974 年版，第 1712 页。

② 袁祖亮：《魏晋南北朝时期的户口、户籍制度与社会组织》，《袁祖亮文集》，河南人民出版社 2013 年版，第 322 页。

③ 〔唐〕房玄龄：《晋书》卷一〇五《石勒载记下》，中华书局 1974 年版，第 322 页。

雍、灵台于襄国(今河北邢台)城西"[1]。

前燕的慕容廆乃鲜卑人,他在辽东"推举贤才,委以庶政"[2],这些贤才中便有中原人。渤海蓨县(今河北景县)人高瞻被迫归依慕容廆,慕容廆署他为将军,高瞻因他是胡人,称疾不起,慕容廆责备他说:"君中州大族,冠冕之余,宜痛心疾首,枕戈待旦,奈何以华夷之异,有怀介然!且大禹出于西羌,文王生于东夷,但问志略何如耳,岂以殊俗不可降心乎?"[3]其子慕容皝继位后,"赐其大臣子弟为官学生者号高门生,立东庠于旧宫,以行乡射之礼,每月临视,考试优劣"。同时他"雅好文籍,勤于讲授,学徒甚盛,至千余人"[4]。南燕慕容德即位之初,下令"建立学官,简公卿已下子弟及二品士门二百人为太学生"[5]。鲜卑人与汉人通婚的也有不少,见于记载的如"竹林七贤"之一的阮咸,系阮籍之侄,他就娶了鲜卑女子为妻:

> 阮仲容(即阮咸),先幸姑家鲜卑婢。及居母丧,姑当远移,初云当留婢,既发,定将去。仲容借客驴,著重服自追之,累骑而返。曰:"人种不可失。"即遥集之母也。[6]

这是一段饶有趣味的记载。阮咸已和姑姑家的鲜卑女有了肌肤之亲,在为母亲守丧期间,他姑姑要去很远的地方,起初说要留下这个婢女,临走时变了卦,要带走这位婢女。阮咸情急之下,借了客人的驴子,穿着孝服追赶姑母,终于追上了,和那个鲜卑族婢女同骑一头驴回来了。他对别人说,人种不可丢失。此时那个鲜卑族婢女已经怀孕,生下了一个儿子,她就是阮遥集(阮孚)的母亲。这是一则民族融合的佳话。

统治凉州(今甘肃武威)的汉人张轨、张寔父子及其裔孙世守凉州,偏安一隅,没有干戈之扰。"中原混战时,凉州比较安定,中原汉人来避难的络绎不绝。汉族士人在那里传播儒学,保存了中原失传的一些经籍和学说。"[7]

---

① 〔唐〕房玄龄:《晋书》卷一〇五《石勒载记下》,中华书局 1974 年版,第 322 页。

② 〔唐〕房玄龄:《晋书》卷一〇八《慕容廆载记》,中华书局 1974 年版,第 328 页。

③ 〔唐〕房玄龄:《晋书》卷一〇八《高瞻传》,中华书局 1974 年版,第 329 页。

④ 〔唐〕房玄龄:《晋书》卷一〇九《慕容皝载记》,中华书局 1974 年版,第 331 页。

⑤ 〔唐〕房玄龄:《晋书》卷一二七《慕容德载记》,中华书局 1974 年版,第 370 页。

⑥ 〔南朝宋〕刘义庆:《世说新语》,凤凰出版社 2012 年版,第 359 页。

⑦ 翦伯赞主编:《中国史纲要》第二册,人民出版社 1965 年版,第 38 页。

前秦苻坚在兴办学校、尊重儒学方面，于十六国中尤为突出，他“行礼于辟雍，祀先师孔子，其太子及公侯卿大夫士之元子皆束脩释奠焉”，又“临太学，考学生经义，上第擢叙者八十三人。自‘永嘉之乱’，庠序无闻，及坚之僭，颇留心儒学”[①]。苻坚如此不遗余力地推广儒家文化，是受了包括中原士人在内的莘莘士子影响的结果。

前赵刘曜“立太学于长乐宫东、小学于未央宫西，简百姓年二十五以下十三以上，神志可教者千五百人，选朝贤宿儒明经笃学以教之”，并亲临太学，“引试学生之上第者拜郎中”。[②]

十六国统治者如此重视教育，尊崇儒学，主要是想利用汉族传统文化来加强对中原的控制，要达到这一点，必须倚重包括中原汉人在内的汉族知识分子。这在客观上对于提高少数民族的文化素质，加速封建化进程，促进民族融合起到了巨大作用。

第二节　北魏迁都洛阳与鲜卑等族进入中原

北魏迁都洛阳后，鲜卑人长期生活在汉民族的包围之中，最终和汉民族融合，于是鲜卑人便在史乘中消失了。

一、北魏迁都洛阳的原因

第一是粮荒。北魏从拓跋珪称帝，都城一直都在平城（今山西大同市东北）。平城地处塞外，不但地理位置偏僻，而且气候冱寒干燥，“平城地寒，六月

① 〔唐〕房玄龄：《晋书》卷一一三《苻坚载记》，中华书局 1974 年版，第 2895 页。
② 〔唐〕房玄龄：《晋书》卷一〇三《刘曜载记》，中华书局 1974 年版，第 2692 页。

雨雪,风沙常起”[①]。六月正是庄稼生长的季节,那里却下起了雨雪,刮起了风沙,这极不利于农作物的生长。由于无霜期短,日照不够,很多粮食作物不能在这里种植,只能种些耐寒之类的作物。即使如此,因为土地含沙量大,一遇旱灾,灌溉又极不方便,因此收获量甚低,不敷应用。而“京师民庶,不田者多,游食之口,叁分居二。自承平日久,丰穰积年,竞相矜夸,遂成侈俗”[②]。平阳城中的王公贵族、各级官吏及数量甚大的“游手”,都要靠政府供应粮食。即使是丰年,政府供应这么多人口的口粮,已是勉为其难,一遇到荒年,便更加捉襟见肘了。永明五年(487)代地遭了旱灾,孝文帝不得不在七月份“开仓赈贷,听民出关就食”[③]。为解决粮食不足,统治者只得从其他地方调集粮食,以解燃眉之急。对于征调粮食不力的官员,则给予处罚。尽管北魏统治者使用了各种办法来解决粮荒,但是结果却不尽如人意,粮荒没有从根本上得到解决。于是,就有人建议迁都城于粮食丰腴之地,以解决这一问题。

第二是周边少数民族柔然的威胁。当时的柔然逐渐强大,曾多次进兵云中一带,平城有时也是一夕数惊。北魏统治者于是想到了迁都以避其锋芒。

第三是农民暴动频繁。孝文帝即位后,农民暴动便没有停止过,有时一年数起。孝文帝即位后的第三年,他颁布命令,县令能制服一县“劫盗”者可以兼治两县,能制服两县盗贼者可兼治三县,三年后擢升为郡太守。郡太守能镇压暴动者,与县令的奖励办法相同。但这个为丛驱雀、为渊驱鱼的措施,更加激起了百姓的反抗,平城的奴隶以及一些想逃避赋役而寄身寺院的僧侣也加入了斗争的行列。不断的暴动使统治者焦头烂额,以孝文帝为首的北魏统治者不得不改弦更张,想离开平城这个是非之地,到别的地方去谋求发展。他对臣下说:“国家兴自朔土,徙居平城,此乃用武之地,非可文治,今将移风易俗,其道诚难。朕欲因此迁宅中原,卿以为何如?”[④]

第四是出于汉化的需要。北魏经过太武帝拓跋焘、文成帝拓跋濬、献文帝拓跋弘几代帝王的推动,鲜卑人汉化的程度正一步步地加深,不但政治、经济领域中采用汉族模式,而且就连衣服、语言也亦步亦趋地向汉族靠拢了。但北魏

---

① 〔宋〕司马光:《资治通鉴》卷一三八《齐纪四》,上海古籍出版社 1987 年版,第 921 页。

② 〔宋〕司马光:《资治通鉴》卷一三六《齐纪二》,上海古籍出版社 1987 年版,第 910 页。

③ 〔宋〕司马光:《资治通鉴》卷一三六《齐纪二》,上海古籍出版社 1987 年版,第 910 页。

④ 〔宋〕司马光:《资治通鉴》卷一三八《齐纪四》,上海古籍出版社 1987 年版,第 921 页。

统治者向风慕化的过程中却遭到了鲜卑守旧势力的顽强抵制。鲜卑人中的一部分贵族是既得利益者,他们安于现状,不思进取,任何改革都会招致他们的反对,以至像太武帝都投鼠忌器,对汉化存有疑虑。但是弃旧图新,学习先进的汉文化是不可阻挡的潮流,北魏拓跋族的统治已越来越离不开中原汉族政治、经济制度的维系。“因而只有脱离旧势力中心,汇入鲜卑势力薄弱、汉族力量居支配地位的中原地区,改革才能成功。”①

二、迁都洛阳

孝文帝迁都的决心已定,但把都城定在哪里,却颇费踌躇。他一度想定都邺城(今河北临漳),后来几经周折,最终还是选择了洛阳。

孝文帝迁都之举,遭到了朝中守旧大臣的一致反对。他让群臣议论迁都利害,有人说:“今四方未定,未宜迁都,且征伐无马,将何以克?”又有人说:“臣非以代地为胜伊、洛之美也,但自先帝以来,久居于此,百姓安之,一旦南迁,众情不乐。”还有人说:“迁都大事,当讯之卜筮。”孝文帝驳斥说:“王者以四海为家,或南或北,何常之有?朕之远祖,世居北荒,平文皇帝,始都东木根山,昭成皇帝,更营盛乐,道武皇帝,迁于平城,朕幸属胜残之运,何为独不得迁乎?”②群臣这才无话可说,但内心并不赞成。孝文帝不得已,只得以南伐名义率军南下。“外名南伐,其实迁也。”“旧人虽不愿内徙,而惮于南伐,无敢言者。”③孝文帝行至洛阳,便宣布了迁都决定,同时派任城王元澄返回平城,晓谕百官以迁都之事。任城王元澄至平城,百官始闻迁都,莫不惊骇。“澄援引古今,徐以晓之,众乃开伏。”④当时洛阳残破,没有合适的宫殿可供居住,孝文帝不得不先住金墉城(今河南洛阳市东阿斗城),派司空穆亮与尚书李冲、将作大匠董尔营建洛阳。不久,孝文帝又来到邺都的行宫,并派安定王元休率从官回平城迎迁家属。太和十八年(494)二月,孝文帝又回到平城,祭天谒祖,正式着手布置迁都事宜。

① 杜士铎主编:《北魏史》,山西高校联合出版社 1992 年版,第 243 页。
② 〔宋〕司马光:《资治通鉴》卷一三九《齐纪五》,上海古籍出版社 1987 年版,第 926 页。
③ 〔宋〕司马光:《资治通鉴》卷一三八《齐纪四》,上海古籍出版社 1987 年版,第 923 页。
④ 〔宋〕司马光:《资治通鉴》卷一三八《齐纪四》,上海古籍出版社 1987 年版,第 924 页。

他在太极殿亲向鲜卑贵族讲述迁都利弊时说："朕修百官，兴礼乐，其志固欲移风易俗。朕为天子，何必居中原，正欲卿等子孙渐染美俗，闻见广博，若永居恒北，复值不好文之主，不免面墙耳。"①他如此苦口婆心地晓谕百官，目的是想让他们知道，迁都改革并不是他一时心血来潮，也不是为自己谋私利，而是为全体鲜卑人的利益着想。与此同时，孝文帝又巡视北方边镇，安抚六镇及留在代北之人，希望他们不要因为迁都而引起骚动。这年十月，孝文帝亲告太庙，奉迁神主，从平城迁至洛阳。从此，北魏政治、经济中心南移，洛阳成为北魏的都城。这次迁都为鲜卑人在中原的发展提供了契机。

不过孝文帝在太和十八年的南迁，部分大臣及宫阃王室仍然暂留平城，没有随同搬迁。这一方面是因为那些王公贵族不愿离开生于斯、长于斯的故土，骤然搬迁，会激化矛盾；另一方面平城是北方军事重镇，要抵御柔然随时都可能进行的骚扰，这里是不可或缺的指挥中心。更何况洛阳的宫室还未筑成，一时不可能容纳那么多人口，而孝文帝戎马倥偬，也不可能携妇将雏，带所有的人随军。直至太和十九年(495)金墉宫修建竣工后，孝文帝才把淹留在平城的六宫及其他官员迁至洛阳。从太和十七年决定迁都，至十九年，孝文帝规定，"'迁洛之民，死葬河南，不得还北。'于是代人迁洛者，悉为河南洛阳人"②。这年九月，"魏六宫、文武悉迁于洛阳"③。这标志着南迁已经完成，前后共计 3 年。

那么，孝文帝这次大规模的迁徙，有多少人南迁洛阳呢？史学家的见解大致相同，即 100 万人左右。任崇岳、白翠琴主编的《中原地区历史上的民族融合》一书说："前后迁洛的贵族、官僚、军队及民众总数在 100 万左右。"④葛剑雄等的《简明中国移民史》一书也说："由平城迁入洛阳的人口约 108 万，由其他地区迁入洛阳的约 15 万。"⑤这就是说，洛阳实际上是迁入了 123 万人口，但来自平城的为 108 万人。两书所列迁移人口相差不大。

洛阳成为北魏都城后，很自然地也成了政治、经济、文化中心，大批移民纷至沓来，卜居洛阳。"在此期间，南朝经历了梁、陈鼎革，又与北魏发生过多次大

---

① 〔宋〕司马光：《资治通鉴》卷一三九《齐纪五》，上海古籍出版社 1987 年版，第 928 页。
② 〔宋〕司马光：《资治通鉴》卷一四〇《齐纪六》，上海古籍出版社 1987 年版，第 934 页。
③ 〔宋〕司马光：《资治通鉴》卷一四〇《齐纪六》，上海古籍出版社 1987 年版，第 934 页。
④ 任崇岳、白翠琴：《中原地区历史上的民族融合》，内蒙古人民出版社 2004 年版，第 134 页。
⑤ 葛剑雄等：《简明中国移民史》，福建人民出版社 1993 年版，第 210 页。

规模的战争，因此南朝既有不少逃亡宗室、贵族和文武官员，也有大批降、俘人员，定居或被安置在洛阳……到北魏后期，洛阳的‘南人’估计近一万人。”①见于《洛阳伽蓝记》的如孝文帝太和年间从南齐来投的王肃，官至简书令，娶北魏公主为妻；宣武帝景明年间南齐建安王萧宝夤来降，封齐王，尚南阳长公主；还有跟随萧宝夤来降的张景仕，官至羽林监，“赐宅城南归正里，民间号为吴人坊，南来投化者多居其内”。当时，北魏为招徕南朝之人，凡渡江来归者，皆居不次之位。

北魏时期，洛阳除土著居民外，还有许多少数民族，鲜卑人自不必说，西域各国的商贾及其他人来洛阳者也络绎不绝，洛阳成了名副其实的国际大都会。《洛阳伽蓝记》有一段生动的描述：

> 永桥以南，圜丘以北，伊洛之间，夹御道，东有四夷馆：一曰金陵，二名燕然，三名扶桑，四名崦嵫。道西有四夷里：一曰归正，二曰归德，三曰慕化，四曰慕义。吴人投国者，处金陵馆。三年已后，赐宅归正里……北夷来附者处燕然馆，三年已后，赐宅归德里……东夷来附者，处扶桑馆，赐宅慕化里。西夷来附者，处崦嵫馆，赐宅慕义里。自葱岭已西，至于大秦，百国千城，莫不款附。商胡贩客，日奔塞下，所谓尽天地之区已。乐中国风土因而宅者，不可胜数。是以附化之民，万有余家。门巷修整，阊阖填列，青槐荫陌，绿树垂庭，天下难得之货，咸悉在焉。②

北魏时期洛阳到底有多少西域侨民，至今尚无确切的统计数字，有学者认为，“早在北魏时期，居住在洛阳的西域侨民在万家以上，其中很多人充当了传播西域音乐、舞蹈艺术的使者角色”③。姑且以万家计算，每家 5 口人，居住洛阳的西域胡人当在 5 万人左右。这些胡人中有西域诸国的王子或使臣、胡商、僧侣及伎乐人等。据学者统计，北魏迁都洛阳后，西域有 13 个国家派人出使北魏，达 140 次之多。④ 他们中一些人曾在北魏居官，死后窆穸于洛阳。如 1932

---

① 葛剑雄等：《简明中国移民史》，福建人民出版社 1993 年版，第 210 页。

② 〔北魏〕杨衒之撰，周祖谟校释：《洛阳伽蓝记校释》卷三《城南》，中华书局 1963 年版，第 130—132 页。

③ 张广达：《论隋唐时期中原与西域文化交流的几个特点》，《北京大学学报》（哲学社会科学版）1985 年第 4 期。

④ 梁满仓：《北魏洛阳地区纺织品生产、使用及西传》，《洛阳——丝绸之路的起点》，中州古籍出版社 1992 年版，第 373 页。

年出土于洛阳城东天皇岭的《鄯月光墓志》有“前部王车伯生息妻鄯月光”的文字，鄯月光“正始二年(505)一月二十七日葬于洛阳”[①]。据《魏书·车伊洛传》记载，车伊洛是焉耆胡人，投奔北魏后，被授为平西将军，封前部王，死于兴安二年(453)，其子歇袭爵。延兴三年(473)车歇卒，子伯主袭爵。[②] 这个伯主就是墓志中的伯生，主、生因形近而讹，当以墓志为准。“车氏家族应该是车师国人，之后迁徙到焉耆。他们在孝文帝迁都之后来到洛阳。鄯月光是车伯生儿子的妻子，从其姓氏来看，当是西域鄯善国女性。她与车伯生之子当时都居住在这里，鄯月光死后就葬在洛阳的邙山。”[③]从出土的墓志来看，居住在洛阳的鄯善人不止鄯月光一人。鄯善即今新疆若羌县。1931 年在洛阳城东出土的《鄯乾墓志》说：“君讳乾，司州河南洛阳洛滨里人也。侍中、镇西将军鄯善王宠之孙，平西将军、青平凉三州刺史、鄯善王、临泽怀侯视之长子……君初宦，以王孙之望，起家为员外散骑侍郎，入领左右辅国将军、城门校尉，出为征虏将军、安定内史。春秋四十四，以永平五年(512)岁次壬辰正月四日薨……延昌元年(512)八月二十六日卜营丘兆，于洛阳北邙而窆焉。”[④]原来，早在北魏太武帝拓跋焘太平真君六年(445)四月，派大将万度归攻打鄯善，北魏军所至之处，鄯善人“皆望旗稽服，其王真达面缚出降。度归释其缚，留军屯守，与真达诣京师。世祖大悦，厚待之”[⑤]。这个鄯善王真达就是墓志中的鄯善王宠。其时北魏的都城尚在平城，鄯乾还未出生。若干年后，鄯乾生于平城，孝文帝迁都洛阳，鄯乾也随之卜居洛阳，死后就葬在这里。卜居洛阳的还有于阗(今新疆和田)国人。1926 年在洛阳城北南石山村出土了《于仙姬墓志》，于仙姬是于阗人，北魏文成帝拓跋濬夫人。《洛阳出土石刻时地记》记载，她是“西域于阗国主女也……圣祖礼纳，寓之玫宇”。所谓“玫宇”，就是漂亮的宫殿。于仙姬先是出嫁到平城，孝明帝元诩孝昌二年(526)卒于洛阳金墉宫，享年 90 岁，葬于邙山。[⑥]

---

① 郭玉堂：《洛阳出土石刻时地记》，洛阳大华书报社 1940 年，第 16 页。

② 〔北齐〕魏收：《魏书》卷三〇《车伊洛传》，中华书局 1974 年版，第 724 页。

③ 毛阳光：《北魏胡人寓居河洛考》，《河洛文化与客家文化》，河南人民出版社 2012 年版，第 673 页。

④ 郭玉堂：《洛阳出土石刻时地记》，洛阳大华书报社 1940 年，第 19 页。

⑤ 〔北齐〕魏收：《魏书》卷一〇二《西域传》，中华书局 1974 年版，第 2262 页。

⑥ 《汉魏南北朝墓志集释》图版三八，《大魏文成皇帝夫人于墓志铭》，转引自《河洛文化与客家文化》，河南人民出版社 2012 年版，第 674 页。

北魏时期还有大量的西域商贾卜居洛阳。《洛阳伽蓝记》中有“商胡贩客，日奔塞下”的记载，《魏书》卷六五《邢峦传》也说：“逮景明(北魏宣武帝元恪年号)之初，承升平之业，四疆清晏，远迩来同，于是蕃贡继路，商贾交入，诸所献贸，倍多于常。”[①]2001 年洛阳纱厂西路曾出土 1 件牵骆驼的胡俑，胡人深目高鼻，身穿圆领长袍。“同墓还出土有背负两筐货物的骆驼俑。这个胡俑就是当时丝路上胡商的真实体现。”[②]这些来洛阳懋迁有无的胡商，有一部分人便卜居中原不归了。

除了使臣和商贾，北魏时期到洛阳的还有来自西域、中亚、天竺、波斯等国的僧侣，人数多达数千人。我们将在下文提及。总之，洛阳成了“万国衣冠拜冕旒”的王道乐土。

三、北魏统治者的汉化措施

孝文帝迁都洛阳，并非一时心血来潮，而是他对汉文化情有独钟的结果。他在南迁之前，就曾祭祀唐尧、虞舜、夏禹、周文王，改谥孔子为文圣尼父，又在洛阳“幸太学，观《石经》”，表示对儒家文化的爱慕。他“雅好读书，手不释卷，《五经》之义，览之便讲，学不师受，探其精奥。史传百家，无不该涉。善谈《庄》《老》，尤精释义。才藻富赡，好为文章，诗赋铭颂，任兴而作。有大文笔，马上口授，及其成也，不改一字”[③]，俨然是个汉人天子。在任城王元澄等人的辅佐下，孝文帝克服了重重阻力，迁都之举终于获得成功。

孝文帝虽然把都城由平城迁到了洛阳，但是部分鲜卑贵族却不愿长居洛阳，孝文帝不得不作一点让步：“高祖迁洛，而在位旧贵皆难于移徙，时欲和合众情，遂许冬则居南，夏便居北。”[④]所谓“冬则居南，夏便居北”，是指允许部分鲜卑贵族冬天居住洛阳，夏天仍居住平城。到了世宗时，仍想循此陋俗，事实上这

① 〔北齐〕魏收：《魏书》卷六五《邢峦传》，中华书局 1974 年版，第 1438 页。

② 毛阳光：《北魏胡人寓居洛阳考》，《河洛文化与客家文化》，河南人民出版社 2012 年版，第 675 页。

③ 〔北齐〕魏收：《魏书》卷七下《高祖纪下》，中华书局 1974 年版，第 187 页。

④ 〔北齐〕魏收：《魏书》卷一五《常山王遵传附晖传》，中华书局 1974 年版，第 378 页。

批鲜卑贵族已适应了在洛阳的生活，无须再居平城了。有大臣说："先皇移都，为百姓恋土，故发冬夏二居之诏，权宁物意耳，乃是当时之言，实非先皇深意。且北来迁人，安居岁久，公私计立，无复还情。"①可见当时孝文帝允许部分鲜卑贵族在夏天居住平城，只是权宜之计，而后来那部分南迁的人在洛阳安居岁久，没有北还的打算了。

孝文帝迁都洛阳，极便于鲜卑族吸收汉族的先进文化。当时鲜卑人分化为两个集团，一个是住在洛阳的鲜卑，一个是留居在代郡以及六镇的鲜卑。孝文帝为了照顾鲜卑族的既得利益，仿照平城畿内旧制，使留居平城的那部分人得以在洛阳建立家业，获得土地房屋。拓跋鲜卑宗室身任高官要职，占有大量膏腴田地和数目可观的奴婢。如咸阳王元禧"奴婢千数，田业盐铁遍于远近，臣吏僮隶，相继经营"②。鲜卑贵族子弟和各郡汉族大姓豪强良家子弟也充当羽林虎贲、宿卫。

鲜卑族平民的处境远不及贵族优越。他们在平城时以牧业、农业为主，迁都洛阳之后，已不可能重操旧业，改为务农和服兵役。由于从代至洛路途遥远，平时积累下来的一点资产和牲畜，在长途跋涉途中丧失殆尽，至洛阳后，生活陷入窘迫境地。他们既要务农以维持生计，还要从戎戍边，往往是"一夫从役，举家失业"，与鲜卑贵族职高位崇、锦衣玉食形成了鲜明对照。这部分人无权无势，谋生维艰，又处在广大汉人的包围之中，为了生存下来，他们不得不率先接受汉人的生活方式。可以说，他们是最先融合于汉民族中的鲜卑人。

禁止鲜卑人着胡服、在朝廷上说鲜卑语，提倡改鲜卑姓为汉姓，定族姓，说汉语，着汉服，鼓励鲜卑人与汉人通婚，这些都是孝文帝加强民族融合的重大举措。太和十九年(495)诏令"不得以北俗之语言于朝廷，若有违者，免所居官"。为了弃旧图新，孝文帝与群臣有一段有趣的对话：孝文帝问群臣，你们是想让魏朝与殷周媲美，还是让汉晋独擅于上代？群臣回答说，当然是愿魏朝超迈前代。孝文帝说，既然如此，怎样才能达到这一目标？是修身改俗，还是依然故我？群臣答，宜改旧俗，以成日新之美。孝文帝又说，弃旧图新是只这一代人得到好处，还是传之子孙？回答是当然要传之子孙。孝文帝说，既然如此，必须改革旧

① 〔北齐〕魏收：《魏书》卷一五《常山王遵传附晖传》，中华书局 1974 年版，第 378 页。
② 〔北齐〕魏收：《魏书》卷二一上《咸阳王元禧传》，中华书局 1974 年版，第 537 页。

俗,卿等各当遵守,不得违背。群臣说,上命下从,如风吹草。孝文帝这才转入正题说:“自上古以来及诸经籍,焉有不先正名,而得行礼乎?今欲断诸北语(鲜卑语),一从正音(汉语)。年三十以上,习性已久,容或不可卒革,三十以下,见在朝廷之人,语音不听仍旧。若有故为,当降爵黜官。各宜深戒。如此渐习,风化可新。若仍旧俗,恐数世之后,伊洛之下复成被发之人。”[①]语言改革是鲜卑人融入汉族的第一步,也是最重要的一步。30 岁以上的鲜卑人讲鲜卑语已成习惯,骤然改用汉语,那是强人所难,可以逐渐适用汉语。30 岁以下的年轻鲜卑人,特别是在朝廷上居官者,不准使用鲜卑语,若故意违犯,就要受到降爵丢官的处分。不如此就不能革除鲜卑人因循守旧的陋习。孝文帝看得很深远,如果不革除旧习,迅速融入中原汉族社会中,恐怕几代人之后伊洛地区便会出现披发左衽之人。

孝文帝还大力提倡着汉服。鲜卑旧俗为编发左衽,夹领小袖装束,绔褶作为朝贺大会的礼服,这是与塞外天气冱寒及骑马的游牧生活方式相适应的。既然已经迁都中原,着装就应当符合魏晋以来中原的传统礼仪,尤其孝文帝欲以华夏正统文化自居,必然要在衣冠上与汉族地主趋向一致。在迁都洛阳之前,孝文帝就命李冲等人议定衣冠,经 6 年才制成官吏的冠服。妇女的服饰,也大抵依照南朝的款式。对于仍穿胡服的现象,孝文帝多次提出质疑。一次,他质问朝中官员:“昨望见妇女之服,仍为夹领小袖。我徂东山,虽不三年,既离寒暑,卿等何为而违前诏?”群臣皆不敢对,其弟咸阳王元禧回答说:“舛违之罪,实合刑宪。”孝文帝忿然作色说:“若朕言非,卿等当须庭论,如何入则顺旨,退有不从?”[②]还有一次,孝文帝率军南伐,命任城王元澄留守洛阳。南伐归来,问元澄:建国之本,礼教为先,朕离京以来,礼教是否日新月异?元澄回答:臣以为做到了日新月异。孝文帝说:“朕昨入城,见车上妇人冠帽而着小襦袄者,若为如此,尚书何为不察?”元澄诡辩说:“着犹少于不着者。”意思是说穿胡服的妇女没有不穿胡服的人多。孝文帝大怒说:“深可怪也!任城意欲令全着乎?一言可以丧邦者,斯之谓欤?可命史官书之。”[③]仅仅是一句不很得体的话,孝文帝竟然说

---

① 〔北齐〕魏收:《魏书》卷二一上《咸阳王元禧传》,中华书局 1974 年版,第 536 页。

② 〔北齐〕魏收:《魏书》卷二一上《咸阳王元禧传》,中华书局 1974 年版,第 536 页。

③ 〔北齐〕魏收:《魏书》卷一九中《任城王元澄传》,中华书局 1974 年版,第 469 页。

他一言可以丧邦，并且命史官把这件事写入史册，由此可见他对改革服装的重视。在他看来，衣着不是小事，而是关乎鲜卑族成败盛衰的大问题，是关乎鲜卑族愿不愿学习中原先进汉文化的态度问题。

以上所举元禧、元澄的例子，他们两人是在孝文帝的指责下改正的。也有个别冥顽不化之人眷恋旧俗，不肯改易，太傅元丕便是一例。他对于"变俗迁洛，改官制服，禁绝旧言，皆所不愿"。孝文帝知他本性难移，也不勉强，只晓之以理，让他不要无事生非，故作惊人之举。当时"衣冕已行，朱服列位，而丕犹常服列在座隅。晚乃稍加弁带，而不能修饰容仪"[①]。当朝中大臣均已着汉人服装，朱服列位时，元丕仍然穿鲜卑装坐在朝堂上，显得极不协调。但是服饰改革是大势所趋，元丕无法阻挡这一潮流，孝文帝改革鲜卑人服饰的措施最后还是获得了成功。

在语言、衣冠汉化的同时，孝文帝还下诏定姓族，改鲜卑复姓为汉姓。近人姚薇元著《北朝胡姓考》[②]一书根据史传姓书的记载，参以石刻方志、文集等资料，考证《魏书·官氏志》中所载胡姓，甚为赅备。《魏书·官氏志》中共收录了118个姓氏，姚薇元在该书的前半部分《内篇·魏书官氏志所载诸胡姓》中，将北魏的姓氏分为宗族十姓、勋臣八姓、内人诸姓、四方诸姓四部分。宗族十姓中拓跋氏改为元氏、纥骨氏改为胡氏、普氏改为周氏、拔拔氏改为长孙氏、达奚氏改为奚氏、伊娄氏改为伊氏、丘敦氏改为丘氏、俟亥氏改为亥氏、乙旃氏改为叔孙氏、车焜氏改为车氏。勋臣八姓中丘穆陵氏改为穆氏、步六孤氏改为陆氏、贺赖氏改为贺氏、独孤氏改为刘氏、贺楼氏改为楼氏、勿忸于氏改为于氏、纥奚氏改为嵇氏、尉迟氏改为尉氏。其他鲜卑族姓氏也都按音近改为汉姓，如是连氏改为连氏、仆阑氏改为仆氏、若干氏改为苟氏、拔列氏改为梁氏、拨略氏改为略氏、若口引氏改为寇氏、叱罗氏改为罗氏、普陋茹氏改为茹氏、贺葛氏改为葛氏等。改姓以后，鲜卑姓氏已与汉族姓氏完全相同，单从姓氏上看，已分辨不出孰是汉人、孰是鲜卑人了。这就是孝文帝所说的"诸功臣旧族自代来者，姓或重复，皆改之"。

两晋王朝推行的是门阀政治，朝廷中重要官员均由士族垄断，且可世代相

---

① 〔北齐〕魏收：《魏书》卷一四《神元平文诸帝子孙列传》，中华书局1974年版，第360页。

② 姚薇元：《北朝胡姓考》，科学出版社1958年版。

袭,统治者又从婚姻、出仕两方面严加限制,以防止寒门地主混入士族队伍。北魏兴起于北方,鲜卑族人口又少,要想在中原地区取得稳固统治,自然离不开中原士族的支持,有鉴于此,就必须借鉴两晋时期盛行的门阀统治形式。太和十九年(495)孝文帝下令定四海士族,他在诏书中说:"代人诸胄,先无姓族,虽功贤之胤,混然未分。故官达者位极公卿,其功衰之亲,仍居猥任。"在这一思想指导下,他开始厘定姓族:"穆、陆、贺、刘、楼、于、嵇、尉八姓,皆太祖已降,勋著当世,位尽王公,灼然可知者,且下司州、吏部,勿充猥官,一同四姓。"[①]按照这一规定,穆、陆等八姓是鲜卑族中的第一等贵族,位于八姓以下的那些贵族也按其先世是否为部落大人以及从道武帝拓跋珪以来三代官位之高低分别定为姓或族。姓高于族,凡符合规定的称郡姓,郡姓之中又按上述标准分为甲、乙、丙、丁四个等级,称为四姓。穆、陆等八姓可与汉族郡姓中的太原王氏,清河、博陵崔氏,范阳卢氏,赵郡、陇西李氏,荥阳郑氏,京兆韦氏、杜氏,河东柳氏,弘农杨氏等著名郡姓比肩,他们都是当时著名的郡姓。孝文帝定族姓,"其实质在于采用强制形式,加快鲜卑贵族朝封建士族地主的转化,使汉族的门阀制度迅速在北魏推广。从此,汉族中的士族非士族及鲜卑贵族联结成一个团体,成为北魏政权的统治基础"[②]。

孝文帝为消弭胡汉隔阂,加速民族融合的进程,强调与汉族士人缔姻联婚。他把胡汉通婚提到了"合二姓之好,结他族之亲,上以事宗庙,下以继后世"[③]的高度,必须慎重对待。只有夫妇志同道合,才能使父子君臣、礼义忠孝之礼全备。有了礼义忠孝,儒家文化才能渗透到所有鲜卑人中,只有整个鲜卑民族向风慕化,才能把儒家的伦理道德推广到鲜卑人中。他以"范阳卢敏、清河崔宗伯、荥阳郑羲、太原王琼四姓,衣冠所推,咸纳其女,以充后宫"。又为诸弟聘中原汉人士族之女为妻。长弟咸阳王元禧娶故颍川太守陇西李辅之女,次弟河南王元幹娶代郡穆明乐之女,三弟广陵王元羽娶荥阳郑平城之女,四弟颍川王元雍娶范阳卢神宝之女,五弟始平王元勰娶陇西李冲之女,最小的弟弟北海王元详娶荥阳郑懿之女。孝文帝又娶大臣李冲之女为夫人,娶大臣崔挺之女为嫔。

---

① 〔北齐〕魏收:《魏书》卷一一三《官氏志》,中华书局 1974 年版,第 3014 页。
② 杜士铎主编:《北魏史》,山西高校联合出版社 1992 年版,第 260 页。
③ 〔北齐〕魏收:《魏书》卷二一上《咸阳王元禧传》,中华书局 1974 年版,第 534 页。

咸阳王元禧曾娶隶户之妇为妻,"帝深责之,因下诏为六弟聘室,前者所纳,可为妾媵"[1]。流风所及,这种贵族的联姻又推广到蚩蚩百姓,民间胡汉的通婚也逐渐增多。

孝文帝还进一步完善了封建国家机器。魏初官职名号并不完备,太和十七年(493),南朝士族王肃投奔北魏,他参照南朝典章制度,辅助孝文帝改革官制,废除过去残存的部落行政制度及随时设置的官职,依照魏晋官制设置三师、三公、尚书、中书、四征、四镇、九卿等中央文武官;地方上州设刺史、郡设太守、县设县令。孝文帝还仿效南朝因士庶区分,官职有清浊之别的做法,规定了清浊官职,在清浊之中又分出次清、微浊等不同的等级。在爵位安排上,太和十六年(492)规定,非太祖拓跋珪的子孙,皆不得封王;已封为王者降为公,公降为侯,侯降为伯。过了两年,又对王、公、侯、伯、子、男等爵的封禄做了具体规定。

孝文帝还改定了律令。太和五年(481)完成律令的修订,太和十一年(487)再次修订,太和十六年(492)四月正式颁布新律令。太和新律上承汉晋,下启隋唐,不仅在中国法制史上占有重要地位,也显示了太和年间"吏清政严、断狱省简"的较为稳定的局面。

孝文帝还改革了祭祀制度。北魏前期一直保存着"祀天于西郊"的原始宗教崇拜习俗,孝文帝于太和十八年(494)下令废除西郊祭天仪式,正式采用中原帝王祭祀天、地仪式,圆丘祭天,方泽祭地,以祖宗配天,崇拜天皇大帝和五方大帝(尧、舜、禹、周文王、孔丘),把汉地的天、神当作自己的神灵加以敬奉,使宗教崇拜更好地适应社会封建化和汉化的需要。另外,孝文帝还将君临中原的北魏第一位皇帝拓跋珪尊为太祖,把他的牌位供奉在太庙正中,以便为自己树立华夏文化继承者的形象找到依据。

如上所述,道武帝、孝文帝等人在政治、文化、社会习俗等方面实行汉化,目的是使北魏政权进一步封建化,加强鲜卑贵族和汉族世家的联合,以巩固自己的统治。但这些汉化措施在客观上推动了鲜卑族本身的发展,也促进了鲜卑族与汉族的融合。鲜卑贵族寿兴自作墓志铭说:"洛阳男子,姓元名景,有道无时,其年不永。"[2]他已自认为中原人了。

---

① 〔宋〕司马光:《资治通鉴》卷一四〇《齐纪六》,上海古籍出版社1987年版,第935页。

② 〔北齐〕魏收:《魏书》卷一五《常山王遵传附寿兴传》,中华书局1974年版,第377页。

四、中原与西域诸国的经济文化交流与融合

这一时期最值得称道的当然还是中原地区与西域的贸易。南北朝之际，由中原地区通往西域的“丝绸之路”由汉代的南北两道变成了四道。《北史・西域传》说：“其出西域，本有二道，后更为四：出自玉门，度流沙，西行两千里至鄯善，为一道；自玉门度流沙，北行二千二百里至车师，为一道；从莎车西行一百里至葱岭，葱岭西一千三百里至伽倍，为一道；自莎车西南五百里，葱岭西南一千三百里至波路，为一道焉。”这一时期正是兵燹不断，偌大的国家分裂为南北朝的时期，由洛阳为起点到西域的“丝绸之路”理应萎缩，但却由两道变为四道，说明这一时期国家虽然处在分裂状态，但“丝绸之路”并未受到影响，反而更加繁荣，中原与西域的贸易有了长足发展。

北魏迁都洛阳前的商业活动乏善可陈，但在河陇地区却是例外。因为从西域进入中原的商道畅通，西域和中亚的商人可从天山直趋敦煌，有的则沿河西走廊来往于洛阳、长安等地，“丝绸之路”一派繁荣景象。北魏后期兵连祸结，灾荒频仍，朝廷拮据，不再给文武百官发放例酒，但西域商贾却是例外，“远蕃使客，不在断限”①。北魏统治者之所以对西域商贾如此慷慨，是因为他们不但为政府提供了丰厚的税收，充实了国库，而且他们携带的珠翠之珍满足了统治者骄奢淫逸的需要，“自魏德既广，西域、东夷贡其珍物，充于王府”②。

正是由于北魏统治者的优惠政策，西域商贾纷至沓来，络绎不绝。他们根据西方喜爱中国丝绸，中国喜欢西方珍宝、名马的特点，越葱岭，度流沙，往返于西域与中原之间，敦煌、酒泉、张掖、凉州等地均是胡商云集的商业都会，大月氏、粟特、波斯、大秦及天山南北商人皆到这些城市互市，如远在葱岭以西的粟特国，“其国商人先多诣凉土贩货”③。西域商贾雄厚的财富使北魏统治者垂涎不已，元暹任凉州刺史时，“欲规府人及商胡富人财物，诈一台符，诳诸豪等云欲

① 〔北齐〕魏收：《魏书》卷一一〇《食货志》，中华书局 1974 年版，第 2861 页。

② 〔北齐〕魏收：《魏书》卷一一〇《食货志》，中华书局 1974 年版，第 2588 页。

③ 〔北齐〕魏收：《魏书》卷一〇二《西域传》，中华书局 1974 年版，第 2270 页。

加赏，一时屠戮，所有资财生口，悉没自入”[①]。为了劫掠西域商贾财物，元暹竟然杀人越货，戕害无辜，实乃“丝绸之路”的罪人。

北魏迁都洛阳后，西域商贾来这里贩运者剧增。北魏统治者在京师洛阳设立了四夷馆，用以安置东西南北四方入洛之人。西域商贾入中原者多携带玛瑙、珍珠、水晶玻璃、胡椒、香料、名马、安香、火烷布等，中原王朝回赐给他们的多是丝绸、锦帛等。从中原运往西域的物品主要是丝绸、纸笔等，故名这条通商大道为“丝绸之路”。

“丝绸之路”的畅通，给北魏统治集团带来了巨额财富。“于时国家殷富，库藏盈溢，钱绢露积于廊者，不可校数。”[②]“于是帝族王侯，外戚公主，擅山海之富，居川林之饶，争修园宅、互相夸竞。崇门丰室，洞户连房，飞馆生风，重楼起雾。高台芳榭，家家而筑；花林曲池，园园而有。”河间王元琛任秦州（今甘肃天水）刺史时，“遣使向西域求名马，远至波斯国，得千里马，号曰追风赤骥”。他在宴请宗族时，“陈诸宝器，金瓶银瓮百余口，瓯檠盘盒称是，自余酒器，有水晶钵、玛瑙琉璃碗、赤玉卮数十枚，做工奇妙，中土所无，皆从西域而来”[③]。他们聚敛了大量财富，过着骄奢淫逸的生活。即使一般百姓，也争相经商贩卖，以此致富，“舟车所通，足迹所履，莫不商贩焉”。洛阳有刘宝其人者，因经商而资财巨万，“海内之货，咸萃其庭，产匹铜山，家藏金穴。宅宇逾制，楼观出云，车马服饰拟于王者”[④]。洛阳城中阜财、金肆二里（里为基层行政单位，相当于村）多工商货殖之民，“千金比屋，层楼对出，重门启扇，阁道交通，迭相临望。金银锦绣，奴婢缇衣；五味八珍，仆隶毕口”[⑤]。洛阳成了当时八荒争凑、万国咸通的大都市。

魏晋南北朝时期，随着“丝绸之路”的贸易越来越繁荣，中原人迁往西域及大批西域商贾、僧侣、乐工东来，中原与西域的文化交流日益频繁，在历史上产

---

① 〔北齐〕魏收：《魏书》卷一九上《京兆王传》，中华书局 1974 年版，第 445 页。

② 〔北魏〕杨衒之撰，周祖谟校释：《洛阳伽蓝记校释》卷四《城西》，中华书局 1963 年版，第 166 页。

③ 〔北魏〕杨衒之撰，周祖谟校释：《洛阳伽蓝记校释》卷四《城西》，中华书局 1963 年版，第 163—165 页。

④ 〔北魏〕杨衒之撰，周祖谟校释：《洛阳伽蓝记校释》卷四《城西》，中华书局 1963 年版，第 157 页。

⑤ 〔北魏〕杨衒之撰，周祖谟校释：《洛阳伽蓝记校释》卷四《城西》，中华书局 1963 年版，第 161 页。

生了深远影响。

首先是汉族的语言、文字对西域诸国产生了重大影响。当时西域诸国除使用本民族的语言、文字外，也往往通用汉文。随着丝织品传入西域，汉文典籍也大量传入，比如在“国有八城，皆有华人”①的高昌国，汉文的使用就更为普遍，与内地已无大差异。“文字亦同华夏，兼用胡书，有《毛诗》《论语》《孝经》，置学官弟子，以相教授。”②《吐鲁番出土文书》中有吐鲁番、尼雅、楼兰等地出土的大批用汉文书写的文书、简牍，内容涉及民间田园买卖、粮食与牲畜及丝织品的契约、官方屯田、供祀账簿、邮政等，为我们研究这一时期的西域经济提供了弥足珍贵的资料。

其次是佛教文化以空前规模从西域传入中原。尤其北魏之际，佛教盛行，寺塔林立，僧尼广布。仅京师洛阳就“寺有一千三百六十七所”，天平年间孝静帝元善“迁都邺城（今河北临漳西南），洛阳余寺四百二十一所”③。洛阳最大的佛寺永宁寺是熙平元年（516）灵太后胡氏所建，瑶光寺是世宗宣武帝所立，景乐寺、融觉寺是太傅清河文献王怿所建，其他如明恩尼寺、正始寺、秦太上君寺、平等寺、报德寺、冲觉寺、胡统寺、宣忠寺、菩提寺、法云寺等名刹，皆是北魏戚畹贵族及西域僧人所建。西域僧徒来洛阳传教、翻译佛经者达数千人之多。“时佛法经像盛于洛阳，异国沙门，咸来辐辏，负锡持经，适兹乐土。”④如宣武帝元恪创建的永明寺，“百国沙门，三千余人。西域远者，乃至大秦国”⑤。融觉寺，“比丘昙谟最善于禅学，讲《涅槃》《华严》，僧徒千人。天竺国胡沙门菩提流支见而礼之，号为菩萨。流支解佛义，知名西土，诸夷号为罗汉，晓魏言及隶书，翻《十地》《楞伽》及诸经论二十三部，虽石室之写金言，草堂之传真教，不能过也。流支读

---

① 〔唐〕李延寿：《北史》卷九七《高昌传》，中华书局1974年版，第3212页。

② 〔唐〕李延寿：《北史》卷九七《高昌传》，中华书局1974年版，第3215页。

③ 〔北魏〕杨衒之撰，周祖谟校释：《洛阳伽蓝记校释》卷五《城北》，中华书局1963年版，第228页。

④ 〔北魏〕杨衒之撰，周祖谟校释：《洛阳伽蓝记校释》卷四《城西》，中华书局1963年版，第173页。

⑤ 〔北魏〕杨衒之撰，周祖谟校释：《洛阳伽蓝记校释》卷四《城西》，中华书局1963年版，第173页。

昙谟最大乘义章,每弹指赞叹,唱言微妙,即为胡书写之,传之于西域"[①]。法云寺僧人摩罗来自西域,"至中国,即晓魏言隶书,凡所闻见,无不通解,是以道俗贵贱,同归仰之"[②]。永宁寺庋藏经卷最多,"外国所献经像,皆在此寺"[③]。

北魏统治者为弘扬佛教文化,还在中原地区开凿了许多石窟,如龙门石窟中的宾阳洞、巩义石窟寺、新安县西沃村的西沃石窟、孟津县煤窑乡的谢家庄石窟、宜阳县的虎头寺石窟、伊川县的吕寨石窟和石佛寺石窟、嵩县的铺沟石窟等。宾阳洞中有中洞和南北二洞,通称宾阳三洞。中洞和南洞是北魏都洛阳后,宣武帝元恪为他的父亲孝文帝元宏和母亲文照皇太后荐福而建的功德窟,北洞则是元恪为表示自己虔诚奉佛而建造的。宾阳洞的雕像雄健粗犷,"能将坚硬的石炭岩雕造得如此有血有肉,确实显示了我国古代雕刻匠师的高超技艺"[④]。巩义石窟寺创自孝文帝时,至其子宣武帝元恪时完成。该石窟中有18幅"帝后礼佛图"浮雕,其中第一窟的礼佛图雕刻得最为精美,东面3幅是以皇帝为首的供养人行列,西边是以皇后为首的供养人行列,均以比丘为前导,浩浩荡荡地向寺院进发。这些浮雕既刻画了仪态雍容的贵族形象,也刻画了地位卑微的侍人形象。[⑤] 这些浮雕显示了古代艺术家娴熟的技艺。再如孟津县谢家庄石窟,从建筑风格上推断,是北魏迁都洛阳后开凿的。窟形与佛龛的形制与山西云冈石窟有相似之处,但在造像艺术上的表达手法已与云冈石窟截然不同。云冈石窟的主要石窟都完成于北魏迁都洛阳之前,云冈石窟的造像深目高鼻,高大魁梧,而谢家庄石窟"已转向面相瘦癯略长、鼻高颊陷、仪态温和可亲的洛阳龙门风格过渡,雕刻技法上也由粗犷而趋于细腻,这些都反映了当时魏孝文帝迁都洛阳后,学习中原文化,促进汉化改革的成果"[⑥]。其他洞窟情况大致相同。

再次是文学艺术上中原与西域的交流融合。魏晋南北朝时期"丝绸之路"

---

① 〔北魏〕杨衒之撰,周祖谟校释:《洛阳伽蓝记校释》卷四《城西》,中华书局1963年版,第171—172页。

② 〔北魏〕杨衒之撰,周祖谟校释:《洛阳伽蓝记校释》卷四《城西》,中华书局1963年版,第154页。

③ 〔北魏〕杨衒之撰,周祖谟校释:《洛阳伽蓝记校释》卷一《城内》,中华书局1963年版,第22页。

④ 徐金星、许桂声:《河洛史话》,中州古籍出版社1995年版,第138页。

⑤ 徐金星、许桂声:《河洛史话》,中州古籍出版社1995年版,第140页。

⑥ 徐金星、许桂声:《河洛史话》,中州古籍出版社1995年版,第147页。

的繁荣,推动了中原地区与西域诸国文学艺术的交流融合,尤其北朝时期统治者都是鲜卑人,因而鲜卑语成了中原百姓士人的时髦语言,人以说鲜卑语为荣。诚如《颜氏家训》所说:“齐朝有一士大夫,尝谓吾曰:我有一儿,年已十七,颇晓书疏,教其鲜卑语及弹琵琶,稍欲通解,以此伏事公卿,无不宠爱,亦要事也。”[①]至今传唱不衰的《敕勒歌》就是鲜卑语与汉语的混合产物:“敕勒川,阴山下,天似穹庐,笼盖四野。天苍苍,野茫茫,风吹草低见牛羊。”据说这首雄浑昂扬的民歌乃是东魏时敕勒人斛律金奉北齐王朝创立者高洋之父高欢之命创作的,“其歌本鲜卑语”[②]。脍炙人口的《木兰辞》也是魏孝文帝迁都洛阳实行汉化政策的文学作品。诗中“天子”“可汗”并用,可知这首以汉语写成的长诗受了鲜卑文化的影响。北魏孝庄帝元子攸被权臣尔朱兆囚于永宁寺,后送晋阳缢死。孝庄帝死前作五言诗说:“权去生道促,忧来死路长。怀恨出国门,含悲入鬼乡。隧门一时闭,幽庭岂复光?思鸟吟青松,哀风吹白杨。昔来闻死苦,何言身自当。”[③]身为鲜卑人的孝庄帝能熟练地用汉语写诗,虽然算不得上乘之作,但抒发自己的愤懑与忧伤,却能使人掬一把同情之泪。

从西域传入的胡笳、羌笛、琵琶等胡乐器及乐曲,对中原地区的音乐产生了深远影响。魏晋南北朝时期,随着“丝绸之路”的繁荣和人口的大量迁徙,漠北、西域的音乐不断输往黄河流域,鲜卑、吐谷浑、龟兹、疏勒、西凉、高昌、天竺等地的音乐与汉族的音乐得以交汇融合,特别是龟兹乐和西凉乐,对中原地区音乐影响甚大。西晋末年,天竺国送给凉州刺史张轨乐工 22 人,乐器 1 部,其中有笛子、琵琶、箜篌、五弦、铜鼓等。前秦末年吕光远征西域,又获得筚篥、腰鼓、羯鼓等许多乐器和龟兹乐曲。天竺乐和龟兹乐在凉州逐渐融合,并吸收当地汉族音乐,形成了独特的西凉乐。许多西域乐工也到中原献艺,不少人定居中原,后来又融入汉族之中。[④]

最后是胡服改为汉服,这是我国服装史上的一次大变革。北魏孝文帝讨论决定迁都洛阳后所推行的胡服汉化,也促成了汉服的胡化。胡服汉化是我国服装史上继赵武灵王胡服骑射之后的又一次服装大变革。鲜卑族是生活在塞外

---

① 〔北齐〕颜之推撰,王利器集解:《颜氏家训集解》,上海古籍出版社 1980 年版,第 36 页。
② 〔宋〕洪迈:《容斋随笔》卷一《敕勒歌》,中州古籍出版社 1994 年版,第 8 页。
③ 〔北魏〕杨衒之撰,周祖谟校释:《洛阳伽蓝记校释》卷一《城内》,中华书局 1963 年版,第 47 页。
④ 任崇岳:《中原地区历史上的民族融合》,内蒙古人民出版社 2004 年版,第 177—178 页。

的游牧民族，那里天气冱寒，他们不用冠、簪，而是习惯戴帽子。汉人把头发梳成髻，鲜卑人则把头发梳成辫子，或者是披散开来，或者把头顶和前额的头发剃掉。所谓裤褶服是由上身的褶与下身的裤组合而成。褶类似短袍、细袖，大襟向左面掩，因此又叫左衽袍。左衽加上辫子，这就是所谓的编发左衽。这些装束是与塞外天气与骑马的游牧生活方式相适应的。孝文帝迁都洛阳后，想以华夏正统文化自居，就必然要在衣冠上与中原汉族趋于一致。太和十八年(494)孝文帝正式颁布法令改革旧有的服装制度，凡迁往洛阳的鲜卑人，不得再着鲜卑族服饰，须按汉人服饰样式制定衣帽，并亲自督办。不按此办理者责令改正。"魏太子[元]恂，不好学，体素肥大，苦河南地热，常思北归。魏主赐之衣冠，恂常私着胡服。中庶子辽东高道悦数切谏，恂恶之。"①元恂仗着自己是太子，不听从孝文帝的命令，仍然穿胡服，大臣高道悦进谏，又引起了他的厌恶，干脆杀了高道悦，密谋逃回平城，因宫禁把守严密，未能得逞。孝文帝得知后，继数其罪，杖打百余下，囚于城西，一月之后，才能行走。元恂身着胡服，擅杀大臣，又欲逃回平城，这才引起孝文帝的震怒，从这则故事中我们看到了孝文帝改革服装的决心。

孝文帝推行的胡服汉化政策产生了积极效果，宽松典雅的汉服逐渐取代了胡服，鲜卑族男子学会了束发插簪，戴纱冠，上身穿宽衣大袖，下身着裙裳，腰束宽带，脚穿厚底鞋，这已完全是中原汉人装束了。这种变化可从洛阳龙门石窟中得到印证。如石窟中的古阳洞早期列龛中，有头戴风帽，身穿夹领小袖胡服，脚蹬高筒毡靴或皮靴，北方少数民族供养人形象多个，如该窟南壁太和七年(483)发愿至景明三年(502)才镌刻完工的孙秋生像龛，还有于太和十二年(488)镌成的始平公像龛等，供养人的形象均是这种装束，这与大同云冈石窟第二期以前的造像非常接近，说明北魏迁都洛阳之前鲜卑等族的服饰样式占有统治地位。而古阳洞北壁的元详龛，镌成于太和二十二年(498)，已是北魏迁都洛阳之后，龛下供养人的服装已改为中原汉人传统服用的褒衣博带样式，也就是宽袍大带式服装。"供养人造型中这种胡汉交糅的造像实例，反映了当时社会生活中的某种特定的历史现实。它的存在，说明北魏服制改革的前后，北方少数民族与汉族人民各自的文化传统在一个社会共同体中曾有过一个相与共存、

---

① 〔宋〕司马光：《资治通鉴》卷一四〇《齐纪六》，上海古籍出版社 1987 年版，第 636 页。

兼容并蓄的过程。而这恰是当时中原地区多民族生活交往中汉、胡融合这一历史现象在当时文物中的一种真实的表露。这一文化现象的本身,有力地证明了北魏时代北方诸族吸收汉民族文化传统的过程中,曾经历了一个与汉民族接近、共处乃至最终融合的过程。"[①]至北魏后期,匈奴、羯、氐、羌等少数民族已不见于史册,柔然、吐谷浑、敕勒等也逐渐融入汉族之中,最后鲜卑族也完成了汉化。

① 张乃翥:《从龙门石窟造像遗迹看北魏民族关系中的几个问题》,《民族研究》1989 年第 2 期。

第四章 隋唐五代时期的河南移民

隋唐五代时期是继魏晋南北朝之后,中原地区人口迁移规模最大、人口最多,民族也最为复杂的一个时期。这一时期洛阳作为全国的政治、经济、文化中心,吸引了周边各族与各国人口向内地迁移,而频繁的战争也导致大批中原人口向外迁移。

第一节 隋代的河南移民

从大定元年(581)北周静帝禅位于杨坚,到义宁二年(618)李渊逼迫隋恭帝禅位,隋朝立国仅有短短的38年。隋朝国祚短促,但隋朝营建东都,在洛阳周边洛口、回洛等地兴建大粮仓,并开凿以洛阳为中心,首尾相连的隋唐大运河,促进了洛阳周边地区政治、经济、文化和社会的发展,也引发了较大规模的人口迁徙。而由于自然灾害、战乱等原因,也在今天的河南境内引发了较大规模的人口迁徙活动。

一、隋文帝就食于洛阳

隋朝建国之初,文帝推行轻徭薄赋的政策,饱受战乱的中原地区得以休养生息,使河南在隋初成为京都粮食的重要供应地。而隋朝都城长安(今陕西西安)不仅居住着众多文武百官,驻扎着大量军队,而且在隋灭陈后,又将陈朝宗室、大臣迁往关中以便监管,曾形成“大小在路,五百里累累不绝”①的壮观景象。关中人口迅速增长,而粮食产量的提高和土地开垦却很有限,粮食供应越来越困难。为此,隋文帝曾采取设置粮仓,从关东运粮积储备荒等措施加以解决。《隋书·食货志》记载:“开皇三年,朝廷以京师仓廪尚虚,议为水旱之备,于是诏于蒲、陕、虢、熊、伊、洛、郑、怀、邵、卫、汴、许、汝等水次十三州,置募运米丁。又于卫州置黎阳仓,洛州置河阳仓,陕州置常平仓,华州置广通仓,转相灌注。漕关东及汾、晋之粟,以给京师。”②上述13州中,除蒲、邵两州外,其余诸州皆在今河南境内,而四个粮仓中也有三个在今河南境内,由此可见,河南地区在隋朝京都粮食供应中的重要地位。

尽管如此,京都粮食供应紧张的问题依然难以彻底解决,遇到灾荒,粮食歉收,关中百姓的生活就更加难以为继,饥民往往要流徙到丰收地区觅食,当时称之为“就食”。与京都长安邻近的河南地区就是关中灾民重要的就食地之一,隋文帝就曾于灾年率关中百姓到洛阳就食。据《隋书·高祖纪》记载,开皇四年(584)九月,因“关内饥”,隋文帝“驾幸洛阳”③,至次年四月才回长安。开皇十四年(594)八月又以“关中大旱,人饥,上率户口就食于洛阳”④,至次年三月才回京。这一次出关的队伍非常庞大,关中百姓举家东行,络绎不绝,“关中户口就食洛阳者,道路相属。上敕斥候,不得辄有驱逼,男女参厕于仗卫之间,逢扶老携幼者,辄引马避之,慰勉而去。至艰险之处,见负担者,遽令左右扶助之”⑤。这次到洛阳就食的百姓中大部分当在渡过灾荒之后返回关中,但也不乏因洛阳粮食供应充足,留居洛阳当地者,而且,为解决关中粮食供应问题,朝廷也会鼓励就食百姓在洛阳定居下来,因此留居洛阳的人口当有一定规模。

---

① 〔宋〕司马光:《资治通鉴》卷一七七《隋纪一》,中华书局1956年版,第5516页。

② 〔唐〕魏徵、令狐德棻:《隋书》卷二四《食货志》,中华书局1973年版,第683页。

③ 〔唐〕魏徵、令狐德棻:《隋书》卷一《高祖纪》,中华书局1973年版,第22页。

④ 〔唐〕魏徵、令狐德棻:《隋书》卷二《高祖纪》,中华书局1973年版,第39页。

⑤ 〔唐〕魏徵、令狐德棻:《隋书》卷二《高祖纪》,中华书局1973年版,第54页。

二、隋炀帝徙民实东都

仁寿四年(604)七月,隋炀帝即位,为了加强对关东与江南地区的控制,十一月便下诏在原洛阳城西营建东都,诏曰:“我有隋之始,便欲创兹怀、洛,日复一日,越暨于今。念兹在兹,兴言感哽!朕肃膺宝历,纂临万邦,遵而不失,心奉先志。今者汉王谅悖逆,毒被山东,遂使州县或沦非所。此由关河悬远,兵不赴急,加以并州移户,复在河南。周迁殷人,意在于此。况复南服遐远,东夏殷大,因机顺动,今也其时。群司百辟,佥谐厥议。但成周墟塉,弗堪茸宇。今可于伊、洛营建东京,便即设官分职,以为民极也。”[①]洛阳独特的地理位置,也是隋炀帝营建东都于此的重要原因,“洛邑自古之都,王畿之内,天地之所合,阴阳之所和,控以三河,固以四塞,水陆通,贡赋等”,“洛阳得土之中,赋贡所均,故周公作洛,此焉攸在”[②]。在交通不发达的中古时期,在物资供应上,洛阳要比长安便利得多。

大业元年(605),隋炀帝遂“诏尚书令杨素、纳言杨达、将作大匠宇文恺营建东京”[③],每月征发丁男200余万人,其中筑宫城者70万人,建宫殿墙院者10余万人,建东都土工80余万人,木工、瓦工、金工、石工等10余万人。经过十个月的大规模营建,大业二年初,东都建成。建成后的东都城“周回七十三里一百五十步,西拒王城,东越瀍涧,南跨洛川,北逾谷水”,主要由宫城、皇城、外郭城组成。宫城是宫殿所在地,在都城的西北角,“东西五里二百步,南北七里”。皇城是文武官衙机构所在地,北接宫城,南临洛河。外郭城是官吏的私邸和百姓住宅所在地,跨洛水南北,“洛南有九十六坊,洛北有三十坊。大街小陌,纵横相对”,此外还有含嘉仓城、三个市场、苑囿等等。[④]

为充实东都人口,隋炀帝下诏将原洛阳城中的居民以及天下富商数万家,

---

① 〔唐〕魏徵、令狐德棻:《隋书》卷三《炀帝上》,中华书局1973年版,第61页。

② 〔唐〕魏徵、令狐德棻:《隋书》卷三〇《地理志》,中华书局1973年版,第843页。

③ 〔唐〕魏徵、令狐德棻:《隋书》卷三《炀帝上》,中华书局1973年版,第63页。

④ 〔唐〕杜宝撰,辛德勇辑校:《大业杂记辑校》,三秦出版社2006年版,第3—4页。

安置到城内居住。《隋书·炀帝上》载:“徙豫州郭下居人以实之。”[①]《隋书·食货志》亦谓:“徙洛州郭内人及天下诸州富商大贾数万家,以实之。”[②]大业二年(606)五月,“敕江南诸州,科上户分房入东都住,名为部京户,六千余家”[③]。除此之外,还从各地调集大批工艺匠户和各种特殊行业人员充实洛阳,大业三年(607)十月,“敕河北诸郡送工艺户陪东都,三千余家。于建阳门东道北□(置)十二坊,北临洛水,给艺户居住”[④]。大业四年(608)九月,“征天下鹰师悉集东京,至者万余人”[⑤]。大业六年(610)正月,“以所征周、齐、梁、陈散乐悉配太常,皆置博士弟子以相传授,乐工至三万余人”[⑥]。在隋唐墓志中,因迁都而移居洛阳者亦有之,如《傅叔墓志》就称:“君讳叔,字季成,北地灵州人也。隋大业中,迁都洛阳,因而家焉。”[⑦]

实际上,早在隋炀帝平定杨谅之始,就开始往东都移民了。仁寿四年(604),杨谅因不满其同母兄杨广即位,于是起兵造反,响应者甚众,“从谅反者凡十九州”。炀帝派杨素等名将率数十万大军镇压了杨谅,杨谅败降,“竟以幽死”,“谅所部吏民坐谅死徙者二十余万家”[⑧]。在被牵连而遭处死及流放的二十余万家杨谅部属及平民中,有一部分人迁徙到洛阳居住。如太原郭提就因为参与杨谅叛乱,而被迁至洛阳,监视居住。《郭提墓志》载:“君讳提,并州太原人也……文帝升遐,新君篡位。衅彰磐石,兵起晋阳。君地势膏腴,乡推领袖。虽潜身窜影,终挂网罗。大业初,迁于河南之洛阳县。常居怏怏,耻类殷民,不乐终年,便婴痼疾。”[⑨]

此外,为了控制关东,隋炀帝强行将关东士族迁徙到洛阳居住。《(竺让)段夫人墓志铭》载:“(夫人)年十七,适于高平竺氏。望同王谢,睦等潘杨,德礼既齐,和鸣斯远。君讳让,字道逊,隋燕王府录事参军。属大业之初,营都瀍洛,衣

① 〔唐〕魏徵、令狐德棻:《隋书》卷三《炀帝上》,中华书局1973年版,第63页。
② 〔唐〕魏徵、令狐德棻:《隋书》卷二四《食货志》,中华书局1973年版,第686页。
③ 〔唐〕杜宝撰,辛德勇辑校:《大业杂记辑校》,三秦出版社2006年版,第23页。
④ 〔唐〕杜宝撰,辛德勇辑校:《大业杂记辑校》,三秦出版社2006年版,第27页。
⑤ 〔唐〕魏徵、令狐德棻:《隋书》卷三《炀帝上》,中华书局1973年版,第71页。
⑥ 〔宋〕司马光:《资治通鉴》卷一八一《隋纪五》,中华书局1956年版,第5650页。
⑦ 吴钢主编:《全唐文补遗》第4辑,三秦出版社1997年版,第309页。
⑧ 〔宋〕司马光:《资治通鉴》卷一八〇《隋纪四》,中华书局1956年版,第5613页。
⑨ 吴钢主编:《全唐文补遗》第3辑,三秦出版社1996年版,第316页。

冠□族,多有迁移。君既策名英府,陪随藩邸,席卷桑梓,因即家焉。今为洛阳人也。”[①]又《张波墓志》载:“君讳波,字方进,并州武乡人……无情青紫,有志丘园,直以旧族豪家,迁于洛邑。”[②]可见,将豪族大家迁往洛阳,是炀帝普遍推行的措施。

通过上述措施,东都洛阳人口迅速增长,到大业五年(609)时,洛阳所在的河南郡人口已达 202 230 户。[③] 考虑到隐蔽不报的户口,以及乐工、宫人、兵士不入户籍等因素,隋代洛阳地区的实际人口应远高于 104 万,保守估计也要有 130 万左右。[④]

三、隋末战乱移民外迁

隋炀帝连年大兴土木,巡幸无度,对外不断用兵,繁重的徭役、兵役,使得田地荒芜,民不聊生,出现了“黄河之北,则千里无烟,江淮之间,则鞠为茂草”[⑤]的悲惨景象,各地纷纷举兵反抗,形成了声势浩大的全国性的反抗斗争,仅在今河南境内就有杨玄感在黎阳(今浚县东北)举行的反隋斗争,翟让在瓦岗寨(今滑县南)、王当仁在外黄(今民权西北)、周文举在韦城(今滑县东南)、李公逸在雍丘(今杞县)、王德仁在林虑山(今林州)、卢明月在陈(今淮阳)等地发动起义,尤其是瓦岗寨起义军兵至百万,坚持八年,为推翻隋朝统治立下了不朽功勋。

各路起义军与隋朝官军长期在今河南境内攻战,社会经济遭到了严重破坏,人口锐减,史称“自燕、赵跨于齐、韩,江、淮入于襄、邓,东周洛邑之地,西秦陇山之右,僭伪交侵,盗贼充斥。宫观鞠为茂草,乡亭绝其烟火,人相啖食,十而四五”[⑥]。唐贞观年间,魏徵所言“今自伊、洛以东,暨乎海岱,灌莽巨泽,苍茫千

---

① 吴钢主编:《全唐文补遗》第 2 辑,三秦出版社 1995 年版,第 104 页。

② 韩理洲辑校编年:《全隋文补遗》,三秦出版社 2004 年版,第 333 页。

③ 〔唐〕魏徵、令狐德棻:《隋书》卷三〇《地理志》,中华书局 1973 年版,第 834 页。

④ 梁克敏:《论隋唐时期洛阳的人口变迁与城市兴衰》,《三门峡职业技术学院学报》2014 年第 4 期。

⑤ 〔唐〕魏徵、令狐德棻:《隋书》卷七〇《杨玄感传》,中华书局 1973 年版,第 1617 页。

⑥ 〔唐〕魏徵、令狐德棻:《隋书》卷二四《食货志》,中华书局 1973 年版,第 673 页。

里，人烟断绝，鸡犬不闻，道路萧条，进退艰阻”[①]，即为真实写照。据《隋书·地理志》《旧唐书·地理志》记载：隋大业五年（609）时，河南诸郡户口总数为2721 272户，占全国总户数的29.9%，户口总数、人口密度均居全国第一位；到贞观年间，河南道户口总数锐减至305 703户，只是大业年间户口数的11.2%，占全国总户数的10.2%，户口总数居全国第六位。[②]

河南地区人口锐减，除在战争中被杀或饿死的人外，为躲避战乱而迁往他处也是重要原因。“隋季坂荡，四海沸腾，百姓流移，万人驰走”[③]，“比年寇盗，郡县饥荒，百姓流亡，十不存一，贸易妻子，奔波道路”[④]。为躲避战乱，中原人被迫向生活比较太平的地区迁徙，其中巴蜀、江南地区由于受到战乱因素影响较小，生活安定，因此成为中原百姓迁居的理想之所。

巴蜀地区远离隋朝政治中心，没有受到隋朝暴政太大的影响，在隋朝末年征讨高丽时，“剑南独无寇盗，属者辽东之役，剑南复不预及，其百姓富庶”[⑤]，隋末农民起义及战乱，也基本上没有波及此地。因此，当中原战乱之时，中原人民纷纷拥入巴蜀地区。从隋末唐初巴蜀地区户口的变化情况就能看出，当有为数不少的中原人在隋末因躲避战乱进入蜀地。隋大业五年（609），岭蜀诸郡户口数为360 184户，约占全国总户数的4.0%；唐太宗贞观十三年（639），剑南道户口总数为573 754户，约占全国总户数的19.1%，是大业年间的1.6倍。隋末唐初全国总户数急剧下降之时，巴蜀地区户口数不但没有减少反而有较大幅度的增加。胡道修对贞观年间各州府的户口数统计显示，贞观年间全国两万户以上的州府有41个，而南方就有20个，几乎占到全国的一半，剑南道更是多达10个，几乎占了全国的四分之一。而在战乱没有发生之前的大业年间，6万户以上的郡，南方只有十分之一。[⑥] 巴蜀地区人口增长率超过了正常的自然增长率，无疑是隋末唐初有不少中原人口拥入的结果。

从唐高祖诏书亦可看出，唐朝初年仍有许多流民留居巴蜀地区。唐高祖

---

① 〔后晋〕刘昫等：《旧唐书》卷七一《魏徵传》，中华书局1973年版，第2560页。

② 胡道修：《开皇天宝之间人口的分布与变迁》，《中国史研究》1984年第4期。

③ 吴钢主编：《全唐文补遗》第5辑，三秦出版社1998年版，第123页。

④ 〔唐〕李渊著，韩理洲辑校编年：《唐高祖文集辑校编年》，三秦出版社2003年版，第32页。

⑤ 〔宋〕司马光：《资治通鉴》卷一九九《唐纪十五》，中华书局1956年版，第6258页。

⑥ 胡道修：《开皇天宝之间人口的分布与变迁》，《中国史研究》1984年第4期。

《遣使安抚益州诏》曰："西蜀僻远，控接巴夷，厥土沃饶，山川遐旷。往者隋末丧乱，盗寇交侵，流寓之民，遂相杂挠，游于堕业，其类实繁。"[①]在这些流民中到底有多少来自河南地区，史籍无载，但从遭受战乱惨痛程度以及河南与巴蜀的地缘关系上判断，当不在少数。据《大慈恩寺三藏法师传》记载，原在今洛阳的众多高僧，因隋末战乱，多流寓巴蜀。"初，炀帝于东都建四道场，召天下名僧居焉……末年国乱，供料停绝，多游绵、蜀，知法之众又盛于彼……时天下饥乱，唯蜀中丰静，故四方僧投之者众"[②]，洛州缑氏（今洛阳偃师）人玄奘便是此时从洛阳辗转至长安再到成都的。高宗上元二年（675）登进士第的绵州人陈该，"其先自颍川迁蜀"[③]，据此推断，陈该的祖辈或于隋唐之际入蜀。

经受战乱相对较少的江南，也是流民移居的重要地区。隋末，江南"虽无蓄积之资，然而亦无饥馁"[④]，成为北方流民避难之所。唐初，唐高祖曾下《存恤河北江淮诸州诏》，要求对流民给予救济，诏书中说："江淮之间，爰及岭外，途路悬阻，土旷民稀，流寓者多，尤宜存恤。"[⑤]这些"流寓者"中，饱受战乱之苦的中原人口应该占据较大比重。流民的拥入，使得江南地区人口快速增长。隋大业五年（609），人口只有 357 819 户，约占全国总户数的 3.9%的江表沅湘诸郡，到唐太宗贞观十三年（639）时，此一地区的户口总数增为 404 939 户，约占全国总户数的 13.5%。在全国人口下降的情况下，江南道人口却增长了 13.2%，成为全国人口较多的地区。[⑥] 这一时期流寓江南的人口中，当有不少是饱受战乱之苦的河南人。运河的开通，沟通了中原与江南的联系，隋末战乱之时，也为河南百姓顺运河而下进入江南地区提供了便利。

除上面几次较大规模的移民外，还有一些零星的移民，或因仕宦留居中原者，广平曲安（今河北曲周）人程念就是因官留居洛阳的，"（程）念，隋季因官洛

---

① 〔清〕董诰等编：《全唐文》卷二，中华书局 1983 年版，第 27 页。

② 〔唐〕慧立：《大慈恩寺三藏法师传》，中华书局 2000 年版，第 7 页。

③ 〔唐〕陈子昂：《周故内供奉学士怀州河内县尉陈君硕人墓志铭》，《陈子昂集》，中华书局 1960 年版，第 135 页。

④ 〔唐〕魏徵、令狐德棻：《隋书》卷三一《地理志》，中华书局 1973 年版，第 886 页。

⑤ 李希泌主编，毛华轩等编：《唐大诏令集补编》下，上海古籍出版社 2003 年版，第 927 页。

⑥ 胡道修：《开皇天宝之间人口的分布与变迁》，《中国史研究》1984 年第 4 期。

阳,遂家于河南焉"[①];沛国谯郡(治今安徽亳州)人乔云,隋任鹰扬郎将,"家于洛邑"[②];天水(治今甘肃天水)人狄贤,隋任东宫直寝上仪同,"因家河南县永泰乡"[③];徐斌,隋为左骁卫大将军,"因家于此(洛阳)"[④];太原(治今山西太原)人某绪,隋任洛阳县丞,"子孙因家于洛阳"[⑤];彭城丛亭里(治今江苏徐州铜山)人刘愕,隋任洛州司户,"家于洛阳"[⑥];太原人王陁,隋任太子率更主簿,"徙居洛阳"[⑦];雁门(治今山西代县)人解宾,为隋衡州司户书佐,"因隋任流播,又贯洛州洛阳县上东乡归仁里"[⑧]。或因逃避战乱迁居者,如贾元恭就是在隋末战乱期间由长乐(治今河北衡水)迁居洛阳的,"君讳元恭,长乐人也。属隋氏乱离,迁居洛阳焉"[⑨];掌彻祖上也是在隋末由乐陵(今属山东)迁居洛阳的,"君讳彻,字文通,乐陵人也。□涿侯之后,以隋运告终,遂避地居洛州洛阳县,故今为此县人焉"[⑩];武奉四由太原(治今山西太原)移居鲁山(今属河南),"属隋氏分崩,播迁汝颍,遂贯鲁山县鲁邑之里也"[⑪]。或因致仕移居者,如京兆杜陵(今陕西西安)人杜荣在任苏州吴县丞一年之后,"遂挂冠辞秩,于是列墉洛汭,葺宇伊川,慕潘岳之闲居,同季伦之归引。浸兰泉于九畹,树芳枳于一廛。瞪眄风云,超然独往,瞑心芝髓,托好松乔"[⑫];蕲春(今属湖北)人禹艺在东宫任职期间,"时逢道丧,屡遘艰虞,怀道迷邦,希高慕古。于是闲居洛涘,守潘岳之清尘;瞻顾箕岑,挹许由之隐逸"[⑬]。或因其他原因迁居者,如郭提、郭寿家族由太原迁居洛阳,"君讳提,并州太原人也……君地势膏腴,乡推领袖,虽潜身窜影,终挂网罗。

① 周绍良、赵超:《唐代墓志汇编》,上海古籍出版社 1992 年版,第 245 页。
② 周绍良、赵超:《唐代墓志汇编》,上海古籍出版社 1992 年版,第 353 页。
③ 周绍良、赵超:《唐代墓志汇编》,上海古籍出版社 1992 年版,第 517 页。
④ 周绍良、赵超:《唐代墓志汇编》,上海古籍出版社 1992 年版,第 891 页。
⑤ 周绍良、赵超:《唐代墓志汇编续集》,上海古籍出版社 2001 年版,第 424 页。
⑥ 周绍良、赵超:《唐代墓志汇编》,上海古籍出版社 1992 年版,第 958 页。
⑦ 周绍良、赵超:《唐代墓志汇编》,上海古籍出版社 1992 年版,第 1031 页。
⑧ 周绍良、赵超:《唐代墓志汇编续集》,上海古籍出版社 2001 年版,第 318 页。
⑨ 周绍良、赵超:《唐代墓志汇编》,上海古籍出版社 1992 年版,第 1399 页。
⑩ 周绍良、赵超:《唐代墓志汇编续集》,上海古籍出版社 2001 年版,第 288 页。
⑪ 周绍良、赵超:《唐代墓志汇编》,上海古籍出版社 1992 年版,第 614 页。
⑫ 周绍良、赵超:《唐代墓志汇编》,上海古籍出版社 1992 年版,第 60 页。
⑬ 周绍良、赵超:《唐代墓志汇编》,上海古籍出版社 1992 年版,第 115 页。

大业初,迁于河南之洛阳县"[①];"处士讳寿,字君雅,太原人也。祖元象,父贵……隋氏握符,四海创清,三方肇立。慕九鼎而迁居,仞海富之孤标,羡三川而宅此,遂隶洛州偃师县龙池乡安教里也"[②];谭伍则由桑干(今河北蔚县)移居洛阳,"君讳伍,字德深,恒山桑干人……以大业之岁,爰居洛阳,日往月来,因家于此"[③]。也有一些中原人因仕宦卜居他乡者,如陕州(今河南三门峡)人上官弘,"隋江都宫副监,因家于江都"[④];又如周渭,"其先汝南人,六代祖衡,仕隋为淮阴郡司马,子孙因家焉"[⑤]。

第二节 唐代的河南移民

唐代河南的移民活动主要发生在唐初和唐末两个时段,前一个时段以迁入为主,后一个时段以迁出为主。唐初,为了解决由于隋末战争造成的人口分布不平衡,以及东都洛阳的发展问题,政府有计划、有组织地大规模向东都洛阳移民,河南人口得以恢复。武则天以及唐中宗时期,洛阳地位一度超过长安,成为全国的政治、军事、经济、文化中心,吸引众多人口聚集于此,洛阳人口快速增长。而光州固始人陈政、陈元光父子,奉命入闽平定漳潮"蛮獠啸乱"及"开漳建漳",大批河南人落籍闽南,这是唐代前期发生的一次较大规模的河南人口外迁行动。唐朝中叶发生的"安史之乱",以及唐末黄巢起义,引发大规模移民,其中不少河南人口南迁长江以南地区,促进了南方社会经济的发展。

---

① 周绍良、赵超:《唐代墓志汇编》,上海古籍出版社 1992 年版,第 33 页。
② 周绍良、赵超:《唐代墓志汇编》,上海古籍出版社 1992 年版,第 348—349 页。
③ 周绍良、赵超:《唐代墓志汇编》,上海古籍出版社 1992 年版,第 17 页。
④ 〔后晋〕刘昫等:《旧唐书》卷八〇《上官仪传》,中华书局 1973 年版,第 2743 页。
⑤ 〔清〕董诰等编:《全唐文》卷五〇六,中华书局 1983 年版,第 5149 页。

一、唐初移民东都洛阳

今天的河南一带是遭受隋末战争破坏的重灾区，唐朝初年人口锐减，魏徵在贞观年间上《谏封禅事》中描述当时的惨状时说："自伊、洛之东，暨乎海、岱，萑莽巨泽，茫茫千里，人烟断绝，鸡犬不闻，道路萧条，进退艰难。"[①]此后，随着经济的恢复，人口尽管有所增加，但贞观十三年（639），河南道的人口也只有305 703户，[②]只是隋大业年间户数的11.2%。显庆二年（657），唐高宗巡幸许、汝二州，仍是"田地极宽，百姓太少"[③]的状况，而在关中地区却是地狭人繁。为解决因人口分布不平衡造成的社会贫富差距问题，唐朝政府采取了"移狭就宽"的措施。

实际上，早在贞观元年（627），为了解决人口过剩地区和人口不足地区之间的矛盾，"朝廷议户殷之处，听徙宽乡"[④]。贞观十八年（644），唐太宗幸零口（今陕西西安临潼境），了解到每丁只有30亩，与规定中的每丁受田百亩相差甚远，便诏"雍州录尤少田者，给复，移之宽乡"[⑤]，并且规定，"乐住之制，居狭乡者，听其从宽"[⑥]，"狭乡乐迁就宽者，准令并许卖之"[⑦]，"其狭乡无剩地客户多者，虽此法未该，准式许移窄就宽，不必要须留住"[⑧]。此外，政府为了鼓励人们去宽乡耕种，规定凡是在宽乡占有土地超过限制的数额，法律不予追究。《唐律疏议》载："诸占田过限者，一亩笞十，十亩加一等；过杖六十，二十亩加一等，罪止徒一年。若于宽闲之处者，不坐。"[⑨]尽管文献中没有明确说明迁到哪里，但河南作为人口

---

① 〔唐〕吴兢：《贞观政要》卷二《纳谏第五·附直谏》，中华书局2003年版，第126页。

② 胡道修：《开皇天宝之间人口的分布与变迁》，《中国史研究》1984年第4期。

③ 〔唐〕杜佑：《通典》卷七《食货·历代盛衰户口》，中华书局1988年版，第148页。

④ 〔宋〕王溥：《唐会要》卷八四《移户》，中华书局1955年版，第1553页。

⑤ 〔宋〕王钦若等：《册府元龟》卷四二《帝王部·仁慈》，凤凰出版社2006年版，第454页。

⑥ 〔唐〕李林甫：《唐六典》卷三《户部员外郎》，中华书局1992年版，第74页。

⑦ 〔唐〕长孙无忌等撰，刘文俊点校：《唐律疏议》卷一二《卖口分田》，中华书局1983年版，第242页。

⑧ 〔宋〕王溥：《唐会要》卷八五《逃户》，中华书局1955年版，第1564页。

⑨ 〔唐〕长孙无忌等撰，刘文俊点校：《唐律疏议》卷一三《户婚·占田过限》，中华书局1983年版，第244页。

损失最为严重的"宽乡",当有不少人口迁到这里。

天授元年(690),武则天称帝,改唐为周,并以神都(洛阳)为首都,在其执政的21年里,除晚年回长安两年外,其余时间均在洛阳度过。为了充实神都人口,武则天下令将数万户人口迁移到洛阳。天授二年(691)八月九日,武则天颁发了《置鸿、宜、鼎、稷等州制》,制文说:"京兆之地,旧号秦中,乃眷编氓,最为繁殖……其雍州旧管及同、太等州,土狭人稠,营种辛苦,有情愿向神都编贯者,宜听,仍给复三年。百姓无田业者,任其所欲。即各差清强官押领,并许将家口自随,便于水次,量给船乘,作般次进发,至都分付洛州,受领支配安置讫,申司录奏闻……其有诸州人,或先缘饥岁,流宕亡归,或父兄去官,因循寄住,为籍贯属,恐陷刑名,荏苒多时,未经首出,卫士杂色人等,并限百日内首尽,任于神都及畿内怀、郑、汴、许、汝等州附贯,给复一年,复满便依本番上下。其官人百姓,有情愿于洛、怀等七州附贯者,亦听,应须交割,及发遣受领,并委本贯共新附州分明计会,不得因兹隐漏户口。"[①]从制文可以看出,这次迁徙包括三类人。一是关内雍、同等州因土狭人稠,土地不敷分配者。雍州地区人多地狭的情况,在敦煌发现的P.3813号《文明判集残卷》中也有这样的记载:"雍州申称地狭,少地者三万三千户,全无地者五千五百人。每经申请,无地可给,即欲就迁宽乡,百姓情又不愿。"[②]对于这类人,如果愿意移居洛阳者,可以免除三年徭役。百姓迁徙时,政府还提供交通工具,安置后再向朝廷申报。二是诸州逃户和"父兄去官,因循寄住,为籍贯属"的寄住户,以及"未经首出"的卫士杂色等。对于这类人,准许他们在百日内自首,然后可于"神都及畿内怀、郑、汴、许、汝等州附贯"。三是"官人百姓",即"其官人百姓,有情愿于洛、怀等七州附贯者,亦听"。

至于这次向河南究竟迁移了多少民户,制文中没有记载,但《旧唐书》《新唐书》以及《资治通鉴》所说数万人实洛阳的说法,应该是可信的。《旧唐书》载:"(天授二年)秋七月,徙关内雍、同等七州户数十万以实洛阳。"[③]《新唐书》也有

① 〔宋〕宋敏求编:《唐大诏令集》卷九九《政事·置鸿、宜、鼎、稷等州制》,商务印书馆1959年版,第499页。

② 唐耕耦、陆宏基编:《敦煌社会经济文献真迹释录》第二辑,全国图书馆文献缩微复制中心1990年版,第601页。

③ 〔后晋〕刘昫等:《旧唐书》卷六《则天皇后本纪》,中华书局1973年版,第122页。

相同的记载:“(天授二年)七月庚午,徙关内七州户以实神都。”[①]《资治通鉴》亦载,天授二年秋七月,“徙关内户数十万以实洛阳”[②]。《册府元龟》记载更明确:“则天天授二年七月二十四日,徙关外雍、同、泰等七州户数十万以实洛阳。”[③]关于此次移民,在唐人墓志中亦有反映,《樊文墓志》“制命秋官尚书袁智弘为安抚大使,徙雍、鸿、宜、稷等州百姓于怀、卫等州安置,以公为安置使”[④],说的就是此次移民行动。《柳怀素墓志》“(怀素子)该、谟等兄弟三人,近奉恩敕,从雍州移贯属洛州洛阳县”[⑤],《张道墓志》“居雍州之长安县……遂编贯于许州之扶沟县,故今为县人也”[⑥],《马氏墓志》“夫人姓马氏,其先扶风人也,贯汴州浚仪县矣”[⑦],以及《王元璋墓志》“□□士王元璋,字□□,其先雍州明堂县人也,改贯郑州新郑县”[⑧],所说的入籍洛州、许州、汴州、郑州,从时间上判断应该就是落实迁关内户口以实洛阳政策的移民。不过,这里的洛阳应该是洛阳及其周边地区,即制文中所说的七州,即神都(洛阳)、畿内(洛城郊区)、怀州(今河南沁阳)、郑州(今河南郑州)、汴州(今河南开封)、许州(今河南许昌)、汝州(今河南临汝)。这样有计划、有组织地大规模向东都洛阳移民的做法,不仅充实了洛阳的人口,促进了洛阳的繁荣,同时也解决了田少户殷的狭乡地区人口生存问题,可谓一举两得。

二、各族人口徙居洛阳

唐代,尤其是唐代前期,洛阳作为东都,尤其是唐高宗、武则天时期作为都城,是全国的政治、经济、军事、文化中心,不仅吸引着众多华夏族留居此地,还

---

① 〔宋〕欧阳修、宋祁:《新唐书》卷四《天皇后本纪》,中华书局1975年版,第115页。

② 〔宋〕司马光:《资治通鉴》卷二〇四《唐纪二十》,中华书局1956年版,第6473页。

③ 〔宋〕王钦若等:《册府元龟》卷四八六《邦计部·迁徙》,凤凰出版社2006年版,第5520页。“关外”应为“关内”之误,“泰”应为“太”之误。

④ 周绍良、赵超:《唐代墓志汇编续集》,上海古籍出版社2001年版,第388页。

⑤ 周绍良、赵超:《唐代墓志汇编续集》,上海古籍出版社2001年版,第332页。

⑥ 周绍良、赵超:《唐代墓志汇编》,上海古籍出版社1992年版,第842页。

⑦ 周绍良、赵超:《唐代墓志汇编续集》,上海古籍出版社2001年版,第771页。

⑧ 周绍良、赵超:《唐代墓志汇编》,上海古籍出版社1992年版,第904页。

吸引着周边少数民族纷纷内迁这里,使得洛阳人口快速增长。

因为仕宦的原因留居洛阳,是洛阳人口增加的最主要因素。与洛阳特殊的地位相匹配,必须要有巨大的管理机构来支撑,因而在此任职的文武官员数量也相当可观。在唐代墓志中,“因宦而居洛阳”“家世因宦,遂居洛阳”“因官徙居洛阳”“历代徙任,因于兹焉”“随官洛阳”“因官家于洛阳”“因官播迁,遂居洛州洛阳县”“因官播族,编贯斯土”“因官而居洛阳”“因官洛阳,今为其县人”“因官派别,迁居洛阳”“因官迁播,今为河南郡人”“因官迁居洛阳,今为洛阳人”“因官受锡,今家于河南府河阳县”“因官遂家于洛阳,今即洛阳人”“因官徙地,家于河南,故又为县人”“因官徙居洛州,今为河南伊阙人”“因官徙族,遂居洛川”“因官于河南,始贯焉”“因宦编贯洛州新安县”“因宦波寄,寓居洛涘”“因宦洛邑,遂家于三川”“因宦派流,遂家于此(洛州洛阳)”“因宦迁转,遂为偃师县人”“因仕居洛,甲第王城”“因仕居洛,今为阳翟人”“因仕居洛阳”“因随父任,遂居洛阳”“游宦上国,家于洛阳”等等,由于仕宦的原因迁居洛阳的例子不胜枚举。

官员致仕之后入居洛阳,是洛阳人口增加的又一因素。为能享受到洛阳丰富的政治、经济、文化资源,官员退休之后往往选择卜居洛阳。如曾任梓州司户的天水上邽(今甘肃天水)赵德令,“秩满言归,次于洛邑,洗心妙理,托□□□,□编贯济源县,遂安斯土”①;陇西成纪(今甘肃秦安)人李信,曾任并州清源县令,“解秩唐初,遂家于河南,为洛阳人也”②;弘农(今陕西华阴)人杨纯,“历仕中外,休闻烈声,政思可乐,仁为己任,闲邪存诚,不为诡切。常以为生而静者性也,感而动者欲也,吾观其复有以见天地之心,吾将寂然可以通神明之故,绝圣弃智,何以宦为?退而闲居,家于洛邑……既居河南,故又为河南人”③;天水(今属甘肃)董氏嫁于瑕丘县(今山东兖州)主簿马君,“随宦河兖,辞满而还,卜居洛师”④。

除此之外,因为战乱、灾荒、科举等原因,居洛阳的人口数量也很多,在唐人墓志中“侨寄”“寄贯”“附贯”“编贯”“贯居”“流寓”“寓贯”“寓居”洛阳的例子

---

① 周绍良、赵超:《唐代墓志汇编》,上海古籍出版社 1992 年版,第 522 页。

② 周绍良、赵超:《唐代墓志汇编》,上海古籍出版社 1992 年版,第 905 页。

③ 周绍良、赵超:《唐代墓志汇编》,上海古籍出版社 1992 年版,第 1240 页。

④ 周绍良、赵超:《唐代墓志汇编》,上海古籍出版社 1992 年版,第 1444 页。

比比皆是。

《唐代墓志汇编》①《唐代墓志汇编续集》②所见唐代洛阳移民一览表

姓名	迁出地	今地	迁入原因	资料来源
李智	陇西	甘肃临洮	因宦派流，遂家于此（洛州洛阳）	《唐代墓志汇编》（以下简称《汇编》）第 181 页
魏彦	巨鹿中山	河北定州	因宦洛邑，遂家于三川（今河南洛阳一带）	《汇编》第 340 页
皇甫相贵先祖	安定	甘肃镇原	因官，家于洛阳	《汇编》第 366 页
王惠	太原	山西太原	随官洛阳，因家	《汇编》第 430 页
王宣	太原祁	山西祁县	往因述职，遂居洛	《汇编》第 436 页
王延	太原祁	山西祁县	因随父任，遂居洛阳	《汇编》第 443 页
李□	陇西成纪	甘肃秦安	因官播族，编贯斯土（洛阳）	《汇编》第 489 页
马孝先	扶风	陕西兴平	家本扶风，因宦而居洛阳	《汇编》第 541 页
王师	太原	山西太原	因宦波寄，寓居洛涘	《汇编》第 541 页
毕粹祖先	东平	山东郓城	显祖因官，家于□也，遂为河南陆浑（今河南嵩县）之人	《汇编》第 563 页
柳裒	会稽	浙江绍兴	因官迁播，今为河南郡（治今河南洛阳）人	《汇编》第 599 页
王韬先祖	并州太原	山西太原	因官家于洛阳	《汇编》第 650 页
邢弼远祖	瀛州河间	河北河间	远祖从宦，因家于洛，故为洛人	《汇编》第 674 页
王明	太原祁	山西祁县	因宦迁转，遂为偃师县（今属河南）人	《汇编》第 679 页
杜才	京兆杜陵	陕西西安	远祖因宦东京，子孙乃家于河南汜水县（今河南荥阳）	《汇编》第 682 页
王行淹	太原	山西太原	因官徙地，家于河南，故又为县人	《汇编》第 743 页

① 周绍良、赵超：《唐代墓志汇编》，上海古籍出版社 1992 年版。

② 周绍良、赵超：《唐代墓志汇编续集》，上海古籍出版社 2001 年版。

（续表）

姓名	迁出地	今地	迁入原因	资料来源
高夔	渤海蓨县	河北景县	因宦编贯洛州新安县（今属河南）	《汇编》第756页
李夫人	安德县	河北景县	因官遂家于洛阳，今即洛阳人	《汇编》第771页
徐恭	雁门	山西代县	因官而居洛阳	《汇编》第790页
高像护	渤海蓨县	河北景县	因仕居洛，今为阳翟（今河南禹州）人	《汇编》第816页
董本	陇西成纪	甘肃秦安	因官播迁，遂居洛州洛阳县	《汇编》第825页
李难	赵郡	河北赵县	随宦屡徙，今贯洛州来庭县（今河南洛阳）	《汇编》第875页
徐明祖父			祖父从官，因家于此（洛阳）	《汇编》第891页
刘愕	彭城	江苏徐州	游宦上国，家于洛阳	《汇编》第958页
成养	太原晋阳	山西太原	远祖因官，遂家于洛	《汇编》第1010页
元瑛	雁门	山西代县	近代因官，徙居洛阳	《汇编》第1019页
杨思玄	华阴	陕西华阴	因官徙居洛州，今为河南伊阙（今河南洛阳东南）人	《汇编》第1048页
李惠	乐安	山东博兴	因官徙族，遂居洛川（今河南偃师）	《汇编》第1058页
张法式	清河	河北清河	因仕居洛阳	《汇编》第1132页
孟玄一先祖	琅邪平昌	山东安丘	中叶从宦，迁居洛阳	《汇编》第1163页
许义诚	河间高阳	河北高阳	因官受锡，今家于河南府河阳县（今河南孟州）	《汇编》第1166页
朱贞先祖	吴郡	江苏苏州	因官派别，迁居洛阳	《汇编》第1189页
王庭芝	河东	山西永济	以功授上柱国，既而秩满，家于洛阳	《汇编》第1217页
贾感	襄陵	山西襄汾	因官迁居洛阳，今为洛阳人	《汇编》第1234页

（续表）

姓名	迁出地	今地	迁入原因	资料来源
李景祥先祖	陇西	甘肃临洮	后代因官，遂家于洛阳	《汇编》第 1254 页
李知高祖	陇西成纪	甘肃秦安	高祖因官家洛阳，遂为河南渑池（今属河南）人	《汇编》第 1475 页
王元	琅邪	山东临沂	因官洛阳，今为其县人	《汇编》第 1571 页
王文成先祖	太原	山西太原	家世因宦，遂居洛阳	《汇编》第 1572 页
王训	太原	山西太原	历代徙任，因于兹（洛阳）焉	《汇编》第 1573 页
程思庆	广平郡	河北永年	因仕居洛，甲第王城	《汇编》第 1616 页
梁令直	安定	甘肃镇原	因官于河南，始贯焉	《汇编》第 1718 页
杭季棱	金陵	江苏南京	授儒林郎、试左千牛卫长史、飞骑尉，因徙家于洛京	《汇编》第 2132 页
王从政	太原郡	山西太原	祖因官遂家于河南府版籍焉	《汇编》第 2169 页
唐衡曾祖	丰泉	山东胶南	曾祖太守，因家洛邑，今□为河南人	《唐代墓志汇编续集》（以下简称《续集》）第 170 页
赵德令	天水上邽	甘肃天水	秩满言归，次于洛邑，洗心妙理，托□□□，□编贯济源县（今属河南），遂安斯土	《汇编》第 522 页
李信	陇西成纪	甘肃秦安	解秩唐初，遂家于河南，为洛阳人也	《汇编》第 905 页
杨纯	弘农	陕西华阴	退而闲居，家于洛邑……既居河南，故又为河南人	《汇编》第 1240 页
董氏	天水	甘肃天水	随宦河兖，辞满而还，卜居洛师（今河南洛阳）	《汇编》第 1444 页
王行	琅邪	山东临沂	寓居洛阳	《续集》第 108 页
宋文矩	广平	河北永年	寄贯洛阳	《续集》第 156 页
宋义	广平	河北永年	寓居洛阳	《汇编》第 282 页
爨□□	雁门	山西代县	寓居洛阳	《汇编》第 346 页

（续表）

姓名	迁出地	今地	迁入原因	资料来源
索玄	敦煌	甘肃敦煌西	寓居洛阳县	《汇编》第 362 页
皇甫璧	安定朝那	甘肃灵台	今贯居河南瀍涧(今河南洛阳)	《汇编》第 404 页
王达	太原	山西太原	贯居阳城(今河南登封)	《汇编》第 411 页
霍达	河东	山西永济	寄贯洛阳	《汇编》第 412 页
李智	赵郡	河北赵县	寄贯河南	《汇编》第 419 页
王相儿	太原	山西太原	侨寄伊阙□(今河南洛阳东南)贯焉	《汇编》第 425 页
周夫人	吴郡	江苏苏州	寓贯河南	《汇编》第 437 页
冯贞	长乐	河北冀县	今寄贯洛阳	《汇编》第 439 页
杨达	弘农	陕西华阴	寄贯河南县洛汭乡招贤里(今属河南洛阳)	《汇编》第 444 页
杨夫人	弘农华阴	属陕西	寄贯洛阳县	《汇编》第 452 页
王纂	太原祁	山西祁县	贯偃师县龙池乡(今属河南偃师)	《汇编》第 468 页
杜庆	京兆	陕西西安	寄贯洛阳县余庆乡(今属河南洛阳)	《汇编》第 478 页
李万通	琅邪临沂	山东临沂	今编贯洛阳县□□乡□春里(今属河南洛阳)	《汇编》第 490 页
曹德	谯郡	安徽亳州	今贯河南洛汭乡兴化里(今属河南洛阳)	《汇编》第 504 页
狄通	天水	甘肃天水	因家河南县永泰(今属河南洛阳)	《汇编》第 517 页
王德	太原	山西太原	居洛阳	《汇编》第 547 页
杨轨	弘农	陕西华阴	因□□播,遂居洛阳	《汇编》第 608 页
王□	太原	山西太原	近因家洛阳	《汇编》第 679 页
孙通	吴郡富阳	浙江杭州	因徙居洛阳,故今为县人	《汇编》第 717 页

（续表）

姓名	迁出地	今地	迁入原因	资料来源
任夫人	长安	陕西西安	因事迁播，羁离乡邑，流寓神都（今河南洛阳）	《汇编》第 805 页
郭超岸	太原	山西太原	以国步多难，士庶流移，寄家河南，因附贯于汝州叶县（今属河南）人	《续集》第 820 页
郭敬同	太原平阳	山西临汾	徙居洛阳，今为洛阳人	《汇编》第 1134 页
毛凤敬	三原	属陕西	因事居洛，偏为河清县，今为河清县（今河南济源）人	《汇编》第 1349 页
杨令晖	弘农	陕西华阴	往因参选，附贯河南府河南县	《汇编》第 1569 页
杜隐	平阳	属浙江	随子东征，徙家洛阳	《汇编》第 1682 页
程俊先祖	河东	山西永济	国令门荫，得贯附二京。入关元年，为河南缑氏县（今河南偃师）人	《汇编》第 1859 页
崔勖	博陵	河北正定	家居洛阳，今为洛阳人	《汇编》第 2153 页
孙嘉之	乐安	山东博兴	徙河南，因而贯焉	《汇编》第 2289 页

内迁洛阳的少数民族是洛阳人口增加又一来源。内迁者既有民族首领、使者和入朝质子，也有从事商业活动的少数民族商旅和一些从事宗教活动的少数民族僧侣、传教士等。

归附唐朝的高丽人比较多，如莫离支泉男生家族、军将高足酉等归附唐朝后，被任为高官或武将，并在洛阳定居下来。泉男生在高丽任莫离支，因为兄弟失和，在高丽败亡前投奔唐朝，并派子献诚求援兵。泉男生后被任命为右卫大将军、检校右羽林军仗内供奉，其最后官职为辽东大都督。其子泉献诚曾任卫尉卿、右卫大将军员外同正、右羽林卫、神武军大总管、龙水道大总管、检校天枢子来使等职。出土墓志表明，泉男生家族进入中原地区后，居于东都洛阳，并葬于洛阳。泉男生虽然在长安兴宁坊有宅第，仪凤四年（679）因事卒于安东都督府，调露元年（679）十二月却葬于洛阳邙山。[①] 而泉男产在武则天时期担任营

① 周绍良、赵超：《唐代墓志汇编》，上海古籍出版社 1992 年版，第 668 页。

缮监大匠员外置同正员,大足元年(701)三月卒于洛阳私第,四月葬于邙山平阴乡。[①] 泉男生之子泉献诚在洛阳定鼎门街东的尊贤坊和集贤坊有宅第,大足元年葬于邙山祖茔;泉男生之曾孙、泉献诚之孙泉毖的墓志也在洛阳出土,墓志记载此家族在玄宗时期居住在长安兴宁坊私第,这也是当年泉男生的故宅,泉毖死后葬于洛阳邙山祖茔。[②] 高足酉,唐武德八年(625)生于"辽东平壤",高丽统治阶层内讧爆发后,其"见机而作,存乎君子;慕义而来,妙曰通人,前载著之,不轻来代,述而尤重。然而越沧波,归赤县,渐大化,列王臣",历任明威将军、云麾将军,行左武卫翊卫府中郎将,官至镇军大将军,行左豹韬卫大将军。高足酉归附后,"遂家于洛阳永昌县焉",此后长期担任军职,指挥禁军,主要活动在洛阳。[③]

仪凤年间,被唐朝授以辽东都督的高丽末代王高藏,因私下与靺鞨相通谋叛,阴谋败露后被唐朝配流邛州(治今四川邛崃),然后"并分徙其人,散向河南、陇右诸州,其贫弱者留在安东城傍"[④]。从出土墓志看,安置在洛阳周围的高丽人当不在少数。高藏虽然被贬,但其子高连历任云麾将军、右豹韬大将军、安东都护,而高连之子高震在代宗时期任工部尚书、右金吾卫大将军,晚年居住在洛阳教业里私第。[⑤] 高震之女嫁与唐州慈丘县令邵陕,家于洛阳履信里。[⑥] 从《高德墓志》"府君祖宗,恋恩归本,属乎仗内,侍卫紫宸"判断,高德祖上也应该是归附的高丽贵族。高德历任镇将、果毅、折冲,而墓志称其"虽官授外府,而身奉禁营",就是一直担负宿卫宫禁的职责,其宅第在洛阳道政里。[⑦]

百济被唐朝灭亡之后,王室成员及部分将领被安置在今河南境内。史载,苏定方平定百济,"俘义慈及隆、泰等献于东都"[⑧],除百济王扶余义慈,以及太子扶余隆、次子扶余泰之外,一起被送到京师的还有"大臣将士八十八人,百姓

---

① 周绍良、赵超:《唐代墓志汇编》,上海古籍出版社1992年版,第996页。
② 周绍良、赵超:《唐代墓志汇编》,上海古籍出版社1992年版,第2417页。
③ 周绍良、赵超:《唐代墓志汇编续集》,上海古籍出版社2001年版,第348页。
④ 〔后晋〕刘昫等:《旧唐书》卷一九九上《东夷·高丽》,中华书局1973年版,第5328页。
⑤ 周绍良、赵超:《唐代墓志汇编》,上海古籍出版社1992年版,第1814页。
⑥ 李永强、余扶危:《洛阳出土少数民族墓志汇编》,河南美术出版社2011年版,第317页。
⑦ 周绍良、赵超:《唐代墓志汇编》,上海古籍出版社1992年版,第1536页。
⑧ 〔后晋〕刘昫等:《旧唐书》卷八三《苏定方传》,中华书局1973年版,第2779页。

一万二千八百人"[①]。扶余隆归附唐朝后,因屡立战功,先后被授予熊津都、百济郡公、熊津道总管兼马韩道安抚大使,又因功勋卓著被升迁为太常卿,其"事君竭力,徇节忘私,屡献勤诚,得留宿卫",68岁薨于私第,赠以辅国大将军,高宗永淳元年(682)十二月,葬于洛阳北邙山青善里。[②]百济人黑齿常之在其国灭亡后,随其主扶余隆来到中原,卒后葬于洛阳邙山南官道北。黑齿常之之子黑齿俊也随父来到洛阳,"以神龙二年五月廿三日遘疾,终洛阳县从善之□,春秋卅一"[③]。跟随百济王被押送至京师的其他将领被安置在了洛阳周边地区。如难元庆的祖父可能就是跟随百济王入唐的,其家族被安置在龙兴县(今宝丰县)一带,《大唐故宣威将军左卫汾州清胜府折冲都尉上柱国难君墓志铭并序》载:"君讳元庆,其先即黄帝之宗也,扶余之尔类焉……高祖珇,仕辽任达率官,亦犹今宗正卿焉。祖汗,入唐为熊津州都督府长史。"难元庆"开元十一年六月廿八日终于汝州龙兴县之私第",其妻甘氏"开元廿二年五月十八日终于汝州鲁山县之私第",两人合葬于汝州鲁山县东北原。[④]

新罗与唐王朝关系密切,曾派遣大量留学生入唐习业,除专职的留学生之外,新罗还派遣大量质子、宿卫人员入唐,其中一些新罗人到了当时的东都洛阳居住。日本僧人圆珍大中九年(855)十二月回国经过洛阳时,曾到温柔坊的新罗王子宅,可见,入质唐朝的新罗王子曾在洛阳居住。[⑤]

突厥人阿史那忠归附唐朝后,"拜北宁州都督、右卫大将军,封怀德郡王",《新唐书·阿史那忠传》载:"阿史那忠者,字义节,苏尼失子也……及出塞,不乐,见使者必泣,请入侍,许焉。封薛国公,擢右骁卫大将军,宿卫四十八年。"[⑥]他在唐宿卫中,大多数时间是在东都洛阳度过的,并且最终也卒于洛阳私邸中。《唐两京城坊考》载,尚善坊有"右骁卫大将军阿史那忠宅"[⑦],"阿史那忠碑"称,阿史那忠"上元二年五月廿四日薨于洛阳尚善里之私第"[⑧]。洛阳龙门石窟敬

---

① 金富轼:《三国史记校勘本》,吉林文史出版社2003年版,第331页。
② 周绍良、赵超:《唐代墓志汇编》,上海古籍出版社1992年版,第702页。
③ 周绍良、赵超:《唐代墓志汇编》,上海古籍出版社1992年版,第1064页。
④ 郝本性、李秀萍:《新中国出土墓志·河南》(1)下册,文物出版社1994年版,第219页。
⑤ 白化文、李鼎霞校注:《行历抄校注》,花山文艺出版社2004年版,第154页。
⑥ 〔宋〕欧阳修、宋祁:《新唐书》卷一一〇《阿史那忠传》,中华书局1975年版,第4113页。
⑦ 〔清〕徐松撰,李健超增订:《增订唐两京城坊考》,三秦出版社2006年版,第292页。
⑧ 张沛编:《昭陵碑石》,三秦出版社1993年版,第188页。

善寺北崖，有阿史那忠造像记一品，题曰："右骁卫大将军、薛国公阿史那忠造"。此后他的儿子史暕也于龙门石窟火烧洞南崖造像一铺，题记曰："左玉钤卫将军、薛国公史、夫人李氏，垂拱二年十月八日敬造。"[①]阿史那忠的曾孙史瓘先后担任亳州成父主簿、青州寿光县丞、绛州垣县令、相州成安县令等职，"天宝六载九月二日寝疾运化于兴敬里之私第"，与妻薛氏合葬于伊汭乡之西原。[②] 担任宿卫的突厥人还有颉利可汗曾孙阿史那感德，他在武后时期在洛阳任右豹韬卫将军，之后又授冠军大将军、行右鹰扬卫大将军，"天授二年正月十八日遘疾薨于从政里之私第"，葬在洛阳城南。[③] 处罗可汗之孙阿史那勿施任右屯卫翊府右郎将，"神功元年八月十七日，寝疾薨于河南府新安里之官舍"[④]。此外，洛阳敦化坊还有西突厥阿史那斛瑟罗的住宅。[⑤] 可见，唐代洛阳当是突厥人的聚居区之一。

内附唐朝，居于洛阳的粟特人不在少数。《翟氏墓志》记载，其夫为康国大首领，因使入唐，被授予检校折冲都尉，天宝八载(749)卒于"福善坊之宅"，"葬于河南县平乐乡之原"[⑥]。呼论县开国公、新林府果毅史陁"迁居洛阳之县"，"显庆四年八月十六日合葬于东都北邙之山"[⑦]，其三个孙女也都居于洛阳，并葬于洛阳。[⑧] 安元寿历任右武卫义仁府折冲都尉、右骁卫郎将、左监门卫中郎将，官至右威卫将军、上柱国，卒于"东都河南里之私第"[⑨]。六胡州安国首领安菩入唐后，封定远将军，与其妻何氏与子金藏居洛阳惠和坊。[⑩] 史多官至冠军大将军、上柱国，葬于洛阳城南。[⑪]

---

① 温玉成：《龙门所见两〈唐书〉中人物造像概说》，《中原文物》1993 年第 4 期。
② 毛阳光：《两方唐代史姓墓志考略》，《文博》2006 年第 2 期。
③ 赵振华：《唐阿史那感德墓志考释》，《史林》2004 年第 5 期。
④ 吴钢主编：《全唐文补遗》第 2 辑，三秦出版社 1995 年版，第 455 页。
⑤ 〔清〕徐松撰，李健超增订：《增订唐两京城坊考》，三秦出版社 2006 年版，第 283 页。
⑥ 周绍良、赵超：《唐代墓志汇编》，上海古籍出版社 1992 年版，第 1634 页。
⑦ 周绍良、赵超：《唐代墓志汇编》，上海古籍出版社 1992 年版，第 297 页。
⑧ 周绍良、赵超：《唐代墓志汇编》，上海古籍出版社 1992 年版，第 335、845 页；乔栋等：《洛阳新获墓志续编》，科学出版社 2007 年版，第 54 页。
⑨ 周绍良、赵超：《唐代墓志汇编续集》，上海古籍出版社 2001 年版，第 272 页。
⑩ 〔清〕徐松撰，李健超增订：《增订唐两京城坊考》，三秦出版社 2006 年版，第 331 页。
⑪ 赵振华：《唐代粟特人史多墓志初探》，《湖南科技学院学报》2009 年第 11 期。

靺鞨酋长李多祚，“其先靺鞨酋长，号‘黄头都督’，后入中国”[①]，长期宿卫洛阳，担任武则天侍卫长。其子李湛，“六岁，授周王府文学，累迁右散骑常侍，袭河间郡公。武后徙上阳宫，留湛宿卫”[②]，后来李湛成为中兴功臣，为李唐王朝的复兴立下了汗马功劳。

波斯人阿罗憾入唐后也曾担任宫城侍卫之职。唐高宗以阿罗憾“功绩可称，名闻□□（遐迩）”将其招入京师，授予将军职衔，担任宫城北门侍卫。后以“拂林国诸蕃招慰大使”的身份，到中亚宣传唐朝声威，并在拂林（今叙利亚）西界立碑而还。武则天在洛阳皇城的端门外建造天枢时，他召集各国蕃王出资出力。景云元年（710）四月一日，以95岁高龄卒于东都洛阳自己的宅第里，其最终结衔为“大唐波斯国大酋长、右屯卫将军、上柱国、金城郡开国公”[③]。

其他入居洛阳的少数民族贵族，还有铁勒人契苾明，“本出武威，姑臧（今甘肃武威）人也。圣朝爰始，赐贯神京，而香逐芝兰，辛随姜桂，今属洛州永昌县”[④]，其侄契苾尚宾墓志也称“其先武威著姓，今即河南人也”[⑤]。疏勒人裴沙，在唐中宗时期因破突厥有功，被授予忠武将军，行左领军卫郎将，掌宫禁宿卫。后来功成身退，卜居唐朝东都洛阳，“开元十二年十二月卅日薨于私第，春秋八十一。以开元十三年正月廿五日葬于北邙山西”[⑥]。

由于经商原因而留居东都洛阳的少数民族也不在少数，其中尤以粟特人居多。由于洛阳地处全国之中，是水陆交通枢纽，山东和江淮运往两京的各种物资多在这里聚散或运往长安，使得唐代洛阳的商业空前繁荣。洛阳作为当时的经济中心，吸引了以善于经商谋利而著称的粟特人到这里进行贸易。如大商人康婆，“世袭衣缨，生资丰渥，家僮数百，藏镪巨万，招延宾□，门多轩盖。锦衣珠服，入必珍馐。击钟鼎食，出便联骑”[⑦]。“金鞍宝马，去来三市之傍；绥颊高谈，出入五侯之第。何曾侈靡，不能逾一万之钱；刘毅雄豪，不能多百万之费。陆大

① 〔宋〕欧阳修、宋祁：《新唐书》卷一一〇《李多祚传》，中华书局1975年版，第4121页。
② 〔宋〕欧阳修、宋祁：《新唐书》卷一一〇《李湛传》，中华书局1975年版，第4123页。
③ 周绍良、赵超：《唐代墓志汇编》，上海古籍出版社1992年版，第1116页。
④ 〔清〕张澍辑录：《凉州府志备考》，三秦出版社1988年版，第666页。
⑤ 吴钢主编：《全唐文补遗》第8辑，三秦出版社2005年版，第27页。
⑥ 周绍良、赵超：《唐代墓志汇编》，上海古籍出版社1992年版，第1304页。
⑦ 周绍良、赵超：《唐代墓志汇编》，上海古籍出版社1992年版，第96页。

夫之宴喜，愿得分庭；孙丞相之招贤，方齐置驿”，也是一位巨商。[①] 龙门石窟的两方题记，更是反映了唐时洛阳粟特商人之众。药方洞上方的“北市香行社造像龛”内的永昌元年题记载：“北市香行社社官：安僧达，录事孙香表、史玄策、常行师、康惠登、李寸晢、孙元楷、陶善意、吕孝敬、郭弘济、王思泰、刘元佑、□思□、郝行客、李智绪、兰敬宾、何难迪、房玄林、□守钧、单雅、康静智、张玄福、卫善庆，右件社人等一心供养，永昌元年三月八日起手。”从姓名判断，在出资营造佛像人员中，安僧达、史玄策、康惠登、何难迪、康静智等人当是在洛阳北市经营香料贸易的粟特商人，他们以组织的形式出现，足以说明当时洛阳城内粟特商人数量之多。古阳洞上方的《北市丝行造像题记》中的康玄智，当是在北市经营丝绸生意的粟特人。[②]

粟特人的原始宗教信仰是祆教，随着粟特人大量移居中原，传教士也随之进入这一地区，唐代洛阳城内有多处祆神庙。《唐两京城坊考》载，会节坊有祆祠、[③]立德坊有胡祆祠。[④] 唐人张鷟《朝野佥载》记载，“河南府立德坊及南市西坊，皆有僧祆神庙”。粟特人经常在祆祠举行宗教活动，“每岁商胡祈福，烹猪羊，琵琶鼓笛，酣歌醉舞。酬神之后，募一僧为祆主，看者施钱并与之。其祆主取一横刀，利同霜血……吹毛不过，以刀刺腹，刃出于背，仍乱扰肠肚流血。食顷，喷水咒之，平复如故。此盖西域之幻法也”[⑤]。其中的“祆主”当是管理祆教的粟特人，而且是世代沿袭。宋人张邦基《墨庄漫录》：“东京城北有祆庙。祆神本出西域，盖胡神也，与大秦穆护同入中国。俗以火神祠之。京师人畏其威灵，甚重之。其庙祝姓史，名世爽，自云家世为祝累代矣。”[⑥]

由于唐高宗和武则天的支持，佛教在唐朝发展到全盛时期，凿窟雕像、建庙立寺、广译佛经等各种佛事活动空前活跃，有不少少数民族参与其中。如在洛阳翻译《华严经》、创立佛教华严宗的康法藏就是粟特人。《宋高僧传》载：“释

---

① 乔栋等：《洛阳新获墓志续编》，科学出版社 2007 年版，第 54 页。

② 李文生主编：《龙门石窟志》，中国大百科全书出版社 1996 年版，第 171 页。

③ 〔清〕徐松撰，李健超增订：《增订唐两京城坊考》，三秦出版社 1996 年版，第 340 页。

④ 〔清〕徐松撰，李健超增订：《增订唐两京城坊考》，三秦出版社 1996 年版，第 362 页。

⑤ 〔唐〕张鷟撰，赵守俨点校：《朝野佥载》，中华书局 1979 年版，第 64—65 页。

⑥ 〔宋〕张邦基：《墨庄漫录》卷四，《祆庙庙祝及英济王祠祠祝累代相继》，中华书局 2002 年版，第 110 页。

法藏字贤首，姓康，康居人也。"[①]法藏为西域康国后裔，武周时期，他参与在东都洛阳的译经活动，翻译《华严经》80 卷，并于武则天圣历二年（699）十月八日，在东都佛授寺讲新译《华严经》，后被称为华严宗之三祖。洛阳出土墓志表明，有不少粟特人精通佛教，如康昭"静心三业，躬勤释门。持戒修斋，广为胜福"[②]，安静"镜浮生之遽促，植来果于福田，鉴大夜之遐长，祛往缘于欲界。深该六度，妙蕴四禅"[③]，史夫人"崇遵释教，倾信首于法城"[④]，安思温"博学聪慧，遇物多能，儒释二门，特加精意"[⑤]，康敬本"司成硕学，就释卜翼之微"[⑥]，康威"第四兄惠观沙门，内勤释教"[⑦]。而大历二年（767），密教高僧不空请降诞日度僧五人中，毕数延、康守忠、毕越延、石惠璨等四人都是粟特人，[⑧]以及龙门石窟中的安多富、安沺藏、安爱、安砵叶等粟特人造像题记，都说明粟特人信仰佛教是比较普遍的。

除洛阳外，迁居河南的少数民族还有不少，如开元年间，在平定康国的粟特人康待宾之后，就曾迁徙河曲六州残部于河南各地。开元四年（716），东突厥默啜可汗去世，境内的九姓铁勒群起暴动，康待宾率部与部分突厥人投归唐朝，被安置在黄河河套内外的鲁、丽、舍、塞、依、契六州，被称为"六州胡"。开元九年（721），康待宾联络安慕容、何黑奴、石神奴、康铁头等，率部起兵反唐，占据长泉县，自称叶护，意欲北投东突厥毗伽可汗。唐朝"（遣）王晙大破康待宾，生擒之，杀叛户万五千人。辛酉，集四夷酋长，腰斩康待宾于西市"[⑨]。开元十年（722），"康待宾余党庆州方渠降胡康愿子自立为可汗，举兵反，谋掠监牧马，西涉河出塞。说进兵讨擒之，并获其家属于木盘山，送都斩之，其党悉平，获男女三千余

---

① 〔宋〕赞宁：《宋高僧传》卷五《义解篇 · 周洛京佛授记寺法藏传》，中华书局 1987 年版，第 89 页。

② 郑友甫：《洛阳新出土唐代粟特人康昭墓志考释》，《河南科技大学学报》（社会科学版）2014 年第 3 期。

③ 周绍良、赵超：《唐代墓志汇编》，上海古籍出版社 1992 年版，第 268 页。

④ 周绍良、赵超：《唐代墓志汇编》，上海古籍出版社 1992 年版，第 584 页。

⑤ 毛阳光：《洛阳新出土唐代粟特人墓志考释》，《考古与文物》2009 年第 5 期。

⑥ 周绍良、赵超：《唐代墓志汇编》，上海古籍出版社 1992 年版，第 530 页。

⑦ 周绍良、赵超：《唐代墓志汇编》，上海古籍出版社 1992 年版，第 1270 页。

⑧ 圆照：《代宗朝赠司空大辨正广智三藏和上表制集》卷二，《请降诞日度僧五人》，《大正新修大藏经》第 52 册，台湾新文丰出版有限公司 1983 年版，第 835—836 页。

⑨ 〔宋〕司马光：《资治通鉴》卷二一二《唐纪二八》，中华书局 1956 年版，第 6746 页。

人。于是移河曲六州残部五万余口配许、汝、唐、邓、仙、豫等州，始空河南朔方千里之地”①。“六州胡”五万余人均被安置在今河南境内许（治长社，今许昌）、汝（治梁县，今汝州）、唐（治比阳，今泌阳）、邓（治穰县，今邓州）、仙（治叶县，今叶县）、豫（治汝阳，今汝南），足见迁入河南少数民族人数之众。

三、陈政父子移民入闽

唐总章二年（669），泉州、潮州一带“蛮獠啸乱”，朝廷命令玉钤卫翊左郎将、归德将军陈政为朝议大夫，统领岭南行军总管事前往平叛。但由于“蛮獠”人多势众，陈政只得暂时屯兵于九龙岭下，一面上奏朝廷，请求增派军队。唐朝廷派陈政的两位兄长中郎将陈敏、右郎将陈敷等率领众将士和家属于次年南下增援。陈政去世之后，其子陈元光袭职，最终用近十年时间平定了骚乱。

从陈政率军入闽开始，便决定了此次行动不仅是一次平定叛乱的军事行动，而且还是一次移民运动。唐高宗在《诏陈政镇故绥安县地》的诏书中是这样写的：“进尔朝议大夫，统岭南行军总管事，挂新铸印符，率府兵三千六百名，将士自副将许天正以下一百二十三员从其号令，前往七闽百粤交界绥安县地方，相视山源，开屯建堡，靖寇患于炎荒，奠皇恩于绝域。”②所以，当陈政基本平定36寨后，便开始屯田开垦，建村立堡。陈元光袭父职后，继续推行屯田制，劝农重本，发展生产，他在州级机构中设司马和司田参军等职官，掌司有关屯田事宜。他自己带头开屯于漳水之北，辟地建宅，以为长远之计，并要求部下“平居则搜狩，有役则战守”③，实行“且战且耕，以养以教”的耕战政策。他鼓励进漳的五十八姓军校与当地女性成婚，他自己率先垂范，娶当地一位种姓女子为妻。在他的带动下，入闽将士纷纷在当地落籍。

据康熙《漳浦县志》记载，陈政亲率的首批府兵将士3600名中，仅校尉以上的将领，就有二十余姓，其中包括“婿卢伯道、戴君胄，医士李始，前锋将许天正，

---

① 〔后晋〕刘昫等：《旧唐书》卷九七《张说传》，中华书局1973年版，第3053页。
② （嘉庆）《云霄厅志》卷一七《艺文志》，民国24年（1935）雷寿彭铅印本。
③ （民国）《云霄厅志》卷一〇《宦制》，民国36年（1947）铅印本。

分营将马仁、李伯瑶、欧哲、张伯纪、沈世纪等五人，军谘祭酒等官黄世纪、林孔著、郑时中、魏有仁、朱秉英等五人，府兵校尉卢如金、刘举、涂本顺、欧真、沈天学、张光达、廖公远、汤智、郑平仲、涂光彦、吴贵、林章、李牛、周广德、戴仁、柳彦深等一十六人"①。

光绪《漳州府志》详细列举了许天正以下132名将士姓名："许天正、卢伯道、戴君胄、李茹刚；马仁、李伯瑶、欧哲、张伯纪、沈世纪，以上五人俱分营将；黄世纪、林孔著、郑时中、魏有仁、朱秉英，以上五人俱军谘祭酒；卢如金、刘举、徐（涂）本顺、欧真、沈天学、张公达、廖光远、汤智、郑平仲、涂公彦、吴贵、林章、李牛、周广德、戴仁、柳彦深，以上俱府兵校尉；陆明、苏道、欧阳传惠、司马仲章、杨永、詹英、曾仲规、萧润尔、胡贤、赵瑞、蔡彧、张来、叶清、颜伯矩、柯敦颐、潘节、钱仲先、魏仁溥、郑业、余良、朱参、罗幼邻、姚廉洁、余克、郑惠、汤公简、韩器、吴弼、王华、陈叔章、王一忠、张本仪、林走非、陈马、詹次、孙梁文、何德、方子重、赵伯恭、庄肃鸾、唐宗礼、陈实、邹牛客、邱安道、冯隽水、江涎兴、石子尊、韩求、李彪、郭鱼、曹敦厚、李仙客、高盛典、钟法兴、徐睦怨、汪子固、韩尧、洪有道、章鳌、宋用、李宏、杨珍、王佑甫，以上俱府兵队正；章敦复、汪颜君，以上两人府兵火长；施光缵，府兵校尉。按，唐陈将军政出镇绥安，将士许天正以下一百三十二人。万历《志》止载许天正、卢如金二人。康熙甲午《志》乃于龙湖分注得卢伯道、戴君胄以下三十人于陈氏家谱。宋绍兴二十年封册自卢、戴三十人外，更得陆明等以下六十五人。今于施氏家传得施光缵一人，合一百三十二人之数，亦尚有阙。"②

在这132人中，共涉及马、王、方、石、卢、叶、冯、许、司马、朱、江、汤、孙、刘、庄、苏、李、杨、吴、何、邱、余、邹、汪、沈、宋、陆、陈、张、林、欧、欧阳、罗、周、郑、赵、胡、柯、柳、钟、施、洪、姚、钱、高、郭、唐、徐、涂、黄、萧、曹、章、韩、蒋、曾、詹、蔡、廖、翟、潘、颜、戴、魏等姓氏。实际上，先后随陈政父子入闽的两批府兵共七千余人，涉及的姓氏应该更多，但由于年代湮远，已无法考证出更多的姓氏。

虽然我们不能完全肯定地说所有兵士均来自光州固始，但根据唐朝兵制特点，大多数来自固始则是可以肯定的。而在各种文献中，跟随陈政、陈元光父子

---

① （嘉庆）《云霄厅志》卷一〇《宦制》，民国24年（1935）雷寿彭铅印本。

② （光绪）《漳州府志》卷二二《兵纪上·历代兵制》，清光绪三年（1877）芝山书院刻本。

入闽的固始人不胜枚举，下面择其要者予以罗列。

蔡氏，康熙《漳浦县志》记载："蔡元鼎，字国宝，号蒙斋(赤岭蔡坑人)。唐中垒校尉蔡长眉裔也。长眉从将军陈元光拓平漳土，开屯云霄，遂家焉。"①同书又称："西湖蔡氏谱牒载，先世蔡长眉以中垒校尉随陈将军政入闽。克平闽广，建置漳郡。漳之蔡姓，皆祀以为祖噫。"②

陈氏，福建同安《浯阳陈氏族谱序》称："太始祖讳政公，原系汝宁府光州固始县籍也，股肱唐室，历建弘猷，因赐姓曰唐将军，是朝总章二年(669)奉敕驻闽，迨厥子元光、(孙)珦公，累袭祖职，复进驻于漳城，其丰功伟烈，卓越今古，啧啧载人口碑焉。历宋而明而来，世远年湮，生齿星散。"③

何氏，清何子祥《何氏源流记略》载："何之先本光州固始人，唐仪凤间何嗣韩从陈元光经略全闽，因家焉。"④

林氏，福建漳州《溪环社林氏族谱》载：今漳州市芗城区浦南镇溪园村林氏始祖林行实，讳孔著，字秉序，谥鼎峙，为陈政的九女婿，原籍光州固始，唐高宗时随陈氏父子入闽，为军谘祭酒。政殁，佐元光，开扩山林有功。⑤

柳氏，《云霄县志》载："(柳)彦深自河南固始随陈元光提军开漳，遂居焉。"⑥

卢氏，万历《漳州府志》曰："卢如金，十六人中之一，河南光州固始人也。唐总章元年，闽越岭南等处盗贼蜂起，金奉命领兵从主将陈政戍闽讨贼……葬于连玭山，乡人因名为大臣山，封配将军山。今其子孙散处龙溪之墨场及长泰等处。"⑦

潘氏，《桃源潘氏族谱》称，今永春达埔、蓬莱一带的潘氏，其先祖于唐初随陈元光由光州入闽，定居漳州。⑧

沈氏，嘉庆《漳州府志》谓："沈世纪，一名彪，光州固始人。总章二年，从陈

---

① (康熙)《漳浦县志》卷一六《人物·韦布》，清康熙四十七年(1708)增刻本。
② (康熙)《漳浦县志》卷一六《杂志·丛谈》，清康熙四十七年(1708)增刻本。
③ 陈支平：《福建族谱》，福建人民出版社1996年版，第148页。
④ 〔清〕何子祥：《蓉林笔抄》卷一《何氏源流记略》，清乾隆间刻本。
⑤ 庄为玑、王连茂：《闽台关系族谱资料选编》，福建人民出版社1985年版，第348页。
⑥ (民国)《云霄县志》卷六《氏族志》，民国36年(1947)铅印本。
⑦ (万历)《漳州府志》卷四《秩官志下·名宦》，明万历元年(1573)刻本。
⑧ 庄为玑、郑山玉：《泉州谱牒华侨史料与研究》，中国华侨出版社1998年版，第263页。

王政领军入闽，为分营将……今子孙散处龙溪、漳浦、南靖、长泰、诏安等处。”①

汤氏，民国《云霄县志》称：“唐汤简公由河南光州固始随陈元光入闽开漳，居是地。”②

许氏，万历《漳州府志》载：“许天正，河南光州固始人，陈元光首将也，从元光入闽……今子孙散处南靖马坪及海澄等处。”③

唐初的漳州“獉狉如是，几疑非人所居”④，龙江“两岸尽属蛮獠”，陈元光在上表朝廷请置漳州的表文中说道：“（漳）州背山面海，旧为蛇豕之区。”⑤童华在《重修威惠庙碑记》中也说漳州为“山蛮海寇，豺狼鲸鳄之所盘踞”⑥。张燮“阴崖猿昼啸，阳亩粳先熟。稚子练葛衣，樵人薜萝屋”⑦的诗句，也描绘了漳州冷落、荒凉的景象。当时蛮民一般以狩猎为主，农业生产为辅，生产方式简单落后，多采取“刀耕火耨”的粗放型耕种方法，收成少，因此生活水平低下。所谓“刀耕火耨”，就是在山地上放火焚烧草木，开辟耕地，用草木的灰烬肥沃山地，待春天到了，用刀在山地上挖坑，埋下种子，听任它在雨水中自然成长，秋后收获，这就是当地俗称的“火田”。康熙《漳浦县志》说：“火田，畲也。凡畲，惟种黍稷，皆火耨。此县西向尽山，因开畲焉。唐陈元光请建州表云‘可耕乃火田之余’。光父政建宅于此。”⑧针对这一现状，陈元光大力推广中原先进的犁、耙、磨、压等农业生产技术，以改变他们“刀耕火耨”的老耕作习惯。陈元光十分重视兴修水利，利用水源条件灌溉农田。在火田溪中游筑堰开渠，灌溉农田，名为火田军陂。堰以灰石拦溪斜向而筑，原长约 120 米，今残存两岸各一段及江心一节。渠依山挖掘，蜿蜒 4 公里，其中约 0.5 公里由破岩凿石而成，至今仍在使用。陈元光还在昔日柳营江开屯旧地“募民障海，泻卤成淡，而沿江上下暂有耕地”，这是漳州最早的围海造田之举，后世方志称之为“埭”。查阅史志资料，闽

---

① （嘉庆）《漳州府志》卷三五《宦绩・历代武臣》，清嘉庆十一年（1806）刻本。

② （民国）《云霄县志》卷六《氏族志》，民国 36 年（1947）铅印本。

③ （万历）《漳州府志》卷四《秩官下・名宦》，明万历元年（1573）刻本。

④ 〔清〕杨澜：《临汀汇考》卷一《建置》，清光绪四年（1878）刻本。

⑤ 周绍良主编：《全唐文新编》卷一六四《陈元光・漳州刺史谢表》，吉林文史出版社 2000 年版，第 1912 页。

⑥ （乾隆）《龙溪县志》卷二四《艺文下》，清乾隆二十七年（1762）刻本。

⑦ 〔明〕何乔远：《闽书》卷二八《方域志》，福建人民出版社 1995 年版，第 685 页。

⑧ （康熙）《漳浦县志》卷一九《杂志》，清康熙四十七年（1708）增刻本。

南一带的不少水利工程,如陂、坝、堤、埭等多修建于唐宋时期,这与陈元光入闽开漳带来中原先进的农业生产技术是分不开的。

由于陈元光入闽,军民落籍福建,实行了一系列开发措施,福建经济飞速发展,福建人口也迅猛增加。到唐天宝元年(742),福州长乐郡已有户三万四千八十四,口七万五千八百七十六;建州建安郡已有户二万二千七百七十,口十四万二千七百七十四;泉州清源郡已有户二万三千八百六,口十六万二百九十五;汀州临汀郡已有户四千六百八十,口一万三千七百二;漳州漳浦郡已有户五千八百四十六,口一万七千九百四十[①]。福建户籍就增至 91 186 户,人口达 410 587 人,比隋代增长近 8 倍之多。

陈元光还在闽地大力推动儒学教育。陈元光自幼熟读儒家经典著作,13 岁领光州乡试第一,因此,儒家思想根深蒂固,并被贯彻在他平定"蛮獠"叛乱和治理漳州的实践中。在平叛过程中,陈元光认为杀戮、迁徙的赶尽杀绝的强硬政策的结果往往会造成"元恶既诛,余凶复起;法随出而奸随生","诛之则不可胜诛,徙之则难以屡徙"的状况。在他看来,对于被治理的老百姓而言,武力的威胁和强迫只能是一时的"徒威于外",要想真正地让"风俗自尔渐乎",只有讲求"仁、义",才能够"格其心",使"民心自知感激",老百姓形成道德的内心自觉后,才能够真正做到社会的长治久安。所以,他"敦伦开野叟,勤学劝生儒"[②],教导他的子民要"怀恩抱义",要"行义显亲",要"隆恩敦君君以仁"[③];一个人如果"禄养生成忘义恩"的话,就连"知慈仁"的岭南物产都不如,甚至"不如鸡犬司门晨"[④]。他要求自己,也要求他的子民和士兵要"英雄死义无求生"[⑤]"舍生取义终不渝",只有这样才能"千古芳名耀青史"[⑥]。为了达到"礼让乃格其心"

---

① 〔宋〕欧阳修、宋祁等:《新唐书》卷四一《志 · 地理五》,中华书局 1975 年版,第 1064—1066 页。

② 〔唐〕陈元光:《龙湖集 · 语州县诸公敏读》,载何池:《陈元光〈龙湖集〉校注与研究》,鹭江出版社 1990 年版。

③ 〔唐〕陈元光:《龙湖集 · 恩义操》,载何池:《陈元光〈龙湖集〉校注与研究》,鹭江出版社 1990 年版,第 62 页。

④ 〔唐〕陈元光:《龙湖集 · 恩义操》,载何池:《陈元光〈龙湖集〉校注与研究》,鹭江出版社 1990 年版,第 62 页。

⑤ 〔唐〕陈元光:《龙湖集 · 候夜行师七唱》,载何池:《陈元光〈龙湖集〉校注与研究》,鹭江出版社 1990 年版,第 70 页。

⑥ 〔唐〕陈元光:《龙湖集 · 忠烈操》,载何池:《陈元光〈龙湖集〉校注与研究》,鹭江出版社 1990 年版,第 63 页。

的目的,在运用武力平息叛乱时,他采取了"落剑惟戎首,游绳系胁从"[①]的办法。当叛乱平息之后,为了能够"日将山獠化缟民"[②],他又主张"秦越百家,愈无罅隙,畿荒一德,更有何殊"[③],平等看待少数民族。

儒学的"忠君"思想在陈元光身上也得到了完全体现,《谢准请表》即表达了"粉身未足报深恩,万死实难酬厚德""当恪守诏条,征庸俊乂""持清净以临民""守无私以奉国"的忠君报国思想。他又创作了多首诗歌表白自己的心迹,《南獠纳款》中的"箧辰贡龙颜,表子躬逢吉",《酬裴使君王探公》中的"冰鉴秋霄察,君门万里遥。骊騑歌四牡,谔谔答清朝",都表现出他对朝廷的忠心。他从不居功自傲,总是认为自己所取得的成绩都是朝廷的功劳,"圣恩宏海陬,边臣效芹说"[④]"九五垂衣裳,千万监忠朴……诰敕常佩吟,酒色难湎惑"[⑤]。他所有的工作都是为了报答朝廷,是"庶辅圣皇功"[⑥]。他认为为"忠"之道是"忠勤非一日,箴训要三拈"[⑦]。不仅如此,他还以"忠"作为对一个人品行如何的评价标准,在《和王采访重九见访》中他用"公忠岂古饶"高度赞美了王采访对朝廷的忠心。

为了在闽地推行儒学政策,他请求建立庠序,推广学校教育。唐中宗景龙二年(708),陈元光在原"唐化里"中心区域北溪浦南的松州创办松州书院,这是全国最早以书院命名的学校,在中国教育史上占有一席之地,这也是闽南地区第一所学习、宣传儒学的学校。陈元光之子陈珦就在松州书院讲学,训诲士

① 〔清〕彭定求等编:《全唐诗》卷四五《许天正·和陈元光平潮寇诗》,中华书局1960年版,第551页。

② 〔唐〕陈元光:《龙湖集·候夜行师七唱》,载何池:《陈元光〈龙湖集〉校注与研究》,鹭江出版社1990年版,第71页。

③ 周绍良主编:《全唐文新编》卷一六四《陈元光·请建州县表》,吉林文史出版社2000年版,第1912页。

④ 〔唐〕陈元光:《龙湖集·观雪篇》,载何池:《陈元光〈龙湖集〉校注与研究》,鹭江出版社1990年版,第21页。

⑤ 〔唐〕陈元光:《龙湖集·喜雨次曹泉州》,载何池:《陈元光〈龙湖集〉校注与研究》,鹭江出版社1990年版,第28页。

⑥ 〔唐〕陈元光:《龙湖集·落成会咏》,载何池:《陈元光〈龙湖集〉校注与研究》,鹭江出版社1990年版,第46页。

⑦ 〔唐〕陈元光:《龙湖集·落成会咏》,载何池:《陈元光〈龙湖集〉校注与研究》,鹭江出版社1990年版,第46页。

民,“时州治初建,俗尚莽鄙,珦开引古义,于风教多所裨益”。

正是由于陈元光、王审知等固始人的大力倡导,福建儒学教育水平迅速提高,这从福建唐代科举的变化便可窥见一斑。从隋炀帝大业年间(605~618)开创科举制度到唐中宗神龙二年(706)的近百年间,科举制度在全国各地尤其是中原地区早已产生了非常广泛深刻的影响。但是在福建,这么长的时间内竟然连一个参加过进士考试的人都没有,更别说有人登科。直到唐代中期,福建仍被朝廷一些官员视为鸿蒙未开的“化外之地”,中原士人讥之“闽人未知学”,也就不足为怪。神龙二年(706)福安人薛令之登第,成为福建历史上的第一位进士。薛令之中举与陈元光开漳同时,但与陈元光在福建提倡儒学关系不大。因为一地整体文化水平的提高不是一朝一夕就能做到的,需要经过几代人的努力。正是在陈元光倡办儒学的努力下,加之此后来自中原的福建地方官李琦、常衮的兴学运动为福建人应举登科奠定了较好的文化基础,且对当地社会科举意识的觉醒也有积极的刺激作用,一些福建学子陆续在地方官员的举荐和支持之下,以乡贡的身份前往京城长安赴试,出现了福建科举的春天。唐贞元七年(791),莆田人林藻中举,贞元八年(792),晋江欧阳詹中进士,此后,闽人中举数量开始多了起来。迄至唐朝灭亡的天祐四年(907),一共116年间,共有60名闽人进士及第,大约两年就有一个闽人中举。

为了进一步改变当地的风俗习惯,陈元光实行“男生女长通蕃息,五十八氏交为婚”①的婚姻政策,与民同乐,教民开展各种祭祀活动,寓教化于礼乐之中,并写下如《修文语土民》《恩义操二首》等约占其今存诗歌总数五分之一的劝民教化诗。正是在陈元光儒家思想的推行下,漳州一带“方数千里,无桴鼓之惊,号称乐土”。

四、避“安史之乱”中原人南迁

唐玄宗天宝十四载(755)十一月,安禄山拥兵20万在范阳(今北京市区南)

---

① 〔唐〕陈元光:《龙湖集·候夜行师七唱》,载何池:《陈元光〈龙湖集〉校注与研究》,鹭江出版社1990年版,第70页。

反叛,相继攻占神都洛阳和西京长安。洛阳一带是唐军和叛军激烈争夺之地,史载“东周(即今洛阳一带)之地,久陷贼中,宫室焚烧,十不存一。百曹荒废,曾无尺椽。中间畿内,不满千户。井邑榛棘,豺狼所嗥。既乏军储,又鲜人力。东至郑、汴,达于徐方。北自覃怀,终于相土。人烟断绝,千里萧条”[①]。河南其他地区也惨遭破坏,“函、陕凋残,东周尤甚。过宜阳、熊耳,至武牢、成皋,五百里中,编户千余而已。人烟萧条,兽游鬼哭”[②]。而河南南部的“方城县旧万余户,今二百户以下,其南阳、向城等县,更破碎于方城……自经逆乱,州县残破,唐、邓两州,实为尤甚。荒草千里,是其疆畎;万室空虚,是其井邑;乱骨相枕,是其百姓;孤老寡弱,是其遗人”[③]。

洛阳周边的数百里内,人口不满千户,所丧失的民户,除一部分死难者外,大部分都逃离此地,由此在全国范围内形成了大规模的移民潮。乾元元年(758)曾降唐的史思明反叛,战火再起。次年三月,史思明在安阳大败唐军,洛阳“士民惊骇,散奔山谷”[④],避难者“不南驰吴越,则北走沙朔”[⑤]“或遁世山谷,或浪迹他邦”[⑥],昔日神都几成空城。

“安史之乱”引发的大规模移民潮,甚至超过了“永嘉之乱”时期。李白《为宋中丞请都金陵表》称:“今自河以北,为胡所凌;自河之南,孤城四垒……天下衣冠士庶,避地东吴,永嘉南迁,未盛于此。”[⑦]

“安史之乱”引发的移民潮,主要的迁徙方向是淮河—秦岭以南的南方地区,众多时人所作诗文对此皆有记述。顾况《送宣歙李衙推八郎使东都序》曰:“天宝末,安禄山反,天子去蜀,多士奔吴为人海。”[⑧]李白《永王东巡歌十一首》诗云:“三川北虏乱如麻,四海南奔似永嘉。”[⑨]江南地区接纳移民数量最多,《旧

---

① 〔后晋〕刘昫等:《旧唐书》卷一二〇《郭子仪传》,中华书局1973年版,第3457页。

② 〔宋〕王溥:《唐会要》卷八七《转运盐铁总叙》,中华书局1955年版,第1589页。

③ 〔唐〕元结:《元次山集》,中华书局1960年版,第99页。

④ 〔宋〕司马光:《资治通鉴》卷二二一《唐纪三七》,中华书局1956年版,第7069页。

⑤ 于邵:《河南于氏家谱后序》,载《全唐文》卷四二八,中华书局1983年版,第4366页。

⑥ 周绍良、赵超:《唐代墓志汇编》,上海古籍出版社1992年版,第2346页。

⑦ 〔清〕董诰等辑:《全唐文》卷三四八,中华书局1983年版,第3529页。

⑧ 〔清〕董诰等辑:《全唐文》卷五二九,中华书局1983年版,第5370页。

⑨ 〔清〕彭定求等编:《全唐诗》卷一六七,中华书局1960年版,第1725页。

唐书·权德舆传》载："两京蹂于胡骑，士君子多以家渡江东。"[①]郎士元《盖少府新除江南尉问风俗》云："闻君作尉向江潭，吴越风烟到自谙。客路寻常随竹影，人家大底傍山岚。缘溪花木偏宜远，避地衣冠尽向南。"[②]韩愈《考功员外卢君墓表》曰："当是时，中国新去乱，仕多避处江淮间，尝为显官得名声以老故自任者以千百数。"[③]穆员《工部尚书鲍防碑》称："自中原多故，贤士大夫以三江五湖为家，登会稽者如鳞介之集渊薮。"[④]肃宗上元年间，苏州治所吴县（今江苏苏州市）的人口，有三分之一是来自中原地区的移民，梁肃《吴县令厅壁记》谓："国家当上元之际，中夏多难，衣冠南避，寓于兹土，参编户之一。"[⑤]

梁肃《过旧园赋并序》记述了其一家于上元二年（761）由洛阳沿漕河南下进入吴越地区的艰辛经历："余行年十八，岁当上元辛丑，盗入洛阳，三河间大涂炭。因窜身东下，旅于吴越，转徙厄难之中者，垂二十年。上嗣位岁，应诏诣京师。其年夏，除东宫校书郎，遂请告归觐于江南。八月，过崤渑，次于新安东南十数里，旧居在焉。时岁滋远，荆榛芜翳，乔木苍然，三径莫辨。访邻老而已尽，眄庭柯以沾衣。情之所钟，可胜叹耶……昔予生之三岁，值勍虏之冲奔，徙穹庐于华县，蒙郊庙于氛昏，皇游蜀川，帝出朔原。尸逐才血，乌丸又屯。俄四逆之荐凶，扇熛炭而爇黎元。予既幼舍此居业，虑性命之所存。始窜迹于许都，又逃刃于夷门。沿汴水之汤汤，棹淮波之翻翻。荷闻诗之前训，迫驰役而不敢言。截淛河以径度，趣诸越而休止。在长洲与兰陵，亦一闰而三徙。袅袅兮秋风，湛湛兮春江，伤吾心其何已。皇八叶之御极，亦既安此寰中。浮窳缤其来归，真独郁犹未通。"[⑥]家居巩县（今河南巩义）的尼姑真如，最后在安宜县（今江苏宝应南）定居下来。"开元中，有李氏者，嫁于贺若氏。卒乃舍俗为尼，号曰真如，家于巩县孝义桥……天宝末，禄山作乱，中原鼎沸，衣冠南走，真如辗转流寓于楚州安宜县。"[⑦]洛阳孙彦思家族避乱寓居合肥（今属安徽），"公其姬姓也，与周同

① 〔后晋〕刘昫等：《旧唐书》卷一四八《权德舆传》，中华书局 1973 年版，第 4002 页。
② 〔清〕彭定求等编：《全唐诗》卷二四八，中华书局 1960 年版，第 2787 页。
③ 〔唐〕韩愈撰，马其昶校注：《韩昌黎文集校注》，上海古籍出版社 1986 年版，第 354 页。
④ 〔清〕董诰等辑：《全唐文》卷七八三，中华书局 1983 年版，第 8190 页。
⑤ 〔清〕董诰等辑：《全唐文》卷五一九，中华书局 1983 年版，第 5273 页。
⑥ 〔清〕董诰等辑：《全唐文》卷五一七，中华书局 1983 年版，第 3249 页。
⑦ 〔唐〕郑辂：《宝应录》，中华书局 1985 年版，第 1 页。

祖,是吴主权十九代孙矣……迄至周隋,家于京洛,降及唐代,因避‘安史之乱’,族寓合肥”。浙江台州、三门、黄岩、象山、义乌、乐清等地《郑氏宗谱》均称,唐至德二载(757),先祖郑虔贬台州司户参军,由河南荥阳荥泽村迁居浙江台州府城(今临海市城关镇)。①

湖广地区也是北方移民较多的一个区域。《旧唐书·地理志》曰:“自至德后,中原多故,襄、邓百姓,两京衣冠,尽投江、湘,故荆南井邑,十倍其初。”②乾元二年(759)三月,史思明大败唐军于安阳,东都洛阳官员逃至襄、邓地区避难。《资治通鉴》载:“东京士民惊骇,散奔山谷;留守崔圆、河南尹苏震等官吏南奔襄、邓。”③“天宝之乱,元结自汝渍,大率邻里投襄汉,保全者千余家。乃举义师宛、叶之间,有婴城捍寇之力。”元结于“安史之乱”中,先是居于猗玗洞(今湖北大冶境内),后又南奔居瀼溪(今江西瑞昌市境),其后宦游居浯溪(今湖南祁阳境)。颜真卿《唐故容州都督兼御史中丞本管经略使元君表墓碑铭并序》载:“君讳结,字次山……父延祖……以鲁县商余山多灵药,遂家焉……及羯胡首乱,逃难于猗玗洞,因招集邻里二百余家奔襄阳。玄宗异而征之,值君移居瀼溪,乃寝。”④元结《浯溪铭有序》云:“浯溪在湘水之南,北汇于湘。爱其胜异,遂家溪畔。溪世无名称者也,为自爱之,故命浯溪,铭于溪口。铭曰:……吾欲求退,将老兹地。溪古地荒,芜没盖久。命曰浯溪,旌吾独有。”⑤古文运动家、洛阳人独孤及于上元元年(760)避地今江西玉山县,所作《庚子岁避地至玉山酬韩司马所赠》曰:“沧海疾风起,洪波骇恬鳞。已无济川分,甘作乘桴人。挥手谢秣陵,举帆指瓯闽。安知风尘表,偶与琼瑶亲。共悲行路难,况逢江南春。故园忽如梦,返复知何辰。旷野豺虎满,深山兰蕙新。枉君灞陵什,回首徒酸辛。”⑥洛阳人柳及为避战乱迁居今湖南醴县:“柳及,河南人,贞元中进士登科殊之子也,家于澧阳。”⑦

此间也有迁往岭南的。《新五代史》云:“是时,天下已乱,中朝士人以岭外

① 上海图书馆:《中国家谱总目》第七册,上海古籍出版社2008年版,第4066—4087页。
② 〔后晋〕刘昫等:《旧唐书》卷三九《地理·荆州江陵府》中华书局1975年版,第1552页。
③ 〔宋〕司马光:《资治通鉴》卷二二一《唐纪三七》,中华书局1956年版,第7069页。
④ 〔唐〕元结:《元次山集》,中华书局1960年版,第166页。
⑤ 〔唐〕元结:《元次山集》,中华书局1960年版,第152页。
⑥ 〔清〕彭定求等编:《全唐诗》卷二四六,中华书局1960年版,第2763页。
⑦ 〔唐〕钟辂撰:《前定录》,中华书局1991年版,第16页。

最远,可以避地,多游焉。唐世名臣谪死南方者,往往有子孙,或当时仕宦遭乱不得还者,皆客岭表。”①

有研究者认为,“安史之乱”结束时,大约有250万移民定居南方,今河南地区是唐廷与叛军反复争夺之地,在迁出的人口中占有相当大的比例。

“安史之乱”后,唐中央力量大为削弱,遂出现了节度使割据地方的局面,“自国门以外,皆分裂于方镇”,史称“藩镇割据”。为争夺地盘,藩镇之间、藩镇与朝廷之间的战事时有发生,中原再度陷于战祸离乱之中,百姓纷纷逃往外地。建中四年(783),李希烈叛军包围郑州,游骑至洛阳近郊,“东都士民震骇,窜匿山谷”②。元和九年(814)九月,“时贼阴计已成,群众四出,狂悍而不可遏,屠舞阳,焚叶县,攻掠鲁山、襄城。汝州、许州及阳翟人多逃伏山谷荆棘间,为其杀伤驱剽者千里,关东大恐”③。

元和十一年(816),为躲避战乱,洛阳人许浑带着家眷,与洛中亲友一起南迁湖湘。唐邦治《唐郢州刺史许浑传》云:“元和中,淮西久梗命。宪宗诏诸道率兵讨平之,又进击灭李师道,河南北始定。未数年,开封又有牙将李齐逐师之乱。当用兵时,嵩少风尘,河洛间无宁居,浑乃先挈家湖湘。”④许浑《江上喜洛中亲友继至》对战乱引起众多洛阳亲友南迁描述道:“战马昔纷纷,风惊嵩少尘。全家南渡远,旧友北来频。罢酒松筠晚,赋诗杨柳春。谁言今夜月,同是洛阳人。”⑤

因为“河南经乱,关内阻饥”,白居易“兄弟离散,各在一处”:大兄在浮梁(今江西景德镇),七兄在於潜(今浙江杭州临安西),十五兄在乌江(今安徽和县东),另有一些弟、妹在符离(今安徽宿州市)和下黄(今陕西大荔县境),白居易则受贬在江州(治今江西九江市)。白居易《自河南经乱关内阻饥兄弟离散各在一处因望月有感聊书所怀寄上浮梁大兄於潜七兄乌江十五兄兼示符离及下邽弟妹》描写的就是动乱时期田园荒芜、骨肉分离的情景。⑥

---

① 〔宋〕欧阳修:《新五代史》卷六五《南汉世家》,中华书局1974年版,第810页。

② 〔宋〕司马光:《资治通鉴》卷二二八《唐纪四四》,中华书局1956年版,第7339页。

③ 〔后晋〕刘昫等:《旧唐书》卷一四五《吴元济传》,中华书局1973年版,第3948页。

④ 唐邦治:《唐郢州刺史许浑传》,《镇丹金溧扬联合月刊》1946年第2期。

⑤ 〔清〕彭定求等编:《全唐诗》卷五三一,中华书局1960年版,第6068页。

⑥ 〔清〕彭定求等编:《全唐诗》卷四三六,中华书局1960年版,第4839页。

唐玄宗开元年间(713~741),首都长安所在京兆府的人口为36万户,到宪宗元和年间(806~820),只剩下24万户,人口减少了三分之一,而东京洛阳所在的河南府,则由12万户锐减至1.8万户,减少了十之八九,足见中原地区人口流失的严重程度。

五、黄巢起义与中原人外迁

唐末黄巢起义和继之而起的军阀混战,使中原地区再度陷入长期战乱之中。乾符二年(875),王仙芝、尚让等在长垣(今河南长垣东北)起兵。不久,攻占阳翟(今河南禹州)、郏城(今河南郏县)等八县。次年九月,起义军攻克汝州(今属河南),“东都大震,百官脱身出奔”[①]。乾符五年(878),黄巢自号冲天大将军,“驱河南、山南之民十余万”[②],进入淮南。黄巢起义给中原地区带来严重的破坏,史称“自唐、邓、许、汝、孟、洛、郑、汴、曹、濮、徐、兖数十州,毕罹其毒。贼围陈郡三百日,关东仍岁无耕稼,人饿倚墙壁间,贼俘人而食,日杀数千”[③]。战争使中原地区人口锐减,史载:“中原士庶,与贼血战,肝脑涂地,十室九空。比至收复京都,十亡七八。”[④]统治阶级为镇压黄巢起义的屯驻,更加重了河南地区的灾难。广明元年(880),“汝州所募军李光庭等五百人自代州还,过东都,烧安喜门,焚掠市肆”[⑤]。

黄巢起义平定后,在镇压黄巢起义军过程中做大的各派军阀,为了争夺地盘,相互间不断征战,给中原地区带来的损害较黄巢起义更大。光启元年(885)二月,秦宗权在蔡州(今河南汝南)称帝,“命将出兵,寇掠邻道,陈彦侵淮南,秦贤侵江南,秦诰陷襄、唐、邓,孙儒陷东都、孟、陕、虢,张晊陷汝、郑,卢瑭攻汴、宋,所至屠翦焚荡,殆无孑遗。其残暴又甚于巢,军行未始转粮,车载盐尸以从。北至卫、滑,西及关辅,东尽青、齐,南出江、淮,州镇存者仅保一城,极目千里,无

---

① 〔宋〕欧阳修、宋祁:《新唐书》卷二二五下《黄巢传》,中华书局1975年版,第6449页。

② 〔宋〕欧阳修、宋祁:《新唐书》卷二二五下《黄巢传》,中华书局1975年版,第6453页。

③ 〔后晋〕刘昫等:《旧唐书》卷二〇〇下《黄巢传》,中华书局1973年版,第5397页。

④ 〔后晋〕刘昫等:《旧唐书》卷一七九《萧遘传》,中华书局1973年版,第4647页。

⑤ 〔宋〕司马光:《资治通鉴》卷二五三《唐纪六九》,中华书局1956年版,第8232页。

复烟火。上将还长安,畏宗权为患"[①]。其后孙儒、李罕之、张全义交争,使东都洛阳"鞠为煨烬""野无遗秆""白骨蔽地,荆棘弥望,居民不满百户",整个中原地区"圜幅数千里,殆绝人烟"[②]。

除死于战乱外,迁往他地以谋生路,也是导致中原地区人口锐减的重要原因。在迁徙方向上,以南迁为主。为避黄巢起义军,唐末洛阳人刘崇远,渡江仕南唐为文林郎、大理司直,著有《金华子杂编》等;洛阳人许岳胤迁居萍乡(今属江西),"府君讳嗣宗,字原仲,姓许氏,其先洛阳人。有讳叔向者,仕唐为某州刺史,生安福令岳胤。值黄巢乱,弃官归袁之萍乡,萍乡之有许氏自此始"[③];平舆人陈澄徙居乌伤(今浙江义乌),"处士讳诚,字信中,其先出汉太尉蕃。蕃之后有为汝南都尉讳澄者,居蔡之平舆。唐昭宗时曰说议,避黄巢之乱徙浙之乌伤。清泰中曰曾复迁金华,由是为金华人,然其族至今称平舆陈氏"[④];中牟(今属河南)人潘慎修避居闽粤,"公讳慎修,字成德,其先荥阳中牟人,唐末避乱,迁于闽粤。治产作业,遂为著姓"[⑤]。南宋宰相叶颙祖上为避黄巢之乱,南迁进入泉州,"公讳颙,字子昂,其先楚之沈氏,春秋时尹将中军。其后诸梁改封叶,子孙因以为姓。世传三国吴都尉雄、五代汉卫州刺史仁鲁,皆其后也。自黄巢乱,中原士大夫避地南迁,叶氏仕于泉,因居焉"[⑥]。安徽歙州位居山区,接收了大批中原地区移民,《新安志》称:"黄巢之乱,中原衣冠避地者,相与保于此。及事定,留居新安,或稍散之傍郡。"[⑦]明代《新安名族志》中,歙州有明确迁入时间、地点的有56姓,其中28姓是"安史之乱"后迁入的,而黄巢起义后迁入的又占28姓中的三分之二以上。[⑧]

在家谱中,记载先祖为避黄巢之乱由中原地区避地南方者有不少,如广东嘉应《刘氏族谱》载:"唐末僖宗乾符间,黄巢作乱,(刘祥)携子及孙,避居福建

① 〔宋〕司马光:《资治通鉴》卷二五六《唐纪七二》,中华书局 1956 年版,第 8318 页。
② 〔宋〕薛居正等:《旧五代史》卷一《梁书·太祖纪》,中华书局 1976 年版,第 5 页。
③ 〔明〕宋濂:《宋濂全集》,浙江古籍出版社 1999 年版,第 701 页。
④ 〔明〕杨荣:《文敏集》卷二三《故陈处士墓志铭》,文渊阁《四库全书》本。
⑤ 〔宋〕杨亿:《武夷新集》卷九《宋故翰林侍读学士朝奉大夫右谏议大夫骑都尉赐紫金鱼袋荥阳潘公墓志铭》,福建人民出版社 2007 年版,第 152 页。
⑥ 〔宋〕杨万里:《杨万里诗文集》(下册),江西人民出版社 2006 年版,第 1906 页。
⑦ 马蓉等点校:《永乐大典方志辑佚》第 2 册,中华书局 2004 年版,第 1058 页。
⑧ 范玉春:《移民与中国文化》,广西师范大学出版社 2005 年版,第 40 页。

汀州府宁化县石壁洞……祥公原籍，自永公家居洛阳，后徙江南，兄弟三人，惟祥公避居宁化县，其二人不能悉记。”①赖际熙《崇正同人系谱》卷二《氏族》“李氏”条云：“李氏南来岭东之祖，则溯始于唐之末年，有宗室李孟，因避黄巢之乱，由长安迁于汴梁，继迁福建宁化石壁乡。孟生子珠，珠生五子，以金、木、水、火、土五行支配为名，今赣、闽、粤、桂之李氏，多出四房火德之后。”“蔡氏”条亦曰：“蔡氏，本周姬姓之后，文王子叔度封于蔡，今河阳、汝阳、上蔡、新蔡诸县……唐末避黄巢之乱，迁于闽南。”②广东大埔《范氏族谱》记载，唐朝宰相、怀州河内(今河南沁阳)人范履冰后人十一世孙范坤，一名俊祥，唐末官任龙图阁大学士，于乾符元年(874)，一说广明元年(880)，为避乱，举家十八口，流寓浙江钱塘江上，后移闽之南剑州沙县，转迁宁化县攀龙里黄竹径，为福建宁化始祖。③ 梅县、宁化《刘氏族谱》载：唐乾符年间，刘祥为避乱，与其子天锡弃官，自河南洛阳徙居宁化石壁，为闽粤开基始祖。④

第三节　五代的河南移民

五代十国时期，在中原地区建立的后梁、后唐、后晋、后汉、后周等五个朝代中，后唐、后晋、后汉都是由沙陀人建立的政权。他们以洛阳、开封为首都，带来大批少数民族定居中原地区，而中原人在外地建立的前蜀、荆南、南楚、南汉、闽等政权，则带动了一批中原人移居他地，随王潮、王审知兄弟入闽的中原人口更是可观，对闽地的全面发展发挥了重要作用。

---

① 罗香林：《客家史料汇篇》第一册，(香港)中国学社 1965 年版，第 378 页。
② 赖际熙主编：《崇正同人系谱》(一)，香港崇正总会出版部 1995 年版，第 8、29 页。
③ 张恩庭等主编：《石壁之光》，厦门大学出版社 1993 年版，第 344 页。
④ 冯秀珍：《客家文化大观》(下册)，经济日报出版社 2003 年版，第 1194 页。

一、少数民族进入河南与民族融合

在镇压黄巢起义的过程中,全国逐渐形成了许多割据势力。在农民起义失败后,这些盘踞各地的藩镇为了争夺利益,卷入相互兼并的混乱中,数十年战争不断,几乎遍及全国。天祐四年(907),藩镇朱温迫使唐哀帝禅位,建立梁朝,唐朝灭亡,历史进入军阀混战的五代十国时期。在中原地区建立的后梁、后唐、后晋、后汉、后周等五个朝代中,后唐、后晋、后汉都是由沙陀人建立的政权,后唐建都洛阳,后晋、后汉则以开封为首都。沙陀人入主中原,随之而来的是大批少数民族定居中原地区。

沙陀族,为西突厥别部,原名处月,居住在金娑山(今新疆博格多山,一说为尼赤金山)南,蒲类海(今新疆东北部巴里坤湖)东,名为"沙陀"的大沙漠一带,因此称为沙陀突厥,简称沙陀。

唐朝末年,沙陀人迅速崛起于代北,成为中国历史上叱咤风云的民族。唐懿宗时,沙陀部首领朱邪赤心率骑兵帮助唐朝镇压庞勋起义,被授予大同军节度使,赐姓李,名国昌。中和三年(883),李国昌之子李克用因收复京师长安有功,被封为河东节度使,治太原府。大顺二年(891),受封晋王,建立晋国。朱温建立后梁后,李克用仍用唐天祐年号。天祐五年(908)李克用死后,子李存勖即晋王位。天祐七年(910),朱温企图彻底消灭义武军和成德军,派大军进攻赵地。成德节度使王镕向晋国求救,同时义武节度使王处直也遣使表示愿意归附晋国,李存勖乘机派大军救赵,大败梁军,义武军和成德军都归附晋国。天祐十年(913),晋国又将卢龙节度使立的燕国攻灭。至此,河北之地大都归属于晋,为晋南下灭后梁奠定了基础。此后经过一系列的战争,晋国又拿下魏博诸州。自此,河朔三镇全部都归入晋国的统治之下。天祐二十年(923)四月,李存勖在魏州称帝,改元同光,沿用唐为国号,史称后唐。不久,李存勖亲率大军直取汴州(今河南开封),梁末帝朱友贞自杀,后梁灭亡。年底,后唐定都洛京(今河南洛阳)。后唐传二世四帝,历时 14 年,至清泰三年(936),被石敬瑭灭亡。

石敬瑭是沙陀人,家世寒微,其父亲早年跟从李克用征伐,以功授洺州刺史。石敬瑭为人沉默寡言,稳重沉厚,甚得李克用义子李嗣源的赏识,李嗣源还把女儿嫁给了他。李嗣源称帝后,石敬瑭历任保义军节度使、宣武军节度使、侍卫亲军马步军都指挥使、河东节度使等。明宗去世前后,屡次发生争夺皇位的乱事,石敬瑭看到后梁、后唐皆自藩镇得国,早就觊觎帝位。清泰三年(936)夏,石敬瑭起兵造反,后唐军兵围太原,石敬瑭与桑维翰勾结契丹,认契丹主耶律德光为父,并将幽云十六州拱手献给契丹。随后在契丹援助下,石敬瑭称帝灭后唐,定都汴梁,改国号为晋,史称后晋。石敬瑭割地称儿的做法受到许多人的反对,他自己过去的亲信,如成德(今河北正定)的安重荣、河东(今山西太原西南)的刘知远对他也很不满。天福七年(942),石敬瑭忧郁而死,其侄石重贵继位。石重贵登基后决定渐渐脱离对契丹的依附,开运元年(944)和开运二年(945),契丹两次伐晋,都被晋军击退。开运三年(946),契丹第三次南下,后晋重臣杜重威降契丹,石重贵被迫投降,全家被俘虏到契丹,后晋灭亡。后晋亡后,河东节度使北平王刘知远在太原称帝,建立后汉。

刘知远亦为沙陀人。他雄武过人,勇猛善战,不顾自己的生死安危,两次救护石敬瑭脱难。后晋建立后,以其军政才能和佐命功,历任检校司空、侍卫马步都指挥使、点检随驾六军诸卫事、许州节度使、朱州节度使、检校太傅、北京(今山西太原)留守、河东节度使等职。石重贵即位后,升为检校太师,再晋为中书令。开运四年(947),契丹灭后晋后占据中原,但因契丹兵在中原烧杀抢掠,中原地区人民反抗不断,被迫北撤。刘知远抓住时机,在太原称帝,定国号为汉。后采纳了郭威"由汾水南下取河南,进而图天下"的正确建议,命史弘肇为先锋,举兵南下,一路势如破竹,所向无敌,很快拿下了洛阳和汴京。后汉共历二帝,立国仅四年,便被郭威灭亡。

后唐、后晋、后汉均为沙陀人所建,作为崛起于北方,以武功见长的少数民族,其军中自不乏沙陀族将领,这一点从其统治集团的构成中便能看出。仅在李克用统治集团的主要成员中,就有沙陀人李克让、李克修、李克恭、李克宁、李存勖、李嗣源、安怀盛、郭绍古、张彦超等;在李存勖、李嗣源统治力量中,沙陀人有李存勖、李嗣源、李嗣弼、李嗣弘、李存霸、李存乂、李继岌、李从璟、李从荣、李从璨、枭捩鸡等。①

为让进入中原地区的沙陀人能在中原地区安居下来,李存勖以唐朝合法继

① 牛雨:《唐末五代北方政治局势研究——以沙陀族为中心》,陕西师范大学硕士论文,2016年。

承人自居，俨然自己就是中原地区的主人。李存勖祖上朱邪赤心平定庞勋起义有功，而“入为金吾上将军，赐姓李氏，名国昌，仍系郑王房”①，其后朱邪氏便以唐室后裔自居。李存勖建国后，以“大唐”为国号，并追赠父祖三代为皇帝，与唐高祖、唐太宗、唐懿宗、唐昭宗并列为七庙，以表示自己是唐朝的合法继承人。李存勖还仿效孝文帝的做法将家族墓地选在中原地区。李存勖的母亲曹氏去世后，他本想将灵柩运往代州（今山西代县），与其父李克用合葬，中书门下提出了反对意见：“人君以四海为家，不当分异南北。洛阳是帝王之宅，四时朝拜，礼须便近，不能远幸代州。且汉朝诸陵皆近秦雍，国朝陵寝布列京畿，后魏文帝自代迁洛之后，园陵皆在河南，兼敕应勋臣之家，不许北葬，今魏氏诸陵尚在京畿。祔葬代州，理为未允。”②李存勖欣然接受了中书门下的建议，将其母亲葬在寿安（今河南宜阳）境内。

在后晋、后汉集团中，尽管沙陀人有所减少，但仍然占有一定比例。

除沙陀人外，在后唐、后晋、后汉统治集团内还有粟特人、回鹘人、吐谷浑人等少数民族进入中原地区。

唐末五代时，由于沙陀部的兴起，沙陀部中融入了粟特、回鹘、吐谷浑、鞑靼等少数民族，形成了以沙陀为主的民族共同体。粟特和沙陀关系非常密切，对沙陀于唐末在代北的扩张，乃至建立五代中的沙陀三王朝，起到了很大的影响，他们是“支撑了沙陀王朝的军事力量”③，没有他们，沙陀“就无法在五代时期创造出那样辉煌的业绩”④。如在李克用的统治集团中的史俨、史敬思、康君立、康义诚、康思立、康延孝、安金全、安重霸、安元信等，李存勖、李嗣源统治力量中的安金全、安金祐、安审琦、安审信、安审通、药彦稠、安叔千、安重诲、康义诚、康延孝等都是粟特人。⑤ 后晋石敬瑭、石重贵时期的主要官员中，史匡翰、安元信、安彦威、康福、安重荣、安从进也是粟特人。

回鹘与沙陀较早就有联系。天宝初，回鹘酋长叶护颉利吐发遣使入朝，被

---

① 〔宋〕薛居正等：《旧五代史》卷二五《唐书·武皇纪上》，中华书局 1976 年版，第 332 页。

② 王溥：《五代会要》卷四《皇后陵》，上海古籍出版社 1978 年版，第 60 页。

③ 森部丰著，温晋根译：《唐后期至五代的粟特武人》，《粟特人在中国——历史、考古、语言的新探索》，中华书局 2005 年版，第 233 页。

④ 蔡家艺：《沙陀历史杂谈》，《民族研究》2001 年第 1 期。

⑤ 牛雨：《唐末五代北方政治局势研究——以沙陀族为中心》，陕西师范大学硕士论文，2016 年。

封为奉义王,后来因破拔悉密有功,唐廷册其为怀仁可汗。[①] 对于回鹘的内附,唐政府以沙陀首领骨咄支为回鹘副都护,且"安史之乱"时,共同参加了平叛。[②] 唐开成五年(840),嗢没斯率其国特勤、宰相等2200余人降唐,授归义军使,置家太原(今山西太原),与诸弟为唐捍边。由于迁居此地的回鹘人和沙陀的居处同处一地,"加上沙陀首领长期担任代北一带的防御任务,故随着岁月的流逝,遂有部分人逐步融合于其中"[③]。融入沙陀的回鹘人也为沙陀的发展作出了贡献。李存信,"通黠多数,会四夷语,别六蕃书,善战,识兵势",初为李国昌的亲信,后从李克用四处征战,得以"补军职,赐姓名",并被收为义子,[④]为沙陀的发展立下了不少功劳。李茂勋,本为回鹘阿布思之后裔,会昌年间附唐,骁勇善骑射,深得张仲武赏识,任以兵马之任,累有边功,因得以赐姓及名。乾符二年(875),他驱逐节度使张公素,自立为幽州节度使;不久,让位给其子李可举。何建,其先为回鹘人,世居云、朔间。其祖父何庆、父亲何怀福,都曾事李克用为小校。何建则以谨厚事石敬瑭,历任泾、邓、贝、澶、孟五镇节度使,累官至检校太傅。晋亡,以秦、阶、成三州归后蜀。[⑤] 可见,融入沙陀中的回鹘人为数不少。

沙陀王朝的统治集团内活跃着不少的吐谷浑人,随沙陀四处征战,对沙陀的发展和沙陀王朝的建立,有着重要的作用和影响。例如,李嗣恩,本姓骆,能骑善射,初为铁林军将,以战功迁突阵指挥使,李克用赐姓名,收为养子,官至代州刺史、石岭关以北都知兵马使、振武节度使。[⑥] 李金全也是吐谷浑人,少年时"为唐明宗厮养",因"骁勇善骑射",经常跟从唐明宗四处征战,官至检校太傅,后晋时为安州节度使,以事获罪,奔南唐,历官润州节度使。[⑦]

沙陀又作沙陀突厥,本就是突厥族的一支,因此,与其他突厥部族有着密切的关系,在沙陀统治集团中突厥人也是一支重要的力量。如突厥人张万进,曾追随李克用,以骑射闻名,"攻城野战,奋不顾命";后唐明宗时,任威胜、保大两

---

① 〔后晋〕刘昫等:《旧唐书》卷一九五《回鹘传》,中华书局1973年版,第5198页。

② 〔宋〕欧阳修、宋祁:《新唐书》卷二一八《沙陀传》,中华书局1975年版,第6154页。

③ 蔡家艺:《沙陀历史杂谈》,《民族研究》2001年第1期。

④ 〔宋〕薛居正等:《旧五代史》卷五三《唐书·李存信传》,中华书局1976年版,第713页;〔宋〕欧阳修:《新五代史》卷三六《义儿传·李存信传》,中华书局1974年版,第390页。

⑤ 〔宋〕薛居正等:《旧五代史》卷九四《晋书·何建传》,中华书局1976年版,第1245页。

⑥ 〔宋〕欧阳修:《新五代史》卷三六《义儿传·李嗣恩传》,中华书局1974年版,第390页。

⑦ 〔宋〕欧阳修:《新五代史》卷四八《李金全传》,中华书局1974年版,第540—542页。

镇节度使；后晋高祖即位，命为彰义军节度使。[①] 郭金海，“本突厥之族”，年轻时从李嗣昭四处征伐，屡立战功，以军功累官为昭义亲骑指挥使，唐明宗时官拜护圣都虞候。后晋时，因以一旅之众击败安从进，“册勋授检校太保、商州刺史”[②]。突厥人张彦泽，其先出于突厥，祖、父世为阴山府裨将。[③] 彦泽善射，初从后唐庄宗、明宗征战，又与石敬瑭联姻，官位步步高升，累官护圣右厢都指挥使、曹州刺史；因主持讨伐范延光，授为镇国军节度使，改任彰义军节度使；晋出帝时，任左龙威军大将军、右武卫上将军、右神武统军、彰德军节度使。[④]

鞑靼人也是沙陀统治集团中的一支重要力量。活跃于阴山至云州边境一带的鞑靼，与沙陀、吐谷浑、党项等毗连而居，史籍称为“阴山室韦”。《旧唐书·范希朝传》载：“振武有党项、室韦，交居川阜，凌犯为盗，日入慝作，谓之‘刮城门’。居人惧骇，鲜有宁日。”[⑤]虽然鞑靼人不时扰害唐朝边境地区，但又是唐末唐廷对付其他民族入侵的重要力量。例如，会昌二年（842），回鹘乌介可汗挟太和公主进攻云州等地，武宗便令“起室韦、沙陀三部落、吐浑诸部”[⑥]前往抵御。唐咸通九年（868），庞勋发动起义，引兵北上，驻次彭城（今江苏徐州），唐懿宗令康承训率沙陀三部落、鞑靼和吐谷浑前往镇压。[⑦] 鞑靼人和沙陀人经常在一起征战，双方关系日渐密切。广明元年（880），李国昌和李克用父子因在与赫连铎等争战中失利，被迫逸入鞑靼部。不久，因黄巢率领起义军占领长安，李克用受命前往征讨，即于当地率“达靼诸部万人”[⑧]准备进攻长安。次年，又“率忻、代、蔚、朔、达靼之军三万五千骑”[⑨]，南下助讨黄巢。这些鞑靼军队从此就成了沙陀军的一部分。

此外，沙陀军中还有奚、契丹等少数民族。《旧五代史·庄宗纪》载：“（天祐十三年）秋八月辛丑朔，大阅于魏郊，河东、魏博、幽、沧、镇定、邢洺、麟、胜、

---

① 〔宋〕薛居正等：《旧五代史》卷八八《晋书·张万进传》，中华书局1976年版，第1157—1158页。
② 〔宋〕薛居正等：《旧五代史》卷九四《晋书·郭金海传》，中华书局1976年版，第1248—1249页。
③ 〔宋〕薛居正等：《旧五代史》卷九八《晋书·张彦泽传》，中华书局1976年版，第1305页。
④ 〔宋〕欧阳修、宋祁：《新唐书》卷二一八《沙陀传》，中华书局1975年版，第6155页。
⑤ 〔后晋〕刘昫等：《旧唐书》卷一五一《范希朝传》，中华书局1973年版，第4058页。
⑥ 〔后晋〕刘昫等：《旧唐书》卷一八上《武宗纪上》，中华书局1973年版，第593页。
⑦ 〔宋〕司马光：《资治通鉴》卷二五一《唐纪六七》，中华书局1956年版，第8131页。
⑧ 〔宋〕薛居正等：《旧五代史》卷二五《唐书·武皇纪上》，中华书局1976年版，第336页。
⑨ 〔宋〕薛居正等：《旧五代史》卷二五《唐书·武皇纪上》，中华书局1976年版，第336页。

云、朔十镇之师及奚、契丹、室韦、吐浑之众十余万，部阵严肃，旌甲照曜，师旅之盛，近代为最。”①

五代时期进入中原地区的普通少数民族也有不少。后唐明宗天成元年(926)，在后唐方面的争取下，卢龙节度使、平州守将卢文进奔后唐，“及明宗即位之明年，文进自平州率所部十余万众来奔”②。卢文进行至幽州，上书明宗说：“臣十月十日，决计杀在城契丹，取十一日离州，押七八千车乘，领十五万生灵，十四日已达幽州。”③宋人马令的《南唐书》、宋人陆游的《南唐书》、明人陈霆的《唐馀纪传》和清人吴任臣的《十国春秋》的《卢文进传》均言其率众“数万”归附后唐。④ 两年后，卢龙节度使、平州守将张希崇再步卢文进后尘，“以管内生口二万余南归”⑤。

从《资治通鉴》所说“契丹以卢文进为幽州留后，其后又以为卢龙节度使。文进常居平州，帅奚骑岁入北边，杀掠吏民”可知，自卢文进入辽后，他不断率领契丹部众在边境杀掠民众。因此，在其率领下归附后唐的队伍中，当有不少契丹人和奚兵。对于归附的人口的安置，史书并无明确记载，从归附后卢文进官滑州节度使，张希崇官汝州防御使来推断，当有一部分少数民族将士入居中原地区。

沙陀人建立的王朝因袭唐朝官制，使用汉人，认同汉文化，鼓励蕃汉通婚，有力地促进了民族融合。后唐庄宗李存勖即位之初便宣布“前王之令典，为历代之通规，必按旧章，以令多士”⑥。石敬瑭建立后晋，一切制度均依照后唐，多次下令“朝廷之制，今古相沿……宜依唐礼施行”“应明宗朝所行敕命法制，仰所在遵行，不得改易”“国朝文物制度、起居入阁，宜依唐明宗朝事例施行”⑦。在用人方面，主张使用汉人，李存勖就把汉族的官员基本上保留在自己的朝廷中，

---

① 〔宋〕薛居正等：《旧五代史》卷二八《唐书·庄宗纪》，中华书局1976年版，第391页。

② 〔宋〕薛居正等：《旧五代史》卷九七《晋书·卢文进传》，中华书局1976年版，第1295页。

③ 〔宋〕薛居正等：《旧五代史》卷九七《晋书·卢文进传》，中华书局1976年版，第1296页。

④ 参见傅璇琮等主编：《五代史书汇编》，杭州出版社2004年版，第5341、5535、5717、5732页。

⑤ 〔宋〕薛居正等：《旧五代史》卷八八《晋书·张希崇传》，中华书局1976年版，第1148页。

⑥ 〔宋〕薛居正等：《旧五代史》卷三〇《唐书·庄宗纪》，中华书局1976年版，第412页。

⑦ 〔宋〕薛居正等：《旧五代史》卷七七、卷七六《晋书·高祖纪》，中华书局1976年版，第1014、991、994页。

他在灭后梁后就说："朕二十年血战，盖为卿等家门无足忧矣，各复乃位。"[①]《新五代史·唐臣传》共收录"后唐军政大臣凡三十六人，其中汉族出身三十一人，少数民族出身三人"[②]。后晋任用汉族官员更多，《旧五代史》所载后晋的123名大臣中，汉人就有113人之多。不仅如此，沙陀皇帝也在思想上接受着汉文化，后唐庄宗"十三习《春秋》，手自缮写，略通大义"[③]，在崇圣祀孔方面尽力维护一贯传统，后唐长兴年间恢复贡举人至国子监行谒先圣礼。[④] 唐代旧例，每年春秋两季仲月上旬祭祀孔子，颜渊、闵子骞等10人配座，四壁绘有72贤像，面前皆有祭礼。但自五代丧乱以来，虽有祭祀，而72贤已不再祭祀。唐明宗下令："其文宣王四壁英贤，自此每释奠，宜准《郊祀录》，各陈脯、醢等诸物以祭。"[⑤]明宗又"以文宣王四十三代孙曲阜县主簿孔仁玉为兖州龚邱令，袭文宣公"[⑥]，足见沙陀帝王对儒家文化的重视。沙陀统治者还娶汉族女为妻，收汉族人为义子，促进了民族融合。

随着沙陀族政权的解体，入主中原的沙陀人散居到了辽、宋、金、夏境内，其中，不少世代为沙陀部将的沙陀人留居中原地区。他们在后唐、后晋、后汉政权中起着重要作用，在宋朝建立和发展过程中，因立有汗马功劳，也都有显赫的地位，并最终融合到中华民族大家庭之中。

二、中原人口外迁他地

五代十国时期，在中原地区之外建立的十个割据政权中，前蜀、闽、楚、南汉、荆南分别是由陈州项城（今属河南）人，一作许州舞阳（今属河南）人王建，光州固始（今属河南）人王审知，许州鄢陵（今属河南）人马殷，蔡州上蔡（今属

① 〔宋〕薛居正等：《旧五代史》卷三〇《唐书·庄宗纪》，中华书局1976年版，第412页。

② 林荣贵、陈连开：《五代十国时期契丹、沙陀、汉族的政治、经济和文化交流》，载陈述：《辽金史论集》第三辑，上海古籍出版社1987年版，第156页。

③ 〔宋〕薛居正等：《旧五代史》卷二七《唐书·庄宗纪》，中华书局1976年版，第366页。

④ 〔宋〕王溥：《五代会要》卷八《褒崇先圣》，上海古籍出版社1978年版，第127页。

⑤ 〔宋〕王溥：《五代会要》卷八《释奠》，上海古籍出版社1978年版，第128页。

⑥ 〔宋〕薛居正等：《旧五代史》卷四三《唐书·明宗纪》，中华书局1976年版，第591页。

河南)人刘隐,陕州硖石(今河南三门峡陕州东南)人高季兴建立的。在这些割据政权建立过程中,来自家乡的人发挥了重要作用。

前蜀由王建建立,定都于成都(今属四川),盛时疆域相当于今四川大部、甘肃东南部、陕西南部、湖北西部。王建(847~918),字光图,陈州项城(今属河南)人,一说许州舞阳(今属河南)人,原为唐忠武军将领,后入为禁军。中和元年(881),黄巢起义军攻陷长安,唐僖宗逃往巴蜀。忠武军监军杨复光率八千兵马击退黄巢,王建与鹿晏弘、晋晖、韩建、张造、李师泰、庞从等人被任命为都头。中和四年(884),王建与晋晖、韩建、张造、李师泰等五都头率兵入蜀,被称为"随驾五都"。王建因护驾有功,被唐僖宗封为西川节度使、壁州刺史。僖宗还长安后,王建又升任御林军宿卫将领。此后,王建不断发展势力,队伍逐渐壮大。大顺二年(891),攻占成都(今属四川),据西川。乾宁四年(897),破梓州(东川节度使治所,今四川三台),占有东西两川之地。天复二年(902),取山南西道(治兴元,今陕西汉中)。天祐四年(907),唐朝灭亡,王建不承认后梁的正统性,遂在成都称帝,国号为蜀,史称前蜀。

蜀国的建立,以许州人为核心的、来自中原地区的军事骨干发挥了重要作用。在蜀国的统治集团中,许州人占有较大比重,有"老将大臣多许昌故人"①"握权柄者,几非许州军人集团莫属"②的说法。王宗裕,为王建族子,作战勇敢,而且对王建忠心耿耿,"建亲督诸军力战,宗裕必冒矢石以掖卫之",前蜀初建,"总成都城内外诸军事"③;王宗寿,为王建族子,一说许州民家之子,"幼从征伐"④,入蜀为镇江节度使;王宗鐬,是王建的侄子,"以裨将从征"⑤,屡立战功,官至山南节度使,同平章事;王宗翰,王建姐姐的儿子,历任拱辰军使,眉、彭二州刺史,封集王,赐姓王氏;⑥王宗侃,许昌人,王建养子,本姓田,名师,"世为乡豪,隶名忠武军籍。建为部将,奏署宗侃决云都兵马使"⑦,屡立战功,封中书令;王宗鉥,许昌人,王建义子,本名李武,"以勇过人,号为武子路""遇敌必自挑

① 〔宋〕欧阳修:《新五代史》卷六三《前蜀世家·王建世家》,中华书局1974年版,第790页。
② 莫锦江:《论前蜀的兴亡》,《四川大学学报》1983年第4期。
③ 〔宋〕路振:《九国志》卷六《王宗裕传》,齐鲁书社2000年版,第57页。
④ 〔宋〕路振:《九国志》卷六《王宗寿传》,齐鲁书社2000年版,第58页。
⑤ 〔宋〕路振:《九国志》卷六《王宗鐬传》,齐鲁书社2000年版,第59页。
⑥ 〔宋〕路振:《九国志》卷六《王宗翰传》,齐鲁书社2000年版,第60页。
⑦ 〔宋〕路振:《九国志》卷六《王宗侃传》,齐鲁书社2000年版,第62页。

战，挟人夺马而还”，官拜普州刺史；[1]王宗弼，许州人，王建义子，本名魏宏夫，“以家籍隶忠武军。建讨王仙芝、尚君长，皆在帐下”，入成都，官“左骁骑都知兵马使，累迁嘉、眉二州刺史”，官至宫城内外都指挥使，判六军事，封齐王；[2]王宗涤，颍川人，王建养子，本姓华，名洪，“膂力骁果”，屡有战功，官山南东道节度使；[3]晋晖，许州人，“少有胆气”，“素与建相善”，唐僖宗幸蜀，为“随驾五都”之一，后随王建攻西川首府成都，为总指挥，夺取东川首府梓州时为壕寨使，累官至武泰军节度使，同平章事；[4]张造，长社人，随僖宗奔蜀，为“随驾五都”之一，王建起兵阆中，为建行军司马，后任茂州刺史；[5]张勍，长葛人，“少隶忠武军籍，从讨王仙芝，以勇敢称”，后历任眉州、邛州刺史；[6]李简，许州长葛人，“少以骁勇隶忠武军”，王建起兵阆中，简为义勇都副兵马使，官至邛州刺史；[7]李师泰，许州人，为僖宗奔蜀时“随驾五都”之一，后从王建，历官蜀州刺史、节度判官，加司徒；[8]綦毋谏，许州人，为王建亲校，曾劝说王建养兵爱民，以观天下之变；[9]张虔裕，许州人，从王建入西川为部将，曾劝王建遣使臣向皇帝进呈表章，以唐廷的名义号令四川，建纳其言，后遂建立前蜀；[10]周德权，许州人，一说汝南人，从建至西川，以战功官眉州刺史，官至太保、中书令；[11]徐瑶，长葛人，“从建入蜀，勇猛善格斗”[12]；王宗播，上蔡汝阳人，王建义子，本名许存，“少有胆勇”，作战勇猛，所向无敌，人称“许扫土”，初为秦宗权将，后投王建帐下，官拜武信军节度使兼中书令，封临颍郡王。[13]

不仅武将多“许州故人”，士人阶层中也多有中原人士，史称“蜀恃险而富，

---

① 〔宋〕路振：《九国志》卷六《王宗钬传》，齐鲁书社 2000 年版，第 65 页。
② 〔宋〕路振：《九国志》卷六《王宗弼传》，齐鲁书社 2000 年版，第 65 页。
③ 〔宋〕路振：《九国志》卷六《王宗涤传》，齐鲁书社 2000 年版，第 61 页。
④ 〔宋〕路振：《九国志》卷六《晋晖传》，齐鲁书社 2000 年版，第 68 页。
⑤ 〔宋〕路振：《九国志》卷六《张造传》，齐鲁书社 2000 年版，第 69 页。
⑥ 〔宋〕路振：《九国志》卷六《张勍传》，齐鲁书社 2000 年版，第 69 页。
⑦ 〔宋〕路振：《九国志》卷六《李简传》，齐鲁书社 2000 年版，第 70 页。
⑧ 〔清〕吴任臣：《十国春秋》卷四〇《李师泰传》，中华书局 1983 年版，第 596 页。
⑨ 〔清〕吴任臣：《十国春秋》卷四〇《綦毋谏传》，中华书局 1983 年版，第 596 页。
⑩ 〔清〕吴任臣：《十国春秋》卷四〇《张虔裕传》，中华书局 1983 年版，第 597 页。
⑪ 〔清〕吴任臣：《十国春秋》卷四〇《周德权传》，中华书局 1983 年版，第 598 页。
⑫ 〔宋〕张唐英：《蜀梼杌校笺》卷一《前蜀先主》，巴蜀书社 1999 年版，第 126 页。
⑬ 〔宋〕路振：《九国志》卷六《王宗播传》，齐鲁书社 2000 年版，第 64 页。

当唐之末,士人多欲依建以避乱。建虽起盗贼,而为人多智诈,善待士,故起僭号,所用皆唐名臣世族”①,“蜀主虽目不知书,好与书生谈论,粗晓其理。是时唐衣冠之族多避乱在蜀,蜀主礼而用之,使修举故事,故其典章文物有唐之遗风”②。富庶和安定等客观环境,以及王建对士人的优待,吸引众多士人进入蜀地,其中不乏来自中原地区者。如周博雅,颍川人,仕唐为龙州司仓参军,后入利州刺史王建幕府,多谋佐建,前蜀建国后,历任成都尹、御史中丞,官至中书侍郎、同平章事;③张琳,许州人,唐末为眉州刺史,降建,累官武信军节度使。④

到底有多少中原人进入蜀地,史籍无载,但仅从王建入阆州时,委任王宗瑶“为先锋、十九都都头、左威猛都知兵马使”⑤判断,王建率领的部队至少应该有两万人,⑥这些人绝大多数应该来自中原地区。

荆南为高季兴所建,都城为荆州(今湖北江陵),辖荆、归(今湖北秭归)、峡(今湖北宜昌)三州。高季兴,陕州硖石(今河南三门峡陕州东南)人,原名高季昌,因避后唐庄宗祖父李国昌之讳,改名高季兴。幼年在汴州商人李七郎家为奴,朱温收李七郎为养子,遂赐名朱友让,又命朱友让收高季兴为养子,遂成为朱温的亲随牙将,后从朱温征战四方,屡立战功,官至颍州防御使,复姓高氏。后梁开平元年(907),高季兴任荆南节度使。当时,荆南所辖的十州为邻道侵夺,只有江陵一城。高季兴到任后,招集流亡,民渐复业,又收用一些文武官作辅佐,实力得到加强,“时梁朝旧军多为季兴所诱,由是兵众渐多”⑦。后唐同光二年(924),后唐封高季兴为南平王,建都荆州,史称荆南或南平。后唐灭前蜀以后,高季兴得到了归、峡二州。后唐天成四年(929),高季兴死,后唐明宗追封他为楚王。其子高从诲继立,后经高保融、高保勖,直到第五主高继冲,于宋太祖建隆四年(963)纳地归降。至此,荆南亡国,前后历时57年。

荆南国是以宣武军为基础建立起来的,而宣武军长期活动于中原的汴州(治今河南开封)、宋州(治今河南商丘)等地,军中自不乏中原人。实际上,早

---

① 〔宋〕欧阳修:《新五代史》卷六三《前蜀世家》,中华书局1974年版,第787页。

② 〔宋〕司马光:《资治通鉴》卷二六六《后梁纪》,中华书局1956年版,第8685页。

③ 〔宋〕路振:《九国志》卷六《周博雅传》,齐鲁书社2000年版,第68页。

④ 〔清〕吴任臣:《十国春秋》卷四〇《张琳传》,中华书局1983年版,第597页。

⑤ 〔宋〕路振:《九国志》卷六《王宗瑶传》,齐鲁书社2000年版,第63页。

⑥ 杨伟立:《前蜀后蜀史》,四川省社会科学院出版社1986年版,第42页。

⑦ 〔宋〕薛居正等:《旧五代史》卷一三三《高季兴传》,中华书局1976年版,第1752页。

在高季兴统治荆南之前，中原人已经深入到荆南地区了。中和四年（884），秦宗权命蔡州（今河南汝南）人赵德諲攻取襄州。光启元年（885），秦宗权又令其弟秦宗言进攻荆南，未获成功。两年后，山南东道留后赵德諲攻陷荆南。与此同时，秦宗权还派部将常厚径由房州（治今湖北房县）南下，攻占了荆南上游的夔州（治今重庆奉节）。文德元年（888），淮蔡军人、归州（治今湖北秭归县）刺史成汭据有荆南，被唐廷任为荆南节度使。秦宗权失败后，其部下四处逃散，其中有逃奔荆南者，如蔡州汝阳（今属河南）人许存"亡抵荆州"，投靠成汭，后投靠王建，被王建收为养子。由此可见，唐末五代期间有不少中原人进入荆南地区。

楚国由马殷所建，故称马楚，又称南楚、楚朝，以潭州（今湖南长沙）为王都，全盛时的疆域相当于今湖南全境和广西大部、贵州东部和广东北部。马殷（852~930），字霸图，许州鄢陵（今属河南）人，早年以木匠为业，后投入秦宗权军中，隶属于蔡州军将孙儒部下。孙儒在与杨行密交战中败亡后，随刘建锋南走江西。"刘建锋、马殷收余众七千，南走洪州，推建锋为帅，殷为先锋指挥使，以行军司马张佶为谋主，比至江西，众十余万。"[①]乾宁元年（894）入湖南，杀潭州（今湖南长沙）刺史邓处讷，占领潭州。乾宁三年（896），刘建锋被部将所杀，马殷被推为主帅，任潭州刺史，占领郴、衡等六州。乾宁四年（897），受唐任为武安军节度使，后又攻取岭南各州。开平元年（907），后梁朱温封其为楚王，定都潭州。马殷在位期间，采取"上奉天子，下奉士民"策略，不兴兵戈，保境安民，很少主动对外交战，对内发展农业生产，减轻百姓赋税，使得湖南经济得以繁荣。

马殷建立南楚，依靠的多是来自中原的蔡州军人，其中有：许德勋，蔡州朗山（今河南确山）人，"少为县吏，好读书史，任气不群。秦宗权据淮西，德勋往依之，擢为左军判官。与殷同在帐下，有州里之旧，情好款洽"[②]。与刘建锋同入湖南，马殷代刘建锋后，以许德勋为内外马步军都指挥使。曾以东面行营步军都指挥使的身份统帅大军，进攻淮南，建立卓著功勋。楚国建立后，被任为右丞相，与左丞相姚彦章同掌朝政。

姚彦章，字继徽，汝南（今属河南）人，"少倜傥，有武略。乾符中，黄巢盗起，秦宗权召募豪俊，以彦章隶帐下……随孙儒渡淮，拔广陵，儒死宣城，随刘建锋

① 〔宋〕司马光：《资治通鉴》卷二五九《唐纪七五》，中华书局1956年版，第8430页。

② 〔宋〕路振：《九国志》卷一一《许德勋传》，齐鲁书社2000年版，第114页。

入湖南，领厅直军，最被亲信。及建锋遇害，张佶伤髀，不能视事，佶与彦章首议迎殷，遂遣彦章率所部逆殷于邵州"[①]。马殷代为主帅后，任其为长直都指挥使。后历任静江军行军司马、监军府事，检校工部尚书，衡州刺史，宁远军节度副使、知容州事等职。马殷建楚后，被任为左丞相。

秦彦晖，上蔡人，秦宗权之族弟。"少伉勇，有知略。宗权将败，族人惧祸，彦晖请随族兄宗衡讨扬州。宗衡为儒所害，彦晖从儒攻宣州。儒败，又从刘建锋入湖南，为捉生指挥使"[②]。马殷代立，历任检校太保、检校太傅、道州刺史等职。

王环，许州（今河南许昌）人。因"有勇力"，被秦宗权"召置帐下，后与刘建锋从孙儒渡淮，儒死宣城，又随建锋入湖南，为捉生指挥使"[③]。马殷代立，为水军都指挥使，善治舟师。后历任检校司徒、岳州刺史。马殷建国后，为左六军副使。其子王赟，历任衡水指挥使、岳州刺史、永州防御使等职。

李琼，蔡州汝阳（今属河南）人，"少以骁勇，选隶秦宗权帐下。后随孙儒渡淮，儒败，又从刘建锋入湖南，为亲从都裨校。殷代立，迁本军指挥使"[④]。后为岭北七州游奕使，陆续攻下连、邵、郴、衡、道、永六州，又进取桂、宜、岩、柳、象五州之地，迁桂州刺史。未几，升任静江军节度使，加同平章事。

苑玫，蔡州人，马殷时因功擢升为指挥使。以作战勇敢著称，开平三年（909），后梁抚州（今江西临川市）刺史危全讽攻洪州（今江西南昌），乞师于楚，马殷派苑玫与袁州刺史彭彦章出援，不久为淮南所败，迁岳州刺史。围攻高安（今属江西），以助危全讽。后来为淮南将米志诚所破，苑玫迁为岳州刺史。淮南节度副使陈璋来袭岳州，玫兵败被执。史书上说："玫敢勇多胆气，竟以数奇至于败。"[⑤]

马殷家族成员也是马殷政权建立的重要力量。马殷之弟马赍，"性沉勇，知书史。初从秦宗权于淮西为盗，已又事孙儒为百胜指挥使。儒败，赍为吴兵所执"，杨行密署其为黑云都指挥使。后归马殷，任武安节度副使。后梁开平末

---

① 〔宋〕路振：《九国志》卷一一《姚彦章传》，齐鲁书社 2000 年版，第 116 页。

② 〔宋〕路振：《九国志》卷一一《秦彦晖传》，齐鲁书社 2000 年版，第 117 页。

③ 〔宋〕路振：《九国志》卷一一《王环传》，齐鲁书社 2000 年版，第 118 页。

④ 〔宋〕路振：《九国志》卷一一《李琼传》，齐鲁书社 2000 年版，第 119 页。

⑤ 〔清〕吴任臣：《十国春秋》卷七二《苑玫传》，中华书局 2010 年版，第 1002 页。

年，马殷开天策府，以賨为左相，俄为朗州留后，拜永顺军节度使、同平章事。马殷建楚国，改賨为静江军节度观察使。马賨为楚国发展竭尽全力，常年守卫在楚国的边境，功勋卓著。后唐明宗曾夸赞说："尔賨名尊四辅，位冠三师。"①

马存，亦马殷弟，一直跟随马殷征战各地，积功至永州刺史。开平年间，恰逢静江节度使李琼去世，马殷任命马存为桂州知州。马殷开天策府，存被任命为右相。不久，领永顺军节度使。曾率军进攻吴地上高（今属江西），俘获甚多。

具体有多少中原人进入楚国，史书无载，但可以肯定，在最初跟随刘建锋的军队南下的七千军兵，大部分应该来自蔡、许一带。

南汉是五代十国时期的南方割据政权之一，全盛时拥有六十州，辖境相当于今广东、广西两省区及越南北部地区，其奠基者刘隐（873～911），蔡州上蔡（今属河南）人，封州（今广东封开）刺史刘谦长子。唐朝末年，刘谦任封州刺史，拥兵过万，战舰百余。刘谦死后，刘隐继承父职，逐步统一岭南，进位横海军节度使。朱温篡唐后，刘隐先后被封彭郡王、南平王和南海王。在奉后梁为宗主期间，刘氏兄弟趁中原混乱，借机发展自己的势力，平定岭南东西两道割据势力，占据两广和云南的一部分地区。刘隐死后，其弟刘龑袭封南海王，凭借父兄在岭南的基业，于后梁贞明三年（917）在番禺（今广州）称帝，改广州为兴王府，国号"大越"。次年，刘龑以汉朝刘氏后裔自视，改国号为"汉"，史称南汉。大宝十四年（宋开宝四年，971），为北宋所灭，历五主，54 年。

南汉政权是依靠贬谪岭南的名臣后裔、任满无法北回中原复命的官员及其子孙建立起来的，《新五代史·南汉世家》称："（刘）隐复好贤士。是时，天下已乱，中朝士人以岭外最远，可以避地，多游焉。唐世名臣谪死南方者往往有子孙，或当时仕宦遭乱不得还者，皆客岭表。王定保、倪曙、刘浚、李衡、周杰、杨洞潜、赵光裔之徒，隐皆招礼之。"②留居岭南的士人中当有不少中原人，刘浚的伯父就是其中之一。"刘浚，字伯深，其先滑州胙人也。父崇望，相唐昭宗。世父崇龟，大顺时出为清海军节度使、岭南东道观察处置等使。浚从崇龟流寓广州，因占籍焉。烈宗居番禺，辟浚居幕府。议论多所商定，与周杰等同为宾客。高

---

① 〔清〕吴任臣：《十国春秋》卷七一《马賨传》，中华书局 2010 年版，第 986 页。

② 〔宋〕欧阳修：《新五代史》卷六五《南汉世家》，中华书局 1974 年版，第 810 页。

祖即位,拜宗正卿兼工部侍郎。”[①]此外,颍川(今河南许昌)人陈道庠的父亲也是避乱寓居岭南的,“(陈)道庠,颍川人。父珰,唐末避乱于封州。膂力绝人,隐闻其忠勇,召至帐下,随隐入广州,迁雄虎将军”[②]。

而跟随固始人王潮、王审知兄弟进入闽地的中原人更是不胜枚举。王审知建立闽国后,又有大批固始人投亲靠友前往闽地。关于唐末五代固始人入闽的情况,我们在下节专门论述。

除此之外,在其他割据政权中,也有不少中原人的身影。吴国的创建者杨行密起于庐州,虽然初期主要依靠本乡土人,但也有少量中原人,如陈州人刘存,“善拳勇。从行密起合淝,破秦毕、赵锽皆有功”[③],带伤与孙儒战斗,因功升寿州马军都尉。在击败秦彦、赵锽等势力后,又招集其精锐,其中也有中原人,如上蔡人李简,“有胆勇,资质环伟。始隶陈蔡军中,赵锽选武干之士,因任为帐下亲信。龙纪初,锽为行密所围,粮尽将逸,简给守门者得出,因奔行密”。蔡州秦宗权的部将孙儒败后,其部“众多降于行密”,使得杨行密军队的战斗力大为增强,“孙儒降兵多蔡人,行密选其尤勇健者五千人,厚其禀赐,以皂衣蒙甲,号‘黑云都’,每战,使之先登陷陈,四邻畏之”[④]。黑云都是杨行密手下战斗力最强的部队,上蔡人李简为都指挥使,在其率领下为杨行密的霸业四处征伐,参与了攻打濠州、寿州、苏州等重要战役,为杨吴政权的建立立下赫赫战功,李简也因此名扬四方,“天下皆知有李简者”。李简后为武昌节度使,“镇上游之地十余年,重关洞启,敌人不敢侵轶”[⑤]。孙儒失败后投降杨行密的知名淮蔡军人还有柴再用,《九国志》载:“再用,蔡州汝南人……及长,沉毅有断,面黑如铁,人号为柴黑子。会秦宗权招募骁勇,再用以骑射应选……儒败,行密授先锋马军指挥使。”[⑥]勇敢善战,所向克捷。唐昭宗乾宁二年(895),升任光州刺史。柴再用是杨行密抗击朱温的主要将领,“累历藩镇”,被誉为“一时之良将”[⑦]。天祐初年,

---

① 〔清〕吴任臣:《十国春秋》卷六二《刘浚传》,中华书局 1983 年版,第 890 页。

② 〔宋〕路振:《九国志》卷九《陈道庠传》,齐鲁书社 2000 年版,第 101 页。

③ 〔宋〕路振:《九国志》卷一《刘存传》,齐鲁书社 2000 年版,第 12 页。

④ 〔宋〕司马光:《资治通鉴》卷二五九《唐纪七五》,中华书局 1956 年版,第 8434 页。

⑤ 〔宋〕路振:《九国志》卷一《李简传》,齐鲁书社 2000 年版,第 13 页。

⑥ 〔宋〕路振:《九国志》卷一《李简传》,齐鲁书社 2000 年版,第 13 页。

⑦ 〔宋〕路振:《九国志》卷一《柴再用传》,齐鲁书社 2000 年版,第 14 页。

朱温攻淮南，过光州，再用严设守备，斩获甚众。杨行密建吴国，拜左龙武统军、历武昌军节度使、马军都指挥使、德胜军节度使兼中书令。陈璋，颍川人，初与孙儒同党，以兵败降钱镠。从征董昌有功，被任用，迁衢州制置使。昭宗天复初，田頵入寇，举兵奋击，擢衢州刺史。徐绾作乱，璋纳其党。丁章叛归田頵，璋假道以遣。镠遂密令衢州罗城指挥使叶让杀璋。事泄，璋杀让以叛，陷东阳，自署衢、婺二州刺史。不久，为吴越军队所败，逃奔淮南，投靠杨行密，官至右龙武统军，加平章事。李厚，蔡州人，亦为孙儒旧将。后归杨行密，为黑云队长，因破濠州、寿州有功，加检校兵部尚书。以骁勇著称，尝以兵数百破汴之劲卒万余，淮南人无不骇服。其后历任黑云都指挥使、黄州刺史，官至泰宁军节度使，同中书门下平章事。朱虔祐，颍川人，“少多力，善战”[①]。

契丹攻灭后晋后，掳掠中原汉人北上，是中原人口的又一次外迁。开运三年(946)，契丹南下进攻后晋，后晋将领杜重威、李守贞、张彦泽等投降契丹，辽军轻而易举地攻入后晋都城汴梁(今河南开封)，晋出帝被迫投降。大同元年(947)正月，耶律德光用中原帝王的仪仗进入汴梁，接受百官朝贺。石重贵被降为光禄大夫、检校太尉，封负义侯。随后，耶律德光遣赵莹、冯玉、李彦韬等领三百骑护送负义侯石重贵北上。《旧五代史》记载：“癸卯，帝与皇太后李氏、皇太妃安氏、皇后冯氏、皇弟重睿、皇子延煦延宝俱北行，以宫嫔五十人、内官三十人、东西班五十人、医官一人、控鹤官四人、御厨七人、茶酒三人、仪鸾司三人、军健二十人从行。宰臣赵莹、枢密使冯玉、侍卫马军都指挥使李彦韬随帝入蕃，契丹主遣三百骑援送而去。”[②]《辽史》亦载：“癸卯，遣赵莹、冯玉、李彦韬将三百骑送负义侯及其母李氏，太妃安氏，妻冯氏，弟重睿，子延煦、延宝等于黄龙府安置。仍以其宫女五十人、内宦三人、东西班五十人、医官一人、控鹤四人、庖丁七人、茶酒司三人、仪鸾三人、健卒十人从之。”[③]三月又将后晋官吏、嫔妃等人迁往上京(今内蒙古赤峰市巴林左旗)，“壬寅，晋诸司僚吏、嫔御、宦寺、方技、百工、图籍、历象、石经、铜人、明堂刻漏、太常乐谱、诸宫县、卤簿、法物及铠仗，悉送上京”[④]。四月，耶律德光从汴京北上回国，掳走的中原人口成千上万。《资治通

① 〔宋〕路振：《九国志》卷一《朱虔祐传》，齐鲁书社2000年版，第21页。
② 〔宋〕薛居正等：《旧五代史》卷八五《晋书·少帝纪》，中华书局1976年版，第1126页。
③ 〔元〕脱脱等：《辽史》卷四《太宗本纪》，中华书局1974年版，第59页。
④ 〔元〕脱脱等：《辽史》卷四《太宗本纪》，中华书局1974年版，第59—60页。

鉴》载："壬寅，契丹主发大梁，晋文武诸司从者数千人，诸军吏卒又数千人，宫女、宦官数百人，尽载府库之宝以行，所留乐器仪仗而已。"[①]攻下相州（今河南安阳）后，又将"城中男子无少长皆屠之，妇女悉驱以北"[②]。石重贵及其随从到契丹境内后几经辗转，最后在乾祐二年（949）迁至建州（今辽宁辽阳西南），在城北数十里外划出五十余顷土地，石重贵及其随行人员就在这儿建造房舍，耕种土地，过起了流放生活。可见，此一时期是中原汉人进入契丹草原地区的高峰时期。

五代十国时期，还有一些中原人由于仕宦、避乱等原因迁往外地。《著作佐郎周君墓志铭》载："君讳喻，字彦博，姓周氏，其先颍人，唐之末世有谪官道州（今湖南道县）者，更五代之乱，因家焉。"[③]《郑母蒋夫人墓志铭》曰："郑母蒋夫人，讳某，字某。其先居光之光山。五代末，有讳光者，徙毗陵，再徙鄞，今为鄞人。"[④]《金华时君德懋墓志铭》云："考其谱牒，其先盖开封人，五季之乱，始自占于金华。"[⑤]浙江苍南《槎溪南楼郑氏宗谱》称：五代后唐同光二年（924），始迁祖郑瓘自京师（今洛阳市）迁居浙江平阳县邑城（今昆阳镇），后又迁居本邑槎溪里南楼村（今属苍南县金乡镇）。[⑥]《宋国史秋堂柴公墓志铭》谓："公姓柴氏，讳望，字仲山，号秋堂。其先卫人，始祖承事公，讳仲紧避五代之难，徙居江山。"[⑦]《处士魏君墓志铭》载："君讳大名，字国宾，其先汴人，五季避地入闽，始居瓯宁，至君高祖秘书少监又迁于建阳。"[⑧]

---

① 〔宋〕司马光：《资治通鉴》卷二八六《后汉纪》，中华书局1956年版，第9350页。

② 〔宋〕欧阳修：《新五代史》卷七二《四夷·契丹》，中华书局1974年版，第899页。

③ 〔宋〕刘攽：《彭城集》（下册），商务印书馆1937年版，第506页。

④ 〔明〕宋濂：《宋濂全集》，浙江古籍出版社1999年版，第1177页。

⑤ 〔宋〕吕祖谦：《吕东莱文集》卷一三，中华书局1985年版，第191页。

⑥ 上海图书馆：《中国家谱总目》第七册，上海古籍出版社2008年版，第4090页。

⑦ 〔元〕苏幼安：《宋国史秋堂柴公墓志铭》，《全元文》第11册，江苏古籍出版社1999年版，第141页。

⑧ 〔宋〕胡寅：《斐然集》卷二六，岳麓书社2009年版，第562页。

三、王潮、王审知入闽

唐朝末年,河南光州固始县的王潮、王审邽、王审知兄弟乘唐末大乱,率兵5000人自光、寿两州南下,浩浩荡荡,转战安徽、浙江、江西、广东、福建,于唐光启元年(885)从汀州进入闽南,受到泉州百姓的欢迎,次年八月,王氏取得泉州,随后占领福州,闽中各地纷纷降服。唐僖宗李儇只得于文德元年(888)任命王潮为泉州刺史,随后又任命他为福建观察使,尽有闽中五州之地。王潮死后,其弟王审知继位。907年唐亡,王审知被后梁太祖封为闽王。

王审知以民为本,知人善任,使福建在唐末五代战乱不断的年代,赢得了30年的社会安宁。他推行保境息民政策,轻徭薄赋,奖励工商,鼓励垦荒,三年之内,人民衣食无虞;招集流亡百姓,中原避乱人士,相从入闽,拓垦山林,兴修水利,一时闽中大治。他还十分重视发展海外贸易,在福州设置榷货务,由随王氏入闽的光州固始人张睦任之,张睦"招来蛮夷商贾,敛不加暴,而国用日以富饶"①。在福建泉州,王审知的侄儿王延彬继其父王审邽为泉州刺史17年,"每发蛮舶,无失坠者,人称招宝侍郎"②。《旧五代史》称:"审知起自陇亩,以至富贵,每以节俭自处,选任良吏,省刑惜费,轻徭薄敛,与民休息,三十年间,一境晏然。"③

与闽地"污莱尽辟,鸡犬相闻,时和年丰,家给人足"④,"千家灯火读书夜,万里桑麻商旅途"的升平景象相比,中原则是战乱不断。为了躲避战乱,福州及闽东一带便成了不少中原人徙居的首选目标。这一点从宋初福建激增的人口便可看出,唐元和年间(806~820),福州、建州、泉州、漳州、汀州分别只有19 455

---

① 〔清〕吴任臣:《十国春秋》卷九五《张睦传》,中华书局1983年版,第1377页。

② 〔清〕吴任臣:《十国春秋》卷九四《王审邽传》《王延彬传》,中华书局1983年版,第1363页。

③ 〔宋〕薛居正等:《旧五代史》卷一三四《僭伪列传·王审知传》,中华书局1976年版,第1792页。

④ (万历)《福州府志》卷七〇《艺文志·琅邪忠懿王德政碑》,海风出版社2001年福州市地方志编纂委员会整理本,下册,第641页。

户、15 480 户、35 571 户、1343 户、2618 户，[①]而到了北宋太平兴国年间（976～984），上述五州人口则激增到 94 475 户、90 492 户、96 581 户、24 007 户、24 007 户，另有南剑州、邵武军、兴华军的 56 670 户、47 881 户、33 707 户。[②]

在唐末五代移居闽地的中原人口中，到底有多少固始人移居福建已很难考证，但通过史志、族谱等资料有关固始人入闽姓氏的梳理，还是能对当时固始人入闽的情况有个大概了解。《泉州谱牒华侨史料与研究》所收“其先来自光州固始”的 54 部族谱中，有 40 部明确记载是“唐末自固始入闽”，或“随王潮入闽”“随王审知入闽”，共有王、彭、柯、许、郑、周、吕、谢、康、尤、苏、曾、涂、吴、蔡、卢、黄、龚、洪、刘、余、李、戴、施、董、庄、孙等 27 姓。《台湾省通志·人民志·氏族篇》明确记载于唐末自固始入闽的有陈、李、王、吴、谢、郭、曾、周、庄、苏、高、詹、沈、柯等 14 个姓氏。《闽台关系族谱资料选编》明确记载祖先于唐末自固始入闽的族谱有曾、董、彭、游、傅 5 姓。《上海图书馆馆藏家谱提要》中也有黄、曾、邓、严、傅、刘 6 姓 10 部族谱称自己的先祖是于唐末自固始入闽的。综合正史、谱牒、地方志以及个人文集等资料，明确记载自唐末五代间由固始移居福建的姓氏就有白、蔡、曹、陈、程、池、戴、邓、董、方、傅、高、龚、郭、和、洪、侯、胡、黄、江、金、康、柯、赖、雷、李、连、廖、林、留、刘、卢、吕、罗、骆、马、茅、潘、彭、邱、商、沈、施、宋、苏、孙、唐、涂、王、魏、吴、谢、许、薛、严、杨、姚、叶、应、尤、游、俞、余、庾、曾、詹、张、郑、周、朱、庄、卓、邹等 70 余姓。

李乔《“闽祖光州”现象研究》从正史、实录、稗史、文集、墓志、碑刻、地方志、谱牒等文献中辑录出跟随王潮、王审知兄弟入闽的 75 个姓氏的相关资料。[③]这里选取其中一些姓氏略做介绍。

陈氏，宋代刘彝《陈先生祠堂记》称：“其（陈襄）先光州固始人，唐广明初，巢贼乱中原，豪杰乘之蜂起，善族往往避地遐远，故随王潮入闽，寻仕于闽王审知，乃居福州。”[④]明代杨荣《故大理寺右评事陈以义墓志铭》载：“闽之著姓，其

---

① 〔唐〕李吉甫：《元和郡县图志》卷二九《江南道五》，中华书局 1983 年版，第 715、718、719、721、722 页。

② 〔宋〕乐史：《太平寰宇记》卷一〇〇至卷一〇二，中华书局 2007 年版，第 1991、1997、2012、2017、2030、2033、2035、2037 页。漳州、汀州两州户数相同，恐有误。

③ 李乔：《“闽祖光州”现象研究》，中州古籍出版社 2011 年版。

④ 〔宋〕刘彝：《陈先生祠堂记》，载陈襄：《古灵集》，文渊阁《四库全书》本。

先世多光州固始人，盖自五代时从王审知入闽，遂家于此，今长乐古槐陈氏其一焉。”[①]杨士奇《陈思孝墓志铭》也说：“其（陈思孝）先居光之固始，唐季从王审知入闽，家福唐之玉融。”[②]何乔新《明封奉政大夫刑部郎中陈先生墓志铭》曰：“其（陈文亮）先有讳夷实者，家光之固始，仕唐累官节度使，封郡王，子翻累封房国公。广明之乱，房公从王审知入闽，始家福唐，至检覆使怀檠，又自福唐徙连江。”[③]王世贞《陈氏宗谱序》说：“其先光州之固始人，从王潮入闽而家福清之南阳村，三传而讳泰者徙长乐之江田，十四传而文海公复徙古县。”[④]

邓氏，元代学者刘将孙《邓乌山（佥可）墓志铭》称：“邓氏自光州随闽王入闽，有名璩者，掌兵昭武，子孙家光泽之乌佩。”[⑤]

傅氏，宋陆游《傅正议墓志铭》载：“公讳某，字凝远，其先为北地清河著姓，后徙光州，为固始人。唐广明之乱，光人相保聚，南徙闽中，今多为大家。而傅氏之祖曰府君实，与其夫人林氏始居泉州晋江县。”[⑥]元陈旅《傅先生墓志铭》称：“先生讳定保，字季谟，自号古直，其先光州人。唐末有讳实者，为威武军节度招讨使，始居泉州，八子散处旁郡，第二子曰居献家南安者，祖焉。”[⑦]明吴宽《南安傅氏族谱序》亦曰：“傅之先为光州固始人，在唐有讳实者，仕至威武军节度使、尚书左仆射兼御史大夫，广明间避乱入闽，家于泉之东郊，而闽始有傅氏。”[⑧]

高氏，明代王直《高知县（昊）墓表》称：“高氏本光州固始人，从王氏入闽，遂为闽县人。”[⑨]

郭氏，元初文学家程文海《纯德郭先生（陛）墓碣》记载：“君讳陛，字德基，其先避梁开平之难，繇期思抱汾阳庙器从王审知入闽，至长乐芝山下居焉。”[⑩]

---

① 〔明〕杨荣：《文敏集》卷二三《故大理寺右评事陈以义墓志铭》，文渊阁《四库全书》本。

② 〔明〕杨士奇：《东里文集》卷一九《陈思孝墓志铭》，文渊阁《四库全书》本。

③ 〔明〕何乔新：《椒邱文集》卷三〇《明封奉政大夫刑部郎中陈先生墓志铭》，文渊阁《四库全书》本。

④ 〔明〕王世贞：《弇州续稿》卷七〇《陈氏族谱序》，文渊阁《四库全书》本。

⑤ 〔元〕刘将孙：《养吾斋集》卷三一《邓乌山（佥可）墓志铭》，文渊阁《四库全书》本。

⑥ 〔宋〕陆游：《渭南文集》卷三三《傅正议墓志铭》，文渊阁《四库全书》本。

⑦ 〔元〕陈旅：《安雅堂集》卷一二《傅先生墓志铭》，文渊阁《四库全书》本。

⑧ 〔明〕吴宽：《家藏集》卷四一《南安傅氏族谱序》，文渊阁《四库全书》本。

⑨ 〔明〕王直：《抑庵文后集》卷二六《高知县（昊）墓表》，文渊阁《四库全书》本。

⑩ 〔元〕程文海：《雪楼集》卷一七《纯德郭先生（陛）墓碣》，文渊阁《四库全书》本。

和氏，宋代徐铉《故唐慧悟大禅师墓志铭》说："大禅师名冲煦，字大明，姓和氏……末叶湮沉，徙居固始。父从郡豪王氏，南据闽中，今为晋安人也。"①

胡氏，明代王直《胡氏家乘序》载："《胡氏家乘》，蕲水令胡侯奎之所辑录也。胡氏之先光州人，五代时从王潮入闽，遂家建州。"②

黄氏，宋黄干《贡士黄君仲玉行状》载："君讳振龙，字仲玉，姓黄氏，九世祖自光之固始从王氏入闽，因仕焉。"③程珌《黄君茂龄墓志铭》谓："黄氏之先光州固始人也，五季之乱从王审知入闽为判官，因家焉。后析而三，一居福清之塔林，一寓闽邑之黄巷，其居长乐北乡之黄垄者，君之祖也。"④

李氏，宋林之奇《李和伯（楠）行状》载："公讳楠，和伯其字也，其先居光州固始，唐末从王氏入闽，遂为福州侯官人。"⑤《宋史·李虚己传》记载："李虚己，字公受，五世祖盈，自光州从王潮徙闽，遂家建安。"⑥

林氏，明代思想家李贽（原姓林，因避祸改姓李）也承认先祖为光州固始人："归来读《江宁初志》，又知一拂于余，其先同为光州固始人氏，唐末随王审知入闽，遂为闽人。"⑦杨士奇《故广西布政使司右参议林君（兴祖）墓表》说："林之先居光州固始，唐末讳靖者从王审知入闽，以功封忠烈侯，终于闽，子孙遂家福清之古隆。"⑧李时勉《国子学正林先生（居）墓志铭》亦谓："林氏本光州固始人，其先有曰庆源者，五代时仕为某官，从王审知入闽，居侯官。"⑨

卢氏，明代吴鉴《故前村居士卢公（琦）墓志铭》载："（卢琦）先世光州固始人也，唐末避乱从王绪入闽，居泉之惠安。"⑩

马氏，明代王世贞《资政大夫户部尚书钟阳马公（森）神道碑》载："马公者

---

① 〔宋〕徐铉：《骑省集》卷三〇《故唐慧悟大禅师墓志铭》，文渊阁《四库全书》本。
② 〔明〕王直：《抑庵文后集》卷一一《胡氏家乘序》，文渊阁《四库全书》本。
③ 〔宋〕黄干：《勉斋集》卷三七《贡士黄君仲玉行状》，文渊阁《四库全书》本。
④ 〔宋〕程珌：《洺水集》卷一〇《黄君茂龄墓志铭》，文渊阁《四库全书》本。
⑤ 〔宋〕林之奇：《拙斋文集》卷一八《李和伯（楠）行状》，文渊阁《四库全书》本。
⑥ 〔元〕脱脱等：《宋史》卷三〇〇《李虚己传》，中华书局 1977 年版，第 9973 页。
⑦ 〔明〕李贽：《焚书》卷二《书答·与焦弱侯书》，中华书局 1975 年版，第 70 页。
⑧ 〔明〕杨士奇：《东里续集》卷二九《故广西布政使司右参议林君（兴祖）墓表》，文渊阁《四库全书》本。
⑨ 〔明〕李时勉：《古廉文集》卷一〇《国子学正林先生（居）墓志铭》，文渊阁《四库全书》本。
⑩ 〔明〕吴鉴：《故前村居士卢公（琦）墓志铭》，载罗玘：《圭峰集》，文渊阁《四库全书》本。

讳森,字孔养,其先豫之固始人,以唐季从王潮下闽,遂居怀安之丱峰坑家焉。”[①]

茅氏,明代黄仲昭《梅涧处士茅公(襄)墓志铭》谓:“处士讳襄,字宏赞,自号梅涧道人,曰处士者,乡人称之也。茅氏系出周公,先世居光州,唐光启之乱从王氏入闽,因析仙游之蓝溪,即今之所居也。”[②]

潘氏,明代徐溥《资善大夫南京户部尚书致仕潘公(荣)神道碑铭》记载:“公姓潘氏,讳荣,字尊用,其先出河南之固始,唐末从王审知入闽,有仕于漳为龙溪县簿者,因籍焉。”[③]李东阳《保潘公(荣)墓志铭》有几乎相同的记载:“公姓潘氏,讳荣,尊用其字也,先世出河南固始,唐季从王氏入闽,有为龙溪簿者,始居漳。”[④]

苏氏,宋苏颂《叔父卫尉寺丞景陵府君(绎)墓志铭》称:“(苏)奕,元和中终光州刺史,子孙因家于固始。光州之四世孙、赠隰州刺史讳益自固始从王潮入闽,又为泉州同安人。”[⑤]《赠苏司空(颂)墓志铭》载:“元和中,(苏瑰)曾孙奕卒光州刺史,始家固始。又四世孙益随王潮入闽。生光诲,仕闽为漳州刺史,居泉州同安,遂为同安人。”[⑥]邹浩《故观文殿大学士苏(颂)公行状》曰:“(苏)奕,元和中终光州刺史,家固始。光州之(玄)孙益自固始随王潮入闽,为王氏领军使。”[⑦]清代李清馥《苏先生光诲》载:“苏光诲父益自光州固始随王潮入闽,诛叛将黄绍颇、留从效,表为漳州刺史,陈洪进惮之,计召至同安,为大第留不遣,密使人之漳夺其任,遂为同安人。”[⑧]

王氏,明罗亨信《澄海南洋王氏族谱序》说:“所谓闽王审知者,则出自琅邪,由威武节度使以绥靖邦民有功,进封王爵,居闽为最久,生长子孙遂成茂族。世

---

① 〔明〕王世贞:《弇州续稿》卷一二九《资政大夫户部尚书钟阳马公(森)神道碑》,文渊阁《四库全书》本。

② 〔明〕黄仲昭:《未轩文集》卷六《梅涧处士茅公(襄)墓志铭》,文渊阁《四库全书》本。

③ 〔明〕徐溥:《谦斋文录》卷四《资善大夫南京户部尚书致仕潘公(荣)神道碑铭》,文渊阁《四库全书》本。

④ 〔明〕李东阳:《怀麓堂集》卷八二《保潘公(荣)墓志铭》,文渊阁《四库全书》本。

⑤ 〔宋〕苏颂:《苏魏公文集》卷六二《叔父卫尉寺丞景陵府君(绎)墓志铭》,文渊阁《四库全书》本。

⑥ 〔宋〕曾肇:《曲阜集》卷三《赠苏司空(颂)墓志铭》,文渊阁《四库全书》本。

⑦ 〔宋〕邹浩:《道乡集》卷三九《故观文殿大学士苏(颂)公行状》,文渊阁《四库全书》本。

⑧ 〔清〕李清馥:《闽中理学渊源考》卷一二《苏先生光诲》,文渊阁《四库全书》本。

传闽之王氏,多其遗裔为不诬矣。”[1]

吴氏,元代吴海《吴氏世谱序》记载:“吴本姬姓,泰伯之后,以国氏,后子孙散居天下。其在闽有繇光州来者,唐光启中,有曰英从王氏入闽,相传始祖也。”[2]《侯官县乡土志》称:“唐末有吴文卿者,自固始随王氏入闽,卜居井关外西园乡,传二十五世。”[3]

游氏,清阮元《游晟墓表》曰:“君讳晟,字若李,号旭轩,先世出郑世叔。唐末,邃始自固始从闽王入闽,至宋,文肃孙桂又自建阳至长乐。”[4]

庾氏,乾隆《永春州志》载:“庾某,名失传,光州人,从王潮入闽,为奋威将军,统戍桃林,因家焉。”[5]

张氏,《十国春秋》载:“张睦,光州固始人。唐末从太祖入闽。太祖封琅邪王,授睦三品官,领榷货务。睦抢攘之际,雍容下士,招来蛮夷商贾,敛不加暴,而国用日以富饶。累封梁国公。卒,葬福州赤塘山。”[6]明代杨荣《故翰林侍读学士朝列大夫张公(志道)墓碑》载:“其(张志道)先有光禄大夫讳睦者,自光之固始从王审知入闽,始居古田之梅溪。”[7]倪谦《明故奉议大夫周府长史张公(凤)墓表》载:“公讳凤,字景翔,号白羽生,其先光州固始人,后唐间有为太师梁国公者,随王氏入闽,后有为将乐簿者,因家焉,故今为将乐人。”[8]程敏政《仙游张氏遗像风木图记》曰:“张氏出唐梁国公睦之后,曰团练招讨副使浚自光州固始迁闽之仙游。”[9]廖道南《翰林院侍读学士张以宁》亦载:“张以宁,字志道,其先河南固始人,厥祖光禄大夫从王审知入闽,遂居福建之古田。”[10]

---

① 〔清〕陈梦雷:《古今图书集成》卷二八〇《明伦汇编·氏族典·王姓部·艺文》,民国23年(1934)中华书局影印清雍正四年(1726)铜活字本。

② 〔元〕吴海:《闻过斋集》卷一《吴氏世谱序》,文渊阁《四库全书》本。

③ (光绪)《侯官县乡土志》,《版籍略三·氏族》,清光绪三十二年(1906)铅印本。

④ 〔清〕阮元:《揅经室集》(上册),中华书局1993年版,第504页。

⑤ (乾隆)《永春州志》卷一一《人物·寓贤》,清乾隆五十二年(1787)刻本。

⑥ 〔清〕吴任臣:《十国春秋》卷九五《张睦传》,中华书局1983年版,第1377页。

⑦ 〔明〕杨荣:《文敏集》卷一九《故翰林侍读学士朝列大夫张公(志道)墓碑》,文渊阁《四库全书》本。

⑧ 〔明〕倪谦:《倪文僖集》卷二六《明故奉议大夫周府长史张公(凤)墓表》,文渊阁《四库全书》本。

⑨ 〔明〕程敏政:《篁墩文集》卷一六《仙游张氏遗像风木图记》,文渊阁《四库全书》本。

⑩ 〔明〕廖道南:《殿阁词林记》卷四《翰林院侍读学士张以宁》,文渊阁《四库全书》本。

郑氏,《景定建康志》载:“郑侠,字介夫,其先光州固始人。四世祖佸,唐末随王氏入闽,遂为福清人。”[①]宋代杨时《枢密郑公(瑴)墓志铭》:“公讳瑴,字致刚,姓郑氏,其先光州固始人,唐僖宗时避乱,从王潮入闽,居建城南乡之龙池,故今为建州人。”[②]范祖禹《宝文阁待制郑公(闳中)墓志铭》称:“公字闳中,其先光州固始人。唐末高祖为王潮所虏入闽,遂死之。子孙家福州,今为侯官人。”[③]明郑芝鸾《石井本宗族谱》云:“吾郑著汉、唐表表,兹弗具述;述其光启间,十姓从王缘光州固始入闽,于是有郑焉。”[④](民国)《永春县志》载:“郑凝远,字可远,唐司空畋之第三子,广明之乱自光州固始从王潮兄弟南迁住泉州,光启二年统戍南安之桃林场,后告老退居姜莲龟山坪上,因家焉,今东门郑氏其后也。”[⑤]

周氏,宋代林之奇《故左奉议郎临安府府学教授周仁仲(毅)行状》谓:“公讳毅,仁仲字也。其先光之固始人,从王氏避地,遂居福之闽县。”[⑥]明代周瑛《续修族谱序》载:“周氏,唐固始人,系出周平王别子。唐末盗起,周氏有从雅翁者,与王潮兄弟同里闬,厚相结纳,保障乡里。尝栅默林以扼盗冲,翁料事多中,潮因呼为‘默林独识’。及潮得闽泉州刺史,翁谋依潮。筮之吉,乃以光启三年入闽。潮见翁,喜授宅里于泉州仙游县之东乡。”[⑦]

庄氏,明代何乔新《晋江庄氏族谱序》曰:“庄氏之先,居光之固始,唐龙启中从王潮入闽,始家泉之永春……庄氏自光入闽至少师始大著。”[⑧]

邹氏,明代李贤《翰林院检讨从仕郎邹君(安)墓碣铭》称:“唐季王审知称闽王,中原之士多归之,若河南固始邹勇夫其一也。勇夫以仆射镇归化,因家焉。归化即今泰宁县,是后子孙繁衍,衣冠不乏。”[⑨]《十国春秋》记载:“邹勇夫,光州固始人。以单骑从太祖兄弟入闽,始终无二心。及太祖封闽王,勇夫官仆

---

① 〔宋〕周应合:《景定建康志》卷四八《直臣·郑侠传》,清嘉庆六年(1801)金陵孙忠愍祠刻本。

② 〔宋〕杨时:《龟山集》卷三七《枢密郑公(瑴)墓志铭》,文渊阁《四库全书》本。

③ 〔宋〕范祖禹:《范太史集》卷四三《宝文阁待制郑公(闳中)墓志铭》,文渊阁《四库全书》本。

④ 〔明〕郑芝鸾:《石井本宗族谱》,载《郑氏关系文书》,《台湾文献丛刊》第69种,第25—26页。

⑤ (民国)《永春县志》卷二七《流寓传》,民国19年(1930)中华书局铅印本。

⑥ 〔宋〕林之奇:《拙斋文集》卷一八《故左奉议郎临安府府学教授周仁仲(毅)行状》,文渊阁《四库全书》本。

⑦ 〔明〕周瑛:《翠渠摘稿》卷八《续修族谱序》,文渊阁《四库全书》本。

⑧ 〔明〕何乔新:《椒邱文集》卷一二《晋江庄氏族谱序》,文渊阁《四库全书》本。

⑨ 〔明〕李贤:《古穰集》卷一四《翰林院检讨从仕郎邹君(安)墓碣铭》,文渊阁《四库全书》本。

射，为太祖敷陈利害，劝其奉梁正朔。后南唐蓄吞并之志，归化镇适当要冲，景宗命勇夫往镇之。至则民户凋残，道路榛塞，勇夫招集流亡，完葺宅舍，民稍稍越境来归。是时干戈日寻，而归化独晏然不被兵燹，人物蕃阜，田野垦辟，勇夫实有力焉。子相遂家于其地。"[①]《福建通志》于"通灵庙"下记载："唐末固始人邹罄以宣府校尉从王审知入闽，平汀州寇，以功镇雁石殁，而人祀之。"[②]

随着中原百姓避乱和王绪所部的入闽，福建人口迅速增长。综合《太平寰宇记》所载数据，北宋太平兴国年间（976～984）宋代福建各州的人口总数为466 820，[③]比唐天宝年间（742～756）又增长了五倍多。同时随着人口的激增和地方开发的深入，唐代福建有了五州区域建置，县制增至二十四县。五代时又新设二州，新增六县三镇。以固始人为主体的外来人口的大量流入不仅为福建开发提供丰富的劳动力资源，而且带来了中原先进的生产工具、生产技术、生产管理经验和文化知识，加快了福建经济发展的速度。至唐末五代初，经广大农民的辛勤耕耘，闽中山区已呈"污莱尽辟""至数千里略无旷土"[④]的可喜景象。

王审知兄弟特别重视儒学教育，后人评价说："王氏父子据有全闽，虽号不知书，一时浮光士族，多与之俱南。其后颇折节下士，开四门学馆，以育才为意。凡唐宋士大夫避地而南者，皆厚礼延纳，作招贤院以馆之。闽之风声气习，浸与上国争列。"[⑤]王潮任威武军节度使之后设置"四门义学"[⑥]，接收官宦子弟入学接受儒家的"《诗》《书》《易》《礼》《春秋》"等五经教育。王审知接任福建威武军节度使之后，继承王潮的政策，"常以学校之设，是为教化之原，乃令诱掖童蒙，兴行敬让，幼已佩于师训，长皆寘于国庠，俊造相望，廉秀特盛"[⑦]，"又拓四门学，以教闽中秀士"[⑧]。他对儒士十分优待，拨出专门经费供给师生膳食，"兴

① 〔清〕吴任臣：《十国春秋》卷九五《邹勇夫传》，中华书局1983年版，第1382页。

② （乾隆）《福建通志》卷一五《祠祀·通灵庙》，清乾隆二年（1737）刻本。

③ 〔宋〕乐史：《太平寰宇记》卷一〇〇至卷一〇二，中华书局2007年版，第1991、1997、2012、2017、2030、2033、2035、2037页。漳州、汀州两州户数相同，恐有误。

④ 〔唐〕翁承赞：《唐故威武军节度使守中书令闽王墓志》，《福州市志》第8册，方志出版社1999年版，第954页。

⑤ （乾隆）《福州府志》卷七五《外纪一》，清乾隆十九年（1754）刻本。

⑥ 〔宋〕欧阳修、宋祁等：《新唐书》卷一九〇《王潮传》，中华书局1975年版，第5492页。

⑦ （万历）《福州府志》卷七〇《艺文志·琅邪忠懿王德政碑》，海风出版社2001年福州市地方志编纂委员会整理本，下册，第641页。

⑧ 〔清〕吴任臣：《十国春秋》卷九五《翁承赞传》，中华书局1983年版，第1376页。

崇儒道，好尚文艺，建学校以训诲，设厨馔以供给”[①]。梁克家也说，忠懿王“聚书建学，以养闽士之秀者”[②]。面对“自燎炽西秦，烟飞东观，鲁壁之遗编莫救，周陵之坠简宁存”的现状，王审知发布诏令，要“管内军州搜遗书缮写以上”[③]，并要“精于缮写”，“次第签题，森罗卷轴”[④]。

其他王氏家族成员也对兴学表现出极大的热情。如泉州刺史王审邽“以道义自任，开学育才”[⑤]，“童蒙诱掖，学校兴举”[⑥]，后人称赞他说：“泉南文物之盛，公之功居多焉。”[⑦]建州刺史王延禀“喜文学，与诸儒议论”，他在建州辖区内大力提倡儒学，后人感恩，为其立庙祭祀。“到了五代末年，福建已被视为‘文儒之乡’。”[⑧]到了宋代，福建文教已有凌驾于“中州之势”，“担簦负笈来试于京者，常半天下。家有庠序之教，人被诗书之泽，而仕于朝为天子侍从亲近之臣，出牧大藩持节居方面者，亦常半。而今世之言衣冠文物之盛，必称七闽”[⑨]。有宋一代，福建登进士第者7600余人，占全国进士总数的五分之一。而宋代儒学在福建的崛起，不能不说与唐初及五代时包括陈元光、王审知等固始人在内的中原人在福建传播儒学有重大关系。

---

① 祝尚书等主编：《全宋文》卷九七《钱昱・忠懿王庙碑文》，巴蜀书社1989年版，第256页。

② 〔宋〕梁克家修纂，福州市地方志编纂委员会整理：《三山志》卷八《公廨类・祠庙》，海风出版社2000年版，第98页。

③ 〔清〕吴任臣：《十国春秋》卷九〇《闽一・太祖世家》，中华书局1983年版，第1302页。

④ （万历）《福州府志》卷七〇《艺文志・琅邪忠懿王德政碑》，海风出版社2001年福州市地方志编纂委员会整理本，下册，第642页。

⑤ 诸葛计、银玉珍：《闽国史事编年》，福建人民出版社1997年版，第49页。

⑥ 诸葛计、银玉珍：《闽国史事编年》，福建人民出版社1997年版，第54页。

⑦ 诸葛计、银玉珍：《闽国史事编年》，福建人民出版社1997年版，第49页。

⑧ 徐晓望：《福建思想文化史纲》，福建教育出版社1996年版，第36页。

⑨ 〔宋〕林尚仁：《端隐吟稿序》，载陈起编：《江湖小集》卷三三，文渊阁《四库全书》本。

第五章 宋金元时期的河南移民

有宋一代，移民频繁，但规模最大的两次是徽宗、钦宗的北迁及高宗的南迁，高宗南迁也把中原文化传播到了江南。金人进入中原之初，便有女真人在中原屯田，金宣宗由中都（今北京）迁都南京（今河南开封），随他进入中原的女真人有 100 万之多。元代蒙古族、回族、党项族、维吾尔族纷纷迁入河南，促进了民族融合，加速了中华民族多元一体的进程。

第一节　两宋时期的移民

北宋在统一全国过程中，将南北割据政权的君臣迁入开封，传至宋钦宗时为金国所灭，徽、钦二帝沦为阶下囚迁往北方，宋高宗则避敌南下，数十万的中原人随他迁入了江南。犹太人则是在北宋时迁入中原的。

一、迁入开封的南北割据政权的君臣及其家属

陈桥驿兵变，赵匡胤黄袍加身，取代后周，从孤儿寡母手中夺取天下，建立了宋朝。当时宋朝的疆域只有中原一隅，南北方那些割据政权大多据地自雄，不肯听命，只有吴越王钱俶是个例外，他知道自己所统治的地区只是弹丸之地，无法与宋朝抗衡，便稽首称臣，表示归依。为了统一天下，赵匡胤不得不频繁征讨，将那些不肯俯首听命的割据政权荡平。但统一需要时日，直至他的弟弟宋太宗赵光义时，才真正实现了全国统一。当然北方的辽和西北的西夏不在宋朝

的版图之内。

最早被宋朝灭亡的是荆南。荆南是陕州硖石人高季兴建立的割据政权,统治区域甚小,只辖有今湖北江陵一带。传至高继冲时,已是北宋建隆年间。乾德元年(963)正月,宋太祖赵匡胤命大将慕容延钊率师平湖南张文表之乱,以枢密副使李处耘为都监,并命令江陵派水军3000人至潭州(今湖南长沙)助战。高继冲答应照办。二月间,李处耘至襄州(今湖北襄阳),要求假道。高继冲派叔父高保寅带着牛肉和酒至荆门犒劳宋兵,同时观察宋朝虚实,看宋兵是否有意进攻荆南。李处耘待高保寅优礼有加,高继冲悬着的一颗心才放了下来。

那天夜晚,慕容延钊在大帐中觥筹交错,款待高保寅,李处耘却率数千名精兵兼道疾驰,向江陵进发。高继冲闻听宋师已至,不禁魂飞胆丧,惶怖出迎,在江陵城北15里处遇到了李处耘。李处耘让他在这里等候主帅慕容延钊,自己挥军进入江陵,荆南灭亡。这年九月,高继冲"率其将吏、家族五百余人朝于京师。十月,至阙下,献金银器、锦帛、宝装弓剑、绣旗帜、象牙、玉鞍勒及郊祀银万两,太祖赐赉甚厚"[①]。这500余人大多居住在京师开封,不少人成了宋朝官员。

第二个被宋灭亡的是后蜀。后蜀的建国者是孟知祥,建都成都,其疆域范围大致是今四川省、甘肃东南部、陕西南部及湖北西部。乾德二年(964)宋太祖派大将王全斌、崔延进等率师伐蜀。次年正月,后蜀国王孟昶(孟知祥子)派人至宋军请降。四月间,孟昶一行至京师。"宋太祖御崇元殿……后主(即孟昶)率皇弟仁贽,太子玄喆等,宰臣李昊已下三十二人自玉津园乘马至明德门,白冠素服,勒帛立班"[②]。赵匡胤对孟昶及其母李氏赏赐甚厚,又"诏有司于右掖门外,临汴水起大第五百间以待昶,供帐悉备,至是赐之,又为其官属各营居第"[③]。从宋朝为孟昶所建的房屋来看,孟氏家族人数不少,否则用不着建造这么多房子。除此之外,又为孟昶随行的官员营建了住所。仅从房屋上看,后蜀迁入中原的亡国官员绝不止32人,这个数字可能是指其主要官员而言。据《宋史》载,随同入宋的还有孟昶之子玄珏、玄宝,弟仁裕、仁操,大臣伊审征、韩保正、王昭远、赵彦韬、龙景昭、幸寅逊、毋守素、欧阳迥等。加上家属,迁入中原的应有数

---

① 〔清〕吴任臣:《十国春秋》卷一一一《荆南二·侍中继冲世家》,中华书局1983年版,第1453页。

② 〔清〕吴任臣:《十国春秋》卷四九《后蜀二·后主昶本纪》,中华书局1983年版,第738页。

③ 〔元〕脱脱等:《宋史》卷四七九《世家二·西蜀孟氏》,中华书局1977年版,第13878页。

百人。

第三个被宋灭亡的割据政权是南汉。南汉辖有今广东省全部及广西壮族自治区的大部分，建都广州。宋朝建国时，南汉的国王是刘铱。赵匡胤曾让奉宋正朔的南唐国主李煜写信，晓谕刘铱归宋，刘铱不予理会。开宝三年(970)宋太祖命大将潘美、尹崇珂率兵征讨。宋兵一路势如破竹，次年二月进抵距离广州只有十里之遥的双女山下。惊慌失措的刘铱欲乘船载金宝、妃嫔入海，还未出发，船被卫兵盗走。就在这时，潘美所率的宋兵已将至广州城下，刘铱遣人乞降，潘美屯兵城外。刘铱被权臣所阻，又拒不投降，潘美大怒攻城，大败南汉兵。广州城被攻破，潘美"擒铱及龚澄枢、李托、薛崇誉与宗室文武九十七人，同縻于龙德宫"①。刘铱等至京城，宋太祖把刘铱安置在玉津园，封恩赦侯，朝会时班次在上将军之下。其弟保兴，大臣萧漼、卓惟休都安排在朝中居官，其余的安置在诸州任上佐、县令、主簿等职。事实上南汉覆亡后被俘送往开封的不止 97 人，还有官员们的家属未计算在内。据梁廷楠的《南汉书》所载，一同入京师的还有刘铱的儿子守芦，守正及其子克昌、国昌，守素，守通；大臣王珪，冯邴及其子子元，胡宾王；宦官潘崇彻、蓝继宗等人。若以每家 5 口人计，入宋的南汉君臣应在 500 人左右。刘铱的儿子辈在广州时，挥金如土，入宋后沦为穷人，贫窭不堪，宋真宗曾慨叹刘铱的第三子守素："诸伪主子孙率多窘迫，盖僭伪之后，不知稼穑之艰难所致也。"②

第四批迁入汴京的是南唐君臣。南唐的创建者是李昪(徐知诰)，定都金陵(今江苏南京)，辖有今江苏、安徽大部，湖北东部及江西。开宝七年(974)秋，宋太祖赵匡胤召李后主赴京师，后主李煜恐被拘不得返回江南，便称疾不肯入朝。这年冬天，赵匡胤命大将曹彬、潘美率兵攻打南唐。宋兵一路攻城陷池，如入无人之境，南唐虽拼命抵抗，但无法阻挡宋军的凌厉攻势。开宝八年(975)二月，宋兵攻占金陵阙城，六月，宋兵与吴越之兵合力围困金陵。十一月，金陵城破，李后主"帅司空、知左右内史事殷崇义等四十五人肉袒降于军门"③。然后后主君臣被押乘船北上。后主登舟时赋诗云："江南江北旧家乡，三十年来梦一

---

① 〔元〕脱脱等：《宋史》卷四八一《世家四·南汉刘氏》，中华书局 1977 年版，第 13927 页。

② 〔清〕梁廷楠著，林梓宗校点：《南汉书》卷八《后主诸子》，广东人民出版社 1981 年版，第 42 页。

③ 〔清〕吴任臣：《十国春秋》卷一七《南唐三·后主本纪》，中华书局 1983 年版，第 252 页。

场。吴苑宫闱今冷落,广陵台殿已荒凉。云笼远岫愁千片,雨打归舟泪万行。兄弟四人三百口,不堪闲坐细思量。"①

次年正月,李后主一行至汴京,宋太祖封他为违命侯,妻周氏封郑国夫人,子仲寓,弟从镒、从谦、从度、从信,侄仲远、仲兴、仲伟,以及宗族季操、仲康、仲宣等人均封了官职,"仍赐其弟侄宅各一区"②。后主诗中说"兄弟四人三百口",只是就李氏家族的约数而言,实际上是很不可信的数字。太平兴国三年(978),42岁的李后主一病不起,死后葬于洛阳北邙山,离他入宋仅三年之久。"煜(即李后主)卒,太宗赐仲寓积珍坊第一区,白金五千两。仲寓宗族百余口,犹贫不能给,上书自陈。太宗怜之,授郢州刺史。"③后主之子仲寓入宋三年,不可能繁殖百余口人,必然是北上时带来的。仅仲寓一家便有百余口,以此推算,李氏家族迁入汴京的人口当在千人以上。这还不包括大臣的眷属。若以迁汴的大臣45人,每家5口人计算,当有225人。南唐灭亡时迁入汴京的总人数在1500人左右。

最后一批迁入汴京的是北汉君臣。北汉的建立者是刘崇,定都太原,辖有今山西大部及陕西东北部。太平兴国四年(979)正月,宋太宗命大将潘美率崔彦进、李汉琼、曹翰等攻打太原。二月,宋太宗亲征北汉,四月间抵达太原城下。五月间,北汉将领相继出降,城中危急,北汉主刘继元见大势已去,只得向宋朝投降。为表示忠诚,继元献出宫妓百余人,太宗悉数赏给立功将校,"又令[康]仁宝护继元亲属百余赴京,所过续食,赐京城甲第一区,岁时优加颁赉"④。除了刘氏宗族,随刘继元入宋的大臣还有卫融、马峰、郭万超、郭忠恕、李勋、赵宏及其子昌图,李恽及其子存诚、存信,王景绝等人。北汉灭亡后迁入汴京的人数当有数百人之多。

由于山西与河南毗邻,北宋灭亡北汉的前后曾多次迁山西之民入河南。乾德六年(968)宋太祖赵匡胤攻打北汉时,"迁太原民万余户于山东、河南"⑤。一次便迁万余户,至少有五六万人。河南是北宋的政治中心所在,徙入河南之民

① 〔清〕吴任臣:《十国春秋》卷一七《南唐三·后主本纪》,中华书局1983年版,第252—253页。
② 〔元〕脱脱等:《宋史》卷四七八《世家一·南唐李氏》,中华书局1977年版,第13861页。
③ 〔元〕脱脱等:《宋史》卷四七八《世家一·南唐李氏》,中华书局1977年版,第13861页。
④ 〔元〕脱脱等:《宋史》卷四八二《世家五·北汉刘氏》,中华书局1977年版,第13863页。
⑤ 〔清〕吴任臣:《十国春秋》卷一〇五《北汉二·英武帝本纪》,中华书局1983年版,第1500页。

当比山东多，估计在4万人左右。宋太宗灭亡北汉的当年，“毁太原旧城，改为平晋县。以榆次县为并州。徙僧、道士及民高赀者于西京（今河南洛阳）”①。迁入洛阳的只是僧人、道士及家产富饶的农户，北汉灭亡时只有民户3.5万，士兵3万，因此，这次迁移的人数不会很多。《宋史·太宗本纪》也记载：“优赏归顺将校，尽括僧道隶西京寺观，官吏及高赀户授田河南。”这种迁民活动一直持续到太平兴国五年（980）。“初，刘继元降，其官吏将卒往往亡命山林，久未归服。于是降诏抚谕，令所在陈首，悉与洗涤前罪，等第给赐钱帛，县次继食，传送上都（指北宋首都开封），当令先问其所欲，随以处之。”②虽然宋太宗下诏抚谕，并免其罪，但离开生于斯长于斯的家园，来到陌生的开封，毕竟是一次痛苦不堪的经历。大诗人元好问《过晋阳故城书事》一诗中说：“至今父老哭向天，死恨河南往来苦。”③尽管元好问是金朝末年人，但这两句描绘宋初太原民迁入河南的情景，仍然使人洒一掬同情之泪。

雍熙三年（986），大将曹彬、潘美等奉命北伐，欲收复燕云十六州之地。潘美攻占寰（今山西朔州东马邑镇）、朔（今山西朔州）、云（今山西大同）、应（今山西应县）等州后，便“遣使部送应州、朔州将吏，耆老等赴阙，上（指宋太宗）召见抚慰之。老人皆云：久陷边陲，有粟不得食，有子不得存养，不意余年重睹日月。并赐以衣服冠带”④。这一批人自石敬瑭割让燕云十六州之地给契丹后，便受契丹人的统治，作为汉人当然很不适应，一旦回到开封，便有重回故国的感觉，自然欢呼雀跃了。

这年七月，宋太宗派枢密都承旨杨惟一等赴并（今山西太原）、代（今山西代县）等州，“徙山后诸州降民至河南府（今河南洛阳）、许（今河南许昌）、汝（今河南汝州）等州，徙者凡八千二百三十六户，七万八千二百六十二口”⑤。这次迁民的规模还是很大的。

北宋太祖、太宗时期山西百姓迁入河南，最主要的安置区域是洛阳以及唐

① 〔宋〕李焘：《续资治通鉴长编》卷二〇《太平兴国四年五月甲申》，中华书局1979年版，第453页。

② 〔宋〕李焘：《续资治通鉴长编》卷二一《太平兴国五年正月丙子》，中华书局1979年版，第470页。

③ 〔金〕元好问：《元好问诗编年校注》，中华书局2011年版，第18页。

④ 〔宋〕李焘：《续资治通鉴长编》卷二七《雍熙三年五月癸酉》，中华书局1979年版，第614页。

⑤ 〔宋〕李焘：《续资治通鉴长编》卷二七《雍熙三年七月壬午》，中华书局1979年版，第620页。

(今唐河)、邓(今邓州)、许(今许昌)、汝(今汝州)等地,大致是河南的西部、南部地区。宋朝统治者之所以如此大规模迁民,是出于两个考虑:一是在十国中北汉灭亡最晚,因为有契丹的支持,赵匡胤未能攻克太原,直至太宗时才将北汉纳入版图。考虑到北汉接近契丹,如不能控制山西,难免会有第二个北汉出现,因此有必要通过移民,使反叛者无法再招募士兵。二是五代时河南是受刀兵之苦最严重的地区,良田荒芜,庐舍颓圮,百姓流离失所、辗转沟壑,因此人口稀少,抛荒的土地甚多,直至仁宗时这一状况仍未改变。如"京西唐、邓间尚多旷土,唐州闲田尤多,入草莽者十八九,或请徙户实之,或请以卒屯田,或请废为县"①。当时任群牧使的欧阳修也说:"京西路唐、汝之间,久荒之地,其数甚广,请下河东、京西转运使司遣官访草地,有可以兴置监牧,则河北诸监有地不宜马,可行废罢。"②从唐河到汝州之间,草地多得可以放牧马匹,自然是人烟稀少,从外地往这里移民,也就是顺理成章的事了。

二、犹太人进入中原及与汉族的融合

史学家陈垣教授认为,"犹太教为一种民族宗教,与由异族集合而崇奉之宗教不同,故其种族所至之处,即为其宗教所布之处,知犹太族何时始至中国,即知犹太教何时入中国也"③。这就是说,犹太人所至之处即犹太教传布之处。进入中原的犹太人多居住于开封,"开封犹太人"是许多学者谈论的话题。

那么犹太人究竟是在什么时候,沿着什么路线进入中原并定居开封的呢?学者们议论纷纭,但并无定论。现在庋藏于开封市博物馆的几通一赐乐业教碑,均点明了时间,但所说时间不一。明代弘治二年(1489)的《重建清真寺记》碑说:

> 噫!教道相传,授受有自来矣。出自天竺,奉命而来,有李、俺、艾、高、

---

① 〔宋〕李焘:《续资治通鉴长编》卷一九二《嘉祐五年七月丙午》,中华书局 1979 年版,第 4637 页。

② 〔宋〕李焘:《续资治通鉴长编》卷一九二《嘉祐五年八月甲申》,中华书局 1979 年版,第 4643 页。

③ 陈垣:《开封一赐乐业教考》,《陈垣学术论文集》第一集,中华书局 1980 年版,第 274 页。

穆、赵、金、周、张、石、黄、聂、左、白七十姓等，进贡西洋布于宋，帝曰：归我中夏，遵守祖风，留遗汴梁。宋孝宗隆兴元年（金世宗大定三年，1163）癸未，五思达领掌其教，俺都剌始建寺焉。

《河南新志》则说：

一赐乐业教，惟开封有之，即犹太教。犹太人初称希伯来人。西历五百八十六年，犹太亡，人民转徙四方。宋真宗时，循天山南路来贡花文布，遂为开封居民。相传初来者为赵、金、张、艾、高及二李，凡七姓八家。继而张姓不知所往，现存六姓，居教经胡同，人口不及二百，俗呼为“青回回”。营小商业，零落几不能自存，不与汉人通婚姻，故深目高鼻，犹与白种人相仿佛。回人要其女而不以妻之，故其人丁不蕃衍。其寺院遗址，民国元年为基督教圣公会所购，而《重建清真寺记》及《尊崇道经寺记》两碑，皆犹太教重要石刻，亦移至圣公会内。寺建于宋，元、明皆重修。其人已沐汉化，通儒学，由文武科登仕版者，非止一二，故能建寺宇而贮遗经。近世罕通显者，教泽虽衰，而众仍族居，俗以其食肉必挑剔筋缕，故名其教曰“挑筋教”，名其地曰“挑筋教胡同”。[1]

《河南新志》一书编纂于1929年，说开封的犹太人是宋真宗时迁来，未知何所据而云然。又说迁来的只有8户人家，7个姓氏，后来其中的张姓又迁往别外，只剩了6姓，居住在经教胡同，人数不足200，大多经营小商业谋生，不与汉人通婚，犹太女子不嫁回族，但回族可娶犹太女子。因此人丁繁衍不多。这则记载与明代弘治二年（1489）的《重建清真寺记》碑有出入。

明朝正德七年（1512）的《尊崇道经寺记》碑说：至于一赐乐业教，始祖阿耽，本出天竺西域，稽之周朝，有经传焉……厥后原教自汉时入居中国。宋孝宗隆兴元年癸未，建祠于汴。清代康熙二年（1663）的《重建清真寺记》碑（今已遗失不存）则说：教起于天竺，周时始传于中州，建祠于大梁。

三通碑文所说犹太人来开封的时间不一，“弘治碑”说来自宋朝，“正德碑”说来自汉朝，“康熙碑”则说来自周朝。陈垣教授认为，周朝说年代极远，不可信，汉代说也不可遽信，“故谓汉以前已有犹太人曾至中国则可，谓开封犹太族

---

① 《一赐乐业教》，《河南新志》上册，河南省地方史志编纂委员会据民国18年（1929）版整理重印1988年版，第175—176页。

为汉代所遗留则不可”,即使那时有人到过广州,不过是侨寓,不是永住。犹太人到过中国为一事,犹太人是否永住中国又为一事,不可混淆。陈垣教授还列举了宋敏求的《东京记》、张邦基的《墨庄漫录》两书未提一赐乐业教,此两人系宋人,两书均注意袄教,但无一语及一赐乐业教。清代雍正年间周城撰《宋东京考》20 卷,采摘有关宋代汴京掌故的书籍达 390 余种,也未提一赐乐业教。“即弘治碑一赐乐业族进贡西洋布于宋及帝命遵守祖风留遗汴梁之语,亦未及载。足见宋时开封一赐乐业教,尚无人能道,其非宋以前所至,可断言也。”①他的结论是宋代迁入的。他又考证,进入开封的犹太人“七十姓或疑为十七姓之讹,因碑中所列适十七姓,而教众之知名者,又无在此十七姓之外也”②。史学界大都认同陈垣教授的说法。

北宋的首都当时称汴梁,人口约有 100 万,是全国的政治、经济、文化中心,其繁荣程度超过了同一时期欧洲的任何城市,世界各地来汴梁从事经济、文化交流者甚多,以善于经商著称的犹太人到中国来自在情理之中。宋朝皇帝不失泱泱大国之风,对这批犹太移民表示欢迎,让他们“留遗汴梁”,是值得称道的。有人认为这位皇帝就是宋徽宗。犹太移民进贡的西洋布就是棉布,这在当时是比较珍贵的礼物。金世宗大定三年(1163),开封的犹太人修盖起了一座犹太会堂,当地汉人弄不清犹太教与伊斯兰教有何区别,称之为“清真寺”,犹太人入乡随俗,也未提出反对。每逢犹太教节日,犹太人便聚集于犹太会堂礼拜、祈祷,成为正常的宗教生活。

宋代汴京的犹太人有 100 多户,人口上千,按姓氏不同分作 17 个家庭。其中,除了赵是宋朝皇帝赐姓,其他都是根据原来的犹太姓氏转译的,例如李,就是利末的音译,而石和金,则是犹太姓氏的意译。如今开封的犹太人有 600 余人,只剩下石、高、艾、李、张、赵、金 7 个姓了。犹太人称自己的宗教为“一赐乐业教”,即以色列之意。他们在宰杀牛羊时要剔掉腿筋,故被称为“挑筋教”,他们居住之地也被称为“挑筋教胡同”。还有些当地居民“因分不清犹太人与回民的区别,因为他们都不食猪肉,只是看到他们戴着蓝色的帽子,因此便把他们叫

① 陈垣:《陈垣学术论文集》第一集,中华书局 1980 年版,第 276、270 页。
② 陈垣:《陈垣学术论文集》第一集,中华书局 1980 年版,第 276、270 页。

蓝帽回回”[①]。

居住在开封的犹太人有“敬天礼拜”的习俗，正如“弘治碑”所说，“敬天礼拜之道，足以阐祖道之蕴奥”。敬天礼拜的目的是弘扬祖宗的懿德。每天的寅（早）、午（中午）、戌（晚上）均要做礼拜，一日三次。礼拜前“必先沐浴更衣，清其天君，正其天官，而恭敬进于道经之前”。“沐浴更衣”即洗澡、更换衣服，表示对祖先的虔诚。“清其天君”的“天君”指心，即敬祖先要心诚。“正其天官”中的“天官”指耳、目、口、鼻等感觉器官，意思是要集中精神。礼拜的仪式有鞠躬、静默、鸣赞等。男子在礼拜时须脱鞋，同时戴上蓝帽，女人则不许戴头巾。仪式开始不用乐器，由掌教宣读“摩西五经”，并朗诵“诗篇”，做礼拜时要面向西方，因为圣地耶路撒冷在西方。此外，还有“祭”和“斋”。“祭者，尽物尽诚，以敬答其覆载之恩者也。”所谓“覆载之恩”是指祖先，祭祖的目的是报恩。这里的祖先并非指父母，而是指犹太人的祖先亚当、亚伯拉罕等人。春季祭用芹藻，秋季祭用果实。“斋”为七天一次，一般在每周六举行。“斋之日，不火食”，即这一天不生火煮饭，停止一切活动。

宋代时期开封的犹太人已自觉或不自觉地接受了汉族文化，民族融合已经开始了，但还保留着自己的民族特色。到了明清时期，开封犹太人对犹太文化传统已经淡忘了……从日常生活上看，他们已经不遵守犹太人的传统了。

三、金灭北宋与徽、钦二帝北迁

金朝是女真人建立的国家，宋徽宗政和五年（1115）阿骨打称帝建元，正式建立了金国。经过10年的攻伐，金太宗完颜晟于天会三年（1125）灭掉辽国，统一了北方，下一个目标便瞄准了北宋。这年十月，金太宗正式下诏伐宋，以谙班勃极烈斜也（杲）兼都元帅，坐镇京师会宁府（今黑龙江阿城南白城），兵分东西两路，以宗翰（粘罕）为左副元帅，自西京（今山西大同）攻太原，是为西路；以宗望（斡离不）为主帅，自南京（今河北卢龙）攻燕山，是为东路。金军摧枯拉朽，如入无人之境，十二月十日，宗望占领燕山府。西路军也频频得手，宗翰于十二

① 肖宪：《圣殿长存：古犹太文明探秘》，云南人民出版社2001年版，第197页。

月十八日抵达太原城下。徽宗无计退敌,惶急中禅位给太子赵桓。十二月二十四日,赵桓即位,是为钦宗。6天之后,下诏改元靖康元年。这年正月八日,金军抵达开封城下,几次攻城,均被守将李纲击退。金人未能得手,便改用"和"来欺骗宋朝,宗望声称:"都城破在顷刻,所以敛兵不攻者,为赵氏宗社也。议和所须犒师金银绢采各以千万计,马、驴、骡之属各以万计。尊其国主为伯父,凡燕、云之人在汉者悉归之。割太原、中山(今河北定州市)、河间(今属河北)三镇之地,又以亲王、宰相为质"[①],方许退兵。其时宋朝还未完全战败,只要措施得当,胜负未定,而徽宗、钦宗竟答应了赔款、割地、以亲王为人质的要求。靖康元年(1126)二月十日,金人既得三镇,又得到了宋朝的人质肃王,便不等赔款数目凑足,撤兵北去。

金人暂时北撤,是为了休整,到了这年八月,便又卷土重来了。金太宗再次以宗翰为左副元帅、宗望为右副元帅两路攻宋。宗翰率领的西路军仍从西京(今山西大同)出发,宗望所率右路军则从保州(今河北保定)南下。九月初,金兵攻陷太原,"河东皆震,人民多奔怀(今河南沁阳)、泽(今山西晋城)间"[②]。至于究竟有多少人逃到了怀州,人数不详,但在万人以上是可能的。九月十五日,金兵攻陷文水县(今属山西)后饮宴赏月,疏于防备,宋兵发动袭击,杀死金兵数百人。次日,金兵以铁骑3000人直冲宋军,宋军大败,自相蹂践而死者数万人,坑谷皆填满了宋军尸首,宋军将领张思正率败卒数千逃往汾州(今山西襄汾阳),另一将领张灏逃往慈(今山西吉县)、隰(今山西隰县)州,"于是威胜(今山西襄汾县南)、隆德(今山西长治市)、汾(今山西汾阳)、晋(今山西临汾)、泽(今山西晋城)、绛(今山西新绛)之民扶携老幼,渡河南奔者以万计,诸州县井邑皆空"[③]。这是一次规模较大的移民,从山西逃往河南者有万人之多,辗转沟壑,命运悲惨。"金人犯中国,所过名城大都以虚声胁降,如探囊取之"[④]。原来金兵都是虚张声势,威胁宋朝官员,宋朝官员大多是弃城逃跑,因此金兵攻城略池,

---

① 〔清〕毕沅:《续资治通鉴》卷九六《靖康元年》,中华书局1999年版,第2505年。

② 〔清〕黄以周:《续资治通鉴长编拾补》卷五六《钦宗靖康元年》,上海古籍出版社1986年版,第576页。

③ 〔清〕黄以周:《续资治通鉴长编拾补》卷五六《钦宗靖康元年》,上海古籍出版社1986年版,第577页。

④ 〔宋〕李心传:《建炎以来系年要录》卷三七《建炎四年九月》,台湾文海出版社1980年版,第140页。

如探囊取物。金兵从山西境内来到河阳(今河南孟州市),守臣望风而逃,百姓也跟着逃命,“中原人多亡命者,皆直大河而南走”①。南走即渡过黄河南逃。十一月二十五日,宗望所率的右路军抵达开封城下,屯兵刘家寺。闰十一月二日,宗翰率领的左路军也至开封,屯兵青城。开封城内人心惶惶,一夕数惊。眼看社稷就要覆亡,宋徽宗忧心如焚,给金军左副元帅宗维(即宗翰)写了一封信,“乞东南一郡以奉祖遗祀,宗维不准”②。金人灭宋已成定局,徽宗还想保留一块净土,无怪乎金人不准了。闰十一月二十五日,朔风怒号,大雪纷飞,中午时分,京城陷落,徽宗、钦宗被金人废为庶人,成了金人的阶下囚,被押解北上。

北宋覆亡,中原地区大片河山沦入金人手中。当时金人还处在奴隶社会,掳掠是他们的本色,在灭宋过程中,杀人越货之事屡见不鲜。正如恩格斯所说:“以前进行战争,只是为了对侵犯进行报复,或者是为了扩大已经感到不够的领土,现在进行战争,则纯粹是为了掠夺,战争成了经常的职业了。”③金人进入中原后,“虏骑所至,唯务杀戮生灵,劫掠财物,驱虏妇人,焚毁舍屋、产业”④。“自中原遭胡虏之祸,民人死于兵革水火疾饥坠压寒暑力役者,盖已不可胜计。”⑤金朝奴隶主贵族又把从中原掠得的汉人强行迁往漠北,“初男女北迁者五百人为一队,虏以数十骑驱之,如驱羊豕。京师人不能徒走远涉,稍不前即敲杀,遗骸蔽野”⑥。更有甚者,金人把掠得的中原人当作牲畜买卖:“金左副元帅维命诸路州县同以是日大索南人及拘之于路……至次年春尽以铁索锁之云中(今山西大同),于耳上刺官字以志之,散养民间。既而立价卖之,余者驱之鞑靼、夏国以易马,亦有卖于蒙古、室韦、高丽之域者。时金人既立刘豫,复以旧河为界,宗维(即宗翰)恐两河陷没,士庶非本土之人,逃归豫地,故有是举……先是中原士大夫为宗维所掠,聚于云中,至者无以自活,往往乞食于路,宗维见之,畏其众也,

① 〔宋〕蔡絛:《铁围山丛谈》卷二,中华书局 1983 年版,第 34 页。

② 〔宋〕李心传:《建炎以来系年要录》卷三《建炎元年三月》,台湾文海出版社 1980 年版,第 170 页。

③ 〔德〕恩格斯:《家庭、私有制和国家的起源》,人民出版社 1972 年版,第 162 页。

④ 〔南宋〕徐梦莘:《三朝北盟会编》卷一〇六,上海古籍出版社 1987 年版,第 780 页。

⑤ 〔宋〕庄绰著,萧鲁阳点校:《鸡肋编》卷中《中原避祸南方者遭遇之惨》,中华书局 1983 年版,第 64 页。

⑥ 〔南宋〕徐梦莘:《三朝北盟会编》卷九九,上海古籍出版社 1987 年版,第 927 页。

驱三千人坑之城外。”①又是买卖，又是坑杀，金国奴隶主真是残暴到了极致。金兵从开封撤退时，放火焚烧了开封城郊的房屋，大小车辆装满了抢来的金银，“东至柳子，西至西京，南至汉上，北至河朔，皆被其毒，坟冢无大小，启掘略遍，郡县为之一空”②。经过金兵的蹂躏，中原大地已是满目疮痍了。《鸡肋编》的作者庄绰说：“建炎元年(1127)秋，余自穰下(今河南邓州)由许昌以趋宋城(今河南商丘)，几千里无复鸡犬，井皆积尸，莫可饮；佛寺俱空，塑像尽破胸背以取心腹中物；殡无完柩，大逵已蔽于蓬蒿；菽粟梨枣，亦无人采刈。”③几千里地不见鸡犬，井中积满了死尸，水已不能饮用，佛寺中佛像肚子里的东西已被掏空，死去的人没有完好的棺材埋藏，大路上长满了蓬蒿，豆子、栗子、枣子成熟了，也无人采摘收割，一派荒凉破败的景象，真是惨不忍睹。

金军在开封城中大肆掳掠人口，先是搜索赵氏宗室，即皇帝一系，金人要求“解发尽绝，不许漏落一人”。开封府忙不迭派人捉拿，“大街小巷，无不周遍，如捕盗贼。每得宗室及家属，悉被拘监，饥饱不问，以待发遣出城”④。所谓“发遣出城”，就是强行移送金国当奴隶。《建炎以来系年要录》载：“金人来取宗室，[开封府]徐秉哲令坊巷五家为保，毋得藏匿。开封少尹夏承力争不听，添差少尹余大均主其事。前后凡得三千人，徐秉哲悉以使引押赴军前，当行者皆令衣袂相连属而往。”⑤徐秉哲丧心病狂，甘心为虎作伥，搜得宗室3000余人，押赴金人营中。又恐这些宗室途中逃脱，把他们的衣服连接在一起，使他们无法单独行动。金国奴隶主贵族对此并不满足，又在更大范围内展开了搜索。被掳掠到的有诸科医工170人，教坊乐工400人，金玉杂伎工人以及算命、占卜、观测天文、修造建筑一类的工匠，这些工匠可携带家属，一律到开封南薰门、朝天门集中。索要曾在皇宫服役过的女子、权贵戚里家的婢女及蔡京、童贯家的女仆凡千余人，且必须是面相端丽者，还有虽非上述女子，但曾在教坊者、当过倡优者也在其中，经开封府捉拿，里巷为之一空。即使在皇宫当过宫女且已嫁人者也

---

① 〔宋〕李心传：《建炎以来系年要录》卷四〇《建炎四年十二月》，台湾文海出版社1980年版，第1459页。

② 〔宋〕丁特起：《靖康纪闻》，《丛书集成初编》本。

③ 〔宋〕庄绰著，萧鲁阳点校：《鸡肋编》卷上《金刚经之效应》，中华书局1983年版，第21页。

④ 〔南宋〕徐梦莘：《三朝北盟会编》卷八三，上海古籍出版社1987年版，第623页。

⑤ 〔宋〕李心传：《建炎以来系年要录》卷三，台湾文海出版社1980年版，第174页。

不能幸免。这些被捉拿来的女子,“至开封府,皆蓬首垢面不食,作羸病状,觊得免。而开封府尹徐秉哲自置钗、衫、冠插鲜衣,令膏沐粉黛盛饰毕,满车送军中,父母、夫妻抱持而哭,观者莫不歔欷陨涕”。搜索捉拿女子最卖力的是内侍邓珪,等到搜索完毕,金人又命“珪家属及官吏、士人、僧道、医卜千余人”①一并遣送金国。邓珪助纣为虐,没想到自己的妻儿老小也都成了金人的俘虏。

金人到底掳掠了多少宗室,《三朝北盟会编·靖康皇族陷虏记》、《续资治通鉴长编拾补》引《续宋编年资治通鉴》、《大金国志》、《靖康稗史》诸书均有记载。《续宋编年资治通鉴》说:“开封府解发宫嫔一百二十人,亲王二十五人,帝姬、驸马四十九人,宗室南班官等络绎道路,凡数十里。”②今据《靖康稗史》《宋史》《大金国志》《三朝北盟会编》《建炎以来系年要录》等书,将被俘北上皇族列简表如下:

表一　神宗诸子(表中所列为被俘北上时年龄)

姓名	年龄	记事
徽宗(赵佶)	45 岁	绍兴五年(1135)殁于五国城(黑龙江依兰县)。北迁后生二子:顽使、铁使。《宋俘记》云入金后生六子八女
燕王(赵俣)	45 岁	死于北迁途中。他与徽宗不同母
越王(赵偲)	45 岁	建炎三年(1129)死于韩州(辽宁昌图北八面城)

表二　徽宗后妃(表中所列为被俘北上时年龄)

姓名	年龄	记事
郑皇后	47 岁	北迁后五年死于五国城
乔贵妃	42 岁	流落五国城
崔贵妃	36 岁	宣和四年废为庶人,后赴五国城
王贵妃	35 岁	绍兴五年死于燕山
韦贤妃	38 岁	随徽宗北行,绍兴二十八年(1158)返回临安
朱贵仪	39 岁	流落五国城,《宋俘记》为朱桂林
金淑仪(弄玉)	20 岁	北迁后归金人额鲁观寨

① 〔南宋〕徐梦莘:《三朝北盟会编》卷七七,上海古籍出版社 1987 年版,第 584 页。

② 〔清〕黄以周:《续资治通鉴长编拾补》卷六〇《钦宗靖康二年》,上海古籍出版社 1986 年版,第 613 页。

（续表）

姓名	年龄	记事
金贵仪(秋月)	19岁	北迁后归金将萧庆,《宋俘记》为金秋月
裴淑容(月里嫦娥)	19岁	北迁后归金人额鲁观寨
陈淑容	19岁	下落不详
曹顺义	32岁	下落不详
徐顺容	25岁	下落不详
周顺容	25岁	下落不详
林婉仪(月姊)	23岁	流落五国城
王婉容(月宫)	29岁	流落五国城
任婉容(金奴)	21岁	流落五国城
闫婉容	19岁	绍兴三年(1133)九月殁于五国城
朱昭仪(素辉)	18岁	归金将萧庆
余昭容(羞花)	25岁	流落五国城
王昭容(三宝奴)	24岁	流落五国城
林昭容(菱香)	20岁	流落五国城
李昭容	19岁	下落不详
郑昭仪(媚娘)	21岁	流落五国城,生子檀
蒋修仪	41岁	下落不详
陆修仪(娇奴)	21岁	流落五国城
毛修容	32岁	下落不详
黄修容	20岁	流落五国城
陈修媛	28岁	归金将葛思美
萧修媛(金奴)	19岁	归金将萧庆
左充仪	21岁	归额鲁观寨
申充仪(观音)	19岁	下落不详
秦充容	29岁	下落不详
刘充容(刘新娘)	20岁	归金将萧庆
奚充媛	24岁	流落五国城
江充媛(南春)	20岁	流落五国城

（续表）

姓名	年龄	记事
席充媛(珠珠即席夫人)	18 岁	归葛思美
新王婕妤	20 岁	一直跟随徽宗,生一子
小王婕妤	20 岁	一直跟随徽宗,生一子
奚婕妤(拂拂)	17 岁	入上京洗衣院(按:洗衣院实为妓院)
裴婕妤(宝卿)	18 岁	入上京洗衣院
管婕妤(芸香)	19 岁	入上京洗衣院
谢婕妤(咏絮)	19 岁	入上京洗衣院
江婕妤(凤羽)	19 岁	入上京洗衣院
邱婕妤(巧云)	21 岁	殁于北行途中
刘婕妤(刘美人)	18 岁	入上京洗衣院
郭婕妤(小奴)	19 岁	下落不详
刘婕妤(蜂腰)	19 岁	入上京洗衣院
闫婕妤(月眉)	19 岁	入上京洗衣院
朱才人(柳腰)	18 岁	入上京洗衣院
莫才人(青莲)	18 岁	归金将斜也
叶才人(小红)	19 岁	归金将斜也
周才人(春桃)	22 岁	跟随徽宗
曹才人(小佛奴)	19 岁	归葛思美
李才人(铁笛)	28 岁	归金将斜也
狄才人(金奴)	19 岁	跟随徽宗
邵才人(元奴)	18 岁	跟随徽宗
方才人(朝云)	20 岁	殁于北行途中
邢才人(心香)	18 岁	归兀术
姚才人(小娇奴)	20 岁	归达赉
罗才人(罗夫人)	20 岁	归达赉
高才人(晓云)	21 岁	归斜也
金才人(小金鸡)	21 岁	归斜也
邢贵人(小金)	22 岁	归斜也

（续表）

姓名	年龄	记事
卢贵人(嫋嫋)	19 岁	归兀术
周贵人	18 岁	归兀术
景贵人(樱桃)	17 岁	归达赍
何贵人(羞金)	24 岁	归兀术
辛贵人(香奴)	19 岁	归兀术
卫贵人(佛面,即卫美人)	17 岁	殁于北行途中
徐美人(癸癸)	19 岁	归达赍
朱美人(凤云)	21 岁	归达赍
冯美人(宝玉儿)	19 岁	归兀术
芮美人(春云)	20 岁	归达赍
曹美人(串珠)	22 岁	归兀术
顾美人(猫儿)	21 岁	归兀术
俞美人(小莲)	17 岁	入上京洗衣院
福国邢夫人(佛迷)	18 岁	下落不详
华国李夫人(春燕)	21 岁	归张邦昌为后
卫国顾夫人(福云)	23 岁	殁于北行途中
顺国王夫人(杏林)	17 岁	入云中御寨(御寨为天子所居之地,在上京附近,本表所说云中御寨,实宗翰在云中居处)
定国李夫人(醉仙桃)	18 岁	入云中御寨
景国张夫人(小花)	24 岁	归金将俞睹
徐国邢夫人(柳娣)	17 岁	入云中御寨
益国刘夫人(百哥)	21 岁	归金将兀室
荣国韦夫人(月姑)	24 岁	殁于北行途中
许国刘夫人(鸳鸯)	21 岁	归金将娄宿
纪国顾夫人(小郎)	18 岁	入云中御寨
鲁国徐夫人(春罗)	19 岁	入云中御寨
邹国吴夫人(富奴)	23 岁	归娄宿
慎国任夫人(蕙卿)	18 岁	入云中御寨

（续表）

姓名	年龄	记事
承国吴夫人(端姑)	20 岁	入云中御寨
钜鹿朱夫人(燕姑)	22 岁	归娄宿
平原刘夫人(春芳)	18 岁	入云中御寨
会稽谢夫人(三奴)	17 岁	归宝山大王
河间刘夫人(月奴)	22 岁	殁于北行途中
榆林任夫人(玉桃)	17 岁	归宝山大王
陈留吴夫人(阿奴)	17 岁	归宝山大王
寿阳李夫人(巧郎)	19 岁	入云中御寨
清河张夫人(月仙)	21 岁	殁于北行途中
三原王夫人(赛莲花)	22 岁	殁于北行途中
江夏黄夫人(观音奴)	19 岁	入云中御寨
康平王夫人(金姑)	19 岁	入云中御寨
荥阳张夫人(花媚)	19 岁	入云中御寨
河内郑夫人(佛保佑)	16 岁	归宝山大王
弘农杨夫人(春莺)	19 岁	归真珠大王寨
太原王夫人(红奴)	17 岁	入云中御寨
南阳王夫人(猫儿)	19 岁	归兀室
王夫人(月奴)	19 岁	入云中御寨
纪夫人(男郎)	17 岁	入云中御寨
陈夫人(桃花)	19 岁	归真珠大王寨
郑夫人(巧巧)	19 岁	归金将俞睹
杨夫人(吉保)	19 岁	入云中御寨
芮夫人(二男)	17 岁	入云中御寨
叶夫人(金姑)	19 岁	入云中御寨
恽夫人(花云)	19 岁	殁于北行途中
曹夫人(大姑)	19 岁	归真珠大王寨
刘夫人(阿奴)	21 岁	殁于北行途中
黄夫人(朱红)	21 岁	殁于北行途中

（续表）

姓名	年龄	记事
褚夫人(醉观音)	18 岁	入云中御寨
阳夫人(三姑,《宋俘记》作汤三姑)	17 岁	入云中御寨
潘夫人(玉儿)	18 岁	入云中御寨
文夫人(杨妃)	22 岁	歿于北行途中
向夫人(岫云)	21 岁	歿于北行途中
荀夫人(玉虎儿)	18 岁	入云中御寨
李夫人(双飞)	18 岁	入云中御寨
张夫人(贝姑)	24 岁	歿于北行途中
姜夫人(银玲)	19 岁	入云中御寨
费夫人(兰姑)	19 岁	归娄宿
霍夫人(小凤)	21 岁	归高庆裔寨
江夫人(和姑)	17 岁	入云中御寨
钟夫人(大宝佛)	20 岁	歿于北行途中
乔夫人(瑞芳)	22 岁	歿于北行途中
彭夫人(佛哥)	21 岁	歿于北行途中
曾夫人(四面笑)	19 岁	入云中御寨
沈夫人(金男)	19 岁	归金人刘思
田夫人(倩云)	19 岁	入云中御寨
章夫人(好郎)	21 岁	归兀室
何夫人(青凤)	20 岁	归金将高庆
梁夫人(温和)	21 岁	歿于北行途中
孙夫人(星奴)	19 岁	归兀室
马夫人(兰秀,又名瘦兰)	19 岁	归刘思
于夫人(一翦红)	17 岁	歿于北行途中
王夫人(翦云)	20 岁	入云中御寨

在徽宗 143 后妃中,年龄最长者为郑皇后,最小者为河内郑夫人,小名佛保佑,北上时只有 16 岁。除了少数妃子死于北上途中,大部分被金国奴隶主贵族

掠为己有。

表三　徽宗诸子(表中所列为被俘北上时年龄)

姓名	年龄	记事
钦宗(赵桓)	28 岁	绍兴二十六年(1156)死于五国城,北迁后生一子一女
郓王(赵楷)	27 岁	建炎四年(1130)殁于韩州
肃王(赵枢)	26 岁	建炎四年殁于五国城
景王(赵杞)	24 岁	北行后生一子,流落五国城
济王(赵栩)	22 岁	流落五国城
益王(赵棫)	21 岁	已废为庶人,流落五国城
祁王(赵模)	20 岁	绍兴八年(1138)殁于五国城,有子成范
莘王(赵植)	20 岁	北行后生子成定,死地不详
徐王(赵棣)	19 岁	流落五国城
沂王(赵木咢)	18 岁	绍兴三年(1133)与驸马刘文彦诬告徽宗谋反,被金人诛于五国城
和王(赵栻)	17 岁	建炎二年(1128)殁于上京至韩州途中
信王(赵榛)	17 岁	北行至庆源(今河北赵县),藏匿真定境内,时马扩聚兵五马山寨,奉以为主。金人破寨,榛不知所在。后与徽宗同居五国城,殁
安康郡王(赵楃)	16 岁	流落五国城
广平郡王(赵楗)	15 岁	绍兴十一年(1141)殁于五国城
相国公(赵梴)	15 岁	流落五国城
瀛国公(赵樾)	13 岁	绍兴元年(1131)流落五国城
嘉国公(赵椅)	10 岁	建炎四年(1130)殁于五国城
温国公(赵栋)	9 岁	流落五国城
仪国公(赵桐)	7 岁	流落五国城
昌国公(赵柄)	6 岁	绍兴二年(1132)殁于五国城
润国公(赵枞)	5 岁	流落五国城

表四　徽宗诸女(表中所列为被俘北上时年龄)

姓名	年龄	记事
嘉德帝姬(玉盘)	28 岁	嫁曾夤,又嫁宋国王,绍兴十年(1140)殁于上京
荣德帝姬(金奴)	25 岁	嫁曹成,再嫁习古国王,绍兴十二年(1142)被金熙宗封为夫人
安德帝姬(金罗)	22 岁	嫁宋邦光
茂德帝姬(福金)	22 岁	嫁蔡京子蔡鞗
成德帝姬(瑚儿)	18 岁	嫁向子房
洵德帝姬(富金)	18 岁	嫁田丕,入金后为设也马之妾
显德帝姬(巧云)	17 岁	嫁刘文彦,后随夫入金
顺德帝姬(缨络)	17 岁	嫁向子扆,绍兴七年殁于五国城
柔福帝姬(多富嬛嬛)	17 岁	入金后归盖天大王赛里,后在五国城嫁徐还,绍兴十一年(1141)死。开封尼善静昌充柔福,高宗封为福国长公主,败露后赐死
宁福帝姬(串珠)	14 岁	绍兴十一年(1141),金熙宗封为夫人
和福帝姬	12 岁	下落不详
永福帝姬	16 岁	下落不详
惠福帝姬(珠珠)	14 岁	入金为王妾
令福帝姬	10 岁	绍兴五年(1135)被金熙宗封为夫人
华福帝姬	9 岁	绍兴十一年(1141)金熙宗封为次妃
庆福帝姬	7 岁	绍兴五年(1135)被金熙宗封为夫人
仪福帝姬(圆珠)	17 岁	下落不详
纯福帝姬	4 岁	由洗衣院归真珠大王设也马,后嫁王昌远(一名成棣,即《青宫译语》作者)

被俘北上的还有驸马 8 人、皇孙 16 人、皇孙女 30 人。驸马中年龄最大者 28 岁,最小者 17 岁;皇孙中最大者 10 岁,最小者 2 岁;皇孙女中最大者 8 岁,最小者 1 岁。驸马和皇孙大都因饥寒交迫而死于金国,皇孙女中一大半死于北上途中,有 4 人后来嫁给金人,4 人入上京洗衣院,1 人流落五国城。

北宋灭亡后,金人索取帑藏,“所有应礼乐之具、服用之物、占天之璇玑、传国之宝玉,上自珍异,下及粗恶,悉取之。工匠人口、医官、乐工、妓女、内侍以至后苑八作、文思院及民工悉取之，约 10 万口。父子、夫妇生相别离，及提老携幼，系累而去，哭声动天地”[1]。此说被迫迁徙北上者约为 10 万人。《建炎以来系年要录》也说“华人男女驱而北者，无虑十余万”[2]。但有的书上说是 20 万：“天会（金太宗年号）时，掠至宋国男妇，不下二十万。”[3]数目之所以如此悬殊，是因为北宋灭亡时社稷丘墟，一片混乱，没有史官详细记载此事，各书的作者凭自己搜集来的资料写入书中，因此人数不尽一致。但不管怎样，迁入北方的中原汉人大约在 15 万人，应该是比较可信的。

靖康二年（1127）三月底，金兵在掳掠到了大量的财富后，返旆北归。《宋俘记》一书称：“既平赵宋，俘其妻孥三千余人，宗室男妇四千余人，贵戚男妇五千余人，诸色目三千余人，教坊三千余人，都由开封府列册津送，诸可考索。入寨（指金军统帅宗翰、宗望所居住的青城斋宫、寿圣院及刘家寺皇子寨）后，丧逸二千人，遣释二千人，仅行万四千人。”[4]此处所说的 1.4 万人仅仅是跟随二帝北上且有案可稽者，大批被驱北上的中原百姓不在其中。

金人把宋朝人丁分作 7 批，陆续押解起程。

第一批：宗室贵戚男丁 2200 余人，妇女 3400 余人，由都统阇母（多昂木）押解，靖康二年（1127）三月二十七日由青城国相寺起程，四月二十七日抵达燕山（今北京城西南），居住甘露寺。这些出身于簪缨之家的公子王孙，平日轻裘肥马，养尊处优，怎经得起这种风霜之苦？奔波一月，抵达燕山时，妇女只存 1900 人，男丁无考。次年七月金人又将他们迁往通塞州（不详何地），十二月迁往韩州（今辽宁昌图县西北八面城东南），此时男女合计只剩 900 余人了。两年之后迁往咸州（今辽宁开原东北）。到了绍兴元年（1131）十一月，这支俘虏又由 900 余人减至 500 人，金人将他们迁往上京（今内蒙古巴林左旗林东镇东南二里波罗城），男子编充兵役，女子充作婢女，把守宫院。

第二批：徽宗妃子韦氏（高宗之母），徽宗第二十三子相国公赵梃，第二十五

---

① 〔南宋〕徐梦莘：《三朝北盟会编》卷九九，上海古籍出版社 1987 年版，第 733 页。

② 〔宋〕李心传：《建炎以来系年要录》卷四，台湾文海出版社 1980 年版，第 215 页。

③ 〔宋〕李天民、王成棣等辑撰，王汝涛点校：《靖康稗史注》之六《呻吟语》引《燕人麈》，中州古籍出版社 1993 年版，第 135 页。

④ 〔宋〕李天民、王成棣等辑撰，王汝涛点校：《靖康稗史注》之七《宋俘记》，中州古籍出版社 1993 年版，第 173 页。

子建安郡王赵楧,郓王赵楷及康王赵构(即宋高宗)两人妻妾,富金、嬛嬛两帝姬(公主),郓王、康王两人女儿,共计35人,由金军统帅宗翰长子真珠大王设也马、盖天大王赛里(完颜宗贤)、千户国禄、千户阿替计押解,于靖康二年(1127)三月二十八日自寿圣院、刘家寺皇子寨起程,五月二十八日入上京洗衣院。

第三批:钦宗妻妾、珠珠帝姬、柔嘉公主,共计37人,由宗翰次子宝山大王斜保押解,于靖康二年(1127)四月一日自斋宫起程,十八日抵燕山,居悯忠寺,十月与徽宗会合。

第四批:徽宗及其子燕、越、郓、肃、景、济、益、莘、徐、沂、和11位王子,安康、广平两郡王,瀛、嘉、温、英、仪、昌、润、韩8位国公,诸子孙驸马,徽宗妻妾奴婢,共1940余人,由万户额鲁观(完颜宗隽)、左司萧庆、孛董葛思美押解,于靖康二年(1127)三月二十七日夜由斋宫及青城国相寨移至刘家寺皇子寨,二十九日起程,五月十五日抵达燕京,居住在延寿寺。

第五批:帝姬(公主)、王妃等103人,侍女142人,由宗望押解,于靖康二年(1127)三月二十九日由刘家寺皇子寨、圣寿院起程,五月十九日抵达燕山,居皇子寨府。

第六批:贡女3180人,其他僧道、秀才、监吏、裁缝、阴阳、技术、影戏、傀儡、小唱诸色等共计3412人,由右监军谷神(完颜希尹)、左监军挞懒等押解,于靖康二年(1127)四月初一日由青城国相寨起程,五月二十七日到达燕山。此时贡女只余2900人,其他诸色人等剩余1800人,不少人死于途中。

第七批:钦宗、太子、祁王、缨络帝姬及大臣孙傅、何栗、张叔夜、司马朴、秦桧、陈过庭等12人,侍女144人,由宗翰、耶律余睹(辽臣降金者)等押解,于靖康二年(1127)四月初一日由青城国相寨起程,六月初二抵云中(今山西大同),七月初十日抵达燕山,与徽宗相会。

凄风苦雨,长夜漫漫。徽宗一行乘坐860余辆牛车,三月二十七日由刘家寺出发,夜晚行至封丘(今属河南)住宿。徽宗与押解的金军将领俱住在帐篷内,帐篷周围都有馆伴严密监视。其时虽已是春光明媚天气,但仍然是乍暖还寒,徽宗辗转反侧,竟是一夜无眠。四月一日行至胙城(今河南延津),与第二批韦妃、第三批钦宗朱皇后相遇。次日,金人说河北沿途不靖,停车两日,派士兵先渡过黄河清扫道路。等到出发时,徽宗见韦妃、相国公、柔福帝姬乘马而去,竟不敢和他们道声问候。当徽宗一行至浚州(今河南浚县)时,金兵拦阻百姓不得观看，只准卖食物人近前。小贩们知是已被废黜的徽宗，纷纷馈赠炊饼、藕菜之类，不受其值而去。自过此州，金人恐怕通都大邑中有人劫驾，便另辟新路，逢山开道，遇水搭桥，“水浅则填以为柴路，深则叠以为甬道。跋涉荒迥，旬日不见屋宇，夜泊荆棘或桑木间，艰难不可言”①。即使遇上大雨，亦行于泥淖之中，途中往往车坏人死。日暮宿营时，以牛车的前辕相向，三面环绕，出入之处有金兵把守，以防逃跑。四月十二日，进入邯郸（今属河北）境，因所行均非驿道，鸟道羊肠，崎岖难行，几乎不辨路径。十五日进入邢州（今河北邢台），连日风雨大作，车折马倒，宋俘死亡枕藉。途中食物甚少，徽宗与郑皇后分得羊1只，粟1斗，其余则是4人或6人分得羊1只，每人米2升，徽宗不得不沿途采桑葚充饥。四月十六日，徽宗一行来到都城店（今河北内丘县南），燕王俣（徽宗异母兄弟）因途中乏食饿死，只得就寨外焚化，携骨灰而行。十八日行至柏乡（今属河北），这里原来熙熙攘攘，人烟辐辏，宋金交恶后，居民已逃避一空。宋俘鸠形鹄面，面有菜色，而“虏酋皆拥妇女，恣酒肉，弄管弦，喜乐无极”②。两者形成了鲜明的对照！

在漫长的押解途中，金人故意给这个已经废黜了的天子以难堪。路过洺州（今河北邯郸市永年区）时，宗望邀徽宗同至田野中观看围猎，又安排宋朝降臣郭药师拜见徽宗，奚落徽宗不会用人。车过真定（今河北正定）时，把徽宗安置在静渊庄，请徽宗去看打球。徽宗是阶下之囚，前途叵测，生死未卜，对打球已是心灰意冷，但宗望相召，又不敢不去，只得同郑皇后快快前往。金人又让徽宗写一首打球诗，徽宗也不敢拒绝。路过中山府（今河北定州）时，金人命徽宗喊话，让守城宋兵投降。徽宗不敢违拗，在城下大呼道：“我道君皇帝，今往朝金帝，汝可出降。”③守将在城上痛哭流涕，不肯奉诏，金人也无可奈何。

五月十八日，徽宗一行抵达燕京，寓居延寿寺。随行官吏，不服水土，饮食不时，至燕山病者几半。到了燕山，徽宗才知道宋人被俘至此者甚多，“能执工艺自食其力者，颇足自存，富戚子弟，降为奴隶，执炊牧马，皆非所长，无日不撄

① 〔宋〕曹勋：《北狩见闻录》，《丛书集成初编》本。

② 〔宋〕李天民、王成棣等辑撰，王汝涛点校：《靖康稗史注》之六《呻吟语》，中州古籍出版社1993年版，第133页。

③ 〔宋〕李天民、王成棣等辑撰，王汝涛点校：《靖康稗史注》之六《呻吟语》，中州古籍出版社1993年版，第134页。

鞭挞。不及五年,十不存一。妇人分入大家,不顾名节,犹有生理。分给谋克以下,十人九娼,名节既丧,身命亦亡”①。一名铁工以八金买来一妇,细询之,竟是亲王孙女。

这年九月,金人又因南宋兵盛,怕他们夺回徽、钦父子(按:钦宗一行于七月初到燕京),便失去了同宋方讨价还价的筹码,将他们父子徙往中京(内蒙古宁城西大明城)。九月十三日,徽、钦父子从燕京出发,跋涉了一个多月后,于十月十八日到达中京,栖身于故契丹宰相第中。这里乃辽朝中京故城,院中共有5幢房屋,徽宗与后妃居住在左边的两幢,钦宗与后妃居住在右边的两幢,中间的一幢由监管他们的金人居住。徽、钦父子所需生活费用,都从燕京运来,金人每两月运送一次。

宗室濮王仲理等1800余人,仍羁留于燕京仙露寺,金人每人每日给米1升,半月支盐1升,严密监视,一夜之间,死亡相继,只剩下了98人。大臣何栗、曹成等病死;耿南仲、司马朴等则穷愁潦倒,三餐不继;原知燕山府蔡靖与其子松年,在燕京开酒店谋生。“有力者营生铺肆,无力者喝货挟托,老者乞丐于市。南人以类各相嫁娶。燕山有市卖人,凡军兵虏得南人,视人立价卖之。”②

建炎二年(1128)七月下旬,徽、钦父子又被徙往上京(今内蒙古巴林左旗南)。徽、钦一行1000余人,栉风沐雨,在经过长途跋涉后,于八月二十一日抵达上京。金人决定让徽、钦父子朝见祖庙,实际上是行献俘之礼,以此来羞辱北宋君臣。金兵逼着徽、钦父子除去袍服,其他人皆令脱去上衣,身披羊裘,腰系毡条,入庙行牵羊礼。在一片音乐声中,徽、钦父子拜见太宗于乾元殿,金太宗与皇后、诸王、郎君、大臣等骑马先行,接着是契丹乐,后边是五面白旗,上面分别写着“俘宋二帝”“俘宋二后”“俘叛奴赵□(构)母妻”“俘宋诸王驸马”“俘宋两宫眷属”字样。宋朝俘虏一律金人装束,“宋帝后均帕头民服,外袭羊裘;诸王、驸马、妃嫔、王妃、帝姬、宗室妇女、奄人,披羊裘”,跪听金人宣读诏书。金人封徽宗为昏德公,钦宗为重昏侯,郑、朱两皇后并封夫人,胡服归第。康王母韦贤妃、皇后邢夫人以下300余人没为奴婢,入上京洗衣院,成为金人的奴隶。另

① 〔宋〕李天民、王成棣等辑撰,王汝涛点校:《靖康稗史注》之六《呻吟语》引《燕人麈》,中州古籍出版社1993年版,第135页。

② 〔南宋〕徐梦莘:《三朝北盟会编》卷九八,上海古籍出版社1987年版,第725页。

有400余宫眷，送入元帅府女乐院。朱皇后不堪虐待，自缢不死，又投水毙命。金太宗便从赏赐给诸王、郎君、万户的妇女中掠取24岁以下的114人入宫，诸王子从洗衣院中取走妇女300余人。

徽、钦父子在上京刚刚安顿下来，这年十月，金人再徙两帝及诸王、驸马、内侍、宫眷于韩州（今辽宁昌图县北八面城东南），但入洗衣院及元帅府女乐院者不得随行。赵构之母韦氏、妻邢氏既已没为宫婢，自然不能前往。徽宗席不暇暖，又得登程，十二月二十六日才至韩州。“宗室晋康郡王孝骞以下一千八百余人，自二帝离燕山后，日给粟一升；拘禁若囚卒，一岁之间，死者过半。”濮王仲理贫病交加而死，和王赵栻死于赴韩州途中。仲理这一支剩下的“辗转流徙，存者九百余人”，金人也把他们迁往韩州，“给田四十五顷，种莳自给”[①]。那些奴婢“每人一月支稗子五斗，令自舂为米，得一斗八升，用为糇粮。岁支麻五把，令缉为裘，此外更无一钱一帛之人”[②]。有手艺者如医人、绣工之类，境遇稍好。能够演奏乐曲者，可在宴会上演奏，但酒阑客散之后，仍得从事奴隶劳动。金人对这些人的态度是“任其生死，视如草芥”。更有甚者，宗翰竟将所掠宋人至夏国易马，以10易1，即10个人才抵得上1匹马的价格。

建炎四年（1130）七月，金人又以“比以奸民（不靖），假祸汝躬，故令远徙，庶免波累”[③]为由，再徙徽、钦父子于五国城（今黑龙江依兰县）。绍兴五年（1135），宋徽宗卒于五国城，终年54岁。绍兴二十六年（1156），钦宗因患风疾卒于五国城，终年57岁。

尽管金人看管严密，押解北上途中，也有侥幸逃亡成功者。如宗室赵士珸，曾任贵州团练使，“从上皇（徽宗）北狩，次洺州（今河北永年东南）城东五里，与诸宗室议，欲遁还据城，谋未就而敌围已合，同行皆散去，无一人留者。士珸得蹇驴跨之西驰，夜半为盗所夺，徒步疾走，迟明抵武安县（今属河北），憩于张氏酒肆”[④]。虽然经历了不少坎坷，但总算逃脱了金人魔掌。知枢密院事汪伯彦有

① 〔宋〕李天民、王成棣等辑撰，王汝涛点校：《靖康稗史注》之六《呻吟语》，中州古籍出版社1993年版，第147页。

② 〔宋〕洪迈：《容斋随笔·三笔》卷三《北狄俘虏之苦》，中州古籍出版社1994年版，第775页。

③ 〔宋〕李天民、王成棣等辑撰，王汝涛点校：《靖康稗史注》之六《呻吟语》，中州古籍出版社1993年版，第151页。

④ 〔宋〕李心传：《建炎以来系年要录》卷七，台湾文海出版社1980年版，第370页。

子名汪似，有女嫁士人梁汝霖，似与汝霖二人“皆为金人掠去，拘于汤阴县（今属河南）寨中一年矣。至是，似、汝霖同日南遁，至河（指黄河）偶得渔舟以济”[①]。也有先是逃脱，后又被金人诛戮者，如吉州团练使，宗室赵士跋也在北迁行列中，“得间遁去，居邢州（今河北邢台），至是结约土豪将举事，为人告发，捕至京师（金上京，即今内蒙古巴林左旗驻地林东镇东南二里波罗城）戮之”[②]。侥幸逃脱者只是个案，绝大多数宋朝人都到了漠北，后来都融合到女真人中了。

烧杀掳掠固然是金朝奴隶主贵族的本色，但在侵宋过程中，他们又自觉接受了中原地区的先进文化，促进了女真人与汉人在文化上的融合。开封陷落后，“金人入太学劫掠金银、衣物，士人几不免。敌曰：秀才懑却忠孝为国，不要杀他”[③]。优待读书人，表明金朝统治者对文化的重视。对于传播知识的书籍，他们也颇感兴趣。“金人索监书，藏经，苏（轼）、黄（庭坚）文及古文书、《资治通鉴》诸书。金人指名取索书籍甚多，又取苏、黄文墨迹及古文书籍，开封府支拨现钱收买，又直取于书籍铺。”[④]金人撤退时，将京城及皇宫内的文物、图籍劫掠一空，举凡“孔子冠、图谶、竹简、古画、教坊乐器、乐书、乐章、祭器、明堂布政图、闰月体式、八宝九鼎、元圭郑圭大器、合台浑天仪、铜人刻漏、古器、秘阁三馆书籍、监本印板、古圣贤图像、明堂辟雍图、皇城宫阙图、四京（东京开封、西京洛阳、南京商丘、北京大名府）图、大宋百司并天下州府职贡令，宋人文集、阴阳医人之书”[⑤]，都被运到了金国，这些书籍给女真文化带来了深刻影响。流落到金国的士人也为汉族文化与女真文化的交流融合作出了贡献。如礼部尚书张邵在靖康年间出使金国，金人羁留，不得返朝，遂流落金国。“是时虏新立国，向慕文教人，知公以儒学士，多从之授书。生徒断木书于其上，捧诵既过，削去复书，中圆如瓠而首尾尖，目之曰木橄榄，盖其俗儿童诵习率以此。”[⑥]当时金朝还没有纸张，儿童读书时，把大树锯断，字就写在锯断之处，学习完了，把这一段削去，另外再写。这真是别开生面的学习方法。张邵还在金国讲解《易经》，女真人把

① 〔宋〕李心传：《建炎以来系年要录》卷十八，台湾文海出版社1980年版，第731页。
② 〔宋〕李心传：《建炎以来系年要录》卷三五，台湾文海出版社1980年版，第1329页。
③ 〔南宋〕徐梦莘：《三朝北盟会编》卷七〇，上海古籍出版社1987年版，第529页。
④ 〔南宋〕徐梦莘：《三朝北盟会编》卷七三，上海古籍出版社1987年版，第548页。
⑤ 〔南宋〕徐梦莘：《三朝北盟会编》卷七七，上海古籍出版社1987年版，第584页。
⑥ 〔南宋〕徐梦莘：《三朝北盟会编》卷二二二，上海古籍出版社1987年版，第1605页。

他请到高僧所坐的座位上，开讲时鸣鼓为号，非常隆重。张邵讲说《易经》真谛，“一时听者毕至”，生徒中有许多人给张邵送来米面，张邵在金国生活了许多年，一直到绍兴十二年（1142）才回到宋朝。绍兴年间，宋高宗派大臣洪皓出使金国，金人想留他在金国为官，洪皓不从，遂被流放于离上京二百余里的冷山。那里四月草才萌芽，八月下雪，他居住的村子人烟稀少，不到百户人家，都是金国左丞相完颜希尹的宗族。希尹让洪皓诲其子，或二年不给衣食，盛夏至衣犓（粗）布。番命四隶采薪他山，尝久雪薪尽，至拾马矢煨面而食。[①] 完颜希尹让洪皓教他儿子读书，却不给衣食，以至洪皓盛夏时还穿着厚厚的粗布衣服，只派人为他打柴做饭，冬天雪下得久，没法打柴了，只能拾马粪烧火做饭。后来洪皓和张邵一起返回南宋。

金国与宋朝接触既久，无论是生活习惯、服饰、节序、礼仪都和汉族相同了。“自金人兴兵后，虽渐染华风，然其国中之俗如故。已而往来中国，汴、洛之士多至其都，四时节序皆与中国侔矣。”[②]又如领兵灭宋的金国二太子宗翰（粘罕），“初入中国时止着褐布衫，既拔京城，其下无不衣锦绣，至月旦及视事，则幞头、公服、靴、笏，皆如中国之制”[③]。宗翰及其部下刚入中原时还穿着褐布衫，占领了宋朝都城开封后，人人都换上了锦绣衣服，逢每月初一（月旦）及办公事，宗翰便戴上汉族官员的幞头、朝服、朝靴、笏板，俨如宋朝官员了。

四、高宗南渡与中原百姓南迁

靖康二年（1127）五月，徽宗之子康王赵构即位于南京（今河南商丘），改元建炎，他就是历史上的宋高宗。他无力阻挡金人的凌厉攻势，便想到了巡幸，其实就是逃跑。大臣李纲提出，如果不得已而巡幸，“关中为上，襄（阳）、邓（州）

---

① 〔南宋〕徐梦莘：《三朝北盟会编》卷二二一，上海古籍出版社 1987 年版，第 1589 页。又见《建炎以来系年要录》卷四〇，台湾文海出版社 1980 年版，第 1475 页。

② 〔宋〕李心传：《建炎以来系年要录》卷一九《建炎三年正月》，台湾文海出版社 1980 年版，第 764 页。

③ 〔宋〕徐梦莘：《三朝北盟会编》卷九九，上海古籍出版社 1987 年版，第 731 页。

次之,建康(今江苏南京)又次之"[①]。各地守臣应修葺城池,整理宫室,储备粮草,以备巡幸。七月间,高宗下诏:"京师未可往,当巡幸东南为避敌之计,来春还阙,令三省,枢密院条具合行事件。"[②]实际上避敌是真,还阙不过是遁词而已。大臣中也多贪生怕死之辈,力劝高宗逃往金陵(今江苏南京),中书舍人刘珏认为:"骑兵金之长技而不习水战,金陵天险,前据大江,可以固守,东南久安,财力富盛,足以待敌。"朝中掌权的大臣汪伯彦、黄潜善也主张高宗逃往东南,"故士大夫率附其议"[③]。

最先逃往南方的是元祐太后。元祐太后也称隆祐太后,她是哲宗废黜的皇后,已在宫廷中除名,金人搜括宋朝宗室北迁时,因她不在簿籍之中,侥幸躲过一劫。高宗即位,把她迎入宫中,奉为皇太后。建炎元年(1127)八月二十五日,元祐皇太后自应天府(今河南商丘)起程,前往东南避难,六宫及卫士家属从行者甚众。高宗信誓旦旦地表示"朕当独留中原,与金人决战",可谓气壮如牛,但隔了一天,便又表示"当巡幸东南"[④]了,真是胆小如鼠。天子尚且如此,大臣们更是畏敌如虎。"士大夫奉公者少,营私者多;殉国者希,谋身者众。乞去,则必以东南为请;召用,则必以疾病为辞。沿流以自便者,相望于道途;避寇而去官者,日形于奏牍。甚者至假托亲疾,不候告下,携家而远遁"[⑤]。京师官员尚且如此,地方官员逃跑者更多。

建炎元年九月二十一日,元祐太后及六宫抵达扬州。这月二十七日,高宗离开应天府,向江南进发。十月一日,登船南下,经泗州(今江苏泗洪东南)、宝应(今属江苏),十一月二十七日抵达扬州。在扬州稍作停留,又匆匆上路,途经润州(今江苏镇江)、常州、无锡、平江府(今江苏苏州)、秀州(今浙江嘉兴),于建炎三年(1129)二月十三日至杭州。一路上高宗君臣忙忙如丧家之犬,急急如漏网之鱼,十分狼狈,以至抵达杭州之后,百司官吏到者不足十分之一。高宗"以府衙作行宫,以显宁寺充尚书省,百司官吏到者曾无十之一,如三省六房公

---

① 〔宋〕李心传:《建炎以来系年要录》卷六,台湾文海出版社 1980 年版,第 310 页。
② 〔宋〕李心传:《建炎以来系年要录》卷七,台湾文海出版社 1980 年版,第 387 页。
③ 〔宋〕李心传:《建炎以来系年要录》卷八,台湾文海出版社 1980 年版,第 396 页。
④ 〔元〕脱脱等:《宋史》卷二四《高宗本纪一》,中华书局 1977 年版,第 447 页。
⑤ 〔南宋〕徐梦莘:《三朝北盟会编》卷一一二,上海古籍出版社 1987 年版,第 817 页。

吏本千余人,至者其数不满五十,所以行在职务久而不备”[①]。因为官员太少,许多衙门竟无人办公。高宗逃难时,宰执、侍从、三司、百卫禁旅、御营使司、五军将佐等皆扈卫而行,但辗转流徙,有些官员死于途中,有些中途逃之夭夭,到了杭州,扈从官员已所剩无几,只有少数在朝大臣跟随:“宋南渡时,凡世家之官于朝者多从行,如韩肖胄、侂胄,皆[韩]琦之曾孙也;王伦,旦之裔孙也;吕本中、祖谦、祖俭、祖泰,皆公著后也;常同,安民之子也;晏敦复,殊之后也;曹友闻,彬之后也。叶石林记南渡后,诏随驾官员携眷属者,听于寺庙居住。”这则记载见于清人赵翼的《陔余丛考》卷十八《宋南渡世家多从行》,南渡能够随驾扈从的官员多是朝中勋贵之家,如韩琦、王旦、吕公著、常安民、晏殊、曹彬的后裔在朝为官者,其他官员则没有这种幸运。这些官员的眷属也只能在破庙中栖身。百姓南下者也不在少数,这是又一次大规模的移民行动。《宋史·食货志》说:“高宗南渡,民之从者如归市。”[②]“中原之民翕然来归,扶老携幼相属于道。”[③]乍看起来,这是一次有秩序的迁徙,实际情况并不如此,“建炎南渡”完全是一次毫无目的的流窜。大臣汪藻就指出,高宗南渡时,“方军驾之出也,衣冠惶骇,倾国南奔,小人之有罪者,皆以扈从为名,未闻有请于朝。而贵臣近侍受国厚恩者,率奉头鼠窜,曾无数人在君侧为国家守者”[④]。奸邪有罪的小人为了逃脱罪责而扈从南下,而受国厚恩的大臣则抱头鼠窜,无人出来组织迁徙。士大夫不知高宗何日出走,不少人因盲目流徙而毙于道路。“士大夫既不预知南渡之期,又不敢先次亟行,一旦流离东西,毙于道路,如司农寺官黄锷、史徽、范浩等并遭乱兵屠杀。”[⑤]高宗行止也无规则,也不派人探听金人动静,“止是道听途说,便指为实,致车驾蒙尘狼狈”[⑥]。高宗逃至镇江,宿于镇江府治,“从行无寝具,上以一貂皮自随,卧覆各半”[⑦]。堂堂天子,惶急逃难中竟连被褥都没有,只有一张貂皮,一半铺,一半盖,真是狼狈至极。行至瓜洲(今江苏扬州市南)时,“百官皆不至,诸

---

① 〔南宋〕徐梦莘:《三朝北盟会编》卷一二一,上海古籍出版社1987年版,第885页。
② 〔元〕脱脱等:《宋史》卷一七八《食货志》,中华书局1977年版,第4340页。
③ 〔元〕脱脱等:《宋史》卷三九〇《周淙传》,中华书局1977年版,第11958页。
④ 〔南宋〕徐梦莘:《三朝北盟会编》卷四三,上海古籍出版社1987年版,第322页。
⑤ 〔南宋〕徐梦莘:《三朝北监会编》卷一二二,上海古籍出版社1987年版,第892页。
⑥ 〔南宋〕徐梦莘:《三朝北監会编》卷一二二,上海古籍出版社1987年版,第893页。
⑦ 〔宋〕李心传:《建炎以来系年要录》卷二〇,台湾文海出版社1980年版,第780页。

卫禁军无一人从行者”[①]。当金兵的先头部队来到瓜洲时,百姓未及渡江者还有十余万人,堕江而死者半之。“舟人乘时射利,停桡水中,每渡一人,必须金一两,然后登船。”当时管理工匠的将作监叶宗谔也逃难至此,身上实无一钱。此时岸上有一妇人也要渡江,她有金钗 2 支,各重 1 两,可渡两人。妇人愿为叶宗谔出钱,但须叶宗谔把她从岸上背到船中。“于是妇人伏于叶之背而行,甫扣船舷,妇人坠水而没,叶独得逃生,怅然以登南岸。”[②]御史中丞张澂上疏说:“车驾仓惶渡江,士大夫并其家属、禁卫五军、百司人吏老幼等随从不及,或遇贼,或溺江,或被虏,恸哭之声,震于原野,嗟怨之声,殆不堪闻。”[③]士大夫的家属尚且不能追随天子南迁,蚩蚩小民就更无法随之南逃了。高宗自己也承认:“朕仓卒南渡,致士大夫弃其家属,禁卫五军老幼不得渡济,颇闻逼扰,尚未有达行在者。”[④]这真是一幅血泪斑斑的图画。

高宗渡江南逃,自然引起了连锁反应,一些流民武装集团也纷纷迁往南方。如在河北抗金的八字军首领王彦,因孤立无援,率万余人至京师开封,归入东京留守宗泽麾下。宗泽命他带亲兵赴扬州行在,高宗任命他为御营平寇统领官,让他与平寇将军范琼回归京师。但王彦与范琼不和,不肯与他为伍,“居真州(今江苏仪征),闭门远迹,绝不与人通”[⑤]。在京城陷落之时,号称能役使天兵神将杀退金兵的骗子郭京,于建炎元年(1127)五月“自京城奔走,沿海称撒豆为兵,撒草为马,假幻惑众取兵。二月至襄阳,有三千余,下寨于海子头,京居于洞山寺,欲册立宗室为帝”[⑥]。郭京率众 3000 余人,建炎元年五月自京城出发,路途走了两个月,才到达襄阳。《建炎以来系年要录》则说,郭京“引所部六甲神兵二千人至襄阳,屯洞山寺,欲立宗室为帝”[⑦]。一说 3000 余人,一说 2000 人,不管哪个是真,总之是有至少 2000 人迁到了南方。一些溃散的士兵也向南方迁徙,“陈留(今河南开封东北)溃散戈兵李忠率众入和州(今安徽和县)清水

① 〔宋〕李心传:《建炎以来系年要录》卷二〇,台湾文海出版社 1980 年版,第 782 页。
② 〔宋〕王明清:《挥麈后录》卷八,中华书局 1961 年版,第 186 页。
③ 〔南宋〕徐梦莘:《三朝北盟会编》卷一二二,上海古籍出版社 1987 年版,第 890 页。
④ 〔南宋〕徐梦莘:《三朝北盟会编》卷一二二,上海古籍出版社 1987 年版,第 890 页。
⑤ 〔南宋〕徐梦莘:《三朝北盟会编》卷一一七,上海古籍出版社 1987 年版,第 865 页。
⑥ 〔南宋〕徐梦莘:《三朝北盟会编》卷一〇二,上海古籍出版社 1987 年版,第 752 页。
⑦ 〔宋〕李心传:《建炎以来系年要录》卷四,台湾文海出版社 1980 年版,第 245 页。

镇”①,结果遭到多名土豪阻击,李忠被杀。与此同时,以张遇为首的北方武装流民集团,号称“一窝蜂”,也自淮西渡过长江,水陆兼程,入据池州(今安徽贵池)。留在北方抗金的宋朝大臣也因抵挡不住金军的兵锋而南下。如京城副留守郭仲荀在建炎三年(1129)八月“自京师赴行在,都人随而行者数万。离京城三四日,有物可买,人始得谷食,至是到行在。自京师人来者遂绝矣”②。京城留守程昌寓“自京师退还蔡州(今河南汝南),未期月,又以蔡州粮食皆尽,王命不通,遂领军民弃蔡而南归”③。又如建炎四年(1130)八月,朝廷命令舒蕲镇抚使李成、光黄镇抚使吴翊捍御长江上流,阻止金军深入,光州(今河南潢川)守将刘绍先因势力单薄,引所部离去。吴翊认为光州不可守,率军民弃城东下,因道路不通,只得前去投靠李成,后来死于军中。而刘绍先率军“至九江(今属江西),守臣姚舜明留之,奏以为本州兵马副钤辖,就统其军”④。武装流民集团大量拥入江南,使得南方人口大增。

“建炎南渡”时,一般士庶之家与平民百姓也竞相南逃,寻找安身立命之地。他们没人组织,和晋代“永嘉之乱”百姓结伴南迁不同,他们多是单枪匹马,只一家人行动,哪里合适,就在哪里卜居,只要能够生存,其他的也就不遑多顾了,因此江南很多省份都有中原人的足迹。朱熹就说:“靖康之乱,中原涂炭,衣冠人物,萃于东南。”⑤《三朝北盟会编》也说:“是时西北衣冠与百姓奔赴东南者络绎道路,至有数十里或百余里无烟舍者。”⑥北宋末年济源人傅察出使金国遇害,其子傅自得随母南奔,娶李邴之女,翁婿同在泉州落籍。北宋名相王旦的后裔,由开封迁居福建莆田县冲溪。睢阳(今河南商丘睢阳区)人赵子乙妻王氏,当金兵占据两河时,蓬头垢面,扶姑携雏迁往莆田。又如叶氏,“宋卜居光州固始,若祖有叶炎会者,随宋南迁,卜家仙游之古濑。简氏,宋时南渡,避乱于江西、宁化,后游福建南剑州……乾道二年(1166)迁上杭”⑦。李宗质原籍濮州(今山东鄄

① 〔宋〕李心传:《建炎以来系年要录》卷四,台湾文海出版社 1980 年版,第 233 页。

② 〔南宋〕徐梦莘:《三朝北盟会编》卷一三二,上海古籍出版社 1987 年版,第 958 页。

③ 〔南宋〕徐梦莘:《三朝北盟会编》卷一三七,上海古籍出版社 1987 年版,第 996 页。

④ 〔宋〕李心传:《建炎以来系年要录》卷三六,台湾文海出版社 1980 年版,第 1366 页。

⑤ 〔宋〕朱熹:《晦庵文集》卷八三《跋吕仁甫诸公帖》,文渊阁《四库全书》本。

⑥ 〔南宋〕徐梦莘:《三朝北盟会编》卷一三四,上海古籍出版社 1987 年版,第 977 页。

⑦ 转引自林国平、邱季端:《福建移民史》,方志出版社 2005 年版,第 40—41 页。

城北旧城)，后徙洛阳，号西京房。父早逝，“嫡母四子又散于靖康之乱，从兄提举宗臣携公入蜀”①。宛丘(今河南淮阳)人王逨在建炎年间被金人掳往幽燕，后辗转逃回宛丘，“绍兴八年(1138)，中原戍兵有自拔而南者，公与之俱，遂达行在所”②。洛阳人陈与义，“金人入汴，高宗南迁，遂避乱襄、汉，转湖、湘，逾岭峤(即五岭)”③。河南(今河南洛阳)人朱敦儒，靖康中召至京师，将处以学官，辞不就。高宗即位，欲授以官，又辞，“避乱客南雄州(今广东南雄)”④。相州(今河南安阳)人韩肖胄，“与其弟膺胄寓居于越几十年”⑤。又如姜浩，“建炎、绍兴间来寓四明(今浙江宁波)，至十年(1140)岁在庚申，公之弟涛以流寓名荐书，十二年遂登进士第。人争曰：是东都大家，能以举子业致身于兵火流离之余耶？”⑥既是东都(洛阳)人，必是中原人无疑。如安光远，“家开封祥符县，建炎避地，著籍于明，今为庆元府(今浙江宁波)人”⑦。《鸡肋编》的作者庄绰说：“自中原遭胡虏之祸，民人死于兵革水火疾饥坠压寒暑力役者，盖已不可胜计，而避地二浙者，幸获安居。”又说：“衢州开化县界严(今浙江建德东北)、徽(今安徽歙县)、信(今江西上饶)州之间，万山所环路不通驿，部使者率数十年不到，居人流寓，恃以安处。”⑧南迁百姓若居住在通都大邑，即使没有金兵之扰，官府的赋税差役也让人不遑宁居。而衢州介于严、徽、信州之间，万山环绕，没有驿路，朝廷所派官员几十年还不来一次，的确是理想的“寻得桃源好避秦”之地，因此流寓的中原人多卜居于此，也就顺理成章了。又据《宋史·地理志》，两浙之地东南濒临大海，西与震泽(江苏太湖)毗邻，北边又是大海，盛产鱼、盐、布帛、稻米。人性柔慧，信奉佛教者居多。因收入丰厚，故人们喜欢奢靡，大多数人有钱便花，没有积蓄。“善进取，急图利，而奇技之巧出焉。余杭、四明通蕃互市，珠贝则外国之物，颇充于中藏云。”⑨环境安静，没有兵燹之扰，没有狠如虎狼的官府

① 〔宋〕楼钥：《攻媿集》卷一〇〇《朝散郎李公墓志铭》，《丛书集成初编》本。
② 〔宋〕楼钥：《攻媿集》卷九〇《国子司业王公行状》，《丛书集成初编》本。
③ 〔元〕脱脱等：《宋史》卷四四五《陈与义传》，中华书局1977年版，第13129页。
④ 〔元〕脱脱等：《宋史》卷四四五《朱敦儒传》，中华书局1977年版，第13141页。
⑤ 〔元〕脱脱等：《宋史》卷三七九《韩肖胄传》，中华书局1977年版，第11692页。
⑥ 〔宋〕楼钥：《攻媿集》卷一〇八《姜浩墓志铭》，《丛书集成初编》本。
⑦ 〔宋〕楼钥：《攻媿集》卷一〇四《安光远墓志铭》，《丛书集成初编》本。
⑧ 〔宋〕庄绰著，萧鲁阳点校：《鸡肋编》卷中，中华书局1983年版，第64页。
⑨ 〔元〕脱脱等：《宋史》卷八八《地理志四》，中华书局1977年版，第2177页。

的横征暴敛，是中原人定居于两浙的一个原因。而物产丰饶，只要肯于劳作，便没有衣食之忧，是中原逃难人群纷至沓来的又一个原因。

高宗南渡在许多百姓家谱中都有记载。如陈姓，“金人灭亡北宋，中原百姓纷纷跟随宋高宗南迁，颍川（今河南许昌一带）陈寔的后裔陈魁等率族迁入福建宁化、上杭，这是陈姓第三次迁闽。如今，陈姓已是福建著姓，素有‘陈、林、蔡，福建占一半’的谚语”①。中原地区的程姓则迁入了江淮地区。伊洛二程的子孙随宋室南迁，程颢的长子程端懿落户吴门（今江苏苏州），程颐的长子程端中殉难于六安（今属安徽），次子程端辅迁金城（今江苏句容），三子程端彦迁池州（今安徽贵池）。南宋绍兴年间，洛阳人程佑之流寓桂林，死后葬于当地，子孙遂卜居于此。与此同时，应天府宁陵（今属河南）人程迥则带领全家迁往绍兴余姚（今属浙江），开浙东程氏一派。② 又如高姓，据光绪年间编修的《维扬裕民洲高氏重修族谱》记载，江苏扬州的高姓出自北宋初年名将高怀德之后。这一支高姓在北宋末年由汴州迁往高家堰（今江苏淮阴）。南宋末年，蒙古铁骑南下，高怀德 12 世孙高秉忠又率族人渡江南下，定居于今南京一带，其后裔又有部分迁居扬州者。③ 再如袁姓，据光绪年间修的《暨阳（今浙江诸暨）浣东袁氏宗谱》，袁氏先祖世居汝南汝阳（今属河南），宋室南渡时护驾南迁，由宁波徙杭州葛岭下，继迁暨阳西隅北门丫路。四世孙偁，南宋绍定年间由暨阳西赘居浣东，为始迁祖。④ 应姓，“故居相州（今河南安阳）。中兴南渡，散处于信（今江西上饶）、于婺（今浙江金华）、于台（今浙江临海）、于绍兴（今属浙江），君绍兴余姚人也”⑤。又如叶姓，据福建《仙游古濑叶氏族谱》记载，“叶炎会，宋卜居光州固始，随宋南迁，卜居仙游之古濑”。此类例子甚多。

与平民百姓相比，宋朝赵姓宗室的命运更惨。金兵攻陷京城开封之后，就曾掳掠了一大批宗室迁往北方，前文已经述及。刘豫被金人立为傀儡后，再一次搜索宗室，献给金人。“本朝宗室南渡不及者，尚散居民间，[刘]豫募人索之。

---

① 任崇岳：《陈姓》，《中国大姓寻根与取名 · 程陈胡韩》，气象出版社 1999 年版，第 72 页。
② 程有为：《程姓》，《中国大姓寻根与取名 · 程陈胡韩》，气象出版社 1999 年版，第 18 页。
③ 陈国灿等：《中华姓氏谱 · 高》，现代出版社、华艺出版社 2000 年版，第 56 页。
④ 徐玉清：《周口姓氏文化丛书 · 袁》，周口市新闻出版局内部稿。
⑤ 〔宋〕袁燮：《絜斋集》卷二〇《应从议墓志铭》，《丛书集成初编》本。

承务郎闫琦匿不以闻,为人所告,豫杖之死。”[①]承务郎闫琦不忍心宗室人员落入虎狼之口,没有上报,被人告发,竟被刘豫杖死。高宗南渡时自顾不暇,自然无法照顾赵氏宗室,未被掳掠的宗室人等只能辗转沟壑,四海飘零,到处为家。建炎二年(1128)冬,高宗赵构自建康(今江苏南京)避敌,前往浙东,行“至萧山,有列拜于道侧者,揭其前云:宗室赵不衰以下起居。上大喜,顾左右曰:符兆如是,吾无虑焉。诏不衰进秩三等”[②]。这一则记载表明,宗室赵不衰流落到了萧山(今属浙江)。又因他名叫不衰,象征着赵宋王朝不会衰落,因此高宗大喜,给他连升三级。又如庆元年间宗室赵共肖任鄞县(今浙江宁波东北)主簿,他是赵匡胤次子赵德昭之后。到他父亲赵明道时,家已式微,只做了个武德郎。武德郎是武阶官名,为武臣第三十六阶,是个不入流的官职。高宗南逃时,“武德南渡,转徙久之,始寓于台(今浙江台州)”[③]。从“转徙久之”四字看,赵明道四处漂泊,居无定所,最后才卜居于台州。绍兴年间曾任参知政事的张守给高宗上的《乞安养宗室札子》就说:

> 臣伏见自陛下巡幸东南,内外宗室,流落州县,虽有存恤指挥,所得请给,或有或无,颇多失所。以至或寓旅邸,或在市廛,与民庶杂居,饮博斗讼,不能自爱,诚可嗟悯,盖缘待之未尽善也。契勘两京旧有敦宗院,有屋宇以居止,有钱粮以赡养,有官吏以检察,宗子各有统属,稍获安处。今来车驾驻跸临安,臣愚欲乞仿西京旧制,于两浙东西路,各权置敦宗院,各就大郡,踏逐寺院或官舍,擗截以充。每院差近上有年德宗室一员知宗正司,置主管财用一员兼知宗正丞。监门官两员,取会诸州,以见今赡宗子钱米尽数发赴财用所,按月支给。如不愿入院,或往别州居住者,并罢支钱米等。如合圣意,即乞下有司讨论条制,议酌施行,不惟使天支不至失所,亦渐就检束,不至为非,仰称陛下惇叙之意。臣忝侍帷幄,假守近藩,目睹利害,不敢缄默,惟陛下裁择,取进止。[④]

这篇札子详尽地描述了高宗南逃时宗室的窘迫状况,他们流落州县,无人过问,有的长期居住在旅店,有的与当地百姓杂居,沾染上了酗酒、赌博、斗殴的

---

① 〔宋〕李心传:《建炎以来系年要录》卷三七,台湾文海出版社1980年版,第1386页。
② 〔宋〕王明清:《挥麈后录余话》卷一,中华书局1961年版,第269页。
③ 〔宋〕楼钥:《攻媿集》卷一〇三《赵明道墓志铭》,《丛书集成初编》本。
④ 〔宋〕张守:《毗陵集》卷五《乞安养宗室札子》,《丛书集成初编》本。

恶习，这都是机构设置不够完善，措置不尽得当的缘故。张守因此给高宗建议说，应当在浙东路和浙西路设置敦宗院，安置流落在这里的宗室，让他们有房屋居住，有钱粮养家糊口，有官吏时常过问敦宗院，安置流落在这里的宗室，敦宗院设宗正司一人，选择与天子关系较近且年高德劭的宗室担任，另设一主管财务的宗正丞一人，监门官两人。与各州商定，赡养宗室的钱米按月发放。如不愿入敦宗院或有别的州县居住者，不发给钱米。应当说张守的建议还是很完善的。

其实早在徽宗崇宁年间就设有管理宗室事务的宗正司。康熙《宁化县志》载："崇宁三年（1104），置南外宗正司于南京（今河南商丘），西外宗正司于西京（今河南洛阳），各置敦宗院，仍诏各择宗室之贤者一人为知宗，掌外居宗室，而置教授以课其行艺……南渡后，南外移镇江，西外移扬州，其后屡徙。绍兴三年（1133），西外置于福州，南外置于泉州，盖随其所寓而分辖之。赵之诸宗分籍闽中者，各郡县悉载之。"[①]高宗在颠沛流离之中，也装模作样地下过保护宗室的诏书，如建炎元年（1127）五月，赵构甫即位，便下诏说：

> 一应宗室因金人取过军前，本房老幼无人赡养，或因逃避散居州县以致失所，在京委开封府，在外委守臣速行措置，月给钱米，无令失所。[②]

时隔两个月之后，即建炎元年七月，高宗又有新的举措：

> 徙诸宗室江淮以避敌。于是南宫北宅皆移江宁府（今江苏南京），愿留京师者听之，南班至江宁者三十余人。又移南外宗正司于镇江府，西外于杭州西外。[③]

高宗的诏书，不过是一纸具文，没有人认真执行，天子尚且逃难，地方官员更是惶惶不可终日，谁还有心思照管宗室。开封府既未收容无家可归的宗室，地方官员也未给浪迹天涯的宗室发放钱米。至于迁徙宗正司的举措也没有多少成效，因为迁到江宁府的宗室也只三十余人，而宗室剩余的人数少说也有几千人，都星散到江南各地了。如丹徒（今属江苏）赵氏，系赵宋皇室赵德昭后裔，金兵灭亡北宋，居住在京城开封的赵子褫移居镇江，再徙丹徒大港镇，传至7

---

① 转引自林国平、邱季端：《福建移民史》，方志出版社2005年版，第40—41页。

② 〔南宋〕徐梦莘：《三朝北盟会编》卷一〇一，上海古籍出版社1987年版，第747页。

③ 〔宋〕李心传：《建炎以来系年要录》卷七，台湾文海出版社1980年版，第407页。

世，已繁衍为18个分支，逐渐成为当地第一大姓。子褫的第25世孙赵声，是近代蜚声遐迩的民主革命家。又如福建福州的赵氏家族，“赵彦候字简叔，魏王廷美八世孙，曾祖叔近建炎初知秀州（今浙江嘉兴），抚定杭州叛卒，为副总管张俊所杀，绍兴中雪其冤，赠集英殿修撰……祖交之，赠朝请大夫，避乱入闽，遂居福州”①。闽南漳州府漳浦县一带的赵姓族谱称“赵氏，造父之后，始祖赵匡胤。嗣北宋金人之役，南迁入浙”，后来定居于漳浦县。② 坐落于九龙江北溪下游的华安县丰山镇的银塘村（包括附近同姓村），居住着宋末皇族南迁繁衍于此的960多户6000余人的赵氏嫡系子孙，族内保存有7部完整的《赵氏族谱》。这支赵姓始迁祖是宋太祖赵匡胤的8世孙，时任将仕郎的赵伯述。他在北宋末年护驾南迁，居住临安（今浙江杭州）。赵伯述之孙希庠中庆元己未（1199）曾从龙榜进士，其子与仿中淳祐甲辰（1244）留梦炎榜进士；赵伯述的另一孙子希商中嘉泰壬戌（1202）傅行简榜进士，其子与契中绍定壬辰（1232）徐元杰榜进士。伯述之子师诰（希庠、希商父亲）在宋宁宗时奉朝命入闽迁漳，后来希庠于宋理宗宝庆二年丙戌（1226）迁往北溪九龙里的银塘村。③ 类似的例子还有，这里不再列举。

向南方流亡的宋高宗，在到达杭州后，稍事停留，便下诏命“有司具舟常（今江苏常州）、润（今江苏镇江），迎济衣冠、军民家属”。既然有关部门准备船只，在常、润二州迎接官员、军人家属，足见南来的人数众多。几天之后，高宗又下诏“出米十万斛，即杭（今浙江杭州）、秀（今浙江嘉兴）、常（今江苏常州）、湖州（今浙江湖州）、平江府（今江苏苏州）损直以粜，济东北流寓之人”④。由此可见镇江是中原逃难官员、百姓的聚集之地。同时高宗又下诏：“平江镇江府、常、湖、杭、越州，具寓居京朝官已上姓名以备简拔。”⑤六月间因战事紧急，高宗让元祐太后率领宗室迎奉神主如江表，百司庶府与军旅无关之人可以从行，“官吏民士家属南去者，有司毋禁”⑥。建炎四年（1130）五月，被金人追赶得漂泊无定的

---

① 转引自林国平、邱季端：《福建移民史》，方志出版社2005年版，第41页。

② 林国平、邱季端：《福建移民史》，方志出版社2005年版，第41页。

③ 林国平、邱季端：《福建移民史》，方志出版社2005年版，第41页。

④ ［元］脱脱等：《宋史》卷二五《高宗本纪二》，中华书局1977年版，第461页。

⑤ ［元］脱脱等：《宋史》卷二五《高宗本纪二》，中华书局1977年版，第461页。

⑥ ［元］脱脱等：《宋史》卷二五《高宗本纪二》，中华书局1977年版，第466页。

高宗仍下诏“中原、淮南流寓士人,听所在州郡附试”[1]。从以上措施看,高宗对逃往江南的中原士庶百姓还是比较体恤的,因此,那些不愿沦为金人奴隶的中原百姓便携妇将雏纷纷南下了。由于这一原因,镇江迁入了不少从中原南下的士庶,今日犹有案可稽。如高桂为丹徒人,曾任高邮知州,祖籍为开封,“建炎南渡”时寓居京口(今江苏镇江)。“丹阳(今江苏丹阳)尹氏,先世居河南洛阳,尹焞随宋室南渡,徙居浙江绍兴,是为尹氏南迁始祖。传四世至尹国宁,由浙东再迁镇江府丹阳黄连庄,是为丹阳尹氏始祖。”“镇江润东徐氏,始迁祖徐处仁于两宋之交自中原渡江居建康,传至徐世寿再迁镇江。”[2]镇江有个叫梦溪的地方,有一姓严的居民,北宋末年高宗南渡时,严氏先祖严永中自开封移居镇江,传5世时移宅京口子城外梦溪,此处即北宋科学家沈括所居之梦溪,《梦溪笔谈》即在此处写定。到第9世严泰壹时又移往镇江城内严家巷。京口草巷有一茅姓人家,原籍汴梁(开封),建炎初年茅姓先祖随从高宗渡江南下,卜居京口(即镇江)城内,至清代时已成为当地的阀阅之家,当代著名桥梁专家茅以升即茅氏第30世孙。京口还有一丁姓人家,“据《京江丁氏族谱》所记,其一世祖丁顗,五代时自河北清河徙居祥符(今开封),其孙丁度是仁宗朝大臣,《宋史》有传。北宋末靖康之难,金人掳走徽宗、钦宗及大批官员,6世丁略也在其内。其子7世丁素则随高宗渡江寓居金陵(今江苏南京),死葬镇江。丁素孙丁煜于南宋后期权知镇江府事,因祖茔在镇江,离任后遂卜宅城东而家焉,是为丁氏镇江始迁祖。其后丁氏支系衍增,族丁兴旺,子弟也多以习儒从政为出道,中举或中进士者历朝不绝”[3]。还有京江何氏,《京江何氏家乘》记载说,这支何姓原籍汴京,金灭北宋,高宗南迁,何氏先祖随驾扈从,后来迁居京口,定长城内石达桥十字街,是为何氏始迁祖。若干年后,一支迁往青浦,主支则在京口聚族而居。何氏世代行医,精于岐黄之术,其一世至三世均为南宋朝廷御医,后代中除部分人习文应举出仕外,多数人承袭祖业行医,悬壶济世,是名闻东南的医学世家。

除了福建、浙江、江苏,岭南即今日的广东、广西一带,也是中原移民的卜居之地。先于高宗南渡的隆祐皇太后(即元祐太后),在一支卫队扈从下,于建炎

---

① 〔元〕脱脱等:《宋史》卷二六《高宗本纪三》,中华书局1977年版,第478页。

② 严其民:《镇江与两宋移民》,《寻根》2006年第4期。

③ 严其民:《镇江与两宋移民》,《寻根》2006年第4期。

元年(1127)八月抵达洪州(今江苏南昌),只隔了两个月,金军便跟踪而至,隆祐太后只得仓皇出逃。不料驾船之人耿信反叛,护卫军不战而溃,九军尽反,六军府库一夕而尽。十一月底,隆祐太后逃至太和县(今属安徽),兵卫零零落落,不足百人。金人追至太和,太后又逃往虔州(今江西赣州)。建炎四年(1130)八月来到临安,一路上狼狈万状,苦不堪言。一部分官员跟随隆祐太后到了临安,但大多数下层士兵无缘到达临安,又无法北还,眼看金军将至,不得不南渡大庾岭,寻找安身立命之地。《建炎以来系年要录》有一段记载说:

直徽猷阁知静江府许中降职一等。时中原士大夫避难者多在岭南,上数诏有司给其廪禄。中言:本路诸州赋入微薄,请禁寄居官毋得居沿边十三郡,见寓止者皆徙之,仍毋给其禄。上恶之,乃有是命。①

这里说的是“中原士大夫避难者多在岭南”,但士大夫只是避难人群中的一小部分,占比例最大的乃是平民百姓。文中所说的“本路”,是指广南东西路,静江府治在广西桂林,不仅静江路有中原移民,就连静江府周边的十三郡也布满了北方移民,许中要求迁出卜居静江府及周边十三郡的中原移民,高宗甚为恼怒,因此降官一级。静江沿边的十三郡偏僻荒凉,多系少数民族聚集之区,连那里也卜居着中原移民,可知中原士庶迁居于此者不在少数。当时南下岭南的难民,主要是从江西虔州渡大庾岭,不走荆湖南路入桂林一带。因为渡岭的士民为数众多,他们从中原一路长途跋涉,餐风宿露,颠沛流离,困顿已极,渡岭以后,发觉这里比较安全,便暂时栖止于岭下的南雄,不再继续前进。后来渡岭来南雄避难的百姓愈来愈多,生存空间越来越小,其中的一部分人不得不再次向南迁移,于是如今广东省的许多地方便有了许多客家人。此外,相当于今广西壮族自治区的广南西路少数民族居住的沿边 13 个州也有了北方移民。

从祥符(今开封)迁往南雄的中原移民越来越多,其中的一部分人迫于生计,不得不再次结伙南下,从南雄的珠玑巷迁入珠江流域一带,在那里繁衍生息。广东中山图书馆庋藏有一本《珠玑巷民族南迁记》的油印小册子,收集了四十余种族谱,为我们勾勒出了他们南迁珠江流域的大致情况。有人以四十余种家谱中的《东莞英村罗氏族谱》《新会泷水都莲边里表氏家谱》《番禺市桥谢氏族谱》相互参校,称南雄府保昌县(今广东南雄市)牛田坊有贼作乱,居住在牛田

① 〔宋〕李心传:《建炎以来系年要录》卷六三,台湾文海出版社 1980 年版,第 2105 页。

坊珠玑巷的97户南迁居民商议南迁。《罗氏族谱》云：

时牛田坊五十八村居民亿万之众，莫不嗟怨惶惶。惟珠玑里居民九十七家，贵祖(罗姓族长)密相通透，团集商议，以为南方烟瘴地面，土广人稀，必有好处。大家向南而往，但遇是处江山融结，田野宽平及无势恶把持之处，众相开辟基址，共结婚姻，朝夕相见，仍如今日之故乡也。众议而相语曰："今日之行，非贵公之力，无以逃生。"九十七人即相誓曰："吾等五十八村居民，独借公之恩，得赖逃生，异日倘获公之福，得遇沃壤之地土，分居安插之后，各姓子孙，贫富不一，富者建祠奉祀，贫者同堂共餐，各沾贵公之泽，万代永不相忘也。

除了族谱，还有《珠玑村三十三姓九十七人流徙铭》：

珠玑流徙，罗、谌、郑、张、尹、文、苏、谢、陈、麦、卢、汤、温、胡、赵、伍、曹、区、李、梁、吴、冯、谭、蔡、阮、郭、廖、黄、周、黎、何、陆、高发其祥。九十七人，开辟烟瘴，三十三姓，永镇南方。子孙万代，为国栋梁。文经武纬，愈远愈昌。

南雄府还给这33姓逃难的人群发了"文引"，让各地妥为安置：

岭南道南雄府，为逃难给引，早救生灵事：本年正月十三日，据始兴郡保昌县牛田坊十四团珠玑村贡生罗贵等，连名呈称前事。内开：为天灾人祸，民不堪命，十存四五，犹虑难周。及今奉明旨颁行，筑土设寨所。因思近处无地堪迁，远闻南方烟瘴，地广人稀，堪辟住址，未敢擅自迁移，等情到府。据此，查民贡生罗贵等九十七名，案非恶孽民氏。为此，合就行给文引，批限起程。凡经关津岸陆，此照通行，毋得停留阻禁。方到止处，合应行赴该府州县属立案定籍报文，以凭造册转报施行。

以上所引3段文字，并非宋代文书格式，语句也不甚连续，且宋无岭南道，亦不称南雄府，只称南雄州，文中称"府"，说明这一记载出自明朝人之手。尽管如此，许多族谱都有这些记载，说明中原士民迁徙至南雄州，其中一部分人稍作停留，又继续南下至珠江流域是可信的。"南方烟瘴地，当日的珠江三角洲，其中一部分人稍作停留，又继续南下至珠江流域是可信的。""南方烟瘴地，当日的珠江三角洲，山少平原多，田少未垦地多，而布满河流水网。他们人多势众，经过多少艰难困苦，带来了中原和江南的先进生产技术，和当地土著居民结合起来，共同耕垦开发那广阔而又有良好自然条件的荒地，经过相当时日之后，是可以逐步变瘴地为适宜丰产的农业地区的。”①

北宋灭亡后，金人扶植刘豫傀儡政权，一些北方百姓继续南下，如邓州知州谭究率众奔入川中，知虢州邵兴在卢氏抗金失败，率众退入兴元府（今陕西汉中），后来便卜居在那里。一些反金义军顶不住伪齐与金朝军队的进攻，纷纷向南方撤退，如义军将领董先率军民7000余人从虢州退往襄阳。绍兴初年，宋金双方力量发生了变化，宋弱金强的态势逐渐演变为势均力敌，不甘接受金人统治的宋朝遗民大批迁入南方。绍兴九年（1139），金人废刘豫近两年后，金朝同意将黄河以南交还宋朝，次年又攻占黄河以南，宋军撤退。不愿生活在异族统治下的北方百姓再次南迁，有些原来属于刘豫的将领归依宋朝，如太尉、东京留守郭仲荀带领5700人先往镇江，高宗“召仲荀赴行在，仲荀因与刘豫之众五千七百余人南归”②。岳飞在河南被迫班师回朝时，百姓“从而南者如市”③。守卫白马山的宋知河南府李兴，“统率军民几万人南归”④至鄂州（今湖北武昌）。绍兴十一年（1141）十一月，宋金第二次绍兴和议签订，双方休兵息民，重新划分疆界，以淮水中流为界，割唐（今河南唐河）、邓（今河南邓州）两州属金，“今后上国（指金朝）逋亡之人无敢容隐，寸土匹夫无敢侵掠，其或叛亡之人入上国之境者，不得进兵袭逐，但移文收捕”⑤。从此以后，有十余年光景两国相对安定，北方人口大规模南迁的现象减少了。

南宋以降的史乘、笔记小说、方志都有中原移民南方的记载。庄绰《鸡肋编》称：“建炎之后，江、浙、湖、湘、闽、广，西北流寓之人遍满。”⑥叶绍翁《四朝闻见录》云：“绍兴和议既坚，淮民咸知生聚之乐，桑麦大稔。福建号为乐区，负戴而之者，谓之‘反淮南’。”⑦庄绰所说西北之人布满了浙江、湖北、湖南、福建、广东等地，叶绍翁则说绍兴和议后，没有战事，淮北、淮南之人才体会到了阖家团聚的欢乐，粮食大面积丰收。两淮之民扶老携幼来到了福建，把淮南的生活习俗也带到了这里，因此被称为“反淮南”。福州市桥南三叉街十锦里旧地名叫藤

① 陈乐素：《珠玑巷史事》，《求是集》第二集，广东人民出版社1984年版，第272页。
② 〔宋〕李心传：《建炎以来系年要录》卷一三二，台湾文海出版社1980年版，第4159页。
③ 〔元〕脱脱等：《宋史》卷三六五《岳飞传》，中华书局1977年版，第11391页。
④ 〔南宋〕徐梦莘：《三朝北盟会编》卷一〇六，上海古籍出版社1987年版，第1484页。
⑤ 〔宋〕李心传：《建炎以来系年要录》卷一四二，台湾文海出版社1980年版，第4492页。
⑥ 〔宋〕庄绰著，萧鲁阳点校：《鸡肋编》卷上，中华书局1983年版，第36页。
⑦ 〔南宋〕叶绍翁著，符均注：《四朝闻见录》戊集，《淮民浆枣》，三秦出版社2004年版，第273页。

山，那里地广人稀，“唐末宋初民鲜少，赵宋南渡以后，避乱者渐次迁藤，至元朝始成村落”①。据福建研究客家的学者谢重光对闽西客家族谱的统计，“其中除12种姓不是宋代迁入外，其余的六七十种姓氏，都有在宋代时入迁闽西的支派”②。有许多赵氏皇族也因避兵燹迁入福建，《建炎以来系年要录》云，建炎三年十二月：

皇叔、右监门卫大将军、眉州防御使、知南外宗正事［赵］士樽言，自镇江募海舟载宗子及其妇女三百四十余人至泉州避兵，乞下泉州应副请给，许之。于是秘阁修撰、知西外宗正事［赵］令懬亦自泰州高邮军迁宗子等百八十人至福州避兵。③

仅赵氏宗族，一月之间便迁入福建500人，其他百姓进入福建避难者会更多。由于大量人口拥入福建，加剧了田少人多的矛盾，尽管硗确不毛之地也得到了开垦，但因争夺田地而引起的诉讼却越来越多。如福建路“土地迫狭，生籍繁夥，虽硗确之地，耕耨殆尽，亩直［值］寖贵，故多田讼”④。

福建有许多中原移民，其他地区也是如此。如今江苏的扬州、镇江、南京等地也有大量中原移民。元祐太后与高宗均先后抵达扬州，不久，“金兵陷扬州，士民随乘舆渡江，众数万”⑤。高宗和元祐太后在渡过长江以前，扬州是他们最先停留之地，中原士民蜂拥而至者甚多，渡江的数万人中，中原士民当不在少数。同时高宗抵达扬州后，管理宗室成员的西外宗正司也设在扬州，后来移泰州高邮军，皇族子弟卜居在此者不少。南宋末年元兵围扬州时，城中守将李庭芝于“城中募汴南流民二万人以实之”⑥，可见中原移民入居扬州者不在少数。镇江乃长江下游交通要冲，是中原难民首选的卜居之地，高宗“仓皇南渡，江北生灵莫知所归，扈从之臣涕泣叩头流血，乞权驻跸镇江，会兵聚粮，以援淮甸，以渡兵民”⑦。正因为高宗曾短暂驻跸镇江，且镇江又是交通要道，“自是之后，人

① 转引自《福建史稿》上册，福建教育出版社1984年版，第235页。
② 转引自林国平、邱季端：《福建移民史》，方志出版社2005年版，第43页。
③ 〔宋〕李心传：《建炎以来系年要录》卷三〇，台湾文海出版社1980年版，第1169页。
④ 〔元〕脱脱等：《宋史》卷八九《地理志五》，中华书局1977年版，第2210页。
⑤ 〔元〕脱脱等：《宋史》卷三七〇《赵密传》，中华书局1977年版，第11503页。
⑥ 〔元〕脱脱等：《宋史》卷四二一《李庭芝传》，中华书局1977年版，第12600页。
⑦ 〔宋〕李心传：《建炎以来系年要录》卷二一，台湾文海出版社1980年版，第875页。

民南来,扶老携幼,如蜂屯蚁聚,父母兄弟妻子多不及相见”①。迁入镇江的中原百姓有多少人,尚无精确统计数字,但肯定不在少数。而扬州经金兵的屠杀,以及流离失所而死者甚多,高宗从扬州渡江时,“士大夫既不预知渡江之期,一旦流离,多被屠杀”②。金兵入扬州,“纵火焚城,士民皆死亡,存者才数千人而已”③。后来扬州发展为熙熙攘攘的大都会,有很多人是中原移民的遗胤。建炎四年(1130)二月,金兵统帅完颜宗弼(兀术)攻陷平江府(今江苏苏州),“掳掠金帛子女既尽,乃纵火燔城,烟焰见百余里,火五日乃灭”④。“平江士民死者近五十万人,得脱者十之一二而已。”⑤掳掠烧杀乃是金军侵略者的本色,至于说平江府死难者近 50 万人,或有夸大之处。有学者说:“据《宋史 · 地理志》,崇宁元年(1102)平江有户 15.3 万弱,如以年平均增 3.8‰计,建炎四年(1130)屠城前应有 16.9 万户,以十分之四的余数(较李心传说高一倍)计算,全府应有 6.8 万户。淳熙十一年(1184)有户 17.3 万余,55 年间的年平均增长率高达 17.1‰,远高于南宋全境平均数,这只能解释成外来移民迁入的结果。”⑥淳熙十一年平江府有“土著居民 8.3 万户,外来移民及其后裔约有 9 万户,确实多于当地人”⑦。外来移民中从中原迁入的人口应当占有很大比重。建康府(今江苏南京)一度是高宗驻跸之地,兵燹之后,遗民无几,北方流徙之民,往往聚居于此。“在宋建炎中,绝城境为墟,来居者多汴、洛力能远迁巨族仕家。”⑧泗州(今江苏盱眙县)所属之招信(今属盱眙县)也是流民聚集之地,这些逃难之人“入泗州境,则闻招信刘家聚兵甚众,故流移之人渡江入招信投横山为乐园,而士大夫往往具刺敬谒于位。宾客既多,位见客亦有时,每颐指其馆谷之所,于是狼狈而来者得以暂安,而位亦渐渐尊崇矣。所以招信刘家之名播于远迩者,盖自流移士民唱之也”⑨。招信的刘位既有充足的粮食,又有众多的兵丁,流移士民既无枵腹之虞,

① 〔南宋〕徐梦莘:《三朝北盟会编》卷一二一,上海古籍出版社 1987 年版,第 884 页。
② 〔宋〕李心传:《建炎以来系年要录》卷二〇,台湾文海出版社 1980 年版,第 809 页。
③ 〔宋〕李心传:《建炎以来系年要录》卷二〇,台湾文海出版社 1980 年版,第 808 页。
④ 〔宋〕李心传:《建炎以来系年要录》卷三二,台湾文海出版社 1980 年版,第 1219 页。
⑤ 〔宋〕李心传:《建炎以来系年要录》卷三二,台湾文海出版社 1980 年版,第 1226 页。
⑥ 葛剑雄等:《简明中国移民史》,福建人民出版社 1993 年版,第 293 页。
⑦ 葛剑雄等:《简明中国移民史》,福建人民出版社 1993 年版,第 293 页。
⑧ 〔元〕张铉:《至大金陵新志》卷八,文渊阁《四库全书》本。
⑨ 〔南宋〕徐梦莘:《三朝北盟会编》卷一三四,上海古籍出版社 1987 年版,第 977 页。

人身亦可得到庇护，看来刘位是个慷慨解囊、助人为乐的乡绅，受到流民的尊敬，因此他的名声就传播遐迩了。

今日的浙江宋代属两浙路。临安是南宋的都城，也是当时的政治、文化、经济中心，中原移民定居于此者甚多。有学者统计，“临安移民的 76% 来自今河南，其中绝大多数又来自开封，并往往是在南宋初年随高宗迁入的”①。秀州（今浙江嘉兴）所属崇德县，“宋南渡初，士大夫来寓者殆二十家”②。信州（今江西上饶）在宋代属江南东路，“建炎初，中原缙绅家多居是州”③。至于赵氏宗室，分布更为广泛，如潭州（今湖南长沙），金兵攻潭州时，宗室赵聿之也在城中守御，“城遂陷，聿之拔刃自杀”④。广州也有赵氏宗室，《建炎以来系年要录》云：

> 右文殿修撰，广东转运副使赵亿言：本路地瘠民贫，仓廪皆竭，乞宗室自遥郡刺史以上俸给，人从并减半，从之。时大宗正司避敌，自虔州（今江西赣州）移广州，故亿以为请。⑤

宋代的转运使在宋初是供办军需，至宋太宗赵光义后，逐渐成为各路长官。广东转运副使赵亿提出，凡是遥郡刺史以上的官员，其薪俸应减半支付，高宗批准了这个建议，由此可知这些官员不在少数。正因为人数众多，广东转运使才无力支付薪俸。刺史尚且如此，没有官衔的宗室必然人数更多。另有一则记载说：

> 绍兴八年（1138）四月庚申，臣僚上言：新知袁州江少虞为广州通判，会大宗正言，以南班宗室避盗迁于岭外，少虞身为倅贰，为见敌兵渡江，附会运副叶宗谔沮辱皇室，不支请给，乃反鼓倡广人兴起保甲，白昼操戈，谋害宗属，一日杀宗司亲事官四人，尸镇通衢，一城惊皇，几至生变。赖钤辖范寥喻以顺逆，罢归保甲，始得无事。⑥

广州之所以敢于兴起保甲，杀死宗属人员，一方面是地方官员怂恿的结果，

---

① 葛剑雄主编：《中国移民史》第四卷，福建人民出版社 1997 年版，第 280 页。

② 《至元嘉禾志》卷三，转引自葛剑雄等：《简明中国移民史》，福建人民出版社 1993 年版，第 296 页。

③ 〔元〕袁桷：《清容居士集》卷二〇《梅亭记》，文渊阁《四库全书》本。

④ 〔宋〕李心传：《建炎以来系年要录》卷三一，台湾文海出版社 1980 年版，第 1205 页。

⑤ 〔宋〕李心传：《建炎以来系年要录》卷三二，台湾文海出版社 1980 年版，第 1237 页。

⑥ 〔宋〕李心传：《建炎以来系年要录》卷三二，台湾文海出版社 1980 年版，第 1237 页。

另一方面也可能是宗室人数太多,成为地方上的沉重负担,老百姓才铤而走险,杀宗室以泄愤的。又如“赵时赏字宗白,和州宗室也,居太平州(今安徽当涂)”[①]“赵希泊,宗室子,居宜春(今属江西)”[②]。

四川僻处西南边陲,离京师甚远,且交通不便,“川峡、闽、广,阻远险恶,中州之人,多不愿仕其地”[③]。宗室官员多不在川地任职。北宋覆亡,金兵大举南下,而四川因路途遥远,且又崇山峻岭,不易到达,反而成了相对安全的避难之地,“至是宗室多避难入蜀,乃听于四路注拟”[④]。所谓注拟,即凡打算做官的宗室人员,先在有关部门登录报名,再经考询,然后按照其才能分配官职。四路指的是成都府路、潼川府路、利州路、夔州路。这四路中除利州路所辖之地有一部分在今陕西外,其余均在今四川境内。从开封逃来的赵氏宗室可在成都府路等四路做官,可知人数不少。中原人也有迁往四川者。如洛阳人伊焞世代居洛,金兵陷洛阳,尹焞阖门被害,“焞自商州(今陕西商洛市商州区)奔蜀,至阆(今四川阆中)……绍兴四年(1134),止于涪(今四川涪陵)”[⑤]。洛阳人邵伯温曾在四川剑门、利州居官,他的父亲邵雍曾说:“‘世行乱,蜀安,可避居。’及宣和末,伯温载家使蜀,故免于难。”[⑥]邵雍预料到金人入侵,天下将会大乱,而蜀地安全,可以避难。邵伯温听从了父亲的话,于宣和末年便携家迁蜀,金兵灭宋时,他们全家得免于难。邵雍可谓有先见之明。类似的例子还有不少,不再一一列举。

高宗“建炎南渡”时有多少中原人迁入江南,史乘没有记载,因此不可能有精确数字,有学者统计说,江南各路“绍兴三十二年(1162)已有移民后裔 145.3 万户,约 726 万人(以每户 5 口计)。由于此时距离绍兴和议签订不过 21 年,一般不可能繁衍第三代,还有相当一部分人因年龄关系不可能繁衍第二代,估计其中的二分之一即 360 万人为始迁者。如果加上迁入四川、湖南、福建、岭南的移民以及 26.4 万军人,在绍兴和议签订前估计有 500 万左右的北方移民迁入并定居在南方”[⑦]。这一估计把南迁人数夸大了。实际人数不大可能有 500 万。

---

① 〔元〕脱脱等:《宋史》卷四五四《赵时赏传》,中华书局 1977 年版,第 13341 页。
② 〔元〕脱脱等:《宋史》卷四五四《赵希泊传》,中华书局 1977 年版,第 13342 页。
③ 〔元〕脱脱等:《宋史》卷一五九《选举志五》,中华书局 1977 年版,第 3721 页。
④ 〔元〕脱脱等:《宋史》卷一五九《选举志五》,中华书局 1977 年版,第 3724 页。
⑤ 〔元〕脱脱等:《宋史》卷四二八《尹焞传》,中华书局 1977 年版,第 12734 页。
⑥ 〔元〕脱脱等:《宋史》卷四三三《邵伯温传》,中华书局 1977 年版,第 12853 页。
⑦ 葛剑雄主编:《中国移民史》第四卷,福建人民出版社 1997 年版,第 414 页。

这是因为:第一,北宋有两次大移民,一是徽、钦二帝被俘北上,《靖康稗史注》一说北迁者约20万人,《建炎以来系年要录》说有10万人,高宗"建炎南渡"与徽、钦二帝北上同时,南迁人数不可能比北上者多25倍或50倍;第二,北宋末"崇宁元年(1102),户二千二十六万四千三百七,口四千五百三十二万四千一百五十四"[①],崇宁元年距"建炎南渡"才20余年,全国人口为4588万,而南迁的只是如今陕西、山西、河南、山东四省之地的百姓,也即黄河中下游地区,而这四省中又以今日河南地区为主,怎能设想全国9人中便有1人迁往南方?因此"建炎南渡"的中原移民大约在150万人。当然这也是蠡测,相信这一推测离事实不远。

中原士民南迁对南方的经济、文化产生了巨大影响。如江苏镇江,"中原及两淮流民的大量涌入,使镇江话中的北音特征又一次增强……同时北方的饮食习惯也再次影响南方"[②]。福建僻在东南一隅,文化教育落后,"建炎南渡",卜居于此的中原士大夫大力发展教育,弘扬传统文化,使福建文风为之一振,官办学校与私人所办书院相继兴起,八闽之三地到处都有书院,如泉州"从绍兴十年(1140)至咸淳三年(1267)间,竟先后建起岩峰书院、清源书院、泉山书院、小山丛竹书院等十二所书院"[③],被人称为"海滨邹鲁",意即可与孔孟之乡的教育媲美。在乡贤积极办学的高潮中,泉州出现了两类学校,一是宗学,二是蕃学。所谓宗学,是专门为皇室子弟开办的学校,"这是因为在建炎三年(1129),宋朝廷为避乱而将南外宗正司移置泉州。两年后,以教育皇家子弟为目的的宗学建立,全盛时生员多达二三千人,可知当时皇室的确将闽南作为后方基地"[④]。所谓蕃学,是专门为来华经商的外国人(其中大多数是阿拉伯人)开办的学校。泉州在宋代是对外贸易的重要港口,外商云集,他们希望开办学校,学习汉语,于是蕃学便应运而生。在蕃学中执教者不乏南迁的中原士人。教育发达,科举考试中中进士者便多,据清代编纂的《泉州志》统计,北宋时泉州共出进士310名,而南宋时则多达535名。泉州如此,福建其他地方也不例外。不管是富有之家,还是贫窭之家,攻读诗文蔚然成风,以至于八闽之地"家贫子读书为圭臬,非

---

① 〔元〕脱脱等:《宋史》卷八五《地理志一》,中华书局1977年版,第2095页。

② 严其民:《镇江与两宋移民》,《寻根》2006年第4期。

③ 汤漳平:《河洛文化与闽南文化综论》,河南人民出版社2014年版,第135页。

④ 汤漳平:《河洛文化与闽南文化综论》,河南人民出版社2014年版,第136页。

独士为然，农、工、商各教子读书，虽牧儿馌归，亦能口诵古人语言”[①]。读书使得福建民风大变，福州人黄干说：“中原衣冠多南徙，吾乡之学彬彬矣。”[②]邵武军百姓“喜以儒术相高，是为儒雅之俗；里人获荐，登第则厚贶庆贺，是为乐善之俗”；兴化军（今福建莆田）“秀民特多，比屋业儒，号衣冠胜处，至今公卿相望”；建宁府（今福建建瓯）“家有诗书，户藏法律……家有伊洛之书”[③]。再如郭维于建炎年间徙居明州昌国县（今浙江舟山），“以北学教授诸生，从者如云”[④]。济源人李迎在明州（今浙江宁波），当地人知他博学，愿意师事之，“其门如市”[⑤]。有人对《宋元学案》中北方籍传主的迁移与分布作了统计，北方籍学者迁入江南的共 115 人，其中除 14 人籍贯为湖北、山东外，剩下的 101 人皆为河南人，如邵伯温、朱弁、吕好问、王应麟等。[⑥] 还有一些学者则是中原移民的后裔。

“建炎南渡”时，一部分居住在开封的士庶辗转流徙逃往今日广东的南雄。开封有一条街叫珠玑巷，开封士庶也把他们聚居在南雄的街道取名为珠玑巷。后来这里一部分人又南下广州，又把珠玑巷的名称带到了广州。明代学者屈大均在其所著《广东新语·珠玑巷》中说：

> 吾广故家望族，其先多从南雄珠玑巷而来。盖祥符（开封）有珠玑巷。宋南渡时，诸朝臣从驾入岭，至止南雄，不忘枌榆所自，亦号其地为珠玑巷，如汉之新丰，以志故乡之思也。

刘邦取得天下，定都关中后，把他的父亲太公也接到长安同享富贵。太公年事已高，时常有故乡之思，刘邦便在原来秦国的骊邑仿照其家乡丰邑的街巷筑城，并迁故旧于此，高祖十年（前 197）改名为新丰。广东南雄、广州的珠玑巷就是沿袭了刘邦筑新丰城中的典故，以示不忘生于斯的故乡。在封建社会中，

---

① 〔宋〕方大琮：《铁庵集》卷三三《永福辛卯办劝农文》，北京图书馆珍本丛刊本。

② 〔宋〕黄干：《勉斋集》卷三七《潘君立之行状》，转引自张显运：《山河破碎风飘絮：靖康之乱中原人民南迁闽南述论》，《河洛文化与闽南文化》，河南人民出版社 2014 年版，第 548 页。

③ 〔宋〕祝穆：《方舆胜览》卷一一《建宁府》，中华书局 2003 年版，转引自张显运：《山河破碎风飘絮：靖康之乱中原人民南迁闽南述论》，《河洛文化与闽南文化》，河南人民出版社 2014 年版，第 548 页。

④ 《大德昌国州图志》卷六，转引自葛剑雄主编：《中国移民史》第四卷，福建人民出版社 1997 年版，第 490 页。

⑤ 〔宋〕周必大：《文忠集》卷七五《李迎墓表》，转引自葛剑雄主编：《中国移民史》第四卷，福建人民出版社 1997 年版，第 491 页。

⑥ 葛剑雄主编：《中国移民史》第四卷，福建人民出版社 1997 年版，第 485—486 页。

“叶落归根”“狐死首丘”的观念是根深蒂固的，不管迁徙到何处，都时刻记挂着故乡。祥符县有没有珠玑巷这一地名还待考证，即使有，区区一条街道，也不会有那么多人迁往江南，由此可见，南迁的中原人是把珠玑巷当作故乡的象征了。其实，“建炎南渡”，士民入岭者不少，但“从驾入岭”则非事实，因为高宗从未到过岭南。

当然，留下中原人印痕最多的地方还是临安（今浙江杭州）。

宋高宗定都临安，中原士民卜居此地者甚众，杭州一下子变成了人烟稠密、户口浩繁之地，“城内外不下数十万户，百十万口”①。临安的移民主要来自北方，中原文化也很自然地传播到了江南。

有许多节日习俗是从汴京传往临安的。如立春，《东京梦华录》记载：“立春前一日，开封府进春牛入禁中鞭春。开封、祥符两县，置春牛于府前。”②《梦粱录》也说：“临安府进春牛于禁庭。立春前一日，以镇鼓锣吹伎乐迎春牛，往府衙前迎春馆内，至日侵晨，郡守率僚佐以彩杖鞭春，如方州仪。”③可见临安因袭了汴京立春鞭牛的风俗。正月十五日为元宵节，北宋时在汴京大内前面对着宣德楼搭盖山棚，山棚装饰得色彩斑斓，上面画有群仙故事，并摆设灯烛万盏，蜿蜒若龙。徽宗亲上宣和楼观灯，表示与民同乐，直至更深夜阑才回宫。杭州亦有此俗。这日街道两旁灯烛辉煌，游人比肩接踵，“宫漏既深，始宣放烟火百余架，于是乐声四起，烛影纵横，而驾始还矣。大率效宣和盛际，愈加精妙”。“至夜阑则有持小灯照路拾遗者，谓之‘扫街’。遗钿坠珥，往往得之，亦东都遗风也。”④清明节前三日为寒食节，汴京百姓多“用面造枣䭔飞燕，柳条串之，插于门楣，谓之‘子推燕’”⑤。南宋时杭州也加以仿效：“大家（指富贵人家）则加枣䭔于柳上，然多取之湖堤。”⑥清明节杭州城内还有赛龙舟的习俗，乃是效法北宋时金明池赛龙舟：“此日又有龙舟可观，都人不论贫富，倾城而出，笙歌鼎沸，鼓吹喧天，虽东京金明池未必如此之佳。”⑦杭州端午节，“如春日禁中排当，例用朔日，谓

① 〔宋〕吴自牧：《梦粱录·米铺》，中国商业出版社1982年版，第137页。
② 〔宋〕孟元老：《东京梦华录·立春》，中国商业出版社1982年版，第37页。
③ 〔宋〕吴自牧：《梦粱录·立春》，中国商业出版社1982年版，第2页。
④ 〔宋〕周密：《武林旧事·元夕》，中国商业出版社1982年版，第37页。
⑤ 〔宋〕孟元老：《东京梦华录·清明节》，中国商业出版社1982年版，第43页。
⑥ 〔宋〕周密：《武林旧事·祭扫》，中国商业出版社1982年版，第45页。
⑦ 〔宋〕吴自牧：《梦粱录·清明》，中国商业出版社1982年版，第10页。

之'端一'。或传旧京亦然"[①]。七月七日为七夕节,杭州的妇人女子在这天晚上对月穿针,饮酒作乐,称作乞巧。"小儿女多衣荷叶半臂,手持荷叶,效颦摩侯罗(泥捏的小人)。大抵皆中原旧俗也。"[②]吴自牧《梦粱录》则说:"市井儿童,手执新荷叶,效摩罗之状。此东都流传,至今不改,不知出何文记也。"[③]八月十五日为中秋节,节前汴京诸店皆卖新酒,市人争饮,"中秋夜,贵家结饰台榭,民间争占酒楼玩月……闾里儿童,连宵嬉戏,夜市骈阗,至于通晓"[④]。杭州也是如此。八月十五这天,王孙公子,富家巨室,莫不登楼玩月,或酌酒高歌,以卜竟夕之欢。即使贫窭之人,也要当衣买酒,不肯虚度。"玩月游人,婆娑于市,至晓不绝。"[⑤]九月九日为重阳节,"九月重阳,都下(汴京)赏菊"[⑥]。此风也传到了杭州,"禁中与贵家皆此日赏菊,士庶之家,亦市一二株玩赏"[⑦]。进入腊月直至新春,杭州更是沿袭了汴京的习俗。如腊月八日,无论是汴京或杭州,诸大寺均作浴佛会,并送七宝五味粥与门徒,谓之腊八粥;腊月二十四日夜于床底点灯,谓之"照虚耗";此月不论节序,富贵之家遇雪即开筵、塑雪狮、装雪灯以会亲旧;春节前夕市井皆印卖门神、钟馗、桃板、桃符;进入腊月便有贫苦之人三数人为一伙,装妇人鬼神,敲锣击鼓,挨门讨钱,俗呼为"打夜胡";教坊使率伶人装扮成将军、钟馗、判官、土地、灶神之类共千余人,把邪祟驱逐至宫外某地,谓之埋祟;除夕之夜士庶之家围炉团坐,达旦不寐,谓之守岁;等等。汴京、杭州两地相距千里之遥,节日习俗竟是一脉相承,何其相似乃尔!

在饮食方面,杭州也多有仿效汴京之处。从中原南下的部分百姓因无田可耕,便经营饮食业糊口,加上不需要大规模投资,故从事餐饮业者甚多。如宋高宗有一次游西湖,"时有卖鱼羹人宋五嫂对御自称:'东京人氏,随驾到此。'太上(高宗)特宣上船起居,念其年老,赐金钱十文、银钱一百文、绢十匹,仍令后苑供应泛索"[⑧]。杭州城内凡是贩卖百货、饮食的商人,多是挑担或用推车,装食物、

① 〔宋〕周密:《武林旧事·端午》,中国商业出版社1982年版,第47页。
② 〔宋〕周密:《武林旧事·乞巧》,中国商业出版社1982年版,第48页。
③ 〔宋〕吴自牧:《梦粱录·七夕》,中国商业出版社1982年版,第23页。
④ 〔宋〕孟元老:《东京梦华录·中秋》,中国商业出版社1982年版,第56页。
⑤ 〔宋〕吴自牧:《梦粱录·中秋》,中国商业出版社1982年版,第24页。
⑥ 〔宋〕孟元老:《东京梦华录·重阳》,中国商业出版社1982年版,第56页。
⑦ 〔宋〕吴自牧:《梦粱录·九月》,中国商业出版社1982年版,第27页。
⑧ 〔宋〕周密:《武林旧事·乾淳奉亲》,中国商业出版社1982年版,第148页。

百货的器皿新洁精巧,以炫人耳目。此举“盖效学汴京气象,及因高宗南渡后,常宣唤买市,所以不敢苟简,食味亦不敢草率也”①。酒肆陈设也是从汴京学来:“如酒肆门首,排设杈子及栀子灯等,盖因五代时高祖(指郭威)游幸汴京,茶楼酒肆俱如此装饰,故至今店家仿效成俗也。”②为招徕顾客,在茶坊中张挂名人书画,也是杭州的商贾从汴京学来的:“汴京熟食店,张挂名画,所以引观者,流连食客。今杭州茶肆亦如之,插四时花,挂名人画,装点门面。”③杭州的“都城食店,多是旧京师人开张,如羊饭店兼卖酒”④。早在北宋时期,因江南来京师的人吃不惯北方食物,汴京就开有南食面店、川饭分茶。“南渡以来,凡二百余年,则水土既惯,饮食混淆,无南北之分矣。”⑤南迁既久,吃面食的习惯南北方都一样了。猪胰胡饼是汴京特产,南宋初年传入杭州:“猪胰胡饼,自中兴以来只东京脏三家一分,每夜在太平坊巷口,近来又或有效之者。”⑥即使集市上的叫卖声,也是从汴京学来的:“今街市与宅院,往往效京师叫卖声,以市井诸色歌叫卖物之声,采合宫商成其词也。”⑦以上所说只限于面食、茶肆、酒肆几方面,其他如“饮屠苏、百事吉、胶牙饧、烧术、卖懵等事,率多东都之遗风焉”⑧。

汴京的说唱艺术也传到了江南。如瓦舍是野合易散之地,“在京师时,甚为士庶放荡不羁之所,亦为子弟流连破坏之地”⑨。后来杭州也有了瓦舍。自高宗驻跸杭州后,殿帅杨存中所率士兵“多西北人,是以城内外创立瓦舍,招集妓乐,以为军卒暇日娱戏之地。今贵家子弟郎君,因此游荡,破坏尤甚于汴都也”⑩。唱赚也是唱腔的一种。“唱赚在京师日,有缠令、缠达。有引子,尾声为‘缠令’;引子后只以两腔互迎,循环间用者,为‘缠达’。中兴后,张五牛大夫因听动鼓板中,又有四片太平令,或赚鼓板,遂撰为赚。”⑪可知唱赚在汴京时较为单调,到杭

① 〔宋〕吴自牧:《梦粱录·民俗》,中国商业出版社1982年版,第149页。
② 〔宋〕吴自牧:《梦粱录·酒肆》,中国商业出版社1982年版,第131页。
③ 〔宋〕吴自牧:《梦粱录·茶肆》,中国商业出版社1982年版,第130页。
④ 〔宋〕耐得翁:《都城纪胜·食店》,中国商业出版社1982年版,第2页。
⑤ 〔宋〕吴自牧:《梦粱录·面食店》,中国商业出版社1982年版,第135页。
⑥ 〔宋〕耐得翁:《都城纪胜·食店》,中国商业出版社1982年版,第2页。
⑦ 〔宋〕吴自牧:《梦粱录·妓乐》,中国商业出版社1982年版,第179页。
⑧ 〔宋〕周密:《武林旧事·岁晚节物》,中国商业出版社1982年版,第52页。
⑨ 〔宋〕耐得翁:《都城纪胜·瓦舍众伎》,中国商业出版社1982年版,第8页。
⑩ 〔宋〕吴自牧:《梦粱录·瓦舍》,中国商业出版社1982年版,第166页。
⑪ 〔宋〕耐得翁:《都城纪胜·瓦舍众伎》,中国商业出版社1982年版,第10页。

州后又加了鼓板。杂扮又称杂旺、纽元子、技和，是杂剧的散段。“在京师时，村人罕得入城，遂撰此端，多是借装为山东、河北村人，以资笑。”[①]杭州以前没有影戏，“建炎南渡”后由汴京传入：“凡影戏乃京师人初以素纸雕簇，后用彩色装皮为之。”[②]说唱谱宫调，汴京有个叫孔三传的人，编成传奇灵怪，入曲说唱，“今杭城有女流熊保保及后辈女童皆效此，说唱亦精”[③]。明人郎瑛在《七修类稿》一书中说：“（杭州）城中语音好于他处，盖初皆汴人，扈送南渡，遂家焉，故至今与汴音颇相似。”杭州人说话也变成汴京口音了，可见中原方言影响之大。

金灭北宋，造成田园丘墟，生灵涂炭，这固然是坏事，但从另一方面说，中原士民大批南下，把中原文化传播到了江南，促进了南北方文化的交流，又是一件值得庆幸的事。

五、宋代的其他移民

宋代除了徽、钦北上，“建炎南渡”两次大规模的移民，还有其他一些零星移民，有从外地迁入中原的，也有从中原迁往外地的，其中因居官而卜居该地的占有很大比例。也有因其他原因迁徙的。如福建省民间有“六桂联宗”之说，所谓六桂，即洪、江、翁、方、龚、汪六姓，六姓出于一个祖宗，因此有“六桂联宗”之说。据台北市六桂宗亲会的资料记载，六姓在宋初建隆年间住河南洛阳，始祖名叫乾度。因世乱，六姓被迫逃避，从此分为六支。长子分姓洪氏逃至甘肃敦煌鸣沙山之麓，广纳义士，教化黎民，洪姓从此开基，流播四方。次子分姓江氏，逃往山东济阳县。一年之后，得知四弟化为方姓，在开封训练兵马，便率部迁入河南淮阳县，收募残部，重振旗鼓，与四弟姓均有存志，唯济阳堂三姓均可通也。[④] 有因从军打仗而迁徙的。宋仁宗皇祐年间，广西南部的侬智高叛宋，仁宗派大将狄青前往征讨，居住在山东（崤山以东，非今日山东）白马县（今河南滑县）的覃姓居民从军者甚多，敉平侬智高后，留兵戍守，这些士兵中便有覃姓人。“今南

① 〔宋〕耐得翁：《都城纪胜 · 瓦舍众伎》，中国商业出版社 1982 年版，第 10 页。

② 〔宋〕耐得翁：《都城纪胜 · 瓦舍众伎》，中国商业出版社 1982 年版，第 11 页。

③ 〔宋〕吴自牧：《梦粱录 · 妓乐》，中国商业出版社 1982 年版，第 178 页。

④ 陈支平：《福建族谱》，福建人民出版社 1996 年版，第 189—190 页。

宁市郊区、邕宁、武鸣、上林、马山、宾阳、横县、宜山、环江、河池，甚至云南省的文山、广南、富宁、马关等县的覃氏族谱，都不约而同地记载宋代来自峭山以东的白马县。”仅南宁市郊区便有覃姓近 5000 人。“这些讲平话的汉人，大多数家谱是宋代跟狄青等南征留下来的。”①

有因贬谪从中原徙居南方者，但人数不多。宋仁宗景祐元年（1034），范仲淹贬官睦州（今浙江建德）时，遇到了一个既老且贫的葛姓种花人，自言“生自东都（今洛阳）富贵地，家有城南锦绣园，少年止以花为事”。后来到琼林苑做了一名低级官吏，只因得罪了权贵，被贬往睦州，“窜来江外知几年，骨肉无音雁空度”，“多愁多恨信伤人，今年不及去年身”。范仲淹对他甚为同情，表示“一日天恩放尔归，相逐栽花洛阳去”②。

有契丹百姓因饥馑而流亡中原的。宋仁宗时，“河北转运使言：契丹岁大饥，民流过界河。上谓辅臣曰：‘虽境外，皆吾赤子也，可不赈救之。’乃诏转运司分送唐（今河南唐河）、邓（今河南邓州）、襄（今湖北襄阳）、汝（今属河南）州，处以闲田，所过州县给食，人二升”③。宋、辽的边界是白沟，即今日河北境内的巨马河。从契丹境内进入中原的百姓很可能是今河北省境内的汉人，但也不排除有契丹人在内。他们被安置在河南南部，分给田地，久而久之，便成了当地土著。也有个别中原人流落入契丹的。如开封人王继忠，真宗朝率兵与契丹作战，兵败被俘，“契丹主遇继忠甚厚，更其姓名为耶律显忠，改名宗信，封楚王”④。《宋人轶事汇编》则称，“王继忠陷于契丹，伪封吴王，改姓耶律，卒于虏，人称陷蕃王氏”⑤。

数量最多的还是因仕宦而迁出、迁入中原者。如郑州管城人周必大，“宣和中，祖为吉州（今江西吉安）通判，因家焉”⑥。“路氏世居河南（今河南洛阳），金

---

① 覃芝馨：《中原姓氏寻根·覃》，香港东方文化出版社 2001 年版，第 87、89 页。

② 〔宋〕范仲淹著，〔清〕范能浚编集：《范仲淹全集》卷三《和葛闳寺丞接花歌》，凤凰出版社 2004 年版，第 44 页。

③ 〔宋〕李焘：《续资治通鉴长编》卷一〇七《天圣七年三月》，上海古籍出版社 1986 年版，第 961 页。

④ 〔元〕脱脱等：《宋史》卷二七九《王继忠传》，中华书局 1977 年版，第 9472 页。

⑤ 丁传靖：《宋人轶事汇编》卷六《王继忠》，中华书局 1981 年版，第 257 页。

⑥ 〔宋〕楼钥：《攻媿集》卷九四《少傅观文殿大学士赠太师谥文忠周公神道碑》，《丛书集成初编》本。

据中原,有讳觐者,义不臣属,渡江南归,历官州县,乐四明象山(今浙江象山)风土,始定居焉。”[①]洛阳人李渎的父亲善词赋,后周广顺年间进士,因被蒲州(今山西永济县蒲州镇)帅“张铎辟为记室,因家河中”[②]。开封雍丘(今河南杞县)人高頔,北宋初年任天雄军(今河北大名)掌书记,“后以病免,居于魏”[③]。石延年先世为幽州(今北京城西南)人,“晋以幽州遗契丹,其祖举族南走,家于宋城(今河南商丘睢阳区)”[④]。孔承恭先世本为京兆万年(今陕西西安)人,“唐昭宗东迁,举族随之,遂占籍河南”[⑤]。承恭在宋太祖、太宗朝为官,政绩甚佳。慎知礼为衢州信安(今浙江常山)人,宋太宗太平兴国年间,跟随吴越国王钱俶归朝,做过知州之类的官,其母“年八十余,居宛丘(今河南淮阳),恳求归养,退处十年,缙绅称其孝。及母服除,表请纳禄。至道三年(997),以工部侍郎致仕”[⑥]。杨次山先世为开封人,曾祖在靖康末年死于捍卫京城之役,祖父杨渐“以遗泽补官,仕东南,家于越之上虞(今属浙江)”[⑦]。曾经参与迫害岳飞的奸臣万俟卨本为开封阳武(今河南原阳)人,宋徽宗政和年间登第,任过枢密院编修官等职。绍兴初年避乱沅、湘间,后在朝中居官,官至尚书右仆射,同中书门下平章事,也即宰相,当然也就成了临安人。[⑧] 李叔章先世为广平(今河北永年)人,后迁汴京。高祖李升进士及第,靖康年间死于金人之手。“曾祖椿徙家衡州,遂为衡人。”又如蔡元卿,“其先洛阳人,祖讳某为莱之胶水令(今山东平度市),有惠爱名,官九载不得志,既终,邑人留葬之,子孙遂家焉”[⑨]。王卿月,“世居开封府祥符县……父恩正,翰林医痊,累赠朝议大夫,朝议避地转徙,寓居台州(今浙江临海),今为台人”[⑩]。清人赵翼曾说,宋代士大夫因在东京做官,多不归本籍,而是卜居河南各地,如“张齐贤由曹州(今山东曹县)徙洛阳,杨亿由蒲城(今属福

① 〔宋〕楼钥:《攻媿集》卷二〇《路子龄墓志铭》,《丛书集成初编》本。

② 〔元〕脱脱等:《宋史》卷四五七《李渎传》,中华书局 1977 年版,第 13428 页。

③ 〔元〕脱脱等:《宋史》卷四四〇《高頔传》,中华书局 1977 年版,第 13019 页。

④ 〔元〕脱脱等:《宋史》卷四四二《石延年传》,中华书局 1977 年版,第 13070 页。

⑤ 〔元〕脱脱等:《宋史》卷二七六《孔承恭传》,中华书局 1977 年版,第 9389 页。

⑥ 〔元〕脱脱等:《宋史》卷二七七《慎知礼传》,中华书局 1977 年版,第 9445 页。

⑦ 〔元〕脱脱等:《宋史》卷四六五《杨次山传》,中华书局 1977 年版,第 13595 页。

⑧ 〔元〕脱脱等:《宋史》卷四七四《万俟卨传》,中华书局 1977 年版,第 13769 页。

⑨ 〔宋〕范仲淹著,〔清〕范能濬编集:《范仲淹全集》卷一六《赠大理寺丞蔡君墓表》,凤凰出版社 2004 年版,第 333 页。

⑩ 〔宋〕楼钥:《攻媿集》卷一〇二《太府卿王公墓志铭》,《丛书集成初编》本。

建）徙颍州，韩亿由真定（今河北正定）徙雍丘（今河南杞县），杜衍由会稽（今浙江绍兴）徙睢阳（今商丘市睢阳区），范仲淹由苏州徙许州，范镇由蜀徙许，文彦博由汾（今山西临汾）徙洛，吕公著由寿（今安徽寿县）徙洛……司马温公（司马光）由夏县（今属山西）徙洛，王文正公（王旦）由大名（今属河北）徙开封……邵康节由范阳（今河北涿州市）徙洛……”[①]类似的事例甚多，这里不再一一列举。这些零星移民对于河南与江南的经济开发与文化交流都起了至关重要的作用。

第二节 金代移民与民族融合

金代有少量中原士庶出于各种原因迁往北方，更多的是女真人从北方迁往中原地区，总数约 110 万人。他们长期处于汉民族的包围之中，后来便融入汉族了。

一、金代移民

金朝在灭辽攻宋过程中，因为女真人大批从戎征伐，在战争中消耗甚大，“金源内地”从事畜牧者多为老弱妇女，劳动力严重不足，因此金朝统治者多次将中原汉人掠往东北，当作奴隶役使。如天辅六年（1122）金人在占有山西后，以上京为内地，移民实之；取得燕京路后，将其富强工艺之民迁于内地；灭北宋之后，从汴京北撤时，掳去中原汉人有 20 万之多。金兵继续南下，在奄有整个河南及湖北北部后，于天会六年（1128）“迁洛阳、襄阳（今湖北襄阳）、颍昌（今河南许昌）、汝（今河南汝州）、郑（今河南郑州）、均（今湖北丹江口市西北）、房（今湖北房县）、唐（今河南唐河）、邓（今河南邓州）、陈（今河南淮阳）、蔡（今河

① 〔清〕赵翼：《陔余丛考》卷一八《宋时士大夫多不归本籍》，商务印书馆 1957 年版，第 344 页。

南汝南)之民于河北”①。这里的河北系黄河之北,即金人原来的统治区。史书虽未标明此次迁徙的人数,但十余州之民都在迁徙之列,其数目肯定不小。

金国在废黜傀儡刘豫后,先把他迁到相州(今河南安阳),然后“自相州徙上京,改封曹王”②。被徙者当是刘豫及其家属,还有少数随从官员。金朝初年上京在今内蒙古巴林左旗林东镇东南二里波罗城,后来才移至黑龙江阿城县南白城,刘豫去的是今内蒙古的上京,后来便悄然死在那里,他的家属及随从未再迁回中原,都成了内蒙古人。

《三朝北盟会编》说得更为详尽,刘豫被废后,金军统帅挞懒逼他北上:

挞懒逼其北行,且问豫所欲之,豫请居相州及乞魏王宅(北宋名相韩琦住宅),挞懒逼之行。既近相,继发之燕山,又发之中京,继而发上京,给夫子庙以居之。昔金人初破上京,尽屠其城后,又以有罪者徙其中,彼人视之为以为罪也,如中国琼崖之类也,居燕山东北一千七百里,乃五代史所载契丹阿保机西楼是也。③

《大金国志》则说,刘豫一家北上时,“豫宫嫔百余人,妊身者九。其子[刘]麟侍婢百二十人”④。刘豫父子的宫嫔、侍婢便有250人左右,如果加上随行官员及其家属,人数当在500左右。

金人废黜刘豫之后,认为傀儡不足凭恃,适足成为累赘,便不再立傀儡,改为迁女真人入居中原。金朝统治者考虑到中原地区是历代兵家必争之地,土地广袤,人口众多,即使占有其地,未必人人都肯归依,需要迁入女真人监视中原地区的汉人,于是便设置了屯田军。《大金国志》有一段详细的记载:

废刘豫后,虑中州怀二三之意,始置屯田军,非止女真,契丹、奚家亦有之。自本部徙居中土,与百姓杂处,计其户口给以官田,使自播种,以充口食。春秋量给衣服。若遇出军之际,始月给钱米,米不过十斛,钱不过数千。老幼在家依旧耕耨,亦无不足之叹……所居止处皆不在州县,筑寨处村落之间,千户百户虽设官府,亦在其内。⑤

① 〔元〕脱脱等:《金史》卷三《太宗本纪》,中华书局1975年版,第58页。
② 〔元〕宇文懋昭:《大金国志》卷三一《齐国刘豫录》,中华书局1975年版,第442页。
③ 〔南宋〕徐梦莘:《三朝北盟会编》卷一八二,上海古籍出版社1987年版,第1323页。
④ 〔元〕宇文懋昭:《大金国志》卷三一《齐国刘豫录》,中华书局1975年版,第441页。
⑤ 〔元〕宇文懋昭:《大金国志》卷三六《屯田》,中华书局1975年版,第520页。

金朝统治者恐怕迁入中原的女真人被汉人同化,因此特别规定所迁女真人居止之处,不受州县管辖,而是筑寨于村落之间,并设置千户、百户等官府,让他们自耕自食,酌量发给衣服,若遇到出兵打仗,发给家属少量钱米,妇孺老幼仍旧屯田耕种。这次迁民屯田规模甚大,"自燕之南,淮陇之北俱有之,多至五六万人,皆筑垒于村落间"①。"令下之日,比屋连村,屯结而起。"②一次迁徙女真契丹、奚人6万之多,可见规模之大。

海陵王完颜亮弑熙宗自立为帝后,先是迁都燕京,继而为方便灭亡南宋,又迁都南京(今河南开封),并派人修缮南京宫室。正隆六年(1161)四月,完颜亮"诏百官先赴南京治事,尚书省、枢密院、大宗正府、劝农司、太府、少府皆从行,吏、户、兵、刑部,四方馆,都水监,大理司官各留一员"③,金朝中央政府的官员大部分都从燕京迁到了中原,随行的自然还有这些官员的家属。六月间,完颜亮也到了南京。七月,"赐从驾、从行、从军及千户谋克钱帛"④。一个庞大的迁徙队伍就这样从燕京来到了南京,完颜亮与后妃、子女、宗室,文武百官及其家属,护驾从行的卫士,千户谋克及大批士兵,还有工匠、医生,加起来至少有三四万人之多。但这年九月,完颜亮便率大军攻宋,"诏皇后及太子光英居守,尚书令张浩、左丞相萧玉、参知政事敬嗣晖留治省事"⑤。大部分官员都随完颜亮南下,但他们的眷属仍然留在南京。完颜亮南侵时搜集并建造了许多船只,"敌操舟者皆中原遗民"⑥,他们中的大多数人都流落到了南方。不久,完颜亮在瓜洲渡(今江苏扬州南瓜洲镇)被大将完颜元宜杀死,世宗完颜雍在辽阳即位,把京城又迁回到了中都(今北京市)。滞留在开封的女真人有能力者北迁,无力迁徙者便留在了中原,这部分人估计在万人左右。

女真人规模最大的一次迁徙是在金宣宗时期。宣宗完颜珣刚刚即位,改至宁元年为贞祐元年(1213),九月,蒙古国的铁骑便来到了距燕京只有200里之遥的紫金关,十月便团团包围了燕京,不久退去。贞祐二年(1214)三月,蒙古兵

① 〔宋〕李心传:《建炎以来系年要录》卷一三八,台湾文海出版社1980年版,第4363页。
② 〔元〕宇文懋昭:《大金国志》卷八《太宗文烈皇帝》,中华书局1975年版,第126页。
③ 〔元〕脱脱等:《金史》卷五《海陵王本纪》,中华书局1975年版,第113页。
④ 〔元〕脱脱等:《金史》卷五《海陵王本纪》,中华书局1975年版,第114页。
⑤ 〔元〕脱脱等:《金史》卷五《海陵王本纪》,中华书局1975年版,第115页。
⑥ 〔元〕脱脱等:《宋史》卷三七〇《李宝传》,中华书局1977年版,第11500页。

再次围攻燕京,京城缺粮,军民饿死者十之四五。金朝遣使议和,蒙古人在得到珠宝、彩绣衣、御马、童男女、公主后撤军,尽驱山东、两河(今山西与河北中南部)少壮数十万而去。为躲避蒙古军的进攻,金宣宗决定迁都南京(今河南开封)。五月间金宣宗君臣从燕京出发,七月间抵达南京。这一次迁徙带有逃难性质,倾巢而出,因而所迁人数远比海陵王完颜亮迁南京人数多,后妃、宗室、百官及其家属当在数万人。

迁徙人数最多的是军户家属。贞祐三年(1215)五月,金朝统治者便打算迁徙河北军户的家属于河南,士兵则留在当地守卫郡县。大臣高汝砺反对说,此事果真付诸实施,只是便于豪强之家,贫穷人户岂能迁徙?且安土重迁,人之常情,如今让军户家属尽赴河南,他们一旦抛弃田园,扶老携幼,驰驱道路,流离失所,岂不可怜!所过之处百姓见军户尽迁,必将惊疑,认为国家厚彼薄此,人心怎能不动摇?况且军人已失去其家,让他们护卫别人,揆诸情理,必不肯尽心,应谨慎行事。但宣宗不听,硬是把军户家属迁到了河南。河南骤然增加了上百万人口,自然又出现了无地可耕的矛盾。大臣高汝砺又上疏说:"今河北军户徙河南者几百万口,人日给米一升,岁率三百六十万石,半给其值犹支粟三百万石。河南租地计二十四万顷,岁征粟才一百五十六万有奇,更乞于经费之外倍征以给,仍以系官闲田及牧马地可耕者畀之。"①把系官闲田及牧马之地分给军户家属,让他们自食其力,不失为比较妥善的处理方法,但实行起来却不容易。大臣陈规指出:"比者徙河北军户百万余口于河南,虽革去冗滥而所存犹四十二万有奇,岁支粟三百八十余万斛,致竭一路终岁之敛,不能赡此不耕不战之人。虽无边事,亦将坐困,况兵事方兴,未见息期耶。"②高汝砺说迁入河南的军户是"几百万口",陈规说是"百万余口",除去老弱病残,强壮者就有"四十二万有奇",两者相差甚多。按最保守的估计,陈规所说的百万余口应该说是准确的。有的学者估计,"内迁的女真人,至少要占女真人口总数的一半左右。这些女真人户分布在中原广大区域内,形成同汉人错杂而居的局面"③。金朝把迁入中原的军户安置在黄河沿岸,让他们耕种田地,但是这些女真人不知耕稼,且赌博成

① 〔元〕脱脱等:《金史》卷一〇七《高汝砺传》,中华书局 1975 年版,第 2355 页。
② 〔元〕脱脱等:《金史》卷一〇九《陈规传》,中华书局 1975 年版,第 2406 页。
③ 罗贤佑:《元代民族史》,四川民族出版社 1996 年版,第 287 页。

风,连自己都养不活,只能坐縻廪食,这成了金朝不好解决的一大沉重负担。金朝南迁后只有20年光景便亡于蔡州(今河南汝南),一个重要原因是财力拮据,而财力拮据便与供养上百万不会耕耘的军户有关。

金宣宗时为防范南宋,在宋金边界屯兵数十万,而士兵和边界的百姓却有不少人逃到了南宋。兴定元年(1217),集贤院谘议官吕鉴言:"南边屯兵数十万,自唐、邓至寿(今安徽凤台)、泗(今江苏泗洪东南,盱眙对岸)沿边居民逃亡殆尽,兵士亦多亡者,亦以人烟绝少故也。"①

另外,宣宗迁都汴京后,一些骚人墨客自外地迁入中原者甚多。如刘琢为中山(今河北定州)人,居邓州;乌林答爽是女真世袭谋克,居淮阳;刘勋为云中(今山西大同)人,南渡后居陈(今河南淮阳);曹恒为应州(今山西应县)人,南渡居汴京(今河南开封);刘昂霄为陵川(今属山西)人,隐居洛西山水间;侯策为中山人,南渡后先居南顿(今河南项城西南),后移居汴京;麻九畴为易州(今河北易县)人,"南渡后,居郾(今河南漯河郾城)、蔡(今河南汝南)间,入遂平(今属河南)西山读书"②。王公玉为临潢(今内蒙古巴林左旗东南波罗城)人,南渡后居蔡州③。王磐为广平永年(今属河北)人,"金人迁汴,乃举家南渡河,居汝之鲁山"④。

蒙金战争期间,中原骚乱,兵戈不息,导致百姓不断迁徙。天兴元年(1232),河南的大部分州县被蒙古人攻陷,百姓纷纷向北逃难,历史上称为"壬辰北渡"。天兴二年(1233)四月,金朝汴京守将崔立以城降蒙古,把太后王氏、皇后徒单氏、梁王、荆王及妃嫔,宗室男女500余人,还有衍圣公孔元措、名儒梁陟、三教、医流、工匠、绣女等,一起送往驻扎在青城的蒙古军统帅速不台大营中。"速不台杀二王及宗属,而送后妃等于和林(今蒙古国鄂尔浑河上游东岸哈尔和林),在道艰楚万状,尤甚于徽、钦之时。"⑤亲历其事的《归潜志》作者刘祁也说:"独太后、皇后、诸妃嫔宫人北徙。"⑥不久,蒙古人又命使者"召三教人从

① 〔元〕脱脱等:《金史》卷一〇六《术虎高琪传》,中华书局1975年版,第2344页。
② 〔金〕刘祁:《归潜志》卷二,中华书局1983年版,第14页。
③ 〔金〕刘祁:《归潜志》卷四,中华书局1983年版,第39页。
④ 〔明〕宋濂等:《元史》卷一六〇《王磐传》,中华书局1976年版,第3751页。
⑤ 〔明〕陈邦瞻:《宋史纪事本末》卷九〇《蒙古取汴》,中华书局1997年版,第1023页。
⑥ 〔金〕刘祁:《归潜志》卷一一《录大梁事》,中华书局1983年版,第130页。

以北"[①]。估计这次北上的人数当在数百人之多。天兴三年(1234),宋蒙联军灭金于蔡州(今河南汝南),正在汴京作战的蒙古军将领速不台,"以汴民饥,纵使渡河就食,民德之"[②]。从开封城中逃出的百姓,大部分都逃到了黄河以北地区。另外,蒙古军所到之处,大肆烧杀抢掠,也使得惊魂不定的百姓纷纷向北方逃难。逃得慢的被蒙古军俘获,当作奴隶驱赶到漠北去,或者在市场上贩卖,这些人境遇最惨。

平顶山市所辖汝州市纸坊乡、焦村乡、尚庄乡的姚楼村、完庄村、北张村、石庄村、岳庄村有完颜姓居民300余人,自称是完颜兀术之后,他们供奉的神主牌位上,第一位是完颜阿骨打,第二位便是完颜兀术,第三位是完颜正叔。在一完颜姓居民的家里,还有一个镌刻着"完颜氏先茔碑"6个大字的硕大碑盖,由此可知完颜氏是簪缨之家。

完庄村北300米处有一巨冢,父老相传为金兀术之墓,墓前有石兽、石碑、石柱等,墓碑上镌刻着"金四太子兀术之墓"8个大字。可惜在"文化大革命"中墓冢几被夷为平地,仅余两个石柱,作为这段沧桑历史的见证。此墓是不是兀术之墓,是断定这支完颜姓遗民是不是兀术后裔的依据。史书未见兀术葬于何地的记载,但他戎马半生,掌握着行台尚书与都元帅府的军政大权,驻在汴京很少回朝,卜葬河南也在情理之中。据《金史》记载,金朝灭亡北宋后,扶植刘豫为傀儡,因刘豫无所作为而被废黜,在汴京设行台尚书省。后来宗盘、挞懒把河南之地归还宋朝,汴京的行台尚书省迁到燕京,改燕京枢密院为行台尚书省。天眷二年(1139)宗盘、挞懒因谋反被杀,行台大权归宗弼掌握。河南复归于金之后,行台又迁回汴京,熙宗命宗弼领行台尚书省并兼都元帅,并下诏:"诸州郡军旅之事决于帅府,民讼钱谷,行台尚书省治之。"[③]从此,"燕京以南直至黄河流域的广大地区内的军事、行政大权统归兀术一人掌握"[④]。直至皇统七年(1147),已到垂暮之年的兀术请求致仕,熙宗不许,仍命他"领三省事,都元帅,领行台尚书省如故"[⑤]。可见他此时仍在汴京。次年十月,兀术一病不起,驾鹤

① 〔金〕刘祁:《归潜志》卷一一《录大梁事》,中华书局1983年版,第130页。

② 〔明〕宋濂等:《元史》卷一二二《速不台传》,中华书局1976年版,第2977页。

③ 〔元〕脱脱等:《金史》卷七七《宗弼传》,中华书局1975年版,第1754页。

④ 李锡厚、白滨:《中国政治制度通史》第七卷,《辽金西夏卷》,人民出版社1996年版,第265页。

⑤ 〔元〕脱脱等:《金史》卷七七《宗弼传》,中华书局1975年版,第1756页。

西去。当时金国首都在上京(今黑龙江阿城),尚未迁入燕京,汴京与上京山水迢递,兀朮不可能归葬上京,埋葬在河南也就顺理成章了。

兀朮为何未葬汴京,而是埋在了汝州完庄?除了汝州林壑优美这一因素,兀朮为表示已征服全国,在完庄村修建了一座占地20余亩,金碧辉煌的北岳行宫,又在登封市大金店镇中街修建了一座南岳庙。北岳行宫已经颓圮,如今只剩下巨大的柱础和3间配殿,南岳庙如今尚保存于登封市大金店镇小学中,建筑为金代风格,1986年被批准为河南省文物保护单位。碑文云:“相传金兀朮占领中原,全国五岳已居四岳,唯有南岳尚未达到,为表示要统领全国,随令‘位配南岳’而建此庙。”兀朮已征服了中原,故建北岳行宫,而南岳衡山在南宋版图之内,不在金国辖区,故建南岳庙以示已统领全国。兀朮死后葬在北岳行宫旁,这样,他的墓就在汝州了。

出生在完庄村的完颜正叔,曾在元朝任参知政事、行中书省事,但《元史》未为他立传。他在《至元壬午(至元十九年,1282)十月吉日中奉大夫参知政事行中书省事完颜正叔重修北岳行宫碑之记》(按:此碑今存完庄村)中说:

> 汝州距城二十里有北岳行宫,屋老巉压,士农无以庇,神不安灵。予少贱时一经此祠下,见之悚然,祈祷曰:使予有才进,当撤神宇而新之。自是神之相之,所向无前,王师南征,得以勋名……自岁在辛巳(至元十八年,1281)七月,乃捐资聚工,一新庙像,以报隆施。予亦不负于神矣。

正是兀朮的“庇佑”,完颜正叔随元军征伐南宋,立了功勋,擢升了官职,才重修庙宇,再塑金身,这从另一侧面证实了北岳行宫的存在,也证明了他就是兀朮的裔孙。因无家谱,不知这支完颜氏繁衍了多少代。也许他就是守护兀朮墓的完颜氏后裔。

金朝灭亡后,达官显宦中不少人被俘,剩下的与普通女真人辗转逃亡,流寓四方,如福建、台湾就有自称是完颜粘罕(宗翰)的后裔,如今已改粘姓。又如山西安邑县(今山西运城)房子村的《仝氏重修谱序》说:“仝氏之先,出自大金夹谷氏,嗣遭元灭,遂易今姓。元初有讳庆成者,为本邑令,因家焉。村名房子,里号双安,户口殷繁,人丁蕃衍。”《金史·国语解》称“夹谷曰仝”,可知山西安邑县的仝姓是女真人遗胤,在金亡后逃到了山西。再如女真人术虎高琪在金宣宗迁都汴京后曾任右丞相,因专权跋扈被杀,他的后裔仍居汴京,金亡后迁入山东,明代初年这一支女真人改姓术。清人顾炎武就说,山东在清代就有姓术者,有三四百人,“自云金丞相术虎高琪之后,盖二字改为一字者,而撰姓之时,尚未登于黄册也。以此知单姓之改,并在明初以后。而今代山东氏族,其出于金元之裔者多矣”①。

有金一代,因各种原因迁入迁出中原者也不在少数。如高兴,“其先,自蓟徙汴,曾祖拱之,祖子洵,世以农为业。金末兵乱,父青,又徙蔡(今河南汝南)而生兴”②。女真人刘国杰,“姓乌古伦,后入中州,改姓刘氏”③。张雄飞本琅邪临沂(今属山东)人,父亲张琮为金人守盱眙(今属江苏),金人怀疑他不忠,“罢其兵柄,徙居许州。寻复命守河阴(今河南荥阳东北),仍留家人于许”④。孟攀鳞金末在朝中为官,“岁壬辰(1232),汴京下,北归居平阳(今山西临汾)”⑤。吕域为河内(今河南沁阳)人,祖父吕庭在金朝末年避乱逃离家乡,父亲吕佑归附蒙古,隶兵籍,“转徙北郡,复至关中,家焉”⑥。申屠致远,“其先汴人,金末从其父义徙居东平之寿张(今山东梁山县西北)”⑦。袁裕本洛阳人,“幼孤,从兄避难聊城,因家焉”⑧。许国祯本绛州曲沃人,“金乱,避地嵩州永宁县(今河南洛宁)。河南平,归寓太原”⑨。他是在金末兵荒马乱时避难进入永宁的。永宁地处河南西部,境内层峦叠嶂,人迹罕至,是躲避兵燹的极好去处。等到蒙古人平定中原,许国祯便又迁回太原了,永宁只是他暂时厝居之地。张立道,“其先陈留(今河南开封市东南陈留城)人,后徙大名(今属河北)。父善,登金进士第”⑩。此类记载甚多。据新纂的《修武县志》,该县的薛姓始祖名澍,祖居山西省汾河东,金朝末年随祖父等十余口迁入修武县郇封村,民间传说有“家起河东飞彩凤,脉衍豫北腾蛟龙”的楹联,故有“河东世家”之称,薛、范二姓为修武县大

---

① 〔清〕顾炎武著,黄汝成集释:《日知录集释》卷二三《二字改姓一字》,中州古籍出版社 1990 年版,第 537 页。

② 〔明〕宋濂等:《元史》卷一六二《高兴传》,中华书局 1976 年版,第 3803 页。

③ 〔明〕宋濂等:《元史》卷一六二《刘国杰传》,中华书局 1976 年版,第 3807 页。

④ 〔明〕宋濂等:《元史》卷一六三《张雄飞传》,中华书局 1976 年版,第 3819 页。

⑤ 〔明〕宋濂等:《元史》卷一六四《孟攀鳞传》,中华书局 1976 年版,第 3860 页。

⑥ 〔明〕宋濂等:《元史》卷一六七《吕域传》,中华书局 1976 年版,第 3930 页。

⑦ 〔明〕宋濂等:《元史》卷一七〇《申屠致远传》,中华书局 1976 年版,第 3988 页。

⑧ 〔明〕宋濂等:《元史》卷一七〇《袁裕传》,中华书局 1976 年版,第 3998 页。

⑨ 〔明〕宋濂等:《元史》卷一六八《许国祯传》,中华书局 1976 年版,第 3962 页。

⑩ 〔明〕宋濂等:《元史》卷一六七《张立道传》,中华书局 1976 年版,第 3915 页。

姓,民间有“薛半县,范满城”之说,现在已散居修武境内百余村。[①]

二、金代中原地区的民族融合

金代大约有150万女真人由东北进入中原,久而久之,便会产生民族融合。历史上的民族融合,必须以不同民族长期居住在相同环境中为前提,内迁的女真人进入黄河流域这一汉族文化的摇篮,犹如进入了一个碾碎民族差别的大磨坊,民族间的壁垒被打破,鸿沟被填平,樊篱被拆除,女真族长期处在人数众多的汉人包围之中,便逐渐与汉人融合在一起了。

女真人在南迁之初,壁垒森严,金朝颁布种种禁令,防止女真人与汉人接触,所有的猛安、谋克户“筑垒于村落间”,所居之处皆不在州县间,千户、百户虽设官府,也在屯田区内,甚至有些女真人的田地与汉人田地犬牙交错时,也要强迫交换,让女真人“自为保聚”,真可谓用心良苦。同时金朝又执行同化政策,强迫统治区的汉人改从“女真之俗”,如“剃发易服”便是一例。金元帅府禁民汉服,又下令髡发,不按金朝统治者规定的样式理发便被杀头。这种违背汉民意愿的做法,必然遭到激烈的反抗,揭竿而起,上山聚义者比比皆是,金朝统治者不得不宣布“河南民衣冠,许从其便”[②]。

元史专家翁独健教授在论及民族融合时说:“具有先进经济文化的大民族,总居于优势地位,这种优势地位,明显地表现在民族间的征服关系中。如果征服民族的经济文化高于被征服民族,就可能使被征服民族接受征服民族的经济文化而融合于征服民族。如果征服民族的经济文化落后于被征服民族,就往往发生相反的结果,征服民族接受被征服民族的经济文化而融合于被征服民族之中。”[③]女真人的经济文化落后于中原地区汉族的先进经济文化,因而接受汉族先进的经济文化便是必然的了。金世宗时,迁往中原地区的猛安、谋克户“尽令汉人佃莳,取租而已”[④]。这表明这时的女真人还不会耕耘种田,只是把田地租

---

① 《修武县志》,河南人民出版社1986年版,第692页。

② 〔元〕宇文懋昭:《大金国志》卷一三,中华书局1975年版,第186页。

③ 翁独健主编:《中国民族关系史纲要》绪论,中国社会科学出版社1990年版,第14页。

④ 〔元〕脱脱等:《金史》卷四七《食货志二·田制》,中华书局1975年版,第1046页。

给汉人耕种,自己坐收田租。到章宗时,“定屯田户自种及租佃法”[①],内迁的女真人已大有进步,学会种田了。与汉人建立租佃关系的现象已很普遍了。如出身将门的瓜尔佳秉直迁入中原后,“买田安阳籍田村,课童仆力穑”[②],过起了坐食田租的地主生活。生产、生活上趋于一致,这正是女真族与汉族得以融合的基础与前提。“猛安人与汉户,今皆一家,彼耕此种,皆是国人。”[③]

在中原地区屯田的女真人猛安、谋克户与汉人的接触越来越多,不可避免地便有了婚姻关系。金朝初年,女真人与汉人通婚受到严格限制,女真人迁入中原后,互相婚媾已是不可阻挡的潮流,女真统治者也就顺水推舟,允许女真人与汉人递相婚姻:“及其得志中国,自顾其宗族国人尚少,乃割土地、崇位号以假汉人,使为之效力而守之。猛安谋克杂厕汉地,听与契丹、汉人婚姻与相固结。”[④]金世宗说得更为直白,令汉人“与女直户相错,安置久则自相姻亲,不生异意,此长久之利也”[⑤]。金章宗泰和六年(1206),“诏屯田军户与所居民为婚姻者听”[⑥]。允许女真人在屯田地区与汉人婚姻,是出于长治久安的考虑,但在客观上却促进了民族间的融合,受到汉族先进的经济文化影响的女真人,通过互为婚姻,加快了自然同化的进程,使女真人原有的民族特性日趋消失,以至于“后来生于中原者,父虽虏种(指女真人),母实华人”,“非复昔日女真”[⑦],金灭亡后,在中原地区屯田的女真人都融入汉族中了。女真人与汉人通婚的例子甚多,如出身于女真望族的刘德宁,原配曹氏卒后,继娶李氏、姜氏、王氏俱为汉人;女真人瓜尔佳妻子李氏,乃“汴梁巨室李仲贤之女”[⑧],系汉人。汉人娶女真女子为妻者也所在多有,如淇上(今河南淇县)人葛荣,其生母为女真人完颜氏。[⑨] 平民百姓中这种通婚现象更为普遍,只不过史料没有留下更多的记载

---

① 〔元〕脱脱等:《金史》卷一二《章宗本纪四》,中华书局 1975 年版,第 269 页。

② 〔元〕胡祇遹:《紫山大全集》卷一八《瓜尔佳隐士墓志铭》,文渊阁《四库全书》本。

③ 〔元〕脱脱等:《金史》卷八八《唐括安礼传》,中华书局 1975 年版,第 1964 页。

④ 〔元〕脱脱等:《金史》卷四四《兵制》,中华书局 1975 年版,第 991 页。

⑤ 〔元〕脱脱等:《金史》卷四四《兵制》,中华书局 1975 年版,第 995 页。

⑥ 〔元〕脱脱等:《金史》卷一二《章宗本纪四》,中华书局 1975 年版,第 278 页。

⑦ 〔明〕黄淮、杨士奇:《历代名臣奏议》卷二三四,蔡戡:《论和战》,转引自罗贤佑:《金元时期女真人的内迁及演变》,《民族研究》1984 年第 2 期。

⑧ 〔元〕胡祇遹:《紫山大全集》卷一八《瓜尔佳隐士墓志铭》,文渊阁《四库全书》本。

⑨ 〔元〕许有壬:《至正集》卷五二《葛公墓碑》,文渊阁《四库全书》本。

而已。

既能通婚，当然在姓氏上也能互相改易。例如，“刘国杰，字国宝，本女真人也，姓乌古伦，后入中州，改姓刘氏”①；蒲察庭，“小字劳山，本金人蒲察氏，金末来中原，改姓李氏”②；“完颜思孝，东至大名，居开之濮阳，乃易姓王氏，子孙至今因之”③。此类例子甚多。当然也有汉人改姓女真姓氏的，这主要发生在金宣宗迁都汴京时期。这是因为宣宗即位后，蒙古人不断进攻，宣宗被迫从中都（今北京）迁往汴京，蒙古人仍穷追不舍，频频南下，南宋也派兵北上，金朝处于南北夹击之中，形势岌岌可危，为了激励将士抗蒙古、宋，便以赐姓的办法笼络人心，让他们为金朝尽忠。许多大将如武仙、李咬住、张甫、国用安、郭药师等汉人，均赐姓完颜，金朝灭亡后，他们的后裔又恢复了原来姓氏。

互相学习，使用对方的语言文字，是民族融合的一个至关重要因素。那些在中原屯田的猛安、谋克户虽然独设村寨，但与汉人比邻而居，自然就有接触的机会，因此学习汉语、汉文是当务之急。金世宗虽然一再强调女真人不能通晓女真语言文字是“忘本”，但女真人仍然坚持学习汉语、汉文，说明在日常生活中汉语、汉文的重要性已超过了女真语、女真文，同时说明在公共场合，汉语已取代女真语了。世宗时完颜璟（世宗孙，即后来的章宗）进封原王，“入以国语（女真语）谢，世宗喜，且为之感动，谓宰臣曰：‘朕尝命诸王习本朝语，惟原王语甚习，朕甚嘉之。’”④诸王之所以不肯学女真语，是因为在交往中须用汉语，因此懂女真语的越来越少了。当然，女真语在契丹、汉人中也同样有影响，特别是金国把首都由上京搬到燕京，再搬到汴京，使得许多中原地区的汉人也学会了女真语。南宋诗人陆游有诗云：“大梁二月杏花开，锦衣公子乘传来。桐阴满第归不得，金辔玲珑上源驿。上源驿中搥画鼓，汉使作客胡作主。舞女不记宣和妆，庐儿尽能女真语。”⑤这首诗记述的是南宋大臣韩元吉在孝宗乾道九年（1173）使金，经过汴京上源驿，金人设歌舞招待的情景，因而有“汉使作客胡作主”的说法。汴京沦入金人之手此时才半个世纪，那里的汉人，便能讲女真语了。女真

① 〔明〕宋濂等：《元史》卷一六二《刘国杰传》，中华书局 1976 年版，第 3807 页。
② 〔明〕宋濂等：《元史》卷一六二《李庭传》，中华书局 1976 年版，第 3795 页。
③ 〔元〕黄溍：《金华黄先生文集》卷三五《王府君墓志铭》，文渊阁《四库全书》本。
④ 〔元〕脱脱等：《金史》卷九《章宗本纪一》，中华书局 1975 年版，第 208 页。
⑤ 〔宋〕陆游：《剑南诗稿》卷四《得韩无咎书寄使虏时宴东都驿中所作》，《丛书集成初编》本。

文虽是官方许可的文字，但因与汉人交往的需要，举国上下都普遍使用汉语、汉文，至迟到金世宗时，有许多女真人已不会女真语、女真文了。

在服饰方面，女真人与汉人也互相因袭，仿效对方。金灭北宋，建都于北京，占有淮河以北的广大地区，在与汉文化的进一步交融中，服饰制度也在不断变化。女真族妇女的服饰逐渐向汉人看齐，“自灭辽侵宋，渐有文饰，妇人或裹‘逍遥巾’，或裹头巾，随其所好”[①]。金世宗对女真人服饰的汉化非常忧虑，于大定二十七年（1187）下诏：“禁女真人不得改称汉姓、学南人衣装，犯者抵罪。”[②]凡“违者杖八十，编为永制”。法令虽严，但禁而不止，到金章宗泰和七年（1207），又“敕女真人不得改为汉姓及学南人装束”[③]。20年之内便再次重申禁令，这必定是在汉人服装泛滥于女真人中时才作出这一决定的。

当然，女真人的服饰也为中原地区的汉人所效法，前引陆游诗中“舞女不记宣和妆”一句便是明证。宣和是宋徽宗年号，宣和妆即指汉人装束，这说明在金人统治下的汴京，舞女已穿着女真人服装了。宋孝宗乾道六年（1170）范成大以资政殿大学士的身份出使金国，他所见到的汴京百姓的服饰情况是：

> 东京虏改为南京，民亦久习胡俗，态度嗜好与之俱化。男子髡顶，月辄三四髡，不然亦间养余发，作椎髻于顶上，包以罗巾，号曰蹋鸱，可支数月或几年。村落间多不复巾，蓬辫如鬼，反以为便。最甚者，衣装之类，其制尽为胡矣。自过淮以北皆然，而京师尤甚。[④]

北宋灭亡于钦宗靖康二年（1127），此时距范成大出使金国只有43年，从黄河以南至淮河以北的广袤地区，“衣装之类，其制尽为胡矣”，可见女真人的服饰已为中原汉人所接受。饶有趣味的是，此时金章宗看到中原汉人服饰在北方流传，正忧心忡忡，准备下令制止。乾道五年（1169）楼钥以书状官身份从汪大猷使金，北上途中，路过雍丘（今河南杞县），见到的是山河依旧，“但改变衣装耳”。在汴京看到“闻有耆婆服饰甚异，戴白之老，多叹息掩泣”[⑤]。所谓“改变衣装”“服饰甚异”云云，当是指中原地区的汉人已改着女真人服装了。

---

① 〔元〕宇文懋昭：《大金国志》卷三九《男女冠服》，中华书局1975年版，第552页。

② 〔元〕脱脱等：《金史》卷八《世宗本纪下》，中华书局1975年版，第199页。

③ 〔元〕脱脱等：《金史》卷一二《章宗本纪四》，中华书局1975年版，第282页。

④ 〔宋〕范成大：《揽辔录》，《范成大笔记六种》，中华书局2002年版，第12页。

⑤ 〔宋〕楼钥：《攻媿集》卷一一一《北行日录上》，《丛书集成初编》本。

中原地区的风俗习惯也为女真人所接受。“自金人兴兵后，虽渐染华风，然其国中之俗如故。已而往来中国（指汉族地区），汴、洛之士，多至其都，四时节序，皆与中国侔矣。”[①]上京会宁府（今黑龙江阿城）离中原汉地悬远，但那里的“燕饮音乐，皆习汉风”[②]。节假日也效仿中原地区，如“元日（正月初一）假三日（前后各一日），寒食假五日。冬至、立春、重五（端午节）、立秋、重九各给假一日”[③]。中原地区的弈棋、双陆等游戏也为女真人所仿效。

总之，女真人进入中原，加速了民族融合的进程。

第三节　元代移民中原与民族融合

元代河南的移民有两个特点：一是迁出者甚少，迁入者多；二是元代迁入河南的多是少数民族，如蒙古族、党项族、维吾尔族、回族等，河南成了民族融合的大熔炉。

一、元代少数民族进入河南

元代是蒙古族建立的王朝，也是中国历史上第一个由少数民族建立的大一统王朝。元朝统一天下，有大批少数民族进入中原，这是元代中原移民的一大特色。少数民族百姓进入中原后，即与汉人杂处。“蒙古军、探马赤军之镇戍内地者，都是‘即营以家’。蒙古、色目官吏之仕于各地者也往往就在那里定居下来。再加上政府的迁民、罪徙和民间的经商、流寓等原因，许多边远少数民族移住内地，形成大分散、小集中的局面，错落在汉人之间。”[④]还有一个原因，就是交

---

① 〔宋〕李心传：《建炎以来系年要录》卷一九《建炎三年正月》，台湾文海出版社 1980 年版。

② 〔元〕脱脱等：《金史》卷七《世宗本纪中》，中华书局 1975 年版。

③ 〔元〕宇文懋昭：《大金国志》卷三五《杂色仪制》，中华书局 1975 年版，第 501 页。

④ 周良霄：《忽必烈》，吉林教育出版社 1986 年版，第 147 页。

通的方便。由于元朝政令统一，辽、宋、西夏、金时的畛域已不复存在，尤其是四通八达、遍及全国的驿站，把山水迢递、素无来往的各民族百姓联系到了一起，“适千里者，如在户庭；之万里者，如在邻家”，这种情况为各民族之间的迁徙创造了条件。

元代迁入河南的汉人不多，国王木华黎之孙塔思在进攻南宋时，“至北峡关（今安徽舒城县南），宋汪统制率兵三千降，迁之尉氏（今属河南）”[①]。这些人的籍贯多在安徽，在元代也属河南行省，风土人情、生活习俗基本上与尉氏相同，因而很快便适应了那里的生活。元代迁入今河南地区的多是少数民族，如原居今新疆的畏兀儿人居住于南阳、洛阳等。元朝将领塔里赤，“先祖康里人也，曾祖也里里伯，以收附亡金受知太祖皇帝，称都那延。父亦连赤拔都，管领帐前军马。奉旨南征，过洛阳，爱其山水，得唐白乐天故址，因而家焉”[②]。康里人原居于咸海以北一带，归依蒙古人较早，由是可知塔里赤是色目人。他死后葬于河南宝丰县城西 17.5 公里处官衙村南三堆山左，至今墓碑尚存，子孙都在那里定居，后来这一支康里人融入了汉族。“抄儿，别速氏，世居汴梁阳武县（今河南原阳）。”[③]别速为蒙古部名，可知抄儿是蒙古人。“沙全，哈喇鲁氏，父沙的，世居沙漠，从太祖（即成吉思汗）平金，戍河南柳泉（今河南宜阳西），家焉。”[④]哈喇鲁在唐代叫葛逻禄，为西突厥的一部分，由是可知沙全是色目人。文学家马祖常是雍古部人，雍古也称汪古，是蒙古人的一支。马祖常的曾祖父月合乃随世祖忽必烈攻宋，留在汴梁掌管粮饷馈运，到他的父亲时，“家于光州（今河南潢川）”[⑤]。以上所举多是在中原居官，致仕后喜爱这里林壑优美而定居于此者。还有不在中原居官而窀穸于中原者。如原立于今河南新安县城西克昌村南，如今庋藏于新安县铁门镇千唐志斋博物馆的《皇元故宣武将军新添葛蛮军民安抚使司达鲁花赤珊竹公神道碑铭》便是一例。珊竹，《元史》无传，不详其氏族，但他既能任达鲁花赤，当非汉人、南人，多半是色目人。珊竹作为湖广等处行中书省所属的新添葛蛮军民安抚使司达鲁花赤，活动地区应是湖广，但他死后却安

① 〔明〕宋濂等：《元史》卷一一九《木华黎传》，中华书局 1976 年版，第 2939 页。
② 见河南省宝丰县城西官衙村南三堆山左的塔里赤墓碑。
③ 〔明〕宋濂等：《元史》卷一二三《抄儿传》，中华书局 1976 年版，第 3027 页。
④ 〔明〕宋濂等：《元史》卷一三二《沙全传》，中华书局 1976 年版，第 3217 页。
⑤ 〔明〕宋濂等：《元史》卷一四三《马祖常传》，中华书局 1976 年版，第 3411 页。

葬在新安，且立了碑碣，这说明中原地区的汉文化对色目人有着何等强大的吸引力。

据屠寄《蒙兀儿史记》卷一五四《色目氏族表》，色目人迁居中原者还有：寿同"徙汴梁路之开封"，察罕帖木儿"徙家汝宁（今河南汝南）"，伯颜"隶开州濮阳县（今属河南）军籍"，乃贤"入中国居南阳"，托本"入中国居大名路之濮阳"，虎氏"东徙居汴梁"。同书卷一五五《色目氏族表》又载有：拜降"入中国居大名之清丰（今属河南）"，完者都"徙居彰德路（今河南安阳）"，等等。还有一种现象，即父子同在一处为官，久而久之，便被认同为当地人了。如色目人曷思麦里，跟随元太宗窝阔台攻金，"授怀孟州（今河南沁阳）达鲁花赤"①。曷思麦里死后葬于怀孟，其子密里吉又继续在怀孟任职，这一支色目人从此定居河南，后来融入了汉族。

元代进入河南的少数民族人数较多的有蒙古族、党项族、维吾尔族、回族等。

二、蒙古族移民河南

蒙古人入居河南，是与蒙古人同金、宋的战争，元朝统一帝国的建立，后来又在农民起义打击下被朱明王朝取代等一系列历史事件有关的。

宋金对峙时期，河南主要为金朝辖区。蒙金战争中，蒙古人于窝阔台三年（1231）十二月，一由白坡渡过黄河，一由房（今湖北房县）、均（今湖北丹江市西北）入邓州（今属河南），开始进入河南。接着蒙古人联宋灭金，大批将士拥入河南。宋元战争时期，河南成为忽必烈攻取荆襄和两淮的前线，又有一批士兵屯戍于此。元朝灭南宋统一全国后，更有大量蒙古族文武官员卜居河南各地。元朝覆亡后，有一小部分蒙古人携眷北逃，大部分都留居河南，隐迹于汉人之中了。

蒙古人入居河南有几种情况：一是戍守。元代疆域广袤，需要戍守之地甚多，中原地区因位于天下腹心而备受关注。"世祖皇帝（忽必烈）既定海内，以蒙

① 〔明〕宋濂等：《元史》卷一二〇《曷思麦里传》，中华书局1976年版，第2970页。

古一军留镇河上,与民杂耕,横亘中原,故将委忠信于国人,备非常于他日。"[①]元朝统治者以蒙古军镇戍中原地区,使得大批蒙古人迁入并定居中原,这些蒙古人"即营以家",常戍一地,很少调动,久而久之,便成了中原人。如端平元年(1234)宋蒙联军灭金于蔡州(今河南汝南)后,蒙古大将塔察儿"遂留镇抚中原,分兵屯大河之上,以遏宋兵"[②]。

二是通过屯田留居河南者。金朝灭亡后,河南成为蒙古军攻取荆襄和两淮的前线。淳祐十二年(1252),"宋遣兵攻虢之卢氏、河南(今洛阳)之永宁(今河南洛宁)、卫(今河南卫辉)之八柳渡,帝(指忽必烈,此时尚未称帝)言之宪宗,立经略司于汴,以忙哥、史天泽、杨惟中、赵璧为使,陈纪、杨果为参议,俾屯田唐、邓等州,授之兵、牛,敌至则御,敌去则耕,仍置屯田万户于邓(今河南邓州),完城以备之"[③]。至元二年(1265),"以河南北荒田分给蒙古军耕种"[④]。全国统一后,忽必烈又令蒙古军屯田河洛、山东,据天下腹心。世祖末年,元朝统治者在全国各地普遍建立了"社"的组织,命令各地蒙古、探马赤军人一体入社,依例劝课。他们被编入社后,虽然仍是"军户",但已逐渐向"民户"转化,于是便长期居住中原了。

三是在中原居官的蒙古族官员。如"答禄与权,字道夫,蒙古人,仕元为河南北道廉访使佥事,入明,寓河南永宁(今河南洛宁)"[⑤]。也先帖木儿,元初于河南汝宁府汝阳县居官,死后葬汝阳陶台堡,其后人便定居于河南汝阳。已故的社会活动家、曾任全国政协委员的梁漱溟先生就是也先帖木儿的后裔。他在为父亲主编的《桂林梁先生遗书》卷一《年谱》中写道:"我梁氏之先可考者,当元世居河南之汝阳。旧族谱载:一世也先帖木儿公,云公为梁氏始祖,与二子并为元之右翊万户,孙曾袭封,终元世弗替。考元史,也先帖木儿(清乾隆间刊元史译作额森特穆尔)为世祖第五子和克齐之子……则吾宗先为元之贵近重臣盖可知。至入明时,元裔之未从顺帝北归者,往往改其旧氏,汝阳地属大梁,故以梁为氏。"

---

① 〔元〕虞集:《道园学古录》卷二四《曹南王世勋碑》,文渊阁《四库全书》本。

② 〔明〕宋濂等:《元史》卷一一九《塔察儿传》,中华书局 1976 年版,第 2953 页。

③ 〔明〕宋濂等:《元史》卷四《世祖本纪一》,中华书局 1976 年版,第 58 页。

④ 〔明〕宋濂等:《元史》卷六《世祖本纪三》,中华书局 1976 年版,第 105 页。

⑤ (乾隆)《河南府志》卷四五《人物》,清乾隆四十四年(1779)刻本。

如今居住在河南省平顶山市郊区北渡乡荆山村的马姓蒙古族，以及叶县坟台乡西北拐村和老程庄、廉村乡宣庄的宣姓蒙古族，也是在元代初年因仕宦侨居于此的，他们分别是马秃塔儿、宣帖木儿的后裔。同治年间修的《南阳府志》说，马秃塔儿曾任佥枢密院事，身殁之后，“追封范阳郡侯，敕葬叶之荆山，今子孙世居其地”。《叶县志》说宣帖木儿在元代任过“南阳府尹”，其墓在“县东南七里”，叶县在元代属南阳府管辖，宣帖木儿致仕后卜居于此，颐养天年，乃情理中事。

元明鼎革之际，一些蒙古诸王和高官显宦因留于中原，元末农民战争的主要战场在长江与黄河间的广阔地段，河南则是遭兵燹之苦最严重的地区。元军在农民战争中，多次遭到农民起义军布王三部和刘福通部的打击，曾派重兵前来镇压，致使许多蒙古高官显宦滞留河南。朱元璋北伐时，大将徐达在至正二十八年(1368)三四月间大破元兵于洛水北，围洛阳，戍守在这里的梁王阿鲁温势穷力蹙，降附徐达，其他河南州郡依次降附，截断了黄河以南蒙古官员北逃的归路。同年七月末，明军进逼大都(今北京)，元顺帝逃往应昌(今内蒙古克什克腾旗西)，4 天后明军攻占大都，元朝灭亡，镇守各地的诸王百官，除了像阿鲁温那样公开降明，只得在乱后余生之际，隐姓埋名以图生存。如河南省许昌市蒙古族《黄氏家谱》记载，始迁祖名脱脱思，乃成宗皇帝第二子，元末在襄阳居官，见起义军势力强大，携家属欲逃归大都，行至许昌被农民起义军追赶，脱脱思看见一大片密密麻麻比人还高的黄柏草，躲入其中逃过一劫，便卜居许昌，改姓黄。其实成宗只有一子德寿，早亡，没有一个叫脱脱思的儿子，这一支黄姓蒙古人有攀龙附凤之嫌，但他们是蒙古人的后裔却是真实的。脱脱思改姓黄后，取名黄遵道，所居之村名岗黄村，其后裔有迁居漯河市临颍县陈庄乡夏城村、黄连城村者，有迁居许昌县邓庄乡蒋店村者。

四是在元末农民战争中被击溃而无家可归的蒙古族士兵。河南是刘福通、布王三等起义军的主要活动地区，他们在这里与元朝军队进行过许多恶战，给元军以重创。如至正十五年(1355)任河南行省平章政事的答失八都鲁，“进次许昌、长葛，与福通野战，为其所败，将士奔溃”。答失八都鲁逃“至中牟，收散卒，团结屯种”。至正十七年(1357)他驻兵东明、长垣一带，继续与农民军作战，前来助战的元朝将领达理麻失理在濮阳为刘福通所杀，“达达诸军皆溃，答失八都鲁力不能支，退驻石村”。这些溃散的蒙古军散兵游勇，有一部分混迹于汉人之中,后来融入汉族,另有一部分则辗转流徙,成了今日河南蒙古族的一部分。

蒙古人入住中原,与汉人错杂而居,便很自然地在文化上交流融合,久而久之,两个民族间也有了融合。

蒙汉文化的交流融合首先体现在语言文字上。元代统治者鼓励蒙古人和汉人互相学习。至元九年(1272)大臣和礼霍孙上奏世宗,蒙古字设有国子学,但汉人子弟未有人学者,官府文书仍有用畏兀儿文者。世祖忽必烈下诏:“自今凡诏令并以蒙古字行,仍遣百官子弟入学。”[①]这意味着汉族官员如果不懂蒙古语,就无法读懂诏书。至元二十九年(1292),世祖又下诏以“蒙古语谕河南,汉语谕福建”[②]。这就是说,在河南行省范围内所下的诏书,均是用蒙古字写的,汉人官员必须认识一些常用的蒙古字,才能够应付日常的行政事务。但是,元朝初年到底用蒙古文还是汉文下诏书,并没有一定的程式。如世祖以前诏书皆用蒙古文,到至元末年,“帝特命以汉字书之”[③]。世祖同时鼓励蒙古人学汉字,汉人学蒙古字。到了元朝末年,汉人大臣中能读懂蒙古文的已大有人在了,蒙古文成了蒙汉交往中必不可少的文字,因此当统治者禁止汉人学蒙古文时,便遭到了汉人大臣的反对。元顺帝时,“禁汉人、南人勿学蒙古、畏兀儿字书。[许]有壬皆争止之”[④]。由此可知,在元代平民百姓中懂蒙古文的不普遍,但汉人大臣懂蒙古文的已很多了。这种现象诚如清人赵翼所说:“有元一代诸君,惟知以蒙古文字为重,直欲令天下臣民皆习蒙古语,通蒙古文,然后便于奏对,故人多学之。既学之,则即以为名耳。”[⑤]当然,蒙古人识汉文者不多,如后至元年间,“省臣无一人通文墨者”,倒是汉人懂蒙古文者多。

与语言文字相关的是文化教育事业。不少人认为,蒙古人奄有河南后,摧残文化教育,读书人社会地位低下,致有“九儒十丐”之说,即元代人分十等,乞丐是最末一等,而儒士地位仅高于乞丐,是第九等。这是误解。蒙金战争时期,河南的文化教育遭受了极大破坏,但在蒙古统治者和汉人世侯的保护下,儒学教育依然得到了延续和发展,其中蒙古族官员作出了巨大贡献。如汪古部马氏

---

① 〔明〕宋濂等:《元史》卷七《世祖本纪四》,中华书局 1976 年版,第 142 页。

② 〔明〕宋濂等:《元史》卷一七《世祖本纪十四》,中华书局 1976 年版,第 358 页。

③ 〔明〕宋濂等:《元史》卷一七二《程钜夫传》,中华书局 1976 年版,第 4016 页。

④ 〔明〕宋濂等:《元史》卷一八二《许有壬传》,中华书局 1976 年版,第 4202 页。

⑤ 〔清〕赵翼:《廿二史札记》卷三〇《元汉人多作蒙古名》,中国书店出版社 1987 年版,第 443 页。

家族金朝末年迁家开封，在金、元两朝为官，元宪宗二年（1252）“料民丁于中原，凡业儒者试通一经，即不同编户，著为令甲”。元宪宗时元朝还未建立，仍是大蒙古国时期，中国地区的男丁读书人只要通晓一经，便不同于一般平民百姓，予以优待，并且写入法令的首篇（即令甲），可见对儒士的重视。“儒人免丁”的政策，即始自马氏家族马祖常的曾祖父月合乃。月合乃，“举海内贤士杨春卿、张孝纯辈，分布诸郡，号称得人。又罗致名士敬鼎臣，授业馆下，荐引马文玉、牛应之辈为参佐，后皆位至卿相”[①]。进入元朝后，成宗大德五年（1301）马祖常之父马润出守光州（今河南潢川），“乃立学官而躬教之，谓司马公实生是邦，家而奉祠，示之德行，规以革其顽鄙”[②]。司马光生于光州，马润为纪念这位名人而设立学校，是传承司马光文化传统的最好举措。

世祖忽必烈以后，修葺恢复旧有儒学的活动大见成效。出身世祖宿卫的蒙古人塔必迷失，世祖初年任卫州路（今河南卫辉市）达鲁花赤，当时孔子庙残破已 50 余载，塔必迷失卖掉两匹马并捐出两月俸禄，与路总管陈祐共襄盛举，庙成，“壮丽甲诸郡，释菜告朔，文物煌煌”[③]。从此，莘莘学子又有了读书之地。释菜是古代读书人以祭品祭祀先圣先师的一种典礼，这种典礼在月初举行，谓之告朔。至元二十四年（1287）蒙古人脱脱与黄君卿同守郑州期间，见庙学过于简陋，于是在故基之上重修，“圣宇贤庑，师席生斋，下及于井社，备具一新”[④]。宁陵县（今属河南）达鲁花赤、蒙古人脱欢溥化目睹庙学“大成殿规制未宏，屋宇漏而不具”，与县尹王澄商议修葺，并捐俸为倡。重修大成殿门前垣，立檽星门，新建屋宇两间，起西斋，修缮东斋。未几，王澄因病去职，脱欢溥化独任修缮庙学之事，并整顿学田收入。他竭诚修复庙学之事，感动得地方士绅纷纷解囊襄助。[⑤] 为弥补地方教育不足，蒙古族官员还新建了各类学校。如英宗至治二年（1322）帖儿不花出任光山知县，与当地士绅商议建立书院，买地若干亩，“因其旧而增饰，华不至侈，修不至陋，悉中绳度”，取名为“涑水书院”。“辟斋五，

---

① 〔明〕宋濂等：《元史》卷一三四《月合乃传》，中华书局 1976 年版，第 3245 页。

② 〔元〕马祖常：《石田先生文集》附录三《桐乡阡碑》，中州古籍出版社 1991 年版，第 289、290 页。

③ 〔元〕王恽：《秋涧集》卷五一《大元国故卫辉路监郡塔必公神道碑铭》，《元人文集珍本丛刊（二）》，新文丰出版公司 1985 年版，第 116 页。

④ 〔元〕胡祗遹：《胡祗遹集》卷九《郑州重修庙学记》，吉林文史出版社 2008 年版，第 257 页。

⑤ 〔元〕辛明远：《重修庙学碑铭》，《全元文》第 54 册，凤凰出版社 2004 年版，第 123—124 页。

聚邑士之俊造与幼而学者分教之。游息之所,讲肆之室,庖廪井厩,靡不备具。贫无以资学,及四方宦而游者,至则如归。”[①]蒙古人月鲁不花出任穰县(今邓州穰东镇)达鲁花赤,倡导兴学,在邓州州治之西买地建校,立孔子、颜子以下十四人之像,并绘七十二子以及其他从祀诸儒,建立学校廪厝,使学生安居,并题额曰“穰县之学”[②]。至正八年(1348)鲁山县达鲁花赤撒台在修建当地庙学时,“不避酷暑,朝来分工已毕,入县署事,午后衙散,复来督工,如此然后讲堂宫墙皆得落成,巍然可观”[③]。正是由于这些蒙古族官员的不懈努力,河南的学校学生甚多,弦歌不辍,文化教育事业得到了长足发展。今河南境内,除官学外,书院有十余所,计汴梁路2所:长社县(今长葛)颍昌书院、阳翟县(今禹州)儒林书院;河南府路4所:永宁县(今洛宁)洛西书院、登封颍谷书院、巩县嵩洛书院、偃师县缑山书院;南阳府4所:南阳县南阳书院、南阳县诸葛书院、内乡县博山书院、嵩州伊川书院;汝宁府1所:光山县涑水书院。

其次是通婚。中原地区位于全国中心,交通便利,有很多民族杂居,各民族之间往来既多,通婚便不可避免。蒙古族统治者对于蒙汉之间的通婚采取不干涉的态度,于是通婚者便越来越多。台湾学者洪金富对元统元年(1333)中进士者作了详细统计,其中有19人可确认为蒙古人,他们中有66.76%的人其母为汉人,72.73%的人其妻为汉人。[④] 蒙古人马祖常定居中原后,他娶的第一个妻子索氏是汉人,次妻为蒙古人,马祖常的弟弟马祖谦之妻童氏也是汉人。马祖常之父马润娶的三个夫人都是汉人。马祖常的两个姐姐也都嫁给了汉人。[⑤] 中原人许有壬曾娶色目人赵世延之女为妻。任彰德路(今河南安阳)达鲁花赤的蒙古人蒙古巴尔之女鄂都贷嫁给真定(今河北正定)世侯、汉人史秉直之孙史格。[⑥] 此类事例甚多。

其他如河南地区汉人的伦理道德观念、风俗习惯、服饰、饮食、娱乐、岁时节令等也为蒙古人效仿,汉蒙之间的民族融合已是不分彼此了。

---

① 〔元〕管祎:《涑水书院记》,《全元文》第53册,凤凰出版社2004年版,第588页。

② 〔元〕余阙:《青阳先生集》卷三《穰县学记》,四部丛刊续编本。

③ 〔元〕马祖常:《石田先生文集》附录三《桐乡阡碑》,中州古籍出版社1991年版,第289、290页。

④ 洪金富:《元代汉人与非人通婚问题初探》,《食货》月刊(复刊)第6卷第12期,第7卷第1、2期合刊。

⑤ 〔元〕苏天爵:《滋溪文稿》卷九《马祖常墓志铭》,文渊阁《四库全书》本。

⑥ 参见秦新林:《元代社会生活史》,河南大学出版社1997年版,第250页。

三、党项族进入中原与民族融合

西夏被蒙古人灭亡后，有些党项人在元朝为官，而后定居中原；有些党项人则携妇将雏，四处播迁，如今河南、安徽、四川、西藏、青海、云南等地，均发现有西夏遗民的后裔。河南的西夏遗民是在元朝初年迁入的，他们共有 3500 余口，均为杨姓，居住在濮阳市东约 50 里的濮阳县柳屯乡杨十八郎、西杨十八郎、南杨庄、东杨庄、刘庄、焦村、单十八郎、李十八郎、大寨、清河头、小集、陈庄等十几个自然村。这些村庄错落有致地依附着巍巍金堤，绿柳环抱，流水淙淙，泉甘土肥，物产丰饶，是理想的农业生产区。

最能说明这支西夏遗民后裔的实物是《大元赠敦武校尉军民万户府百夫长唐兀公碑铭》。该碑立于元顺帝至正十六年(1356)，六百余年来历经沧桑，1984 年由政府资助，重立于杨十八郎村西的金堤河道东侧。碑通高 3.2 米，碑身高近 1.8 米，上端有浮雕斗拱三垛，碑座呈仰莲形。除北面风雨剥蚀较重，少数文字漫漶不清外，东、西、南三面文字均清晰可辨。全文 3000 字，记载了这个家族一至四世的祖籍、迁徙及主要生平，是难得的研究西夏移民的资料。碑文云：

> 府君讳闾马，唐兀氏。其父讳唐兀台，世居宁夏路贺兰山。岁乙未(1235)，扈从皇嗣昆弟南征。收金破宋，不避艰险，宣力国家，尝为弹压。累著功效，方议超擢，年六十余，以疾卒于营戍。其妻名九姐，年五十余，先卒。时府君甫十岁许，别无恒产，依所亲营次以居，即崇喜之祖也。及长成丁，优于武艺。攻城野战，围打襄樊。诸处征讨，多获功赏。然性恬退，不求进用，大事既定，遂来开州濮阳县东，拨付草地，与民相参住坐。后置庄于草地之西北、官人寨店东南十八郎寨两堤之间，卜茔于本宅之西北、堤南道北爽垲之地，亲营冢圹，栽植柏杨，乃迁其考妣而葬焉。至元八年(1271)籍充山东河北蒙古军户，十六年(1279)奉旨选充左翊蒙古侍卫亲军，三十年(1293)编类入籍。累得功，赏马匹楮币，弗肯过侈，用之有节，推其余以济乡党之匮乏。虽幼在戎行，然好学向义，勤于稼穑。尝言：宁得子孙贤，莫求家道富。常厚礼学师，以教子孙。乡人家贫好学者，悉为代其束脩礼。亲戚有贫弗能育其子女者，府君辄与其值，赎之以养于家……

这一支西夏人祖籍在宁夏贺兰山一带，蒙古人灭西夏，于攻破州县中签发丁壮入伍，这支西夏人的祖先唐兀台被征入伍，参加了收金破宋的一系列战役，60余岁时染疾卒于军中。其子闾马子承父业，投身军旅，参加过至元十年(1273)元军攻打襄樊(今湖北襄阳)的战役，多有战功。但闾马性格恬淡，无意仕宦，便在天下大定之后，携妇将雏来到了河南濮阳，在这里卜宅而居，过起了豪绅地主生活。他们的任务是屯田，“上马则备战斗，下马则屯聚牧养”，既无更戍之苦，也无操练之劳，比起漂泊无定的军旅生活，无疑是安定多了。不过闾马的子孙一直没有脱离过军籍，其中数人还做过百夫长之类的低级军官，天历年间还曾应召入伍。明嘉靖十三年(1534)《开州志》记载：“十八郎寨，即十八郎里，相传元设千户屯田于诸寨，因名。”可知闾马家族是从濮阳屯田开始发迹变泰，最后成为豪绅地主的。

濮阳的3000多名西夏遗民虽然聚族而居，但因长期生活在汉民族的包围之中，他们原有的语言文字、生活习俗、服饰丧葬等早已泯然不存，与汉族融合在一起了。“时北方人初至，犹射猎为俗，后渐知耕垦播殖如华人”，即使从外表上看，他们也与汉人毫无区别，如果不是发现了碑文和谱牒，谁也不会相信距贺兰山数千里之遥的河南，竟有如此众多的西夏遗民后裔。

闾马家族的汉化，首先表现在姓名上。从《杨氏家谱》得知，杨氏家族从赐姓唐兀到易姓为杨，经历了三个阶段：从始祖唐兀台至三世达海，专用赐姓唐兀；四世崇喜则唐兀与杨氏并用；从五世迄今独用杨姓，未再发现以唐兀为姓。姓名的汉化，反映了杨氏家族“慕效华风，欲立字以副其名”的观念。二世祖闾马、三世祖达海及其弟镇花台、闾儿、当儿、买儿均非汉名，自四世祖崇喜以后，始有汉姓汉名。崇喜在太学读过书，受过汉文化的熏陶，便取字象贤，流风所及，他的十三个兄弟也“因象贤之字类推以代其名”，分别取字为思贤、师贤、齐贤、敬贤等。

其次是在婚姻方面。有元一代虽然民族畛域甚严，但在婚媾上并无特殊限制。濮阳西夏遗民一世祖唐兀台之妻九姐不详何族；二世祖闾马之妻为哈喇鲁氏，色目人；三世弟兄五人，其中四人娶汉族女子为妻；五世兄弟更多，除两人娶少数民族女子为妻外，其余均是娶汉族女子为妻；六世以后娶妻均为汉族，无一例外。

再次是生活习俗的汉化。闾马迁居濮阳后，卜茔于本宅之西北爽垲之地，栽植柏杨,埋葬其考妣;三世祖达海拨田200亩,收入专供祭祀之用,同时他又与汉族耆老一起组织乡社救灾恤患,周济贫乏;四世祖崇喜竟然放弃功名,守丧葬母,并为其先人立石砌碑,这些举动已和汉族士绅毫无二致了。元末至正年间,这支西夏遗民还在居住地十八郎寨附近的古庙龙王殿中制定了《龙词乡约》,共15款,1072字,这是“我们目前所知最古老的由古代少数民族制定的乡规民约”①。乡约的宗旨是“重神明,祈雨泽,美风俗,厚人伦,救灾恤难,厚本抑末,忧悯茕独”,但后来演变成“以肴馔相侈,宴饮为尚,甚有悖于礼”。因此有必要立新社,推举年高有德,才良行修者掌管。凡社内之家,“死丧、患难、济救之礼,德业、过失、劝惩之道”②,均须依乡约办理。

最后是重视儒学,创建书院。西夏遗民定居濮阳后,非常重视教育,视儒家学说为瑰宝,大大加速了民族融合的进程。从二世祖闾马卜居濮阳,经三世祖达海至四世祖崇喜,祖孙三代相继兴建学校,终于在至正十三年(1353)落成。崇喜又慷慨解囊,购置学田500余亩,供学校日常开销,又以重金敦聘著名学者唐兀彦国任教席,乡里子弟来此就读者逾50人。闾马曾说:“宁得子孙贤,莫求家道富。”只要子孙受到陶冶,成为贤能之人,就达到了目的,至于家道是否殷实富足,就不去计较了,这种精神境界真是难能可贵。入学弟子中因家境贫困交不起束脩者,崇喜代为缴纳,甚获乡里好评。为弘扬儒学,至正九年(1349)崇喜又醵资建成大成至圣文宣王殿,顶礼膜拜孔子。元朝末年红巾军起义爆发后,崇喜献粟500石,草1万束作为军费,以镇压起义军。他不要朝廷的爵禄,只请求赐以“崇义书院”之号。中书礼部允如所请,并行文地方,不准骚扰书院:“今出文榜于崇义书院内张挂,仰拘该有司常加勉力、巡视,若有非理搅扰之人,钦依圣旨事宜就便究治施行。”③元末人潘迪为此撰写了《有元澶渊官人寨创建庙学(指崇义书院)记》一文:

> 至正癸巳(1353)夏四月,澶渊(即濮阳县)官人寨庙学讫工。前国子生唐兀崇喜遣其子理安来京师(元大都,即北京),述其营缮之颠末,谒予于登瀛堂,请记诸石。昔侍亲于魏(指魏郡,今河南安阳一带,濮阳当时属魏

① 杨富学:《中国北方民族历史文化论稿》,甘肃人民出版社2001年版,第162页。
② 杨富学:《中国北方民族历史文化论稿》,甘肃人民出版社2001年版,第163页。
③ 杨富学:《中国北方民族历史文化论稿》,甘肃人民出版社2001年版,第202页。

都），素闻其事。且崇喜父子皆从余游，义不容辞。[1]

元末人程徐也撰有《崇义书院田记》，赞扬唐兀崇喜买田以供师生廪膳的义举：

贺兰唐兀氏，有侨居澶之濮阳者，曰杨君崇喜，承其祖、父之志，建义学，买田以给师生廪膳，朝廷锡（赐）号崇义书院以褒美之。礼部尚书潘公迪既为作《庙记》，国子博士张君以宁复为作《书院记》矣。崇喜复谒徐（即程徐），志其学田焉。[2]

入住中原的西夏遗民如此重视儒家教育，值得大书特书。

河南浚县也有一支西夏遗民，他们的祖先述哥察儿曾在浚州任达鲁花赤，"在官日久，与浚民相安，世渐平定，无意仕进，买田筑室黎阳山下，治生教子，闲居二十二年乃终"[3]。述哥察儿致仕后，因爱这里林壑优美，便卜居于此，天长日久，瓜瓞绵绵，遂成为一支西夏遗民。述哥察儿历仕元定宗、元宪宗、元世祖三朝，当过定宗贵由的宿卫之士，又跟随宪宗南征北战，宪宗六年（1256）被任命为浚州达鲁花赤。他在浚州有两件事值得记述：一是治理境内，关心民瘼，惩治贪墨，受到了百姓的爱戴；二是参与了世祖中统三年（1262）平定山东的李璮之乱。李璮是汉人，长期盘踞山东，乘世祖与其弟阿里不哥争夺帝位的机会叛乱，述哥察儿奉命前去平叛，立了功劳。因文献阙如，无从稽考述哥察儿后裔的踪迹，可能是都融合到汉人中去了。

又据元人苏天爵《滋溪文稿》卷二三《王宪穆公行状》记载，河南鄢陵县有唐兀人一万家，大德十一年（1307）黄河决口泛滥时，他们和当地人一起修筑堤防，抗洪抢险，战胜了洪水，保住了家园。以每家 5 口计，住在鄢陵的西夏党项人约有 5 万人。他们何时卜居鄢陵，为何迁徙此地，未见记载。后来他们都融入了汉人行列，至今已无踪迹可寻了。

---

① 杨富学：《中国北方民族历史文化论稿》，甘肃人民出版社 2001 年版，第 206 页。

② 杨富学：《中国北方民族历史文化论稿》，甘肃人民出版社 2001 年版，第 217 页。

③ 〔元〕吴澄：《吴文正公集》卷三三《元故浚州达鲁花赤赠中议大夫河中府知府上骑都尉追封魏郡伯墓铭》，清乾隆五十一年（1786）万氏刻本。

四、维吾尔族进入中原

中原地区的维吾尔族是元代初年因在这里居官而后定居的。河南省渑池县城东一里河村北岭上的《渑池刘氏墓志铭》记载:

> 刘氏之先,本自西域,系出畏吾氏。自鼻祖以降,世代绵远,弗可考证,今始自五世按谱而志之。自一世高祖父讳剌真海牙,在元初任永宁(今河南洛宁)、灵宝、陕县、渑池、宜阳五县达鲁花赤,慈祥恺悌,民咸慕之,遂世居永宁。生子五:讳脱列海牙,授思南(今属贵州)宣慰,蛮夷酋长莫不詟服。生子三,长讳阿的迷失海牙,历任阌乡(今灵宝境内)、渑池、新安、茶陵州(今属湖南)三县一州达鲁花赤,当时政声著闻邻邑,此则居渑池祖也。二讳孛罗都海牙,三讳小云失海牙,皆英迈秀爽,迥出人表,居家弗仕。惟茶陵郡公生一子以承宗祀,为三世祖。厥子讳忽都海牙,初授江西知印,次偃师县达鲁花赤,终判河中府(山西永济县西蒲州镇)。洪武改元初,从祖母刘为姓,更讳仲深……

从《渑池刘氏墓志铭》可知,渑池的维吾尔族来自西域,“畏吾氏”即维吾尔人。作为色目人的一支,蒙古人灭亡南宋后来河南为官,先是居住在洛宁,至第三代阿的迷失海牙时定居渑池。他的孙子忽都海牙任过偃师县达鲁花赤、河中府判官。明朝初年,维吾尔族人隐族名、随汉姓,以祖母的刘姓作为自己的姓氏,由此可知他们已与汉人通婚。维吾尔族人从明代便融入了汉族之中,一直到民国初年冯玉祥主豫时,维吾尔族后裔刘日白上书当局,要求正其族名,经调查核实,才又恢复为维吾尔族,一直至今。《元史》中还有成宗大德五年(1301),“拨南阳府屯田地给新籍畏吾尔户,俾耕以自赡,仍给粮三月”[①]的记载,说明这些维吾尔族人刚到南阳屯田不久,因而称新籍。他们为何来到南阳,人数有多少,均不得而知,但既是成批来南阳屯田,当是元朝灭亡南宋后,不需要那么多士兵打仗,才让这一批维吾尔族士兵屯田,自种自食的。

---

① 〔明〕宋濂等:《元史》卷二〇《成宗本纪三》,中华书局1976年版,第437页。

五、回族的形成及其进入中原

回族何时形成民族，学术界尚有争论。一种意见认为，元代只是回回民族的初期活动时期，只是到了“明代，回回开始形成为一个民族”[①]。另一种意见则认为，回回民族“当然不是在元代一开始就形成的，但它形成的过程相当快，最迟在元代后期即应形成”[②]。后一种意见为大多数学者认可。回回在元代是个比较复杂的概念，成吉思汗时称中亚突厥人所建立的花剌子模国为回回，甚至色目人也被泛称为回回人。这时的回回人尚未形成为一个民族，因此，回回人与回族不能简单地画等号。

成吉思汗与旭烈兀的西征，打开了中原通往西域的通道，从葱岭以西迁入中原许多信仰伊斯兰教的侨民，这些人成分复杂，人数最多的是军士与商人，此外还有工匠、学者、官吏、医生等，几乎是三教九流，无所不包。他们散布于全国各地，但以入居中原者为多，后来都以中原为家。他们虽然都信奉伊斯兰教，但种族来源不同，语言、风俗习惯也大异其趣，都是通过某种机缘来中国定居的，他们通通被称为回回人。这些被称为回回的人，早在唐、宋时便有人来到了中国，当然还只能算外国人。长期定居在中国后，在这里生息繁衍，且受汉族先进文化的熏陶，学会了汉语，到他们的子孙时，有不少人已经成为学富五车的大儒了。

元朝初年进入中原的回回人多是屯田的军人，“河洛、山东据天下腹心，则以蒙古、探马赤军列大府以屯之”[③]。回回人多数被编入探马赤军中。《新元史·兵志》则说：“南北混一之后，以蒙古、探马赤军屯于中原之地。”世祖（忽必烈）至元年间又命各地的屯田户一体入社，至元十八年（1281）七月，“括回回炮手散居他郡者，悉令赴南京（今河南开封）屯田”[④]。至元二十六年（1289），又命

---

① 《中国少数民族》，人民出版社1981年版，第124页。

② 杨志玖：《萨都剌的族属及其相关问题》，《元史三论》，人民出版社1985年版，第189页。

③ 〔明〕宋濂等：《元史》卷九九《兵志二·镇戍》，中华书局1976年版，第2538页。

④ 〔明〕宋濂等：《元史》卷一一《世祖本纪八》，中华书局1976年版，第232页。

“回回、昔宝赤八十六户居汴梁者，申命宣慰司给其田”[①]。昔宝赤系蒙古语，意思是放鹰人，即给皇室、诸王服役的打捕户，以每户 5 人计，迁入开封的回回人有 400 余人。大德元年(1297)，又“徙襄阳屯田合刺鲁军于南阳，户受田百五十亩，给种、牛、田具”[②]。元代信奉伊斯兰教的回回军人曾在驻防地屯田定居。清光绪《南阳县志・兵防》说：“至元六年(1269)始于申州立屯，八年散还原屯户，别签南阳诸色目人，户设营田使司领之。寻废，改立南阳屯田总管府。复罢止，来有司。为户六千零四十一，为田一万零六百六十二顷七亩。”有六千余户田民在南阳屯田定居，每户以 5 口人计，屯田人数当在 3 万人左右。回回人聚居之地，一般都称作“回回营”“回回寨”“回回屯”“回回巷”等。明代《嘉靖郑州志》中就有“回回巷”的记载，并附有注说，“内俱回回群处”[③]。今人校注的明代嘉靖《南阳府志》一书说，在明初洪武年间，南阳县尚存有元朝军士屯田点 61 处，其中原设的石桥屯、瓦店屯、泉庄屯、黄池陂等 12 处，至今仍是回族人居住较多的地区。明嘉靖《巩县志》说，“回回凹在县西南三十里，元时牧马之地”。清嘉庆《洛阳志》记载，“洛阳城西北隅有回回营”。柘城的回族韩氏，“元朝末年，因战乱迁至河南省柘城县慈圣寺”[④]。开封县的回民是“忽必烈西征后，中亚一部分伊斯兰人流迁开封，现境内有 9000 人，散居在杜良、朱仙镇……22 个自然村”[⑤]。这些回民是因战乱及忽必烈西征带入中原的。《河南新志》一书称：

回教入中国久矣，河南百余县，除光山一县外，各县无不有之。与汉族杂居虽久，而能保持其固有之风尚，非蒙满等族所能及也。然能识彼文字，通其经典者亦不多见。有能之者，则为教中阿訇，居于寺中，掌其婚姻屠宰之事，凡回人，百家以上即可立一寺，寺有阿訇，即彼所谓老师也。其性坚决，长于经商，故商人辐辏之地，皆清真回教之商贩。科举时代，才俊者亦应文武科试，光州(今潢川)有登甲科入翰苑者，西平有武状元，罗山有花翎

① 〔明〕宋濂等：《元史》卷一五《世祖本纪十二》，中华书局 1976 年版，第 327 页。

② 〔明〕宋濂等：《元史》卷一九《成宗本纪二》，中华书局 1976 年版，第 415 页。

③ 王洪延审定，张万钧校注：《嘉靖郑州志校释》卷一《舆地志・街巷》，郑州市地方志编纂委员会 1988 年印本。

④ 《柘城县志》，中州古籍出版社 1991 年版，第 441 页。

⑤ 《开封县志》，中州古籍出版社 1992 年版，第 510 页。

侍卫,其他各县以为武功跻提镇仗节钺者,指不胜屈。[1]

这段话说明,回族在河南分布广泛,除光山县外,其他县均有回族分布,虽和汉族杂居,但能保持其民族本色,但识字者甚少,精通伊斯兰教经典者更少,能通经典者多是阿訇。阿訇居住于清真寺中,掌婚姻屠宰牛羊之事。凡回民聚居之处,满百家即可立一寺,每寺必有阿訇。回民的特点是善于经商,凡人烟辐辏之地,必有回族商贩。科举时代也有中进士当武状元者,甚至有官居提督手握节钺者。这就是河南回族的大致情况。

六、迁出迁入河南的汉人

在蒙古人牧马南下灭金亡宋的过程中,河南是兵家必争之地,因而是干戈攘扰的战场,迁出、迁入的汉人甚多。如蒙古人攻克汴京后,"时避兵在汴者,户一百四十七万。仍奏选工匠、儒、释、道、医、卜之流,散居河北,官为给赡。其后攻取淮、汉诸城,因为定例"[2]。此处说因避战乱居住在汴京的百姓便有147万人,似不确。《元史》卷一四六《耶律楚材传》作"时避兵居汴者,得百四十七万人"。这就是说,因避兵燹而进入汴京者,加上原有的居民为147万人,并非汴京居民有147万人。蒙古人把其中的工匠、儒、释、道、医、卜等迁入河北,迁出的人数当在一两万人。蒙古军攻陷洛阳后,"渠帅尽驱(当地百姓)以北"[3],这些人大都是到北方当了奴隶。西夏灭亡后,今宁夏、甘肃一带原属西夏国范围的地区经济受到了严重摧残。那里的丁壮多被蒙古人征入军中,导致田园荒芜,农村凋敝,蒙古人便迁徙一部分中原汉人前往屯垦。至元七年(1270)十二月,"徙怀孟(今河南沁阳)新民千八百余户居河西(今甘肃、青海两省黄河以西)"[4]。若以每户5口人计算,迁入河西的中原汉人约1万人。

当然也有从外地徙往中原的。如中统二年(1261)世祖命"渡江新附民留屯

---

① 民国18年(1929)《河南新志》,河南省地方史志编纂委员会整理重印1988年版,第174页。

② 〔元〕苏天爵辑撰,姚景安点校:《元朝名臣事略》卷五《中书耶律文正王楚材》,中华书局1996年版,第78页。

③ 〔元〕同恕:《榘庵集》卷五《窦周臣先生行状》,文渊阁《四库全书》本。

④ 〔明〕宋濂等:《元史》卷七《世祖本纪四》,中华书局1976年版,第132页。

蔡州(今河南汝南)者,徙居怀孟,贷其种食”[①]。所谓新附民是指原本是南宋百姓转而归附大蒙古国者。这一部分人原先居住蔡州,因距南宋边境太近,统治者恐这些人返回南宋,故而又令其往北徙至怀州一带。为了让这一批人安心从事农业生产,才贷给他们种子、口粮。中统三年(1262)十二月,世祖又“诏给怀州(今河南沁阳)新民耕牛二百,俾种水田”[②]。迁怀州的新民既有丁壮,也有老弱,若以两户给耕牛一头,每户5口人计,可知迁往怀州的新民有2000人之多。鲁山县程村《明嘉靖程氏家谱》载,“元末,江南大乱,其八世祖九公之妻聂氏和子为避乱从江南池州北上,至鲁山县城东周家坊定居,该村后改名程村”[③]。

从元代中原移民情况看,迁出者少于迁入者。家谱和地方志资料也证明了这一点。辉县峪河乡穆家营村的冯姓,“原系蒙古族,祖籍辽阳,随元兵入中原,元亡明兴,遂不东归”[④]。洛宁县德里村张姓元末居陕西同州(今陕西大荔县)雁羌村,有张贵者“避兵至永宁(今河南洛宁),入赘德里村陈家,传四子,繁衍至今,约万余人”[⑤]。林州市任村镇的任姓系元代至正年间,“由河北涉县太仓村搬来立村,以姓为村名,后发展成林县北部中等集镇之一”[⑥]。浚县岗坡村王姓也是元代迁入的,“元代止于山西太原府清源县,生用城,授元主簿。后移于浚县岗坡居之,开垦荒田三百顷,以耕读传家”[⑦]。沈丘县槐店乡的回族是元末至正十年(1350)从波斯(今伊朗)迁入的。[⑧] 淮滨县张庄村吴姓由江西迁入,清乾隆二十四年(1759)《吴士元墓志铭》称:“公先世为江西人,元末徙豫,卜居固始县八仙庄,遂世其家。”[⑨]此类记载甚多。

---

① 〔明〕宋濂等:《元史》卷四《世祖本纪一》,中华书局1976年版,第72页。
② 〔明〕宋濂等:《元史》卷五《世祖本纪二》,中华书局1976年版,第89页。
③ 《鲁山县志》,中州古籍出版社1994年版,第184页。
④ 《辉县志》,中州古籍出版社1992年版,第799页。
⑤ 《洛宁县志》,生活·读书·新知三联书店1991年版,第551页。
⑥ 《任村镇志》,1997年5月版。
⑦ 《浚县志》,中州古籍出版社1990年版,第218页。
⑧ 《沈丘县志》,河南人民出版社1987年版,第558页。
⑨ 《淮滨县志》,河南人民出版社1986年版,第814页。

第六章 明清时期的河南移民

这一时期的移民有两大特点：一是迁入者多，迁出者少，尤其明朝初年的洪洞大移民，几乎遍及全省各县，有些地方移民的人数甚至超过了土著，“问我祖先来何处？山西洪洞大槐树”的谚语，可谓家喻户晓。二是少数民族迁入者增多，除女真族、蒙古族、回族、维吾尔族、西夏遗民外，满族、高山族则是在清代移入了河南。

第一节 明朝移民

元朝末年，河南连年灾荒，兵燹不断，导致田地荒芜，人烟稀少，而山西战乱较少，风调雨顺，人烟稠密。明朝建国伊始，便将山西之民迁入河南、河北、山东等地，移民活动规模之大，影响之深远，超过了中国历史上的任何一次。同时又有党项族、蒙古族、维吾尔族、回族、女真族等少数民族进入河南。

一、洪武、永乐年间进入河南的山西移民

元代末年，河南地区频繁的战乱及水、旱、蝗、瘟疫等灾害，弄得民不聊生，哀鸿遍野，百姓只有铤而走险，揭竿而起。至元三年(1337)二月，“棒胡反于汝

宁信阳州(今河南信阳)"[①],"破归德府鹿邑,焚陈州(今河南淮阳),屯营于杏冈"[②]。至元四年(1338),河南杞县人范孟端反。至正十年(1350),南阳有"上马贼,百十为群,突入富家,计其家赀,邀求银为撒花。或劫州县官库,取轻资,约束装载毕,乃拘妓女,置酒高会三日,乃上马去"[③]。至正十一年(1351)五月,刘福通等领导的红巾军起义于颍州(今安徽阜阳),不久,"福通据朱皋(今河南固始西北),破罗山、上蔡、真阳(今河南正阳县北)、确山,犯叶(今河南叶县)、舞阳,陷汝宁(今河南汝南)、光(今河南潢川)、息(今河南息县),众至十余万,元兵不能御"[④]。与此同时,布王三率领的起义军则"奄有唐(今河南唐河)、邓(今河南邓州)、南阳、嵩(今河南嵩县)、汝(今河南汝州)、河南府(今河南洛阳)"[⑤],以响应刘福通。元朝统治者为消灭起义军,多次派重兵至河南镇压。丞相伯颜甚至上书顺帝,"请杀张、王、刘、李、赵五姓汉人,帝不从"[⑥]。由于不堪兵燹之苦,百姓便大量逃亡。

天灾频仍,老百姓不遑宁居,加速了他们逃亡的进程。据《元史·五行志》记载,从顺帝至正元年(1341)至二十六年(1366),河南便发生过大大小小的水灾近20次。如至正元年汴梁钧州(今河南禹州)大水;二年四月,睢州仪封县(今河南兰考)大水害稼;三年七月,"汴梁中牟、扶沟、尉氏、洧川四县,郑州荥阳、汜水、河阴三县大水";四年五月,"河南巩县大雨,伊、洛水溢,漂民居数百家……汴梁鄢陵、通许、陈留、临颍等县大水害稼,人相食";十四年五月,"河南府巩县大雨,伊、洛水溢,漂没民居,溺死三百余人";十六年,"河决郑州河阴县,官署民居尽废,遂成中流";二十三年,"孟州济源、温县水";二十四年三月,"怀庆路孟州、河内、武陟县水";二十六年六月,"河南府大霖雨,瀍水溢,深四丈许,漂东关居民数百家"。淫雨导致黄河及其支流漫溢,许多地方成了水乡泽国,禾稼不收,造成人相食的惨剧。

雨雪霜雹也给河南百姓带来了沉重灾难。如至正七年(1347)八月,"卫辉

---

① 〔明〕宋濂等:《元史》卷三九《顺帝本纪二》,中华书局1976年版,第838页。
② 任崇岳:《庚申外史笺证》,中州古籍出版社1991年版,第21页。
③ 任崇岳:《庚申外史笺证》,中州古籍出版社1991年版,第54页。
④ 〔清〕张廷玉等:《明史》卷一二二《韩林儿传》,中华书局1974年版,第3683页。
⑤ 任崇岳:《庚申外史笺证》,中州古籍出版社1991年版,第60页。
⑥ 〔明〕宋濂等:《元史》卷三九《顺帝本纪二》,中华书局1976年版,第843页。

陨霜杀稼”；十年春，“彰德（今河南安阳）大寒，近清明节，雨雪三尺，民多冻馁而死”；十一年三月，“汴梁路钧州大雷雨雪，密县平地雪深三尺余”；至正八年四月，“钧州密县雨雹，大如鸡子，伤麦禾”；十一年四月，“彰德雨雹，大者如斧，时麦熟将刈，顷刻亡失，田畴坚如筑场，无秸粒遗留者，地广三十里，长百有余里，树木皆如斧所劈，伤行人，毙禽畜甚众”。

五谷不登，导致百姓饥馑。如至正元年（1341）夏，“彰德及温州饥”；三年，“卫辉……大饥，人相食”，冬季“保定、河南（今河南洛阳）饥”；五年夏，“汴梁、河南……饥”；七年，“彰德、怀庆（今河南沁阳）等处饥”；十七年，“河南大饥”；十八年冬，“京师大饥，人相食，彰德、山东亦如之”；十九年，“河南之孟津、新安、渑池等县皆大饥，人相食”。这简直是一幅血泪斑斑的图画。战乱加上天灾，河南百姓非死即迁，田地荒芜，庐舍丘墟，到处都是一片萧条破败景象。“明初承元末大乱之后，山东、河南多是无人之地”[①]，也就是势所必然了。

朱元璋登基伊始，便注意到了河南地区的现状，他在洪武元年（1368）说：“今丧乱之后，中原草莽，人民稀少。”[②]洪武十八年（1385）又说：“中原诸州，元季战争受祸最惨，积骸成丘，居民鲜少。”[③]如卫辉，“民间传说，元末卫辉仅存一户”[④]。此说容或有夸大之处，但人口鲜少，则是事实。濮阳县“至明初，居民仅存七姓，丁不满千”[⑤]。洧川县在洪武初年，“百姓流移，存者十二三，郊原旷野，鞠为茂草”[⑥]。延津县在明初，“籍民占田，而土著止数十家”[⑦]。获嘉县在洪武三年（1370）时，“户口土著不满百”[⑧]。明嘉靖《彰德府志》称，明初彰德府“土著人家，什不存一”。邓州在元末民流城破，“阖境数百里，草昧于荆棘者二十余年”[⑨]。万历《大名府志·田赋志》载：“国家洪武初，承金、元之后，户口凋耗，间

① 〔清〕顾炎武著，黄汝成集释：《日知录集释》卷一〇《开垦荒地》，中州古籍出版社1990年版，第234页。

② 《明太祖实录》卷三四，台湾“中央研究院”历史语言研究所1962年版。

③ 《明太祖实录》卷一七六，台湾“中央研究院”历史语言研究所1962年版。

④ 《卫辉市志》，生活·读书·新知三联书店1993年版，第121页。

⑤ （嘉靖）《开州志》卷四，明嘉靖十三年（1534）刻本。

⑥ （嘉庆）《洧川县志》卷四，清嘉庆二十三年（1818）刻本。

⑦ （康熙）《延津县志》卷九，清康熙四十一年（1702）刻本。

⑧ （万历）《获嘉县志》卷五，明万历三十年（1602）刻本。

⑨ （嘉靖）《邓州志》卷一一，明嘉靖四十三年（1564）刻本。

里数空，诸州县颇徙山西泽、潞民填实之。”洪武十四年（1381）时，河南人口“每平方公里平均为 12.85 人”[①]。王兴亚先生据成化《河南总志》统计，洪武二十四年（1391），河南省所辖的七府十二州八十八县中，有十三个州县的户口数都在 1001 户之下。其中新蔡 409 户，2513 人；考城县（今兰考）432 户，2682 人；胙城县（今延津县）483 户，3039 人；宁陵县 489 户，4801 人[②]。地多丁少，如不及时补充人口，河南的经济便难以恢复元气，明朝的统治便不能稳定。

与河南毗邻的山西则是另一种情况。山西在元末虽然也遭受了战乱，但没有河南严重，河南的战乱也很少波及山西，相比之下，山西的社会经济没有受到太大破坏。尤其是元末明初时期，山西风调雨顺，很少发生自然灾害，社会稳定，经济繁荣，经过明初 20 余年的休养生息，人口增长很快。元代人钟迪在《河中府（今山西永济县西南蒲州）修城记》中说：“当今天下劫火燎空，洪河（黄河）南北，噍类无遗，而河东一方居民丛杂，仰有所事，俯有所育。”透过这段记载，我们看到了河中府乃至整个山西一片太平景象。据《明太祖实录》的相关记载，洪武十四年（1381）时，河南人口为 89.1 万，河北人口为 189.3 万，山西人口为 403.3 万，山西人口超过了河南、河北两省人口的总和。人口的骤然增多，带来了一个很现实的问题，即人均土地面积减少，劳动力相对过剩，导致许多丁壮无田可耕，这不能不引起明朝统治者的极大关切。

洪武三年（1370）三月，郑州知州苏琦上书说：

> 自辛卯（至正十一年，1351）河南兵起，天下骚然，兼以元政衰微，将帅凌暴，十年之间，耕桑之地变为草莽。方今命将出师，廓清天下，若不设法招徕耕种，以实中原，虑恐日久国用虚竭。为今之计，莫若计复业之民垦田外，其余荒芜土田，宜责之守令，召诱流移未入籍之民，官给牛种，及时耕种。[③]

户部郎中刘九皋也向朝廷提出了迁狭乡之民于宽乡的建议。迁狭乡之民于宽乡，使有丁无田者可安心耕耘，有田无丁者不必再担心土地抛荒，双方各得其所，耕田者无衣食之忧，官府的赋税收入稳定增加，这的确是一个不错的主

① 王兴亚：《明初迁山西民到河南考述》，《史学月刊》1984 年第 4 期。

② 王兴亚：《明初迁山西民到河南考述》，《史学月刊》1984 年第 4 期。

③ 《明太祖实录》卷五〇，台湾“中央研究院”历史语言研究所 1962 年版。

意。朱元璋素以睿智干练著称，览奏后立即同意了这个建议，他表示山东地多，百姓不必迁移，山西人烟稠密，属于狭乡，应迁民于宽乡之地。于是下诏“迁山西泽（今山西晋城）、潞（今山西长治）二州民之无田者，往彰德、真定、临清、归德、太康诸处闲旷之地，令自便置屯耕种，免其赋役三年，仍户给钞二十锭，以备农具”[①]。这次移民人数多少，记载阙如，初次移民，规模不会太大。但对愿意移民者既免三年租税，又给钱添置农具，这种待遇还是很优厚的。从迁入地点看，属河南者三处，真定属河北，临清属山东，迁入河南最多。

明朝比较优厚的移民政策，吸引了许多地狭民稠的山西百姓的兴趣，他们纷纷加入移民行列。如洪武二十二年（1389），“山西沁州（今山西沁源）民张从整等一百一十六户告愿应募屯田，户部以闻，命赏从整等钞、锭，送后军都督佥事徐礼分田给之。仍令回沁州召募居民。时上以山西地狭民稠，下令许其分丁于北平、山东、河南旷土耕种，故从整等来应募也”[②]。与此同时，“上以河南彰德、卫辉、归德，山东临清、东昌诸处，土宜桑枣，民少而遗地利，山西民众而地狭，故多贫。乃命后军都督佥事李恪等往谕其民，愿徙者验丁给田，其冒名多占者罪之，复令工部榜谕”[③]。从“冒名多占者罪之”这句话来看，移民的百姓还是很踊跃的，洪武二十五年（1392），李恪、徐礼等报称：“彰德、卫辉、广平、大名、东昌、开封、怀庆七府民徙居者凡五百八十九户。”[④]洪武二十八年（1395）三月，朱元璋又“诏中军都督府左都督刘谦、右军都督府都佥事陈春、后军都督府都佥事朱荣往彰德、卫辉、大名、广平、顺德、真定、东昌、兖州等府，劝督迁民屯田”[⑤]。直到永乐元年（1403）还有山西百姓迁往河南：“河南裕州（今方城县）言，本州地广民稀，山西泽、潞等州县地狭民稠，乞于彼无田之家分丁来耕，上命户部如所言行之。”[⑥]这次迁民与以往迁民略有不同。迁出地只有山西省的泽、潞两州，迁入地也只有裕州一处，移民人数则语焉不详。

从移民时间来看，据《明太祖实录》所载，自洪武二十一年（1388）至永乐元

---

① 《明太祖实录》卷一九三，台湾“中央研究院”历史语言研究所 1962 年版。
② 《明太祖实录》卷一九七，台湾“中央研究院”历史语言研究所 1962 年版。
③ 《明太祖实录》卷一九八，台湾“中央研究院”历史语言研究所 1962 年版。
④ 《明太祖实录》卷二二三，台湾“中央研究院”历史语言研究所 1962 年版。
⑤ 《明太祖实录》卷二三七，台湾“中央研究院”历史语言研究所 1962 年版。
⑥ 《明太祖实录》卷一八，台湾“中央研究院”历史语言研究所 1962 年版。

年(1403),共有16年,实际上自洪武二年(1369)就有山西移民进入河南了。民国22年(1933)李时灿主修的《汲县李氏族谱》载,其祖李盛,明洪武二年自山西泽州府凤台县坝头村迁汲,子孙繁衍,已成望族。《汲县申氏族谱》也载,其始祖于洪武四年(1371)由山西洪洞县迁居延津县。民国年间纂修的《永城崔、谢、张、陈四姓族谱》称:"明朝洪武三年(1370)春,始祖金明由山西省洪洞县迁居河南永城县古城村。"甚至更早的还有洪武元年(1368)迁入河南者。巩义市芝田镇益家窝村《赵氏家谱》始修于清康熙三十年(1691),光绪年间重修,1996年续修,内称:"吾始祖从明朝初年,约公元一三六八年,自山西省洪洞县迁至河南,从居之时,兼同族者众,西平一门,祥符一门,大抵皆一族同来,星罗棋布,置于中原者也。"如果此说属实,山西往河南移民早在洪武元年便开始了。

明初山西移民到了河南省的哪些县,王兴亚先生在《明初迁山西民到河南考述》一文中考证有:大名府所属的清丰、南乐、内黄、濮阳、滑、浚、长垣诸县,卫辉府的汲、胙城、新乡、获嘉、淇、辉6县,怀庆府的河内、修武、武陟、济源、温、孟6县,开封府所属6州、36县以及南阳府、归德府、河南府所属州县。此文虽也是根据家乘、地方志写成,但该文发表于1984年,距今已三十余年,如今又有新的家乘谱牒发现,计有郑州市区、荥阳、开封市祥符区、杞县、尉氏、新郑、登封、兰考、中牟、新密、巩义、新乡县、卫辉、封丘、获嘉、温县、博爱、济源、孟州、武陟、原阳、修武、沁阳、长垣、濮阳县、台前、范县、清丰、南乐、内黄、滑县、浚县、淇县、安阳县、汤阴、林州、商丘市睢阳区、永城、宁陵、虞城、民权、睢县、夏邑、柘城、延津、商水、扶沟、鄢陵、西华、太康、郸城、项城、许昌县、漯河市郾城区、舞阳、临颍、襄城、鲁山、叶县、宝丰、孟津、宜阳、伊川、新安、渑池、义马、灵宝、汝州、洛宁、长葛、三门峡市陕州区、郏县、罗山、商城、方城、汝阳、栾川、偃师、唐河、新野、邓州、淅川、南召、桐柏、镇平、西峡、新蔡、上蔡、固始、卢氏、嵩县、泌阳、正阳、确山、西平、潢川、息县、光山、鹿邑、沈丘、淮滨、辉县、汝南等103个县、市、区。河南省的绝大部分县市都有山西移民的后裔,可见明初移民规模之大。

明初到底移入了河南多少人?由于资料不全,目前尚难以作出精确的统计,但在不少地区,移民占有很大比例,则是可以肯定的。比如开封府与怀庆府,在洪武移民之前,人口密度较低,"洪武年间,迁入怀庆府的山西移民大约有9万人,占洪武二十六年(1393)总人口的40%以上,而在开封,同一时期迁入的山西移民则多达55万人，也占总人口的40%以上”[①]。卫辉、彰德、河南三府“也接纳了相当数量的山西移民。如彰德府接纳的山西籍移民虽然只占全府人口的16%左右，但其人口总数较少，只要有一名军人及其家属，就足以占该府人口11%以上的比例。卫辉府的情况与此类似，迁入的山西移民仅4万余人，占该府总人口的比例就高达35%以上”[②]。位于河南南部的南阳府、汝宁府在明初是人口稀疏地区。“在洪武二十六年的民籍人口中，南阳府的移民仅占其总人口的14%，而汝宁府不足2%。实际上，已有相当数量的山西移民迁入了两府，但他们没有得到地方政府的承认，没有获得当地的户籍。”[③]不管是否得到当地政府承认，大量山西移民进入南阳、汝宁两府的客观事实是不容否认的。

许多地方史志的记载也表明，洪武年间由山西向河南移民数量甚大，甚至超过了土著人口。如濮阳县曾有4次洪洞迁民，分别是洪武元年(1368)、洪武二年(1369)、永乐七年(1409)、永乐十三年(1415)，“濮阳客籍人远远超过了土著人丁”[④]。范县在明初兵燹之余，人口急剧下降，全县由16保并为12保，后因移民的迁入，人口增加，社会才逐渐稳定下来，“据县内大部分村庄调查及多数家谱记载，移民多来自于洪洞县”[⑤]。密县(今新密市)“约有1157个村庄是明代移民建立的，占村庄总数41%”[⑥]。据明《延津县志》记载，洪武二十一年(1388)，该县有居民545户，3282人，被编为4个保，从山西迁民后，增加为23个保。这就意味着有19个保的居民均自山西迁来，迁入的移民为当地土著的将近5倍。《胙城(延津)县志》则说，本县以屯、寨命名者17村，皆明初迁民。至永乐十年(1412)时，经过几十年的休养生息，延津已有3260户，10497人，比洪武二十一年净增2715户，7251人，净增人口中绝大多数是山西移民的后裔[⑦]。又如郾城县(今漯河郾城区)，民国《郾城县河南通志采访稿》记载：“查郾境居民多系明洪武年自山西洪洞迁来。”新乡县也是如此，“明洪武初年，从山西洪洞直接或间接迁民抵新乡建村，使新乡人口猛增”，该县汉民多为洪武、永乐年间

---

① 葛剑雄主编，曹树基著：《中国人口史》第4卷，复旦大学出版社2000年版，第258页。

② 葛剑雄主编，曹树基著：《中国人口史》第4卷，复旦大学出版社2000年版，第258页。

③ 葛剑雄主编，曹树基著：《中国人口史》第4卷，复旦大学出版社2000年版，第259页。

④ 《濮阳县志》，华艺出版社1989年版，第452页。

⑤ 《范县志》，河南人民出版社1993年版，第109页。

⑥ 《密县地名志》，陕西人民出版社1991年版，第2页。

⑦ 《延津县志》，生活·读书·新知三联书店1991年版，第65页。

由山西洪洞迁入的[①]。临颍县,“相传明初七次迁民河南,临颍境内很多村庄皆迁民所建”[②]。民国25年(1936)《重修襄城县志》载:“明初自山西洪洞迁襄者,约居十之五六,自他处迁来亦约十之二三,其宋元以上旧族,约十之一二而已。”长葛县在元末明初只有村镇230个,2400余户,18000余人,“洪武、永乐年间,洪洞移民先后多次迁入,在荒芜的土地上垦田建村,他们代代相传,经过100多年的辛勤经营,繁衍生息,芟榛莽为良田,变废墟为村镇,至嘉靖十九年(1540),村镇发展到340个,4247户,42489人”[③]。洛宁县共有38万余人,共有375姓,其中万人以上的为11姓,20.3万人。11个姓为张、王、李、杨、刘、郭、程、赵、雷、韦、马,除张、韦二姓约5.7万人非洪洞移民后裔,剩下的9个姓共14万余人全是明朝时期山西移民的裔孙。大姓如此,许多小姓也是山西移民的后裔。由此可以看出,洛宁现有居民有一半人祖籍为山西[④]。舞阳县,“自明洪武至永乐年间,由山西省洪洞等地迁入境内的占全县总人口的半数以上”[⑤]。浚县,“在洪武三年(1370)不足5000人,降州为县。八年(1375),首次由洪洞一带移民,二十一年(1388)、二十五年(1392)、永乐三年(1405)又三次向浚县移民。到正统五年(1440)已达到4711户,24251人;嘉靖初,全县6249户,60820人”[⑥]。从洪武三年至正统五年只70年时间,浚县人口净增1.9万余人;到嘉靖元年(1522)增至6万余人,净增5.5万人,净增的人口中大多数为移民后裔。“长垣人口绝大部分是洪武、永乐间陆续自洪洞迁来。”[⑦]地方志的资料表明,明初洪武、永乐年间迁入河南的山西百姓,大体上与土著居民相等或稍多一点。

现存的家谱、碑刻中有大量山西移民到河南的记载,是研究明代移民弥足珍贵的资料。郾城“于姓祖茔碑”载:“明太祖洪武年间,因山西大旱,禾枯草干,民不聊生,于姓始祖于林兄弟三人自洪洞县迁于河南西华邑、沙河之南,长居化庄,次居坡街,再次居下堤。”当时化庄、坡街、下堤属西华县,后归郾城县。郾城

① 《新乡县地名志》,三秦出版社1993年版,第2页。
② 《临颍县志》,长城出版社1988年版,第312页。
③ 《长葛县地名志》,三秦出版社1991年版,第1页。
④ 《洛宁县志》,生活·读书·新知三联书店1991年版,第551—552页。
⑤ 《舞阳县志》,中州古籍出版社1993年版,第403页。
⑥ 《浚县志》,中州古籍出版社1990年版,第200页。
⑦ 《长垣县志》,中州古籍出版社1991年版,第523页。

县城东南13公里处的牛赵村，有一通清乾隆四十年(1775)立的“赵氏祖茔碑”，上载：“赵氏，山右人也，自明太祖迁民，由洪洞至鄢邑迤南二十五里齐河村居住，因村中有牛姓，遂名牛赵家庄。”

卫辉市《郭全屯村移民碑文》说得更为详尽：

卫辉府汲县

山西泽州建兴乡大杨都为迁民事系汲县西城南社双兰屯居住

里长郭全　下人户一百一十户

甲首朱五　□大　陈秀　郭大　王九　赵一　侯张□　吕九　吕八　吕十一　□祥

甲首李□　陈俊　陈麟　赵诚　牛海　陈五　陈清　朱亨　赵一　黄二　李一

甲首□□　□□　□□　裴十　张祥　裴小十　刘三　侯□　刘四　郭□成　赵七

甲首裴小二　刘五　□文　裴十八　□□　赵二　李保　李二　李三　李一六　李六

甲首李八　李一□　李□　李七　张□　赵□　段□　段□□　□□川　段□□　□□

甲首赵□□　都□仓　都□　□□　都三　都五　□亨　□十　三□　□□　二□　十一

甲首何大　□十二　鱼大　鱼十九　□□　□三　□□　都□　都□　都伯□　都□

甲首都忠　都□□　卢十三　李□　李□　王大　□□　王七　张十八　□□　史二

甲首□□　李九　李小二　李□□　魏□　□段　□□　王□□　李亘　李十三　李敬之

甲首李□　李□　李十九　李十五　李岩　李十一　□□　□□　史十二　□十七　关十四

维大明洪武二十四年仲秋月日碑记

石匠　王恭

郑州市高新技术开发区东史马村有一支任姓，也是明初洪武年间由山西洪洞县迁入的，清代光绪元年(1875)一个叫任世高的人为其父任德馨立的《皇清例授武德骑尉馥吾府君任二公墓志铭》于今尚存，其中云：

馥吾公讳德馨，号郁堂，先籍洪洞，明初迁郑，为郑人。十传至公之曾祖，讳君选，知府经历，日益显达。祖太学生，讳善继。父讳文明，字大章，授州同职[知]。公昆仲二人，长名德润，字泽躬，布政司理问衔。公居次……

根据这篇墓志铭我们得知，墓主叫任德馨，祖籍山西洪洞县，明朝初年迁入郑州，遂成为郑州人。传了十辈，到了任德馨曾祖父这一代，曾祖父叫君选，在某个知府衙门当经历这样的小官，从此任姓一步步发展起来。德馨的祖父叫善继，是国家最高学府太学的学生。德馨的父亲叫文明，字大章，官职是州同知。州同知是州的副长官，从四品。

除碑文上记载河南的许多姓氏是洪洞移民外，众多家谱也证明了这一点。《温县陈氏家谱》记载，元朝末年铁木耳守怀庆(府治沁阳，辖温县)，明军久攻不下，怒而屠城，怀庆人烟几绝，遂有移民入豫之举。明洪武七年(1374)，山西洪洞县人陈卜奉诏迁入怀庆府，把所居之地命名为陈卜庄(1949年以后并入温县，仍叫陈卜庄)。传至九世陈王廷时，已是明末清初，他创造了一套阴阳相合、刚柔相济的太极拳，闻名遐迩。陈王廷还擅长诗词，有《长短句》诗：

叹当年，披坚执锐，扫荡群氛，几次颠险，蒙恩赐，徒枉然，到而今，年老残喘，只落得《黄庭》一卷随身伴。闲来时造拳，忙来时耕田，趁余闲，教下些弟子儿孙，成龙成虎任方便。欠官粮早完，要私债即还，骄谄勿用，忍让为先。人人道我憨，人人道我颠。常洗耳，不弹冠。笑杀那万户诸侯，兢兢业业，不如俺心中常舒泰。名利总不贪，参透机关，识破邯郸，陶情于雨水，盘桓于山川。兴也无干，废也无干。若得个世境安康，恬淡如常，不忮不求，哪管他世态炎凉，成也无关，败也无关，不是神仙，谁是神仙！

不结交官府，忙时种田，闲时练拳，不欠官粮，不欠私债，只要家庭和睦安康，就是神仙过的日子，这种心态多么平淡自然。

修于清代乾隆四十三年(1778)的《郑州郭氏族谱》称："吾姓自山西平阳府洪洞县，徙于郑州西南隅台郭村，遂占籍焉。"

民国年间纂修的《永城崔、谢、张、陈四姓族谱》说："明朝洪武三年(1370)春，始祖金明由山西省洪洞县迁居河南永城县古城村。迁居时始祖携四子。我祖四子,欲偕伯仲,则叔季不愿;欲偕叔季,则伯仲乐从。实逼处此,爰取全家迤逦东道,去之永城县艮隅(永城的东北方),因胥宇焉。兹时也,土广民稀,将四子分为崔、谢、张、陈四姓,棋布而居,使之互相友助,出入守望,地等距离,又俨然同一室也。"

1996 年纂修的《安阳东傍佐村牛氏家谱》说:"元末河南尉氏县人牛川,举人、进士,任山西洪洞县令,生三子,即牛洪、牛禅、牛超,均为元朝文武大臣,又各生六子。至明初迁民时,遂由山西洪洞迁至河南汜水县十里亭。因人口众多,乃将所携之铁锅打烂,分为十八块,十八兄弟各携一片,分迁各地。牛姓中的打锅牛氏族,从此产生。"

民国 13 年(1924)修的《长垣赵氏家谱》称:"自明朝洪武年间由山西洪洞县迁居长垣城南枣科村,迄今已十三世,族姓繁衍达千余口,而转徙迁流他方遂成土著者,尚实繁有徒。"

1994 年续修的《巩义回郭镇中宫底村赵氏家谱》称:"吾赵氏先族,自明朝永乐八年(1410)由山西洪洞县徙至河南省偃师县岳滩。到二世祖邦彦、邦宰、邦臣三兄弟,因伊洛发大水所迫,又迁至中宫底村至今。"

光绪九年(1883)重修的《孟县(今孟州市)赵氏家谱》说:"明洪武年间,始祖由天水到山西洪洞集中,迁至孟州西孟港村居住,已传二十二世。"

1915 年纂修的《辉县穆氏族谱》称:"我穆氏于明永乐年间自山西平阳府洪洞县乱柴沟,初迁至河南卫辉府邑西南距城三十里穆家庄,历居数世。至万历年间,又迁于获邑(获嘉县)西北隅,距城十五里穆家营,迄今五百有余年矣。"

清代康熙二十九年(1690)修的《新密郑氏家谱》记载:"其先世山西洪洞人也。由晋而迁荥之大寺谷,由荥而迁密之白庙坡,然其所居犹未定也,因而相土择居之岳村。其土重矣,而嫌地窄,南之金马驹其土圹矣,而嫌土轻。及回岳村,则其地已为他人所占,不得已,仍回白庙坡而穴居焉……未几,数年间,则他户之占岳村者其地尽归于郑氏矣。"

1995 年重修的《唐河惠氏族谱》称:"我惠姓,自周惠王因氏焉。至大明洪武元年(1368),有始祖伯通公,自山西洪洞县大槐树,奉旨迁徙河南省南阳府东唐河县西北 45 里桐河镇南四平村五股路居住(今惠老营朝阳门即其遗址),垦开荒地,以农为业。"

1999 年重修的《平顶山石桥营任氏族谱》说:"本族先祖,转徙晋地,经世安居。时至元末,暴政扰民,百姓不堪其苦,相率揭竿而起,战火遍地,兵连祸结。中原大地惨遭荼毒,断垣残壁,十室九空,不闻鸡犬之声,田园荒芜,无以农桑。大明定鼎,朝廷颁令移民,始祖任公讳可学,奉诏自山西洪洞县南徙,落脚汝州香山南麓之石桥营村。”

纂修于清嘉庆十四年(1809)的《沁阳紫陵任氏家谱》云:“我任氏原籍山西平阳府洪洞县人,兄弟五人,长即余之始祖,洪武年迁居怀庆府河内县紫陵镇;二支迁居本郡济源县留养镇;三支迁居本郡温县西虢;四支迁居河南府孟津县邢家苑;五支迁居济源县薛庄镇。”

类似家谱甚多,这里不再一一列举。

被迁移之民为何先集中在洪洞县,然后再迁往全国各地?为什么会有“问我祖先来何处?山西洪洞大槐树”的谚语?原来明初洪武、永乐年间,山西的太原府、平阳府以及汾、沁、辽、泽、潞等府州是移民最多的地区,在这些府州中,平阳府的户数又高居山西各府州之首。如洪武二十四年(1391)山西太原、平阳、大同三府,汾、沁、辽、泽、潞五州共有652408户,4873946人,平阳府为208211户,1847790人,占山西总人口的37%;永乐十年(1412),上述府州为586202户,4074563人,平阳府有198176户,1644285人,占山西总人口的40.4%[①]。人口既多,田地便少,明初迁民的原则是先徙无田之家,平阳府理所当然地成了移民最多的地区。洪洞县隶属于平阳府,人口仅次于临汾县,但交通在府辖范围内最便利。民国年间修的《洪洞县志·艺文志》有一篇乔逢辰写的《惠远桥记》说:“洪治隶平阳,壮哉县也。其始为城者,适当大路要津,骅骖之所奔驰,商旅之所往来,轮蹄之声昼夜不绝。”因此,官府先把移民集中在洪洞县,然后再发遣至全国各地。

洪洞县有一座唐朝兴建的广济寺,寺的左侧有一株“树身数围,荫遮数亩”的汉槐,贯通南北的古官道从此树下通过。民国《洪洞县志·舆地志》记载:“大槐树,在城北广济寺左。按《续文献通考》,明洪武、永乐间屡移山西民于北平、山东、河南等处,树下为集会之所。传闻广济寺设局驻员,发给凭照、川资。因历年久远,槐树无存,寺亦毁于兵燹。民国2年,邑人景大启等募赀竖碑,以志遗迹。”大槐树上有老鹳用树枝草叶搭成的老鹳窝,“当所移之民启程时,依依惜

① 安介生:《山西移民史》,山西人民出版社1999年版,第314—315页。

别，不忍离去，走了好远频频回首，只能看见大槐树和大槐树上的老鹳窝，为此，大槐树和老鹳窝就成为惜别家乡的标志，几百年来传来传去，有的就将大槐树及老鹳窝误传为村庄了”①。如今，那里已建成洪洞大槐树祭祖园，供寻根祭祖者缅怀凭吊。

明朝初年的洪洞移民分为两种：一是官府组织的人口迁移。均由官府指定迁往某一地区，移民入居之地由各省布政司编为里甲，与土著所居之里甲有别。“土著者以社分里甲，迁民分屯之地，以屯分里甲。社民先占亩广，屯民新占亩狭，故屯地谓之小亩，社地谓之广亩。”②河南、山东、河北等地村庄有以某某庄命名的，也有以某某屯命名的。康熙《永年县志》卷五称，明初“京东州县则有庄、有屯。土著曰庄，迁发曰屯”。顺治《胙城县志》也说：“本县以屯、寨命名者十七村，皆明迁民。”由是可知，凡称某某庄者皆系土著，凡称某某屯、某某寨者都是移民。永年县在今河北省，胙城县即今河南延津县。移民在明初仅限于朝廷批准的人，“朝廷所移民曰移徙”，“年饥避兵他徙者曰流民”，除移百姓屯田外，“其间有以罪徙者”③。二是自发的迁移。这些移民多半是因为天灾饥馑逃荒外乡，或者是因地少且瘠薄、赋税沉重而迁徙者。这些人只是少数，他们居无定所，四处漂泊，吃尽苦楚。

洪洞县移民多是奉旨迁徙，移民们安土重迁，不愿离开生于斯长于斯的父母之邦，但官府逼迫，不得不迁，这在家谱中也有记载。如偃师市山化乡王窑村的《王氏家谱》称：“当朝在山西逼民南迁，把移民集中在大槐树下，军刃迫至河南。”这话并非凿空妄说。由于“迁往太行山以东的洪洞移民……是皇帝敕旨由当局派员实施的，移民关系到明王朝统治秩序的维护，必须实行。组织移民是各级官员的任务，必须遵旨完成。这样，各地移民也就不得不被驱赶上路了”④。比如“解手”一词便来自洪洞大槐树移民。有一本书写道：“关于‘解手’的来历，也在冀、鲁、豫一带代代相传。大迁民中，移民双手被绑，在官兵的押送下上路，凡大小便，均要向解差报告：‘老爷，请解开手，我要撒尿或拉屎。’长途跋涉，口干舌燥的移民，便将这种口头请求趋于简化。只要说声‘老爷，解手’，彼此便

---

① 张青：《山西洪洞大槐树》，山西古籍出版社 2004 年版，第 5 页。
② 〔清〕张廷玉等：《明史》卷七七《食货志一》，中华书局 1974 年版，第 1883 页。
③ 〔清〕张廷玉等：《明史》卷七七《食货志一》，中华书局 1974 年版，第 1881 页。
④ 陈世松：《大迁徙：湖广填四川历史解读》，四川人民出版社 2010 年版，第 286 页。

心照不宣，于是，'解手'便成了大小便的代名词。"[①]其实，不只是冀、鲁、豫，川、鄂、皖、滇等省都有"解手"的传说，说的都是明初移民，可见"解手"一词滥觞于明初。

二、从其他省迁入河南的移民

有明一代，由晋入豫的移民最多，除此之外，也有许多从其他省迁入豫的移民。当然，这些移民在人数和规模上不能与洪洞移民相比，不是大规模迁移，而是零星迁入的。这些零星移民的迁入有以下几种情况：

一是避祸逃难进入河南者。浚县卫贤镇于村的于氏家族是明代政治家于谦之后。于谦是浙江钱塘(今杭州市)人，永乐进士。瓦剌进犯大同，英宗亲征被俘，于谦拥立英宗弟为景帝。后英宗复辟，于谦被处死。"于谦三子于南道迁入浚县定居，至今在于村已繁衍二十四代，全村于姓人口已达1500余人。除了于谦的大儿子，他的二、三、四子后来由浚县迁出。至今，于谦之子于南道的后裔已发展到万人以上，其中浚县和河北井陉县的于家村是于谦后裔最多的地方。"[②]

淇县庙口乡王洞村、王滩村的王姓居民原本姓朱，乃朱元璋之后，因逃难至此，怕受迫害，于是改朱为王。王滩村年逾古稀的村民王庆说："这里姓王的都晓得自己是'朱改王'，朱洪武是他们的先人。当年崇祯的三儿子朱慈炯由京城逃难到这里后更名改姓为王广大，并在此定居，到现在王广大的后人已经繁衍了十七代。"[③]原来李自成攻陷北京后，崇祯帝把太子和定王朱慈炯、永王朱慈炤托付给太监王承恩逃出京城，期望能留住青山，他日复国。逃跑途中，太子被俘，永王被杀，只有定王与王承恩逃出重围，来到了淇河岸边，在太行山的一个山洞里住了下来。王承恩把山洞取名为王洞，王洞村由此得名，朱慈炯同时更名为王广大。《淇县王洞村王氏家谱》详细记载了朱慈炯蒙难的经过及迁入淇

---

① 黄泽岭：《大槐树寻根》，当代中国出版社2005年版，第135页。

② 费银普主编：《中原文化记忆丛书·鹤壁卷》，河南科学技术出版社2011年版，第66页。

③ 费银普主编：《中原文化记忆丛书·鹤壁卷》，河南科学技术出版社2011年版，第67页。

县的后裔情况。

光山县罗陈乡大刘村刘姓的祖先刘本谋,洪武三年(1370),“因战乱由江西庐州瓦子村携儿子刘茂召、侄子刘茂发迁移到湖北黄安的大金山,建立了刘家大湾,后来逐渐发展到河南新县的八坡,又从新县迁入光山县”①。

修纂于清代康熙四十一年(1702)的《淮滨任氏家谱》说:“任氏派出山东聊城,世远人湮,前无可考。相传上世祖苦军籍,由山左(山东)之豫,家于息之清陂浅,任姓自此始也。”这一支任姓与河南息县的任姓同出一源。《息县任氏家谱》也说:“相传上世,山左聊城县人,苦辽东军籍,散出遍天下,上世祖泛舟河南,至息[县]之清陂,遂家焉。息东有任氏自此始。”这支居住于山左聊城的任姓居民,因苦于去辽东当兵,便四散而逃,一支坐船至河南,到了息县的清陂这个地方安家,息县东部从此有了任姓。

二是因仕宦而迁徙入豫者。临颍县文化馆院内墙壁上嵌有一通《大明都御史任公墓志铭》的石碑,墓主叫任鉴。碑文云:“公上世山西文水人,高祖国才宦游,卒于鄢(今鄢陵)。曾祖仲能侨居弗归,今鄢有高、曾二祖墓云。祖乃胥宇(胥是察看,宇是房屋)来颍(临颍县),颍有任氏自用始。”墓主任鉴祖籍山西,他的高祖父任国才为做官而四处奔走,这在古代叫宦游,行至鄢陵便一病不起。曾祖父任仲能侨居鄢陵,后来也死在那里。国才、仲能父子均窀穸鄢陵。任鉴的祖父任用偶到临颍,观察这里是否适宜居住,见这里物产丰饶,民风淳朴,便由鄢陵移家临颍,临颍县有任姓自任用始。从墓碑可知,任鉴生于天顺庚辰,即1460年。若以20年为一代,他的祖父任用大约生于建文二年(1400)。这一支任姓迁入临颍县,大约在永乐初年。

西平县二郎乡冯老庄冯姓,始祖冯诚,原为安徽定远人,明初奉朱元璋之命出征云南,官至右军左都督,道经西平城南,即隐居于冯老庄,其后裔现分布于西平、遂平、汝南、上蔡、泌阳等地。②

邓州的刁姓是明朝初期因仕宦而迁入的。原来元末顺帝至正年间,邓州人王坚起兵抗元,占领南阳,杀死元朝官吏多人。后元兵夺回南阳,王坚被杀,百姓非死即逃,邓州破坏尤甚,全县仅余百姓数百人。朱元璋即位后,派孔显任邓

① 《光山县志》,中州古籍出版社1991年版,第516页。
② 《西平县志》,中国财政经济出版社1990年版,第101页。

州知州,重建邓州城。孔显挑选50人随他来邓州落户,邓州习氏始祖习思敬也在其中。邓州习氏始祖习思敬夫妇墓碑记载:“余族祖籍江西,临江府新淦县(今吉安市新干县)人也。”孔显建成邓州城后,习思敬未返回原籍,卜居于邓州西北部的堰子里。后来瓜瓞绵绵,遂形成堰子习营村。习思敬原是东晋史学家襄阳人习凿齿之后,南宋绍兴年间有一支迁于新干县华城门村,明初再迁邓州。若干年后,人口渐多,子孙相继分居周围的小习营(称西户)、小张营、习楼、十林街(称北户),以及冠军、小李凹村(称南户)等地。“从明洪武二年(1369)至今,历经640余年,邓州习氏已繁衍成近四千人的一支大族(其中在邓州居住的有三千人)。”①

光山县凉亭乡的陈姓,祖籍江西,“明末时,因陈抚任光山县令,带其全家来凉亭上陈湾居住,繁衍至今”②。

潢川县大巷村黄氏始祖黄振鹏进士出身,曾任襄阳知县,由江西迁往河南新安县,其后裔黄作人又迁潢川。③

三是因灾荒、经商及其他原因迁入河南。潢川县龙门王氏,“明万历时,江西生员王登因水患迁至县境江淮乡,后又移此”。该县双柳树李氏,“原籍江西,明代黄尚寄居商城金刚台,后分两支,一支移居安壁城(今双柳树镇天桥村),另一支转迁磨台寺(今双柳树镇秦棚村)、天镜湖(今属商城天井村),子孙繁衍于潢南商西”④。修纂于清代道光二十六年(1846)的商水县李埠口乡苑寨集村的《苑氏族谱》记载:“先世原籍系山东省高唐州夏津县(按:夏津县今属山东德州市),明初洪武年间,始祖苑仲宽偕弟仲刚由夏津茶店屯徙居于豫东淮阳县境内的颍水两岸,旋仲刚北上,惟仲宽仍留居于此。自后瓜绵椒衍,以至明于今。”这一支苑姓并非奉旨迁徙,是因灾荒还是经商入豫,不得而知。

淮阳县靠近周口,境内河流纵横,交通便利,商贾来此兴贩者甚多。“明末,部分商贾远道来陈(淮阳)经商定居,白氏由陕西而来,世居城北白楼一带,后生意兴隆,家产万贯。”淮阳的赵氏则由山东巨野迁入,《赵氏族谱》说:“明初太祖母田氏携子归陈,于城南居焉。”白、赵两家均以经商致富,因此“常有南赵北白

① 杨德堂:《邓州习氏源流考》,《河洛文化与姓氏文化》,河南人民出版社2009年版,第448页。

② 《光山县志》,中州古籍出版社1991年版,第516页。

③ 《潢川县志》,生活·读书·新知三联书店1992年版,第611页。

④ 《潢川县志》,生活·读书·新知三联书店1992年版,第611页。

之口碑”[①]。

《项城县志》记载了几支从山东、江苏、江西迁来的姓氏。明洪武元年(1368),山东枣庄的王氏兄弟二人迁入项城槐坊店,一住南关,一住干河涯,居南关的王氏又有人迁往柳杭;赵姓先由青州府枣庄迁杭州,再由杭州迁居项城;高姓始迁祖高升由山东枣庄迁项城槐坊店。“由江苏移民入项城的有:闫氏始祖自金陵至凤阳,又迁项,迄今四百余载。马氏原籍句容,始祖义方迁来项城,结庐建基于官会店。”[②]余姓则来自江西,“余氏始祖自江西迁项,爱城东鼙丘,遂安家落户”[③]。

新野县沙堰镇李营村的《李姓家谱》说:“始祖李义,祖居湖广襄阳东北红庙,王其始也。自洪武元年,迁于古唐州之西南草场,寓室而居之,易其姓曰李,子孙以为氏焉。”[④]

原阳县葛埠口乡袁庄的袁姓,“明正德元年(1506),始祖真历从江西南康府建昌县迁籍阳武城小南街,清康熙年间迁葛埠口建村袁庄”[⑤]。原阳梁寨村的梁姓,系陇北(今陕西陇县北部)世家,明洪武年间迁豫,“始祖讳宽,先占籍延津文岩,后卜居阳武城东,名为淇河堤。后因避乱筑寨,遂改名梁家寨”[⑥]。

此类记载甚多,无须一一抄录。这些移民多是因避难、做官、经商、天灾人祸等原因迁入河南的,虽然人口不多,但在开发河南过程中的作用也是不可低估的。

---

① 霍宪章:《明清时期河南移民分析》,《河洛文化与姓氏文化》,河南人民出版社 2009 年版,第 227 页。

② 霍宪章:《明清时期河南移民分析》,《河洛文化与姓氏文化》,河南人民出版社 2009 年版,第 226 页。

③ 霍宪章:《明清时期河南移民分析》,《河洛文化与姓氏文化》,河南人民出版社 2009 年版,第 226 页。

④ 《河南省新野县地名志》,河南人民出版社 1990 年版,第 287 页。

⑤ 《原阳县志》,中州古籍出版社 1995 年版,第 620 页。

⑥ 《原阳县志》,中州古籍出版社 1995 年版,第 620 页。

三、明代进入河南的流民

流民与移民不同。移民是从甲地移往乙地，即卜居不迁，在那里繁衍生息，而流民却未必定居一处。《明史》称："避徭役者曰逃户，年饥或避兵他徙者曰流民。有故而出侨于外者曰附籍，朝廷所移民曰移徙。"[①]当然，流民一旦卜地定居下来，便成了移民。

流民问题出现甚早，永乐十九年(1421)，大臣邹缉就上疏说："今山东、河南、山西、陕西水旱相仍，民至剥树皮、掘草根以食，老幼流移，颠踣道路，卖妻鬻子，以求苟活。"[②]严重的水旱灾荒，迫使饥民流徙他方，流民成了统治者忧虑的社会问题。

宣德三年(1428)五月，"巡按山西监察御史沈福奏：山西平阳府蒲(今山西永济县西南蒲州镇)、解(今山西运城县西南解州)、临汾(今属山西)等州县，自去年九月至今年三月不雨，二麦皆槁，人民乏食，尽室逃徙河南州县就食者十万余口。宜令布政司、按察司委官招抚复业"[③]。河南与山西毗邻，山西百姓遭天灾逃往河南，是很自然的事，一次就有 10 万流民进入河南，说明山西灾害之严重。这些流民大多是去了南阳诸郡。"宣德三年七月，工部郎中李新自河南还，言：'山西饥民流徙南阳诸郡，不下十余万。官司遣人捕逐，民愈穷困，死亡日多。'帝命遣官抚辑，发廪赈之。"[④]饥民流徙是迫于无奈，如果遣人捕逐，无异是为丛驱雀，为渊驱鱼，只会遭到更激烈的反抗，统治者派人安抚，发放赈灾粮，还算是明智之举。

正统六年(1441)，与河南毗邻的山东、陕西二省又发生了饥荒，"流民就食河南者二十余万。巡抚于谦请以河南、怀庆二府积粟赈之，令布政使抚集其众，授田给牛耕种，流民以安"[⑤]。这一建议为英宗所采纳。如此数量巨大的流民群

---

① 〔清〕张廷玉等：《明史》卷七七《食货志一・户口》，中华书局 1974 年版，第 1878 页。
② 〔清〕张廷玉等：《明史》卷一六四《邹缉传》，中华书局 1974 年版，第 4437 页。
③ 《明宣宗实录》卷四三，台湾"中央研究院"历史语言研究所 1962 年版。
④ 〔清〕龙文彬：《明会要》卷五一《民政二・恤流民》，中华书局 1956 年版。
⑤ 〔清〕龙文彬：《明会要》卷五一《民政二・恤流民》，中华书局 1956 年版。

引起了英宗的重视,他命人调查流民产生的原因及去处,得出的结论是:“山西频岁旱荒,民多转徙河南就食。”①流民最多的地方是河南,安徽也有一部分。正统十年(1445),安徽的地方官员上奏:“所辖地名龙山湖坡等处俱系湖水退滩,土膏地饶,易为耕种。山东、山西诸处逃来之人,动以万计,往往于彼团住。已招抚男妇四千一百余口,计七百八十余户,分拨田地,省令生理,相继来者,络绎于道。民数既多,若不严加防制,恐聚集为非。乞添设官安抚,秋成后相宜处置。”②在这一奏折送给英宗之前的两个月,巡抚河南、山西的大臣于谦也上奏说:“陕西、山西饥民流至河南,多持物货易米度日,然河南去岁薄收,民间蓄积未为甚丰,恐米价涌贵,彼此失所。照得河南、怀庆二府邻近陕西、山西,积有仓粮八十一万有奇,请量出粜与饥民……如此则流民无沟壑之患,居民无坐困之虞矣。从之。”③英宗深知,开仓济贫,只能解决流民的燃眉之急,分给田地,建立户籍,纳入乡都管理,使流民变为移民,才是解决流民问题的最好办法。于谦的做法是,逃民数量多且居住相近者,另立乡都,星散者于原乡都内安插。这一措施收到了较好的效果。

但是,河南虽然多空闲之地,也不可能无休止地容纳外来人口,有些流民迟迟得不到安置。如正统十二年(1447)三月,河南邓州流民马贵等言:“臣等三百五十余户,原居山东、山西,因地狭民众,徭役繁重,逃移至此。近承恩例,命于所在附籍,均田耕种。颙望已久,郡县不即举行。乞早加恩恤,使得宁居。”④流民盼望土地,如大旱之望云霓,没有土地,流民便难以安定。河南、山西巡抚于谦忧心忡忡地上奏:“今各处百姓递年逃来河南者将及二十万,尚有行勘未及之数。且河南田地有限,而逃民之来者日益众。公私储积有数,而逃民之食者日益多。食不足以给,地不足以容,事之方来有难处者。”⑤后来明朝安置流民的政策更加灵活,无田者酌情拨给闲田,愿在所在地附籍者听便,逃军、囚匠自首者可免罪,愿在虚旷处自相团聚谋生者,设法编管抚治。这样,许多流民便成为河南省永久性的居民。

---

① 《明英宗实录》卷八二,台湾“中央研究院”历史语言研究所 1962 年版。

② 《明英宗实录》卷一二九,台湾“中央研究院”历史语言研究所 1962 年版。

③ 《明英宗实录》卷一二六,台湾“中央研究院”历史语言研究所 1962 年版。

④ 《明英宗实录》卷一五一,台湾“中央研究院”历史语言研究所 1962 年版。

⑤ 《明英宗实录》卷一五四,台湾“中央研究院”历史语言研究所 1962 年版。

迨至代宗景泰、英宗天顺年间,因山东、河北等地发生饥馑,拥入河南的流民迅速增多。景泰五年(1454),兵部尚书孙原贞就上奏说:"臣前任河南参政,阅各处逃民文册,通记二十余万户。"20余万户,当有100万人,这么多流民集中在河南,若不妥善处理,后果将不堪设想。尤其让统治者担心的是,黄河决口漫溢,"逃户复转徙南阳、唐、邓、湖广襄樊、汉沔之间逐食,恐其相聚为盗"①。聚集河南的流民大批拥进荆襄地区,又成了"荆襄流民"。这些"荆襄流民"中山西人占有很大比例,河南所属的南阳、唐、邓诸州百姓加入流民行列的也不少。

据学者们研究,"在明代中期的荆襄流民运动中,涉及河南南阳、汝宁两府的流民数量最多,安置者也最多"②。当然,这两府的流民不尽是明代中叶迁入的,其中也不乏明初移民的后裔,只因他们未取得当地户籍,因而被视为"流民"。开封府所辖之陈州(今淮阳)一带的流民也为数不少,明朝统治者称之为"逃户",且注明为"北人"。所谓"北人",实即山西移民。"从洪武二十六年(1393)至成化十八年(1482),河南南部(汝州、南阳和汝宁三州府)的在籍人口从45万增加到125万,人口年平均增长率为11.3‰;河南北部人口从229万增为458万,人口年平均增长率为7.6‰。"③南部比北部人口增加得快,原因就在于南部流民多,滋生人丁自然就多了。

明代统治者对"荆襄流民"的态度比以前有了变化。以前是以安置为主,现在则变为强迫驱赶回原籍了。成化七年(1471),大臣项忠两次驱赶流民回原籍,酿成流血惨剧,百姓死亡枕藉,尤其解往湖、贵充军者,舟行多染疫而死,弃尸江湖,臭不可闻,惨不忍睹。流民返乡后家徒四壁,无以为生,只得去而复来。明宪宗就说:"近闻湖广荆襄、河南南阳等处流民自往年驱逐之后,多去而复来,及继以灾伤,逃移渐众,益相聚集。"④有鉴于此,明朝统治者只得改弦更张,在荆襄流民中推行附籍与发还原籍相结合的政策,结果是"百分之八十以上的流民都陆续附籍,构成了当地的基本居民,从而使流民转化为编民,这对于这一地区社会秩序的安定以及经济的发展都有相当大的作用"⑤。

① 《明英宗实录》卷二四七,台湾"中央研究院"历史语言研究所1962年版。

② 葛剑雄主编,曹树基著:《中国人口史》,复旦大学出版社2000年版,第273—274页。

③ 葛剑雄主编,曹树基著:《中国人口史》,复旦大学出版社2000年版,第273—274页。

④ 《明宪宗实录》卷一五三,台湾"中央研究院"历史语言研究所1962年版。

⑤ 樊树志:《明代荆襄流民与棚民》,《中国史研究》1980年第3期。

四、迁入河南的少数民族

明代陆续迁入河南的少数民族有党项族、蒙古族、维吾尔族、回族、女真人、犹太人等。

（一）党项族

新安县南李村乡十甲里村、宜阳县石陵乡柳树沟村居住有2000余名李姓村民，是党项人后裔，明朝初年迁入。1968年在新安县南李村乡十甲里村出土的明嘉靖丙午年(1546)所立《明忠义官李公墓志铭》云：

嘉靖丙申二月二十四日，忠义官李公卒，其子学易等请予为墓志铭。泣曰：孤远祖讳恒，为元太祖总管。至世祖升副元帅，赐以宝剑，与宋合与讨金人。恒子讳三彀轸，征吐蕃有功，升镇蕃元帅，居洛阳西三十里拓元城。三彀轸子讳钦祖仍袭旧职。我太祖高皇帝改元，钦祖解元帅印，隐居新安城南十五里，今为新安人。

墓主叫李仲，撰文者叫王锡，新安人。李仲的官职为忠义官，《明史·职官志》不载，很可能是死后封赠的官。有人认为墓志铭中所说的李仲“远祖讳恒”，指的是元朝大将、西夏党项人李恒，因此这一支李姓居民实为党项人后裔。2004年元月中央电视台《探索发现》栏目以《尘封不住的西夏·岩石上的足迹》为题作了报道，2006年6月26日的《大河报》以《小河谷隐居西夏皇族后裔》为题详尽叙述了这一支李姓的来历。但是，说这支李姓居民是党项人后裔还有很多疑窦，据《元史·李恒传》，他出生于1236年，元太祖成吉思汗死于1227年，其时李恒还未出生，不可能任元太祖总管；宋蒙联袂灭金是1234年，李恒也未出生，不可能与宋军一起攻金；李恒有三子，没有一个叫“三彀轸”，李恒的儿子也没有出征吐蕃的，何况吐蕃归顺元朝是主动归依的，并未经过战争。尽管如此，新安、宜阳李姓居民的移民身份是没有疑问的。

（二）蒙古族

河南省许多县市都有蒙古族。元朝统治时期，已有不少蒙古人迁入中原地区。元朝灭亡后,又有大批蒙古人蜂拥进河南,把这里视作“寻得桃源好避秦”的地方,于是南阳、郑州、洛阳、濮阳、平顶山等地就有了蒙古人的足迹。

1.南阳市所辖的镇平、淅川、新野、唐河、内乡等县均有蒙古族。

镇平县的蒙古族多为王姓,系明初迁入的。现存该县晁陂镇的一通碑碑文说:

我王氏鼻祖,世远年湮,文献无征。谨据二世祖墓碑载:昔元纪自文宗殂,顺帝御极,明主(指朱元璋)由和阳(今安徽和县)渡江,取太平路(今安徽当涂),顺帝奔应昌(今内蒙古克什克腾旗西,达赉诺尔附近),遂移祚。公(指碑主)睹气运迭嬗,克自保重,游冀北,走覃怀(今河南沁阳一带),率江左(按:江左指今安徽芜湖、江苏南京长江河段以东地区,此处指河南、山东一带黄河东段),渡河南,偕先人经历殆尽,卜居晁陂。玩其语义,我先人之出自蒙古无疑也。

碑文中的“公”指谁,南阳诸县的王姓意见不一,有的说是指帖木花儿,但《元史》中不载此人;有的说是指明兵攻破大都(今北京市),元顺帝北逃时指定监国的淮王帖木儿不花之子。究竟是谁,已不重要,重要的是明初有一支蒙古人迁入了镇平晁陂。

镇平县晁陂镇的另一通碑文说得更明白:

朱元璋起自濠泗,扫荡群雄,移兵北犯,由和阳渡江,取太平路逼燕京,顺帝如应昌而国祚移。由是元室宗族,留居中土者,类皆隐名讳元,至今莫能尽考。唯顺帝四子帖木花儿(按:顺帝只有三个儿子)由濮阳兵败,新乡渡河,留居晁陂,为元室支族南迁之始祖,以王为氏。虽列在编氓,亦隐自高异也。

淮王帖木儿不花之子到晁陂后,因是元朝皇室之后,改姓王,怕受迫害,隐瞒身份,单传四代,皆埋葬于晁陂东岗。至五代王东溪生有三个儿子:王辂、王轲、王轼。后来王辂(大老)于明朝弘治年间迁入唐河县的大河屯,王轲(二老)留居晁陂,王轼(三老)则在明朝嘉靖年间迁入新野县王集乡后寨村。后寨村所存清代嘉庆二十四年(1819)的《蒙古族嘉庆年迁茔碑记》说:“我始祖兄弟三人,长曰大老,徙居唐河县大河屯;次曰二老,徙居镇平县朝北店(晁陂店);唯我始祖三老,独居兹土,卜宅茔西。”弟兄三人为何两人外迁他县,一人仍居原地,碑文没有透露,只说去国怀乡是出于无奈:“迁徙图存,势非得已,去国怀乡,情不自禁。从来播迁之际,未有能恝然于中者。”由此看来,镇平县晁陂、唐河、新野的蒙古人皆是王东溪之后。晁陂王姓蒙古族家家都设有祖宗牌位,两旁的对联是:“宗自蒙古,元迁燕京,明卜镇邑;祖由二老,创业晁陂,统垂××。”(后两字随居住的村名而异)横批是“我祖是皇”。字里行间流露出自己是元朝皇室后裔的自豪。

镇平县砚台也有一支王姓蒙古人,与晁陂的不是一支。王姓祠堂所立的石碑说:“王公讳廷玉,明初人也,由邓入镇(按:这支蒙古人原居九重院,属邓州管辖,后来九重院划归淅川县),卜宅于兹。”淅川县九重院立有一通清代乾隆年间的石碑,正面写着“镇殿始祖考王公讳成妣孙氏恭人之墓”,右边的序文中有“吾家始祖王公讳成者本元宦也”,由是可知,九重院王姓始祖是元朝蒙古族官员,后化名王成,隐居九重院。王成有三子,长子王诏迁居河北,次子王诰迁居陕西,三子王谟留在本地。王谟也有三子,长子廷玉迁居镇平砚台,次子廷元、三子廷贞均留居淅川九重院附近。照此看来,镇平县砚台王姓蒙古族的始祖王廷玉是淅川九重院王姓蒙古族始祖王成之孙。可惜的是,由于战乱及朝代更迭等原因,淅川县九重院王姓蒙古人的谱系便不清楚了。清代光绪年间王成的裔孙立的碑文中便说:

> 吾族自始祖成至今五百余岁,其间为昭为穆,率茫然莫辨,无谱故也。吾先祖诲庵公有鉴于此,备茔竖石,开列人名。然族同派异,殊难稽考,甚有一字而叔侄同用者,其为尊卑又奚别乎?

虽然派系不清,还使用了汉文,说汉语,蒙古族的风俗习惯已荡然无存,但是作为蒙古人,却一向没有疑问。

河南省的蒙古族有 10 万人左右,其中 70%居住在南阳,且 90%以上是王姓。镇平县有 4 万余人,新野县有 4000 余人,淅川县有 1 万余人,唐河县有未恢复民族成分者 1 万余人,内乡县也有 1 万余人,南召、社旗、卧龙区也有少量蒙古人。

2.濮阳、安阳所辖县有好几支蒙古居民,均是明朝初年迁入的。

郭姓。濮阳县梁庄镇、胡状镇、鲁河乡、文留乡与安阳市滑县四间房乡等 5 个乡 40 多个村庄分布着约 9000 名郭姓居民,都是元末大臣、蒙古人郭庸之后。《元史·忠义列传》记载,郭庸在元顺帝时官至中书参知政事(从二品),至正二十八年(1368)八月,明将徐达攻克大都,元顺帝逃走,郭庸被俘,明将让他行跪拜礼,郭庸说:"臣各为其主,死自吾分,何拜之有!"不屈被杀。"其妻金县公主毁容易服,携孤南逃到濮阳县梁庄乡张温村定居。为了自保,母子二人隐瞒身份,遵从汉俗,最后完全汉化,历时 600 余年,至今已 24 代。现有记载家族传承的《澶东郭氏家谱》1 部。"①

苏姓。濮阳市华龙区有一支苏姓蒙古人,乃元朝宗室威顺王宽彻普化之子义王和尚之后。至正二十八年(1368)八月,明兵攻克大都,顺帝北逃,明军俘获了宣让、镇南、威顺诸王的六个王子。威顺王名宽彻普化,乃世祖忽必烈之后。至正十六年(1356),他奉命率军进攻湖北徐寿辉的部下大将倪文俊,兵败逃往陕西。至正二十五年(1365),他自云南经蜀地转战到了成州(今甘肃成县),打算到京师勤王,但元朝大将李思齐正驻军陕西,"以取蜀为名,扼不令行,俾屯田于成州以殁。其子曰和尚者,封义王,侍从顺帝左右,多著劳效,帝出入,常与俱……二十八年,顺帝将北奔,诏淮王帖木儿不花监国,而以和尚佐之,及京城将破,即先遁,不知所之"②。明兵攻克大都时,宽彻普化不在京城,他正在成州屯田。义王和尚从大都逃出,本欲到他父亲处,不料行至河南濮阳马家寨一带,又遭明军围困,身负重伤,躺在一片药材地的苏子棵下,骗过了明军,于是指苏子棵的苏字为姓,取名苏克明,寓意"克明复元"。伤愈后卜居濮阳,耕读传家。濮阳市华龙区《苏氏族谱》云:"元义王苏公讳克明府君之曾祖为六世祖忽必烈,祖父为元世祖第九子镇南王脱欢,父亲为元世祖之孙威顺王宽彻普化。"此谱与《元史·宽彻普化传》相吻合。苏家祠堂内有一块清代光绪二十二年(1896)镌刻的石碑,上写"苏氏始祖讳克明……相传为元宗室"。《乾隆曹州府志》记载:"濮阳苏氏,其先本元蒙古之后,至兵部侍郎[苏]祐,始以进士起家,官总制,以诗文名海内。"苏祐是明嘉靖丙戌年(嘉靖五年,1526)进士,累官至兵部尚书。"从 1368 年苏氏定居濮阳至今,历 29 代 640 余年,如今的濮阳苏氏家族已繁衍分布在河南、山东、江苏、山西、河北、安徽、台湾等省,其中还有移居美国、加拿大、日本、英国等国的,总人数达 8 万。"③

董、李、马、关、陈五姓蒙古人。安阳、濮阳、许昌居住有五姓蒙古人,他们都

---

① 姜继鼎主编:《中原文化记忆丛书·濮阳卷》,河南科学技术出版社 2011 年版,第 91 页。

② 〔明〕宋濂等:《元史》卷一一七《宽彻普化传》,中华书局 1976 年版,第 2911—2912 页。

③ 姜继鼎主编:《中原文化记忆丛书·濮阳卷》,河南科学技术出版社 2011 年版,第 93 页。

是一个叫铁木黎的人的后裔,人口近2万。其中李姓、马姓和少数陈姓主要分布在安阳市内黄县亳城乡马次范村,有1600多人;分布在安阳滑县枣村乡后村的马姓,有1000多人;分布在内黄县亳城乡岳次范村的董姓约有700人,还有部分董姓人分散居住在亳城乡的南庄、太平、大院、大堤口、马庄等地;分布在濮阳市清丰县韩村乡关焦夫村的关姓有1400多人;陈姓主要分布在许昌市鄢陵县陈化店镇。内黄县马次范村立有一通墓碑,上写"元御史中丞河南行省右丞谥文贞公墓",此碑立于清朝乾隆十八年(1753),高2米,宽0.54米,厚0.2米。碑后有墓,高约1.5米,占地约15平方米。据《马氏家谱》记载,文贞公名铁木黎,蒙古人,元末为河南行省右丞。元朝覆亡后,为避明朝杀害,率子逃难至此,隐瞒身份,命五子各随妻姓,另起汉名,故有董、李、马、关、陈五姓。其实这五姓蒙古人究竟是如何来到河南的,是做官后卜居此地,还是元朝覆亡后避难于此,需要更多证据证明。

3.新乡市、安阳市有可、冯、张三个姓氏蒙古族人。

新乡市获嘉县黄堤镇狮子营村与安阳市滑县牛屯镇张营村居住有可姓蒙古族人,获嘉县城关镇洛纣村和辉县市峪河镇穆家营村、占城镇居住有冯姓蒙古族人,获嘉县太山乡陈孝村居住有张姓蒙古族人,总人数约2200人。三姓蒙古族人的始祖叫可反反,据传是成吉思汗后裔。民国24年(1935)的《获嘉县志》说:"洪武年间可反反,原籍关东辽阳(今属辽宁),军职百户,本关外少数民族,改名前叫哈利,张自强系改姓,与可姓同族。"可、冯、张三姓家谱则说,可反反是元太祖成吉思汗宗室后裔,关东辽阳城人,元朝后期来到河南省获嘉县。元亡明兴时,可反反因病不能回到辽东,遂投降明朝。因立军功,被明朝封为百户官,后代世袭,明洪武二十二年(1389)为滑县宁山卫百户官。1985年获嘉县人民政府分别下文恢复可、冯、张三姓为蒙古族。

4.驻马店市的蒙古族。

驻马店市汝南县陶台堡梁姓蒙古族人,先祖是元世祖忽必烈第五子忽哥赤之子也先帖木儿,教育家、思想家、号称中国最后一个大儒的梁漱溟是其后裔。梁先生在他主编的《桂林梁先生遗书》卷1《年谱》中说:"我梁氏之先祖可考者,当元世居河南汝阳(今驻马店市汝南县)。旧族谱载:一世也先帖木儿,为梁氏始祖,与二子(脱欢不花、脱鲁)并为元之右翊万户,孙、曾袭封,终元世弗替。考元史,也先帖木儿为世祖第五子忽哥赤之子,则吾宗先为元之贵近重臣可知。

至入明时,元裔之未从顺帝北归者,往往改其旧氏,汝阳地属大梁,故以梁为氏。”这支蒙古人在元朝覆亡后避居汝阳,因汝阳归大梁管辖,便以梁为姓了。据一位蒙古族学者调查,汝南梁姓始迁祖叫梁彪,明初迁入,传至五世梁成时,曾做过钱塘尉管军百户。他有三子:梁铭、梁镛、梁鉴。梁铭与其子梁瑶均系武将,南征北战,漂泊不定,未归汝南。次子梁镛迁入今四川省阆中市,三子梁鉴迁往南京。①

5.河南省其他地市的蒙古族。

郑州市所辖中牟县有一支校姓蒙古族后裔,约有4000人,分布在该县城关镇的东关,姚家乡的校庄,韩寺镇的大洪、兴隆岗以及东漳乡等地,是明代迁入的。

中牟县靠近黄河岸边的校家岗村西北约1公里处有校姓祖坟,迄今尚存有一通清代乾隆时期的墓碑。墓主校秀书,乾隆时人,《中牟县志》有传,立碑人是他的侄孙校逢庚。因年代久远,风雨剥蚀,有些字已漫漶不清,但大部分尚可辨识。此碑是解决校姓人来源弥足珍贵的资料:

> 元时□□藩服,食邑山西洪洞县。浩繁□□□□,越在草莽,册牒沦亡,各以封号记族,遂□校氏。厥凌□□□至□□□科校郡庠邑庠,校较互见之后,□莫不报捷,□□□子子孙孙一见之后,知校较虽异,但□□□本。

何谓藩服?藩服就是离王畿最远的藩属,这就意味着校姓人乃是元代的天潢贵胄,即成吉思汗的子孙。元代的藩属有四大汗国:钦察汗国、察合台汗国、窝阔台汗国、伊利汗国。其中成吉思汗长子术赤建立的钦察汗国离大蒙古国统治的中心最远,到术赤次子拔都统治时,钦察汗国的疆域北边到了北极圈附近。“食邑山西洪洞县”一句则说明河南中牟校姓是成吉思汗长子术赤的后裔。《元史·太宗本纪》中有丙申年(1236)秋七月以“中原诸路民户分赐诸王……拔都,平阳府”的记载,平阳府即今山西临汾市,当时辖1司6县,洪洞县就在其中。“越在草莽,册牒沦亡”是说明朝推翻了元朝统治,这支蒙古人辉煌不再,沦落为平民百姓,连谱牒都丢失了。明朝初年洪洞大移民时,这支蒙古人由洪洞经河北栾城到了开封,稍事停留,又来到了中牟。他们当中在明初必有在府学或洪洞县学执教或读书者,学校古代称庠,府学称郡庠,县学称邑庠,他们改为

① 王建华:《散居在祖国内地的蒙古族及其后裔》,内蒙古人民出版社2013年版,第107页。

校姓,也就在情理之中了。大部分人姓校,小部分人姓较,其实是一个家族。

郑州所辖巩义市芝田镇蔡庄村和南山口村有校姓600余人,与中牟校姓均为术赤后裔,明朝孝宗弘治年间由河北栾城迁入。巩义市芝田镇蔡庄村《校姓家谱·序言》说:

> 始祖自明初,由直隶栾城,七世祖南游,越河留居吾巩,遂家蔡庄焉,有明朝弘治间墓碑可考。

洛阳市和南阳市有4万李姓蒙古人,均是蒙古开国功臣木华黎之后。南阳的李姓蒙古人是由洛阳迁入的。洛阳的李姓蒙古人主要集中在孟津县麻屯镇李营村以及水泉、单寨、韩庄、西陡沟等村,新安、宜阳、洛宁、灵宝等县也有一些。南阳的李姓蒙古人分布在社旗、桐柏、唐河等县。洛阳有3万余人,南阳有近万人,他们是从明代迁入河南的。明英宗正统六年(1441)忠宣王(木华黎之父孔温窟哇)十世孙李年纂修的《李氏家谱》说:

> 李出有元,札剌儿氏。自始祖忠宣生忠武(木华黎),以开国勋封鲁。忠武生忠定(勃鲁),食采东平(今属山东),遂居州之阳谷马儿庄。忠定子七,可传者长忠烈、次武靖王霸都鲁(按:《元史》作霸突鲁)。子五,长子忠宪安童。忠宪生司徒兀良台,司徒生文忠拜住,文忠生指挥使司农,而今无传。季子奉训铁古而忠,是为[李]姓五世祖。奉训生怀远铁思,怀远生武德咬儿,镇抚松郡,始居松江(今上海市松江区)。子五,季文林府君,始易姓李。

咬儿元末在松江做官,传到他的儿子文林时,已进入明朝,蒙古人失势,文林怕受歧视,改为李姓。

孟津县麻屯镇李营村庋藏的《李氏族谱》说:

> 祖忠宣(指木华黎之父孔温窟哇)受封东平(今属山东),历元明清六百余年,瓜瓞椒蕃,子孙众多。察自鲁迁洛,家谱残缺,不克证李氏迁洛所来由,贞(按:写此文者是孔温窟哇第二十四世孙世贞)心悼焉,故积极在族间搜集。时阅三载,得十世祖年序谱,始知始祖原姓札剌儿氏,讳忠宣王,佐元太祖,受封东平王。至八世祖可用公,兄弟五人,公行列四,谪戍臻洛,遂居洛阳南关,易姓李,是为河南李氏祖。

其实,这一支蒙古人并非由鲁迁豫,乃是从松江(今上海市松江区)迁来,上面提到的李可用,他的父亲汉名武德,蒙古名叫咬儿,曾在松江做官。《李氏祖谱》记述其事迹说：

松江祖讳咬儿，生而伟岸骁健，多筹略，习骑射，承怀远（按：咬儿之父名怀远）为松江万户府……亡何，元代鼎革，公故称胜国（被灭亡的国家，此处指元朝）官僚，自是治署及奉饩一切罢废，乃僦居集贤乡，杜门萧然，家徒壁立，意豁如也。公之疾笃，召诸子训曰：尔父不幸罹世乱，无表竖已矣，世亦无所须老夫矣。吾氏若忠敏、文忠两族，业与庙社并尽，独而父存者，为忠宣以下杯羹地耳。而父之使汝曹向文学，习声教者，所以志也。至至正之丙午（至正二十六年，1366）而公殁，距其生于大德之丁未（1307），享寿七十有二，终公世为元完臣……

这一段记述咬儿的文字颇为凄惨，元朝覆亡了，任职松江万户府的咬儿一下子失去了官职和薪俸，成了“家徒壁立”的贫民，最终抑郁而亡。咬儿的长子可才，登至正二十三年（1363）进士，“无何，值鼎革，易氏曰李，从木从子，志所自也”。这支怕受迫害的蒙古人不敢再姓原来的姓，取“札”字的偏旁“木”字，下面加上“子”字，就成了“李”字，表示仍是札剌儿氏的子孙。可才在洪武初年科举得中，任昌黎（今属河北）县丞，他未涉足河南。从松江迁入河南的是可才之弟可用。“可用公，可能之弟也，善骑射，雄杰有祖父风概。洪武初，易姓李。原下吏议，议公胜国勋裔，明师取吴松，款附意缓，谪戍河南，居戍所积功至五十夫长……世居洛阳之南关，是为河南祖。”所谓“款附意缓”云云，分明是说投降迟了，因此获罪谪戍河南，而谪戍的真正原因是李可用是蒙古人，这明显带有歧视意味。如今河南洛阳一带的蒙古人皆是元朝显贵木华黎之后，李可用是这支蒙古人的始迁祖。

洛阳的蒙古人初迁入时人数不多，却很注意本民族的纯洁，《李氏家谱》有几条规定：

①嗣子必明其所出，使不忘本也，且知为我族类也。

②无嗣者直书之，以防冒认。或逃亡于外，则书某地，寄养于人，则书某姓，冀其久而复归也。

③养子不宜从吾家之姓，纵然从姓，虽贵不录。如有甥或婿而作嗣者，亦不录，恐其乱宗派也。若养子有先人所给田产，有文约可凭者，子孙亦不宜过问。

河南洛阳的蒙古人螽斯繁衍，但长期生活在汉人包围之中，他们的民族特色已看不到了。

南阳市李姓蒙古人的始迁祖叫李文秀,是札剌儿氏的第九代孙。原来咬儿之子可才迁入洛阳后,因那里兵燹不断,又值灾荒,李文秀携妇将雏,挑着担子,从洛阳南迁到唐河县境内卜居,后来又繁衍到桐柏、社旗等县。

平顶山市的马姓、宣姓蒙古族2500余人。马姓分布在平顶山市北渡镇荆山村及叶县廉村乡马庄村、二郎庙村,水寨乡姚奉村,仙台镇老陈庄村;宣姓蒙古族大多数居住在叶县廉村乡宣圪垱村。马姓的始迁祖叫马秃塔儿。清代康熙《叶县志》说:

> 元马秃塔儿,里籍不详,疑系蒙古色目人。至正(元末最后一位皇帝顺帝年号)间累官昭勇大将军、佥书枢密院事、上轻车都尉,追封范阳郡侯,今县北荆山(按:荆山已划入平顶山市郊区)下为其故里。人物志中载马克钝、三世,由明经起家,系范阳郡侯之后,则为当时流寓,因而卜居焉,可知已。①

康熙《南阳府志》也说:

> 元马秃塔儿,里籍未详,疑是蒙古色目人。至正间累官昭勇大将军、佥书枢密院事、上轻车都尉,追封范阳郡侯,侨居于县北荆山下。②

马秃塔儿是武官,佥书枢密院事是实任职务,官阶为正三品,郡侯是爵位,正三品,上轻车都尉是勋阶,也是正三品,昭勇大将军属于武散官34阶的一阶,也是正三品。从马秃塔儿的一系列职务、爵位、勋阶来看,他是元朝末年的高级武将。以上这两处记载,一说马秃塔儿流寓荆山,一说侨居荆山,可知他是在元明朝代更迭之际来到荆山的,否则以马秃塔儿正三品的高官,何至于流寓荆山?

马秃塔儿有两个弟弟:一个叫西汉杰儿,一个叫宣帖木儿。乾隆《叶县志》称:“西汉杰儿墓在县西南昆水上,西汉杰儿,元礼部尚书。”“宣帖木儿墓在县东南七里,元南阳府尹。”③

平顶山市北渡镇荆山村的马氏祖坟至今仍完好无损,其中一通石碑说:

> 先始祖范阳侯(马秃塔儿),有功于元,敕赐荆山。明兴,马氏子孙惧以

---

① (康熙)《叶县志》卷六《人物志·流寓》,清康熙五十八年(1719)增刻本。

② (康熙)《南阳府志》卷五《人物下》,清康熙三十三年(1694)刻本。

③ (康熙)《叶县志》卷二《古迹·元墓》,清康熙五十八年(1719)增刻本。

胜国名臣之后获罪新朝(指明朝),因仆茔中碑石及一切天禄辟邪、翁仲之属而埋之,隐姓名不仕。久而失记,不知墓碑所在。

明朝推翻了元朝,原来高贵显赫的蒙古人,一下子从峰巅跌入了谷底。马秃塔儿的后人因怕得罪新朝而招致罪戾,便推倒了祖坟中的石碑、翁仲,隐去了本来姓名,不敢出仕,并摘取其祖先马秃塔儿的马字为姓,以免明朝统治者识出他们的庐山真面目。宣帖木儿的后人也照此办理,改称宣姓。

(三)犹太人

明代是开封犹太人的鼎盛时期,人数有 5000 人。由于长期与汉族人生活在一起,犹太文化逐渐与中原文化融合,其中的一些犹太人不再学习犹太教经典,转而学习儒家经典,并参加明朝的科举考试,中举后成为明朝政府官员。据开封犹太石碑记载,他们当中有中过举人、进士,当过知县、知府、布政使、兵马司指挥、锦衣卫指挥等官职的。这些官职虽然不甚显赫,但作为犹太人能在中国居官,其意义自是不同寻常。另外,要在中国居官,必须精通汉语,而他们本身的希伯来语因为用处不多,后来只在举行宗教仪式时使用,在大多数场合下,开封的犹太人逐渐以说汉语为主了。

开封的犹太人将儒家的纲常伦理与一赐乐业教的教义糅合在一起,从而赋予一赐乐业教新的含义。明弘治二年(1489)的《重建清真寺记》碑中说:

愚惟三教,各有殿宇,尊崇其主。在儒则有大成殿,尊崇孔子。在释则有圣容殿,尊崇尼牟。在道则有玉皇殿,尊崇三清。在清真,则有一赐乐业教,尊崇皇天。其儒教与本教,虽大同小异,然其立心制行,亦不过敬天道、尊祖宗、重君臣、孝父母、和妻子、序尊卑,而不外于五伦矣。噫嘻!人徒知清真寺礼拜敬道,殊不知道之大原出于天,而古今相传,不可诬也。

犹太教是外来宗教,碑文却说与中国传统的儒教大同小异,其核心内容都是敬天、尊祖、孝敬父母、和睦妻子、讲究长幼尊卑,这些内容已经和汉族的五伦(君臣、父子、兄弟、夫妻、朋友)互为表里了。碑文中又说:“受君之恩,食君之禄,唯尽礼拜告天之诚,报国忠君之意。”犹太清真寺内的两副对联,也具有浓厚的儒家色彩,一副是:识得天地君亲师不远道德正路,修在仁义礼智信便是灵圣源头。另一副对联是:自女娲嬗化以来西竺钟灵求生天生地生人之本,由阿罗开宗而后中华衍教得学儒学释学道之全。犹太人如此不遗余力地宣扬儒家思想,正如英国学者宋奈雷所说:“开封犹太人一直把五伦、三纲和五常等儒家原则当作自己的伦理规范加以强调,同时还用天、上天、上帝和道等儒家伦理术语来描述自己的神。”“通过对儒家经典广泛深入的研究,他们发现了一个与犹太教并不同的、有高度组织的伦理制度,犹太儒生意识到犹太教与儒教相同,因此,为他们的儒化合理性找到了一条理论根据。”①

尊孔祭祖,行汉人礼仪,是开封犹太人的另一特色。明弘治二年的《重建清真寺碑记》碑中说:“其道教相传,至今衣冠礼乐,遵行时制。语言动静,循由旧章。人人遵守成法,而知敬天尊祖,忠君孝亲者,皆其力也。”敬天尊祖、忠君孝亲是儒家文化的核心内容,如今已融入犹太教经义中了。一位叫骆保禄的外国学者,曾专门到开封犹太人中调查,问他们是否尊孔,都得到了肯定的回答:“我请求这些人告诉我他们是否崇拜孔夫子,包括他们的掌教在内的所有人都毫不犹豫地回答我说:他们确实尊孔,其方式与大多数异教徒文人一样。他们也参加隆重的祭祀孔子的仪式,也如同其他人一样在圣人庙中举行。”②

用汉文姓名,是开封犹太人的又一特色。这里分两种情况,一种是天子赐姓,如《明太宗实录》中一个名叫俺三的犹太人赐名赵诚;一种是犹太人入境随俗,自愿使用汉文姓名的。“明朝以后,很少看到开封犹太人沿用希伯来文名称,只是书写谱牒时才把希伯来文与汉文姓名并用。使用汉语,改用汉姓,这正是开封犹太人日益与汉民族融合的标志之一。”③

犹太人定居开封后,成了中国的常住居民,并且建立了犹太社团,按照犹太风俗生活。但时间既久,兵燹、饥荒连年不断,再加上文化上的逐步融合,犹太社团便逐渐衰落。明末农民起义领袖李自成攻打开封时,曾引黄河水灌城,城中人半为泥沙所埋,犹太人也有一半死于水灾,其余的辗转沟壑,逃往他处。等局势稳定之后,犹太人又返回开封重建家园,这时只剩下李、赵、艾、张、高、金、石七个姓的人了。

和开封的汉人相比,犹太人是少数,受大环境的影响,他们已开始与周围的

---

① 宋奈雷:《犹太人的同化:中国犹太人之例》,转引自张倩红:《论历史上开封犹太人被同化的原因》,《民族研究》1995 年第 3 期。

② 荣振化、莱斯利:《中国的犹太人 · 骆保禄的第七封书简》,耿昇译,中州古籍出版社 1992 年版,第 92 页。

③ 张倩红:《论历史上开封犹太人被同化的原因》,《民族研究》1995 年第 3 期。

汉族、回族通婚，这就加速了民族融合的进程，以至犹太人的特色越来越少。再加上战乱、灾荒，导致犹太人会堂毁坏，犹太人失去了凝聚中心，一些人逐渐归依了伊斯兰教，还有一些人则侧身于汉族行列，不再是犹太人了。迨至清代道光三十年（1851），香港基督教圣公会派人对开封的犹太人作过调查，叙述了当时的情况：

这些犹太人在外貌和行为上也完全中国化了，谁也不会读希伯来文了，也不懂如何举行宗教仪式。只有少数人还知道他们是犹太人的后裔，但却对犹太教、犹太历史和文化一无所知。由于生活困苦，一些住在"清真寺"附近的犹太穷人将寺的木头砖瓦拆下来出卖。到后来，一些犹太遗民甚至把会堂内的犹太经卷、石碑也偷出来卖给外国人。其他地方的犹太社团也遭到了同样的命运，消失的时间甚至比开封犹太社团还要早。[①]

同治六年（1867），美国圣公会主教施约瑟访问了开封，他写道：

他们（指犹太人）已经完全丧失了自己的宗教，从任何方面来看都很难与异教徒区分开来。他们的家里供着偶像，并留着祖先的牌位，有一个人还当了和尚。他们与当地人通婚，不再举行割礼，衣着、习惯、宗教等方面已完全与汉人相同……虽然还保留着一些希伯来文经卷，但已不能认读。[②]

如果说犹太人的民族特色和文化传统在清朝末年还留有淡淡的痕迹，到了现在犹太人已经彻底融入汉族中了。

中国的56个民族中没有犹太民族，他们已完全融合到汉族、回族中了。

（四）维吾尔族

河南省三门峡市渑池县在元代已有维吾尔族人迁入，他们是做官致仕后卜居者。明朝万历年间，又从湖南迁入长葛市一支维吾尔人，但人数不多。据长葛市尹家堂村《维吾尔族翦氏碑记》记载，这支维吾尔族本姓哈，其先出自西域回部，成吉思汗西征时归附蒙古人。元顺帝至正年间，维吾尔族首领哈勒·八十在燕京当过武将，从边疆迁到了内地。元末朱元璋起义时，哈勒·八十结识了朱元璋手下的将领常遇春、蓝玉等人，加入了反元兴明行列，东征西讨，屡立

---

① 肖宪：《圣殿长存——古犹太文明探秘》，云南人民出版社2001年版，第200、201页。

② 肖宪：《圣殿长存——古犹太文明探秘》，云南人民出版社2001年版，第200、201页。

战功。洪武四年(1371),明太祖朱元璋因哈勒·八十蒴除敌对势力有功,赐姓为蒴,更其名为“八士”,次年封蒴八士为荆襄都督府都督,镇守辰州(今湖南沅陵)、常德一带。洪武二十一年(1388),蒴八士死于军中,敕葬常德东关外黄龙岗。

蒴八士之子拜著也在军中任荆襄都督府总兵,洪武二十五年(1392)战死于云南战场,奉旨与父母葬常德,其子孙世袭常德卫指挥使,率蒴旗营屯兵桃源,戍守武陵(今湖南常德)。明宪宗成化五年(1469)蒴八士的八代孙蒴相因捕盗失机,被降为常德卫所千户,后代又世袭其职,至十一代蒴崇德。从第十二代起,蒴氏后裔失去了世袭官爵,从此成为布衣。蒴八士的后裔蒴崇夷于明神宗万历年间迁入河南长葛尹家堂村,至今已繁衍了15代,约600余人,信仰伊斯兰教。1996年经有关部门批准,恢复维吾尔族成分。

长葛的维吾尔族已采用汉语、汉文,风俗习惯大致和汉族相同,多与回族通婚,也有与汉族通婚者。尹家堂村有一座气势恢宏的礼拜大殿,并聘请有阿訇,维吾尔族穆斯林经常在这里进行宗教活动。由于这支维吾尔族居住在内地,他们和新疆的维吾尔族不同,在很多方面已与汉人融合了。

(五)回族

明代回族迁入中原有以下几种情况:

一是屯田定居。如元代曾在南阳屯田,屯田中以回族人最多,元朝灭亡后,回族人落籍为民,聚族而居,仍然种田。洪武年间南阳县(今河南南阳市宛城区)尚有“元代屯田61处,如今的瓦店、石桥、黄池陂、界中、泉庄寺等原屯地及其附近,仍为回族人聚居区,他们姓氏的第一音多为波斯语。区内的马、苏、买、白、赛、丁、金、海、法、巴诸姓,也大都是当年屯田军人的后裔”①。明朝初建立时,因受战乱的影响,河南人口锐减,田园荒芜,朱元璋、朱棣父子推行“招徕耕种,以实中原”的政策,洪武、永乐年间多次向河南移民,其中有不少回民。如邓州市城关镇小西关、城郊乡海营村的海姓居民与文渠乡半店村的丁姓居民,镇平县贾宋镇桥北村的吴、闻、牧、马、李姓居民及城郊乡王庄村、柳泉铺乡水沟村的王姓、水姓居民,南阳县石桥镇和新野县横堤铺的丁姓居民,还有内乡县的

① 南阳地区地方史编纂委员会:《南阳地区志》上册,河南人民出版社1994年版,第271页。

海、李、丁、虎等姓居民，均是明初由山西洪洞县迁入的回族。河南项城南顿、沈丘槐店回族镇的《马氏宗谱》记载："吾宗马氏世居山西洪洞县，三迁以至项城之南顿……初居南顿石桥口，河北怀庆府孟县桑家坡人。"[①]由此可见，这支马姓回民先由山西洪洞迁河南孟州，再迁项城南顿。《项城县志》又载："马氏为陈巨族，始自洪洞，又迁南顿、槐坊诸处。"陈即陈州，明代治所在淮阳县，沈丘属陈州管辖，槐店的回族既来自洪洞，当然也是与移民垦荒有关了。河南省驻马店市所辖的西平、确山、泌阳、遂平等地的部分回民中也流传着老家是山西洪洞县大槐树底下的说法[②]。

二是因避祸迁居于中原者。明朝初年的丞相胡惟庸"谋反"案，牵连甚广，先后被杀者多达 1.5 万人，"一些官员逃到河南避难，睢县刘姓、钱姓先祖都是因躲避捕杀而隐居者"[③]。

三是因战乱进入中原者。明宪宗成化年间，荆襄地区广大百姓因不满封建统治者的残酷剥削与压迫，揭竿而起，发动了声势浩大的农民起义，其中有不少回民参加，起义军的首领就是绰号"老回回"的马守应。起义军转战南北，给封建统治者以重创。起义失败后，流散于河南的部卒甚多，如今南阳市辖区内"回族中的马、杨、吴、陈等姓，多是这支义军的后裔"[④]。今新野县沙堰乡马坟村的马姓人祖籍是陕西泾阳县永乐镇，世代居官，明朝末年为躲避战乱，马氏家族由京城迁入新野县定居。与此同时，荥阳县马沟、法堂、虎沟等地的马、海、法、虎、刘诸姓回族难民，也相继迁入新野。

四是其他原因卜居中原者。明代有不少外籍回族因经商、行医等原因移至河南定居。"如北京香椿胡同的袁氏，于明朝期间因经商迁居开封东大街，后又迁到沁阳、济源等地。"[⑤]如南阳市宛城区石桥镇的丁姓原籍山西洪洞，明初洪武年间迁往河南孟州桑坡村，明朝末年一支迁往南阳县石桥镇，另一支迁往新野县横堤铺。河南镇平县的水姓，原籍陕西渭南县良坡村，因行医至镇平定居，后

---

① 清咸丰十年(1860)修《马氏宗谱》，现藏项城市南顿回族镇马义魁家，转引自倪胜章：《中原回族散居地——槐坊地名考》，《回族研究》1999 年第 2 期。

② 杨韶华：《驻马店回族概述》，《回族研究》1997 年第 4 期。

③ 河南省地方史志编纂委员会：《河南省志》第 9 卷，河南人民出版社 1994 年版，第 28 页。

④ 南阳地区地方史编纂委员会：《南阳地区志》上册，河南人民出版社 1994 年版，第 272 页。

⑤ 黄旭东：《关于开发朱仙镇回族文化的思索和建议》，《河南少数民族与地区发展研究》，民族出版社 2012 年版，第 250 页。

又播迁于南阳市。还有些回族百姓因遭天灾或躲避民族迫害从山西、陕西、河北、山东等地辗转迁入地广人稀之处,或开荒种田,或从事皮毛加工,或从事饮食服务行业。今方城、新野、邓州、镇平等地的回族多是明代来此开荒或经商的。又如焦作市中站区龙洞乡十二会村“地处太行深山区,明末十二家回民自洪洞迁民于此,得名十二回,天长日久,演变成‘十二会’”①。这支回民迁往大山深处,显然是为垦荒而来。再如柘城县西关的刘姓回民,“刘氏先人肇基碑”记载:“明宣德八年(1433),始祖刘维经,从顺天府(今北京市所属的大兴区、宛平)迁柘。”迁徙原因不详。济源市回族《袁氏族谱》载,袁氏原为北京香椿胡同人,明代因经商迁往开封东大街,后又迁到沁阳市南关,清初才迁入济源市庙街镇下街村落户。洛阳市瀍河回族区油坊马村的《马氏家谱》记载:“马氏之祖先,出于陕西扶风县,自明经商于洛,因家焉。”

回族迁入河南后,与汉族百姓和睦相处,为河南的经济发展做出了巨大贡献,其功绩不可湮没。同时,受伊斯兰教影响,也有部分汉族人因信仰伊斯兰教而演变为回族者。

(六)女真遗民

河南省鹿邑县有一支女真遗民,居住在马铺、老庄、太清、贾滩、杨湖口等5乡9村。另外,汝州市的完颜庄、许昌县完门村也有女真遗民,是从鹿邑迁入的。他们全部姓完颜。

据《完颜氏家谱》记载,金朝灭亡后,完颜氏的一支流落于山西大同府云内州(今山西大同),为避免蒙古人的歧视,他们隐族易姓,改女真族为汉族,改复姓完颜为完姓。在金代近120年的历史中,完颜姓是女真人中最尊贵的姓氏,因为只有天子及宗室才姓完颜。《金史·国语解》载:“完颜,汉姓曰王。”而这一支女真人却是例外,姓完而不姓王。他们冒着生命危险保存完颜姓氏,无非要使子孙后代记住,他们这一支曾经是天潢贵胄,有一段值得自豪的历史。元代立国时间甚短,只有90余年,想来这一支女真人的民族特色还不至于完全泯灭。元朝末年发生了轰轰烈烈的红巾军起义,完颜氏的首领完颜佩积极响应,跋山涉水投入朱元璋麾下,东征西讨,转战江淮,攻城克池,屡立战功,被封为

① 《焦作市中站区志》,中州古籍出版社1995年版,第425页。

将军。

天下底定之后,朱元璋为了恢复江淮一带因战争破坏而凋敝不堪的农业生产,在他即位的当年(1368)便实行军屯,抽调一部分军队屯种滁州(今属安徽)、和州(今安徽和县)、庐州(今安徽合肥)、凤阳(今属安徽)等地,开立屯所。他说:"养兵而不病于农者,莫若屯田。今海宇宁谧,边境无虞,若但使兵坐食于农,农必受弊,非长治久安之术。其令天下卫所督兵屯种,庶几兵农兼务,国用以舒。"[①]完颜佩就在这时奉命留庐州,垦荒屯田,从此入籍肥东(今安徽合肥市肥东县),成为当地土著。朱元璋对这位女真将军优宠有加,除赐节略一面,注明完颜佩系女真族外,并恩准修家谱留传后世。可惜的是,完颜氏家族一直视若拱璧的手稿和节略,在"文革"期间惨遭焚毁,道光乙未年(1835)、光绪二十三年(1897)重修本,也已全部散失,使人无从得知这一支女真人繁衍发展的崖略,不能不说是一件憾事。如今他们已被有关部门恢复为满族。

河南鹿邑的女真遗民是明朝万历年间从安徽肥东县迁徙来的,一世祖为完颜必重。从辈分上看,他是完颜佩的曾孙。完颜佩生子完颜乔,乔生子潮。潮生三子:必重、必孝、必启。《完氏重修宗谱》载:"爱吾公字必孝,生于明万历乙未年(1595),年弱冠为国学生……公本兄弟三人,长公字必重,未冠时报名袭职,赴都考试,得中后从戎至河南,不知所终。"必重生年不详,但他系必孝之兄,姑且以长必孝5岁计算,可知他生于万历十八年(1590)前后。弱冠为20岁,未冠报名袭父职,可知他不到20岁。姑以18岁计,则他赴北京参加考试当在万历三十五年(1607)前后,得中后当年,至多是第二年,便从戎至河南鹿邑县。据此,鹿邑县的这支女真遗民是从明朝晚期,即万历三十五年前后迁入的。所谓"不知所终"云云,当是指必重到河南后,山水迢递,交通不便,从此与安徽肥东县老家失去了联系。这虽系猜测,但离事实当不会太远。鹿邑的这支女真人如今已被承认为满族。

河南唐河县城郊乡仝营村也有一支仝姓的女真人,而他们自己却说是蒙古人:"南阳地区的仝姓(夹谷氏),分明是出自女真,但却自认是鞑子。"[②]这并非他们出于无知而数典忘祖,而是因为身处元代,有意作弊,好侧身于统治民族蒙

① 《明太祖实录》卷一九三,台湾"中央研究院"历史语言研究所1962年版。

② 贾敬颜:《略论汉民族的形成》,《文史知识》1987年第2期。

古人之中。这一支女真遗民何时入豫,目前仍晦暗不明。据当地人说,他们是洪洞县移民,如此说属实,唐河的女真遗民是明初洪武年间或永乐年间迁入河南的。明朝初年因河南迭经战乱,田园荒芜,人口稀少,明朝中央政府便从山西迁来一批人口。曾经居住过女真人的安邑县在山西省的最南端,即今之运城市,距洪洞县不远。洪洞县有《大槐树志》一书,迁入河南的山西移民,多在大槐树底下聚集起程,因而名声甚大,几乎所有河南人都说自己是洪洞县移民的后裔。想必唐河县的仝姓女真人也以讹传讹,将安邑误认为洪洞了。除了姓氏,这支仝姓女真人已无女真人的任何特征,即使从外表上看,也与汉人毫无二致了。如今他们被定为汉族。

河南省南召县、郏县居住着1.2万高姓居民,他们原是一支女真遗民,始祖叫完颜简。据统计,南召县有6240人,分布在该县皇后乡、云阳镇、小店乡、石门乡、太山庙乡、城郊乡、留山镇、南河店镇、白土岗镇、皂路店镇、四棵树乡等地。郏县的女真遗民据1993年修家谱时统计,共5900余人,分布在该县安良镇、城关镇、白庙乡、冢头镇、长桥镇、王集乡、薛店镇、广阔天地乡等地。

南召县皇后乡古鸦路纸坊沟有一块被当地高姓人视为珍宝的明代碑碣,这块碑记载了他们先世的大致情况。因年代久远,风雨剥蚀,碑上的字已漫漶不清,道光三十年(1850)南召县完颜氏后裔又依原样重新镌刻,如今庋藏于皇后乡竹园村娘娘庙卫生所,由专人保管。碑高97厘米,宽42厘米,厚8厘米。碑文云:

> 我始祖讳简,世居辽阳义州卫(今辽宁义县),元时曾封金牌万户侯。迄我太祖受命,有我完颜氏始祖母曰白头奶奶、黑头奶奶,生我曾祖曰德仁,曰德原,曰德昌,而葬祖母于是,地名纸坊沟。山水朝拱,族姓蔚立,祖母积至,诚非偶然,故欲瞻然不忽慈。不肖孙继编恐世远坟废,失其木本水源,因立此石以志之。后之孝子志于此而事愈加者,予日望之。特志。
>
> 白/黑 奶奶之墓
>
> 六世孙生员 继编/养性 仝立
>
> 明万历十五年岁次丁亥清明时不肖孙叨进太学轩顿首拜撰

由于此碑立于明代万历年间,可知文中的“太祖受命”四字是指明太祖朱元璋灭元而奄有天下,“有我完颜氏”五字则明白无误地表明这是一支女真遗民,是金朝开国皇帝完颜阿骨打的后裔。金朝灭亡后,其中相当一部分女真人无力返回原籍,便流寓河南,后来融入了汉族。由于他们更改了姓氏,如今已无法寻觅他们的踪迹了。也有少数人改换门庭,归依元朝,为元朝效力。《元史》中就有官拜四川行省参知政事的女真人完颜石柱,其祖父德住在金朝任管军千户,父亲拿住归依元太祖成吉思汗,后因年老,由石柱袭职。完颜简家族大概也属于这一类。他家世居义州,即今日的辽宁义县。检《金史·地理志》,义州在辽代叫宜州,金朝海陵王完颜亮天德三年(1151)改名义州,但并不属辽阳府管辖,而是属大定府管辖。辽阳府属东京路,大定府则属于北京路(今内蒙古巴林左旗东南)。只是到了明代洪武二十年(1387)才设义州卫,属定辽中卫(元的辽阳路)管辖。因此碑文中说完颜简世居辽阳义州卫,只能是明代的地理概念。碑文中说完颜简在元代曾封金牌万户侯,按元代官制,在中枢及外路均设万户,诸路万户府根据管辖军队的多少,设上万户府、中万户府、下万户府,有万户一员,副万户一员,官阶为正三品至从四品,子孙可以世袭,但只称万户,不称万户侯。碑文中说完颜简官封万户侯,也不很确切。可以肯定的是,完颜简在元代立过军功,因此才有可能被封为万户,至于是上万户、中万户还是下万户,已经难以稽考了。完颜简在《元史》中没有立传,因此很难查明他的身世。但被封为万户,当不是空穴来风,可以凭信。

碑文中的白头奶奶、黑头奶奶两人当系完颜简的妻室,白头奶奶在前,似应为嫡,黑头奶奶在后,似应为庶。按照立碑的一般规矩,白、黑两字应是两位完颜氏始祖母的姓氏,但这里白、黑对应,似又不像,使人联想到金代生活在白山黑水之间的女真人。女真人是我国最古老的民族之一,世代居住在黑龙江下游,松花江、乌苏里江流域与长白山地区,隋唐时称为黑水靺鞨,五代时始称女真。初属渤海国管辖,渤海国亡于辽,女真人又受辽的统治。至天会三年(1125),金太宗灭辽,统一了北方。白头奶奶、黑头奶奶似乎是暗指长白山、黑龙江。

白头奶奶、黑头奶奶生德仁、德原(郏县《高氏家谱》叫德备)、德昌弟兄三人,是一母所生还是两母所生,碑文和家谱中均没有交代,不过这并不妨碍我们对这支女真人的理解。完颜氏的两位始祖母葬于纸坊沟后,由于这里“山水朝拱”,风水极好,完颜氏后世才能福泽绵绵,“族姓蔚立”,这都是始祖母积德所致，诚非偶然。立碑人对其始祖母一片虔诚，“故欲睠然不忽慈”。“睠”是“眷”的异写，即怀念、眷恋之意，因此这句话的意思便是，怀念始祖母恩德，永远不能忘记。她们的六世孙继编、养性恐怕年代久远，坟墓荒废，完颜氏后人不知木本水源，因此才立了石碑，希望后世发扬光大祖宗德泽。撰写碑文的完颜轩进过太学，也即明朝的最高学府。“学校有二，曰国学，曰府、州、县学。府、州、县学诸生入国学者，乃可得官，不入者不能得也。”（《明史·选举志》）国学就是太学，明代有两处：一在南京，一在北京。完颜轩进过太学，说明他是知识渊博之士。

清代道光年间重新镌刻的石碑背面，完颜简的十六世孙高垣用了很长一段文字说明保存万历碑文的艰辛：

> 凡事莫为之前，虽美弗彰；莫为之后，虽盛弗传。如我高氏始祖母之墓，非前人立石以志之，当明季世，巨贼流寇，家谱毁于兵燹，后人何由识其木本水源乎？但自明迄今，世远年湮，其碑已颠扑而破裂，仅有予祖候选教谕涉园公所钞碑文一纸，不及今重立，恐久而并失其碑文也。爰同族人将兹碑原文重刻贞珉，以承先而启后焉。

明朝末年，干戈遍地，兵燹不绝，高氏始祖母的墓碑与家谱均毁于战火，幸赖完颜简的十三世孙、候选教谕（县学教官）高涉园事先抄录了碑文，后世才得以按墓碑原文重刻贞珉。幸亏这一通碑文完整无缺，世人才得知这一支女真人的庐山真面目，否则高氏的真实历史就难以稽考了。

以完颜简为首的女真遗民家族为何来河南，前引碑碣中没有记载。南召《高氏（完颜）家志》第二章《族姓渊源》中说：“至正二十七年（1367），明兴元衰，始祖白头奶奶、黑头奶奶为避难，携德仁、德原、德昌三子，从辽阳大凌河流域义州卫进入关内，逃至渤海唐山一带潜居。二祖母携三子辗转迁徙至河南郏县西山高门垌村，为图安稳，隐去原姓，并与当地的汉族相融合，此即本家族高姓来源之由。翌年，为分散以避祸，二始祖奶奶留长子德仁于是，令小儿子德昌回辽寻父（未知后果，人亦未归），率次子德原徙至古鸦路纸坊沟定居。纸坊沟为南召境皇后峪之一村，定居迄今已 620 年。”完颜简后裔在《南召县高氏（完颜）家族渊源》一文中说：“约在 14 世纪中叶，明兴元衰，我完颜氏被明朝所追杀，二始祖母携带三子，从襄阳府枣阳北徙避难关内，分别转移到河南郏县门垌村、南召县皇后峪纸坊沟，并改姓为高氏，混入汉族生活中。”这两段文字大体相同，都是说完颜氏家族因受到明朝追杀,为避难才逃入河南。稍有不同的是,前者说这支完颜氏由东北先到唐山,而后辗转至郏县,再到南召;后者则说是由湖北襄阳府所属的枣阳北上,分别到了郏县、南召。相比之下,还是后者所说比较准确。因为朱元璋崛起于江淮一带,在统一天下时,遇到了完颜德仁等元朝官员的顽强抵抗,在抵抗失败后北上避难,自在情理之中。

《郏县高氏家谱》及所存碑碣也明确指出高氏(完颜)家族是由襄阳府枣阳迁入郏县的。明末崇祯九年(1636)的家谱序说:"吾始祖讳德仁,原籍襄阳府枣阳县之崔桥里人。"清康熙三十年(1691)的家谱序中说:"我高氏先世为湖广枣阳人。万招公(完颜简)生三子,长曰德仁,卜居郏县;次曰德备(南召碑文中说次子名德原,应以为准),徙居南召;三曰德昌,随父避居辽东。"清嘉庆五年(1800)完颜德仁的第十二世孙高三畏也在家谱序中说,其始祖万招生三子,长子迁郏县,次子徙南召,三子德昌"随父归辽,亦不详其郡邑。元明之际,为时无几,意枣阳特寄籍流寓之所耳"。由此看来,完颜氏家族先是因做官由东北到了襄阳,然后由襄阳府枣阳县崔桥里再迁往河南郏县、南召。完颜氏家族为何由东北到了襄阳?如今庋藏于郏县安良镇高楼村的《郏邑高氏文武功名官爵碑记》为清宣统二年(1910)所立,其中说:"第一世德仁,元封忠勇侯,明初迁郏。"这几句话非常关键。由此可知,完颜德仁在襄阳做官时已是元朝末年,其父完颜简早已致仕,随德仁在襄阳居住。当时,徐寿辉据蕲水(今湖北浠水)起义称帝,国号天完。不久,大将陈友谅弑徐寿辉而称帝,"尽有江西、湖广之地"(《明史·陈友谅传》)。完颜德仁有家不得归,只得暂时卜居襄阳府枣阳县之崔桥里,成了普通百姓。高三畏认为襄阳乃"寄籍流寓之所",所说甚是。至正二十五年(1365)四月,朱元璋大将常遇春攻克襄阳,五月占领枣阳,完颜简、完颜德仁父子怕遭到明军的迫害,便携妇将雏来到了河南郏县。他们不敢再姓完颜,便指高山为姓,改姓高。完颜简更名为高万招,完颜德仁更名为高德仁。1989年出版的《郏县地名志》云:"相传元朝顺帝时,高万招因战败躲避杀身之祸,携子高德仁等来郏县,隐居高垌,于明洪武年间迁到马楼。除掉马楼地痞马八子后,改村名为高楼。"清代中叶,完颜简的后裔又从高楼迁入高门垌村。此村原名门垌村,因高姓的迁入,才改名为高门垌村。如今高门垌村有高姓20余户,约180人。

白头奶奶、黑头奶奶的墓碑是高氏(完颜)家族最早的墓碑,只写完颜简在元代曾封万户侯,未说他涉足河南。近年编纂的《郏县高氏谱序》中说:“老始祖于元末,由枣阳崔桥里携全家北迁至郏县门垌村隐居,改姓名为高万招。未几,老始祖带第三子德昌回辽。”这一说法为所有完颜氏后裔所认可。其原因很简单,如果不是江山易祚,朝代更迭,完颜简就不会到郏县避难,不避难就无须改名为高万招了。类似例子甚多。如元朝覆亡后,蒙古王室的一支逃往河南镇平晁陂,因是王室后裔,便改姓王;逃往河南孟津的一支蒙古人是蒙古四杰之一的木华黎的后裔,改姓李,表示是木华黎的子孙。他们无一例外都是怕受迫害才改姓的。完颜简虽然到过河南郏县,但并非郏县高姓(完颜)始祖,始祖或一世祖是他的长子德仁。明代崇祯九年(1636)刊印的河南省《郏县高氏家谱序》中说:“吾始祖讳德仁。”清代康熙三十年(1691)的《郏县高氏家谱序》中说:“吾始祖德仁公生三子:盟、盘、监。”嘉庆五年的谱序说:“世传高氏始祖讳德仁。”郏县安良镇高楼村的《郏邑高氏文武功名官爵碑记》说:“第一世德仁,元封忠勇侯。”完颜简之所以未被列为始祖,是因为他未在郏县定居。完颜简离开郏县的一个重要原因是叶落归根。狐死首丘是中国人固有的传统观念,在外闯荡了大半生,此时已到了桑榆晚景,倦鸟投林,回归故里,是他的必然选择。因为年老体弱,才携带三子德昌回辽。更深层次的原因是,明朝刚刚定都南京,新政权如何对待元朝官员,还是个未知数,完颜简不能不未雨绸缪,防患于未然。他除了自己回辽,还着意安排两位夫人携带次子从郏县迁往南召,免得将来遭难时被一网打尽。从此,南召便有了完颜姓女真遗民,如今螽斯繁衍,已成为一个大家族,传到了 26 世。

南召、郏县的完颜氏虽在明初已改为高姓,融入了汉族之中,但作为女真遗民,仍有蛛丝马迹可寻。一是楹联。如“承先义州完颜军功扬四海,启后鸭水白黑恩泽绵千秋”;“渤海家声千古振,唐山世德万年招”,横批是“辽阳望族”。二是习俗。岁末腊八粥吃咸的,并用大碗盛饭敬祖,意取碗盐——完颜谐音,以缅怀先祖。每年除夕下午,由晚辈去老坟地背奶奶回家过年,俗称背奶奶。

第二节　清代移民

清代的河南移民有三个特点：一是移民入河南者多，迁出河南者少；二是政府有组织的移民屯垦与零星的移民并存；三是满族、高山族于清代卜居河南。

一、零星迁入河南屯田垦荒者

河南在明朝末年兵燹不断，天灾洊臻，造成百姓流离失所，土地荒芜。顺治《河南通志·户口》中说："自明季以来，兵火相仍，郡邑丘墟，土田荆棘，户口耗减。"崇祯十三年（1640），居住在洛阳的明南京户部尚书吕维祺在给福王的一封信中说："三载奇荒，亘古未闻，村镇之饿死一空，城市皆杀人而食。"①民国24年（1935）纂修的《续修范县县志》中载有知县黄标于顺治十六年（1659）写的《莅范碑记》，叙述清朝初年范县的状况时说："自明季辛巳（崇祯十四年，1641）来，困于岁，殁于疾，死于贼，毙于兵火者，仅存千百之一耳，荒残属天下第一也。"又说："越明年……不意河决荆隆，邑当中泓，汪洋千里，无复人烟……余即百方招徕，鲜有冒险而返桑梓者。"天灾人祸，使得范县荒凉残破，居民鲜少，仅存千百之一。范县如此，河南省其他地方的情况也大致相同。土地抛荒，无人耕种，便不能为国家提供赋税，没有足够的赋税，便不能维系统治阶级行政机构的正常运转。为了保证赋税收入，稳定社会秩序，统治者便千方百计招集流民，开垦荒地。如商城县在明末人口逃亡殆尽，十室九空，一里不敷当年一甲，出现了大量无主荒田。清政府采取措施，从江西、安徽、湖北等地招徕百姓至商城垦荒，免征徭役赋税。顺治六年（1649）清廷颁布垦荒令，"令地方官府将各地逃民、移民

① 〔明〕吕维祺：《明德先生文集》卷一五《上福藩启》，转引自顾诚：《明末农民战争史》，中国社会科学出版社1984年版。

组织起来,不论原籍、别籍,一律入保甲,组织他们开垦荒地,永为己业。于是外来移民皆落户入籍,其后裔遍布商城县境”①。如今商城县的刘家湾、孙后洼、河东、武家岗等村子,都是当年移民垦荒时建立起来的村庄。又如,西峡县的查贯月(1872~1942)是豫陕一带有名的油漆商,“乾隆末年,因水灾,其先祖携眷由安徽潜山来西坪船鱼沟落户,以垦荒为生。咸、同间,人丁增多,乃增垦荒地,生活渐丰”②。后来才经营油漆,货栈扩展到陕西宝鸡、安康及湖北老河口等地。

二、闽营人移民屯垦河南

闽营人屯垦河南是清政府有计划、有组织的军事屯垦,规模大、人数多,涉及河南许多州县。因屯垦者都是福建籍官兵,故称闽营人。屯垦既久,定居不归,便成了河南人。闽营人也称中原闽营人,确切地说,“是指明末清初由福建至河南屯垦的明郑降清官兵及随行监督至此一同入籍河南的满清官兵”③。

原来,清朝定鼎,残明势力只据有东南一隅,清兵不断进攻,郑成功部节节败退。康熙三年(1664)杜辉、周全斌也相继降清。此时郑成功已亡故,其子郑经与大将黄廷坚守铜山(今福建东山县东北东山镇)。黄廷见大势已去,便率众降清,郑经遁入台湾,铜山落入清军之手。关于黄廷其人,古籍中多有记载。光绪《同安县志》卷二一《武功》称:“黄廷,字华明,积善锦里(今福建漳州龙海市角美镇锦宅村)人。有大志,具韬略,貌魁梧。初在郑成功处挂副将军印,留守厦门。及成功亡,投诚。国朝封慕义伯,驻扎河南南阳等地方。长子而辉,任湖广衡永郴道,次子而炯以军功升江南安庆府副将。”这则记载说黄廷是在郑成功死后降清的,被封为慕义伯,不久,调南阳屯垦,两个儿子也都在清朝为官。乾隆《邓州志》说得较为详细:

> 黄廷,字华明,福建人。明末聚兵海上,唐王(郑芝龙等在福州拥立的南明皇帝)封为永安伯。投诚本朝,封为慕义伯,屯长乐(今属福建)。康熙

① 《河南省商城县地名志》,河南人民出版社1989年版,第3页。

② 《西峡县志》,河南人民出版社1990年版,第609页。

③ 张富春:《中原地区妈祖文化研究》,河南人民出版社2014年版,第59页。

七年(1668),迁廷于邓,带领本标兵丁垦荒,因家焉。十三年,从征吴三桂。十五年,杨烈[来]嘉掠杀城,征粮于邓。廷与战二狼岗,败之,邓以无恐。二十一年从平台湾,二十三年剿罗岔,俱有功。[①]

黄廷是福建人,南明将领,于康熙年间降清,他究竟有多少人马,《清史稿·郑成功传》云:

[康熙]三年,锦(郑成功之子郑经)将杜辉以南澳降。铜山粮垂尽,全斌亦出降,封承恩伯。锦与其将黄廷坚守。继茂等复以水师出八尺门,廷与诸将翁求多等以三万人降,遂拔铜山,焚之,得仗舰无算。[②]

由是可知,黄廷降清时,部下官兵有3万人之多。由于黄廷所率士兵乃南明之精锐,他既降清,郑经孤掌难鸣,只好退守台湾。清朝与郑氏的战争暂告结束。

如何安置这些投降官兵?康熙六年(1667)闰四月湖广道御史萧震向康熙提出了"投诚开荒"之策。他认为清朝政局已经稳定,战争已基本结束,除了戍守,让多余的官兵屯田垦荒,一来可以省饷增赋,二来可使投诚官兵不因安置不妥而哗变,三来可以招徕更多的南明残部归依。康熙览奏,即"命户部、兵部,行令各省督抚,确查垦荒事宜遵行"[③]。当年"[兵]部议分拨海上投诚兵移驻外省,先拨慕义伯黄廷驻河南邓州,随召承恩伯周全斌入京。遵义侯郑鸣骏病故,其子缵成袭侯;慕恩伯郑缵绪病故,其子修典袭伯,皆召入京归旗。其标下兵及别镇兵各给行粮,分驻于浙江、江南、江西、湖广、河南、山东、山西、四川诸省,屯垦荒田,给其牛种,免其六年租税。将领或督垦,或拨在督抚提镇等衙门效劳。文官赴部候补"[④]。清朝对投诚的明朝官兵极尽怀柔羁縻之能事,因为不相信他们,所以让他们到远离家乡的外省屯垦,已逝世的将领让他们的儿子袭爵,凡垦荒者官方提供耕牛、种子,6年不征租税。如此恩威并用,黄廷别无选择,只能率部前往邓州了。康熙《息县续志》叙述当时的情况说:

豫省经鼎革以来,荒田较广,海兵自投诚而后,安插为艰。使之移居豫

① (乾隆)《邓州志》卷一三《武胄·武功》,乾隆二十年(1755)刻本。

② 〔清〕赵尔巽等:《清史稿》卷二二四《郑成功传》,中华书局1976年版,第9164页。

③ 《圣祖实录》卷二二,《清实录》第四册,中华书局1985年版,第303—304页。

④ 彭孙贻撰,李延罡补:《靖海志》,《续修四库全书》第390册,上海古籍出版社1999年版,第511页。

中,未免安土重迁,乃为之给牛种,绥催科,无迁徙之劳,而有安堵之逸,乐利兴歌,莫不庆室家而宁妇子焉。中外联为一统,遐迩亲若一家,从古帝王未尝有斯之盛者也。①

这则记载道出了清政府安置投诚官兵的真谛是"安插为艰",因此才"使之移居豫中"。为什么不移往别处而移往豫中?是因为这些"闽营人"远离家乡,到一个陌生环境屯田,便于控制。至于说"无迁徙之劳,而有安堵之逸",那是修志者歌功颂德的话,千里迢迢,举家迁徙,没有劳苦,岂能令人相信!

康熙七年(1668)腊月二十四日(1669年1月25日),黄廷率领所部官兵抵达邓州,知州黄怀玉早已接到安置这批官兵的命令,并已妥善筹划,把自州城西北至冠军故城,沿刁河、湍河之间官道两侧的土地分配给黄廷所部官兵,原住居民迁往别处,分设黄渠、新店、茶店、曲河、冠军5个行政官兵里,下辖48个村庄,由屯垦兵定居垦田。"黄渠里即今文渠乡九龙集、后王村一带,新店里在今文渠乡肖店、长家店、蒋庄一带,茶店里在今文渠乡茶店、蔡营、翁寨一带,曲河里在今文渠乡文集、尹洼、盛号一带,冠军里在今张村镇冠军、上营一带。"②

因为是军屯,黄廷又是朝廷命官,因而在邓州外城花园街建有闽南风格的官衙(武衙门),在外城东南隅建有福建会馆和营房,还建有府第、练武场、议事厅、祠堂、妈祖庙、土地庙等。黄廷的部下则分别屯驻在邓州的许多村庄里,后来这些村子便以屯驻者的姓氏命名。因属军垦,闽营人的杂派差徭尽皆免除。黄廷屯垦邓州后,不光是屯垦,朝廷有重大军事行动时,黄廷仍须出兵征战。乾隆《邓州志》说黄廷所部于"(康熙)十三年(1674),从征吴三桂。十五年(1676),杨烈[来]嘉掠杀城,征粮于邓……二十一年(1682)从平台湾,二十三年(1684)剿罗岔(罗刹,指沙俄)"。不少学者都认为黄廷参与了这些战役,《邓州志》所说不诬。其实,黄廷并未参加平台湾之役,参加者乃黄廷族弟黄昌。《邓州陈氏家谱》记载是"饬令黄部从征",而非黄廷本人。《台湾外记·平澎台诸将姓氏》只记载"随征副将黄昌",未见黄廷姓名。黄廷也未出征罗刹,参加此役的是黄廷的儿子黄而炳、部将涂孝臣,而领军则是郑成功的旧将林兴珠。林兴珠是泉州府永春县(今属福建)人,少年时当屠夫,后加入郑成功军学习藤牌

---

① 蒋彪纂修:《息县续志》卷三,中国国家图书馆藏康熙三十二年(1693)刻本。

② 张富春:《中原地区妈祖文化研究》,河南人民出版社2014年版,第81页。

战法,顺治十三年(1656)降清,康熙十二年(1673)吴三桂叛,林兴珠依附之,后弃吴降清,击溃吴三桂主力,因立功而获康熙召见。康熙二十四年(1685)五月,林兴珠参与了保卫雅克萨(今黑龙江漠河市东黑龙江北岸)之战。据《清史稿·本纪七·圣祖本纪》记载,清政府派都统彭春与驻守瑷珲的将军萨布素合势击败俄军,毁雅克萨城。但在清军撤退后,俄军又重筑雅克萨城,派兵固守。次年,清兵又围雅克萨城,林兴珠参与了这一战役。还有学者认为黄廷参与了在古北口(北京市密云东北)从征蒙古准噶尔部战役。其实,参加者仍是林兴珠,"黄廷已入古稀,未率军参加此役"①。

黄廷迁入河南后参加的唯一一次战役是击败杨来嘉之战。杨来嘉是福建福州人,郑成功部下将领,他由士兵被提拔为低级将领后,归黄廷麾下,后来降清。授湖广襄阳镇总兵。吴三桂叛清,准备攻打夷陵(今湖北宜昌),杨来嘉据谷城(今属湖北)响应吴三桂,并进兵南漳(今属湖北)。谷城、南漳靠近邓州,属湖北襄阳市管辖,杨来嘉到邓州征粮是意料中的事。黄廷出兵击败杨来嘉,也算是间接打击了吴三桂。《邓州志》说黄廷"从征吴三桂",叙述不准确,但这条记载还是可信的。

敉平杨来嘉叛乱后,黄廷所部安于农桑,未再出征,黄廷也终老于此。他的墓在今邓州市张村镇上营村,立有"闽营人开基始祖黄伯侯"的墓碑,1972 年平整土地时被夷为平地,他的后裔仍在。

黄廷所部屯垦南阳所属 7 县,邓州只是其中的一县。

方城县。

黄廷副将余伯益率所部屯田方城县,在城南潘河沿岸定居。余伯益是福建漳州府漳浦县人,来方城后卜居于今卷桥乡营坊村,其地在县城南 20 里左右。"镇国将军余公墓碑"详细介绍了他的生平:

> 公讳添,字伯益,原籍福建漳州府漳浦县铜山所人,由行伍受札副总。于康熙七年奉旨同慕义伯黄公带领官兵移驻河南南阳府裕州(今方城县)督垦。诰授镇国将军,赐袍刀马,给恩田养赡,仍听调用。以年老致仕,于康熙三十三年(1694)四月初八日以病卒于家,寿六十六岁。葬于城南三里

---

① 张嘉星:《清初河南"闽营"主将黄廷事迹辑考》,《闽台文化交流》2011 年第 3 期。

许乾山巽向。谨志。龙飞雍正十一年(1733)岁次癸丑仲春吉旦。[①]

方城闽营人屯垦地在增福里。乾隆五年(1740)《裕州志》卷三《赋役・里甲》说:“增福里,系闽人奉旨安插垦荒者,户少无甲。”“户少无甲”是说这里居民很少,没有设置里甲,绝大部分田地都给了屯垦士兵。余伯益墓碑中的“仍听调用”四字表明,这支屯垦队伍必要时还须出征,与单纯的垦荒者不同。屯垦既久,闽营人还在城内开化寺西建有闽营街,作为经商之所。如今方城县城南的大营、小营、沈营、毕营等带“营”字的村庄都是当年屯垦之地。

唐河县。

入驻唐河县屯田的是黄廷部下将领涂孝臣。关于涂孝臣其人,有记载说:

公讳显(1631—1690),字孝臣,闽之诏安人。祖父讳世杰,字参汉,福建漳州府诏安县二都九图人氏……康熙七年(1668)公三十八岁,奉旨随慕义伯黄廷由福建移驻河南南阳府,督垦荒田,以备调征。公统领参将六员,正兵二百四十名,分屯唐县(唐河县)东南二十里侯旗屯,分置前、中、后三屯,名曰闽家营,因家焉。[②]

这一则记载有两点值得注意:一是涂孝臣来唐河屯垦时有参将 6 人,正兵 240 人,连带家属,有 1000 人左右,因此才分为前、中、后三屯,说明人数不少。二是说“因家焉”,即定居唐河,不再迁徙了。如今唐河县昝岗乡有闽营村,包括闽营西街、闽营老街、中营、前营、东小庄 5 个自然村。乾隆五十二年(1787)的《唐县志》说,涂孝臣定居唐河县后,康熙二十四年(1685)又奉调征伐罗刹,立有军功,授两广督标右营都督佥事,不久又升云南右路总兵官。清代一个省的最高军事长官是提督,提督之下是总兵、副将、参将等,涂孝臣官至总兵,已是比较显要的武官了。后来涂孝臣死于任上,“其子扶柩至唐,葬竹林寺。遂入县籍,所居处名闽营”。涂孝臣本非河南人,死后归葬唐河,“遂入县籍”,可见涂孝臣的子孙已视唐河为家了。

新野县。

在新野县屯垦的是总兵官、左都督杨正,都督佥事张旻,副将张德,左都督

---

① 《方城县志》,中州古籍出版社 1992 年版,第 697 页。

② 《河南省唐河县涂氏始迁祖涂孝臣》,转引自张富春:《中原地区妈祖文化研究》,河南人民出版社 2014 年版,第 84 页。

张遴、张仕钺，副将李雄，守备徐登云等人。乾隆十九年（1754）刊本《新野县志》说：

杨正，总兵官、左都督，奉召带兵移驻，督垦新邑（新野），后奉旨南征。张旻，都督佥事；张德，副将；张遴，左都督，世袭拖沙喇哈番，授浙江黄岩镇右营；张仕钺，世袭拖沙喇哈番；李雄，副将；徐登云，守古北口，任良乡县守备。杨正以下俱闽人，系康熙年间屯田。①

和涂孝臣屯垦稍有不同的是，杨正是南征，涂孝臣则是北征。杨正等虽然屯垦，却又在当地武衙门任职。《新野县志》又说：

闽营里，国初拨闽兵屯田于新，各户钱粮，其副将张德总收汇交，故至乾隆元年，新设闽营里。②

杨正等人屯垦之地，今日仍依稀可辨。杨正屯垦地在今新野县城东5里城郊乡芦庄村，张德屯垦地在今新野县城东南15里南闽营，张遴屯垦于张将庄，林尾屯垦于城东北闽营。③

南阳县。

屯垦南阳县（今南阳市卧龙区）的是黄廷部下陈卦。陈卦原籍漳州府龙溪县城东关，弟兄三人，陈卦行二，其兄陈朴居原籍，他与弟弟陈外入伍，隶属黄廷麾下，又随他一起到南阳屯垦。陈卦与郭、苏、翁、许、马、黄、林、蔡诸姓至南阳府北8里今南阳卧龙区七里园乡大寨村一带屯垦。陈卦次子迪侯应征平定台湾，不幸阵亡，尸体无法运回，只把发辫带回大寨村埋葬，长子迈侯未再出仕，耕读传家，终老于户牖之下。④ 清代在南阳县设有闽营保。

镇平县。

陈卦之弟陈外未随兄长去南阳，而是去了今镇平县柳泉铺镇温岗村屯垦。和陈外一起去镇平县柳泉铺镇屯垦的还有总骑陈显、骑尉陈非，不过他们未全部去温岗村，还去了小陈庄、白石头庄、草店洼、川心庄、大陈庄等村。这些闽营人定居后，除了耕垦，还涉足多种行业，自谋生财之道。据草店洼赶驴贩帮头戴金海说："他的始祖在部队是负责粮秣辎重运输的，到镇平定居后，有骡马3匹，

① 《新野县志》卷三《秩官·武胄》，清乾隆十九年（1754）刻本。
② 《新野县志》卷二《建置·里甲》，清乾隆十九年（1754）刻本。
③ 《新野县志》，中州古籍出版社1991年版，第15页。
④ 《大寨村重修陈氏家谱》，1990年前后修。此据河南师范大学中文系研究生季艳茹所拍照片。

农忙耕地,农闲从事贩运。开始三五成群,逐步发展至 30 匹以上。赶驴贩有一人一驮,或一人两驮,乃至三驮,一匹荷载 200 斤以上,一帮一趟可载万斤左右。”①民国 31 年(1942)的《陈氏先祖祠堂碑记》说:

我先祖讳外,字显功,原籍福建省泉州府同安县陈茨坡,官骑尉,于康熙七年(1668)勘乱河南,旋奉旨屯田于镇平东温岗。②

除了南阳,河南省还有许多地方有在此屯垦并最终定居于此的闽营人。

一是鲁山县。来鲁山县屯垦的是福建人林顺、陈枢、陈参等人。

林顺是明末水军将领,康熙三年(1664)接受清廷招安,康熙七年(1668)林顺奉旨率林元建、林元灿、陈友、王宜、叶卯等 43 名将领和 806 名士兵至今鲁山县沙河以南、彭河以西今马楼乡、瀼河乡一带屯垦,设立闽兴屯。林顺卜居今马楼乡沙渚王村,其侄林元建居今张良镇老庄村,另一侄林元灿居今马楼乡丁楼村;林顺的副将陈枢居马楼乡老将庄,陈参居马楼乡仓房庄。从林顺至今,鲁山闽营林姓已传 15 世,后裔人口逾万。林顺至鲁山不久病逝,屯垦兵由其侄林元建率领,林元建在老庄村建有林氏祠堂,今尚存房屋 3 间。

林顺的副将陈枢墓在今马楼乡老将庄南,墓碑中间大书“清钦授昭勇将军拱薇陈公之墓”13 个字,右侧碑文说:

公讳枢,字拱薇,昭勇将军,振轩公长子也。先世河南光州固始,唐末从征至闽,居泉州府同安县浯州斗营。簪缨世系,代有传人。康熙初年间,敕授公为昭勇将军。五年(1666)移居河南府,七年(1668)督垦鲁山东南参将庄(后改称老将庄)。元配淑人何氏,无嗣;继配夫人韩氏,生子一,讳士良,产业渐起,瓜瓞俱绵,遂家焉。

由碑文可知,陈枢先世乃光州固始人,唐朝末年跟随王潮、王审知兄弟入闽,卜居于同安县浯州。浯州即金门县,一直归同安县管辖。陈姓世代簪缨,从唐末至明代均有居官者。清朝初年陈枢降清,被封为昭勇将军。康熙七年奉命到鲁山督垦,定居于老将庄。

林顺的另一副将陈参墓在今马楼乡仓房庄东南,该村 1995 年修纂的《陈氏宗谱》录有陈参墓碑文:

---

① 转引自张富春:《中原地区妈祖文化研究》,河南人民出版社 2014 年版,第 86 页。

② 该石碑现存镇平县柳泉铺镇温岗村。

> 公讳参，字子善，号愧鲁。崇祯九年（1636）正月二十日寅时生，若今公长子也。先世河南光州固始人，唐末从征居福建泉州府同安县浯州斗营，簪缨世系，代有传人。我朝定鼎，康熙初年钦授参将职，五年移河南府，七年督垦鲁山县东南参将庄……康熙三十五年（1696）二月初十日辰时公卒，同治八年（1869）重立。①

闽营人长期居住鲁山县，旧有风俗习惯已荡然无存，完全融入当地土著中了："奉旨驻鲁山县屯垦，迄今七十余年，老者没，少者老，新齿森森，耕读乐业，服徭役列庠序，与土著者无异矣。"②

鲁山闽营人曾奉调出征罗刹，为捍卫边境立下了汗马功劳。据鲁山县林姓后裔保存的12卷本《闽鲁豫林氏近支宗谱》记载，康熙二十四年（1685），沙俄入侵中国东北边境，清政府决定出兵驱逐侵略者，有人提议，当年从福建派往北方多地屯垦的归顺明军仍然可用，特别是林顺所在的水师藤牌军，战绩非常好。其时林顺已经去世，他的侄孙林兴珠率副将3名、参将3名、游击2名以及400名士兵出征。罗刹派来了水上援军，林兴珠也以水师迎敌，令藤牌兵脱衣入水，头顶藤牌，手持大刀杀敌，杀得罗刹兵大败，藤牌军却未亡一人，凯旋而归。林兴珠因战功升任直隶保定府参将。

关于鲁山闽营人的来历，林顺后裔有另一种口头传说：

> 清朝攻陷北京后，明朝宣告结束，但江南还有明朝的残余势力，光小皇帝就有4个。我们的祖先林顺，受南明弘光帝旨率部渡江北征。林顺当时是总兵，带24营兵43员参将北伐，康熙二年大年三十晚起兵。清军早有准备，故意在长江防线一处开了一个口子让林顺钻。结果，林军孤军深入，归途被切断，只好一路向北杀来，到康熙四年战至鲁山弹尽粮绝，在鲁山县城东南方近10公里处安营扎寨，也就是现在的沙渚汪村。
>
> 为什么要在这里安营扎寨？当时这里背靠沙河，还有几条河流从村子的四周流过，四面环水，土地肥沃，南临大山，鲁山至叶县的公路从此通过，可以说此地是进可攻，退可守，并适合长期军屯。因此，老祖先就选择了这里，准备长期在这里养精蓄锐，以图大事。清兵对此只是围而不打，准备收

---

① 《鲁山文史资料》第23辑，2005年版，第223页。

② （乾隆）《鲁山县志》，转引自《鲁山县志》，中州古籍出版社1994年版，第33页。

复，多次派人招降均被拒绝，后来为了让将士免受杀戮，算是假意投降，清封林顺为调驻河南屯田总兵。清政府虽然给了个官，却把43员大将调往山西、山东等地，把一个很精锐的团体给拆散了。这样，当时的林姓官兵千把人就算扎根鲁山了。①

一支孤军从江南打到中原地区的鲁山，历时两年，辗转数千里而不被消灭，显然是不可能的事，“假意投降说”也不能使人信服，而且这一说法也与文献记载大相径庭，不足凭信。林顺后裔美化先人的说法虽不可取，但不失为林姓如何落籍鲁山屯垦的另一种解释。

鲁山县来自金门（浯州）的陈氏后裔把家乡的习俗带到了河南，一直保持到现在：

将军爷的坟墓在村南，面朝东南，这是老将军自己定的方向，意寓他九泉之下仍在怀念故乡金门。据陈鸿章老人介绍，这里原来叫老将坟，坟园有20多亩，里边柏树林立，间或种些庄稼、蔬菜。历来由陈氏家族指定一名本族人守护，坟园收入归守护人。但每年正月二十五祭祀老将军，守护人要管本族人一顿午饭，俗称“吃老坟社”。陈鸿章小时候，年年随大人去“吃老坟社”。祭祀之日，族人按辈份依次排列，老族长宣读祭词，众人面向东南祭“厚土”，其后才回头跪拜作揖祭老将爷。再其后各自去“陈家小坟”祭祀各自亡故先人。②

二是信阳。

入驻信阳屯垦者有好几支。最先进入的是明朝将领潘天保、潘天策。明末李自成攻打北京时，崇祯帝下诏各地勤王。福建漳州人淮南将军潘天保、武德将军潘天策率师北上，行至信阳，江山易祚，清朝顺治帝已定鼎北京。两人见大势已去，遂联袂降清，奉命就地屯垦，遂落籍信阳，人数估计在2000人左右。原明镇远将军梁淳庵也是福建漳州人，降清较早，任信阳卫指挥，子孙均入信阳籍。福建卫千总王荣也迁信阳入籍。③

康熙七年（1668），原属黄梧部下的右营都督许克济也在信阳屯垦入籍。黄

---

① 马国福：《河南鲁山林家军远征雅克萨》，《今日安报》2007年4月4日。

② 段孝和：《客家陈氏话沧桑——走近鲁山县老将庄村金门陈氏后裔》，《平顶山晚报》2006年5月10日。

③ 信阳市志编纂委员会：《信阳市志》，中州古籍出版社2001年版，第145页。

梧也是降清的明军将领。《清史稿・黄梧传》云:“黄梧,字君宣,福建平和人。初为郑成功总兵,守海澄(今福建龙海市东南海澄镇)。顺治十三年(1656),梧斩成功将华栋等,以海澄降。”①黄梧既降,他的部将许克济也跟着归降,在入籍信阳后又参加了平定台湾的战役,升了官职,致仕后卒于信阳家中。乾隆《信阳州志》云:

许克济,福建泉州人,隶海澄黄公(黄梧)麾下为右营都督。康熙七年(1668)移驻信阳开垦,入籍。阅数载,朝廷以台湾濒海,欲抚而有之。水师提督施(施琅)闻海澄公推荐,提调克济赴闽从征。济身长八尺,膂力绝人,且生长泉州,稔知台湾形势,先取厦门、金门、铜山等岛,续取花屿、猫屿、将军澳等岛,前后克捷,计收岛三十有六。焚贼船,擒贼将,台湾既定,济之功居多云。捷书上闻,加功十九等,授左都督衔,给予拖沙喇哈番,世袭,因缺少人多,实补陕西靖羌营游击。康熙三十一年(1692)莅任,康熙三十五年(1696)予告,寻卒于家。②

许克济因平定台湾有功,本来应实授左都督之职,但因缺少而人多,只给了个靖羌营游击。清代总一省军事大权的是提督,提督之下,依次是总兵、副将、参将、游击、都司、守备等官,都属于绿营兵。许克济能够做到游击,也算得上受重用了。他康熙三十一年莅任,4 年之后便告老还乡,不久卒于信阳家中。

比许克济晚一年入信阳屯垦的还有福建人王文兴。乾隆《信阳州志》说:“王文兴,闽人也,以军功起家。康熙八年(1669)移驻信阳,开垦入籍。”③王文兴率部进入信阳后,“将士家属多居于城郭附近,逐渐形成南关外的闽营街。在乡者,由其将士督率部下屯种,自成聚落,如今五星乡的胡家营,南湾乡的和孝营,双井乡的五纪屯等”④。王文兴所部既驻信阳城郊,又驻信阳乡村,且自成聚落,至少也得有 1500 人左右。

三是光州(今河南潢川)。

来光州屯垦的是厦门镇都督同知杨德、阮钦等人。和以前来河南屯垦的降清明朝官兵不同,杨德、阮钦是押送投诚明朝官兵至光州而入籍的。乾隆《光州

---

① 〔清〕赵尔巽等:《清史稿》卷二六一《黄梧传》,中华书局 1976 年版,第 9879 页。

② (乾隆)《信阳州志》卷八《人物志・武功》,清乾隆十四年(1749)刻本。

③ (乾隆)《信阳州志》卷八《人物志・武功》,清乾隆十四年(1749)刻本。

④ 信阳市志编纂委员会:《信阳市志》,中州古籍出版社 2001 年版,第 145 页。

志》云：

杨德，字弦声，其先系出自固陵（今河南太康县南），十七世祖随宋南渡，籍闽越德中，福建武举。顺治十三年（1656），海寇窃发，随左标招抚伪弁林日升，以功授守备……康熙四年（1665），攻茶仔八番洞，烧毁洞门，殄灭诸寇，升厦门镇都督同知，授拜他喇布勒哈番，准世袭。康熙七年（1668）奉文督运投诚官兵分驻光州垦荒，随入州籍。①

阮钦和杨德一样，是押送屯垦兵而来潢川，而后落籍于此的，后又出征台湾等地：

阮钦，字若昊，漳州南靖人，紫面长髯，善战知兵。康熙八年（1669）以守备奉文辖兵屯垦上亚湾（属潢川）荒田。二十一年（1682）征调台湾。次年，随征铜山……三十一年（1692）升浙江提标中军参将兼后营游击，寻推荐象山镇总兵，未及抵任，卒。②

四是洛宁。

屯垦洛宁的是闽营人张梅。张梅也是以副总兵的身份率部屯垦洛宁入籍的，而后又四处征战，立有军功。（民国）《洛宁县志》云：

张梅，字开原，本福建漳州诏安县民籍，初官福建延平府副总兵。康熙八年，移驻永宁（洛宁）永安里张营村而屯田焉。历经调征台湾、云南、岳州、石阡、平远等处。洎十六年（1677）南平吴逆（吴三桂），二十三年（1684）调征罗刹，二十八年（1689）调戍古北口，三十五年（1696）扈从征噶尔丹。劳绩卓著，部文优奖，有云：倘职官年老，着官生顶替……世代相承，永备提调。钱粮惟纳正供，差徭概行蠲免。终清之世军籍焉著。③

张梅屯垦洛宁后，又参与平定台湾、戡定吴三桂叛乱、征伐噶尔丹等，因功勋卓著，官职可以世袭。屯田收入只纳正供，即法定的赋税田赋，其他一切差徭尽皆免除，仍隶军籍。清廷对张梅所部还是很优厚的。张梅及其部下在洛宁的遗迹仍历历可考：张梅驻今赵村乡张营村、巩营村，该村至今还保留有骠骑将军府，包括客厅、过厅、绣楼、车院、祠堂、库房、马院、花园、水井等，其部下分驻今

① （乾隆）《光州志》卷五一五《武功》，清乾隆三十五年（1770）刻本。
② （乾隆）《光州志》卷五一五《武功》，清乾隆三十五年（1770）刻本。
③ （民国）《洛宁县志》卷四《武略》，民国6年（1917）刻本。

洛宁县赵村乡马营村、巩营村、陈宋村，西山底乡西山底村、汤沟村、彭凹村、营房寨村，底张乡刘营村、柳沟村、李村等村。现今洛宁县近 20 个姓氏都源自漳州、泉州和厦门。王姓、林姓、陈姓、何姓来自漳州府诏安或东山，游姓、余姓、沈姓来自漳州府龙海市，詹姓、朱姓、彦姓来自漳浦县，黄姓、王姓（另一支）出自漳州府平和县，李姓、郑姓来自漳州府海澄县，曾姓、巩姓出自厦门，黄姓（另一支）、林姓（另一支）、郑姓（另一支）源于泉州府，李姓（另一支）则来自建宁府崇安县削上村。[①]

五是宜阳。

宜阳与洛宁毗邻，均归洛阳市管辖，那里也安插有闽营人屯垦。康熙《宜阳县志》云：

> 康熙八年（1669），安插福建投诚官兵三百七十二员名，每名给荒田五十亩，令之垦种，另立一里，曰闽合里。[②]

这 372 名官兵以每家 3 口人计，来宜阳屯垦的也有近 1200 人。

六是鄢陵。

来鄢陵屯垦的是闽营人游、谷两姓将领，名字不详，所率兵丁也多是游、谷两姓："闽籍平台有功的首领游、谷两姓百姓来到鄢屯田，游姓在今鄢陵县大马乡的屈岗定居，谷姓在今只乐乡的谷庄定居。"[③]人数不详。但能定居在两个村庄，应该有三四百人之多，否则构不成两个村庄。

七是息县。

来息县屯垦的是闽营人陈蟒，率领士兵 335 人定居于此。康熙《息县续志》云：

> 康熙八年（1669），奉文移驻海澄公标下左都督陈蟒辖下投诚垦荒官兵叁百叁拾伍员名。每名拨给荒地伍拾亩，并各官家口五口给荒地伍拾亩，共计荒地壹百柒拾肆顷伍拾亩。[④]

八是长葛。

来长葛屯垦的也是闽营人黄瑞等。顺治十三年（1656），都司黄瑞跟随明总

---

① 张振杰：《洛宁闽营人》，《中州统战》1999 年第 6 期。

② （康熙）《宜阳县志》卷二《赋税 · 分里》，康熙三十一年（1692）刻本。

③ 《鄢陵县志》，南开大学出版社 1989 年版，第 478 页。

④ （康熙）《息县续志》卷三《食货志 · 移驻》，康熙三十二年（1693）刻本。

兵顾忠在上海县率部降清。其时清朝虽已建祚,但天下尚未完全统一,清廷为羁縻来降明兵,下令以原衔安置,于是“江南总督马鸣珮、江宁巡抚张中元题称:伪总兵顾忠率众二千余人,驾船柒拾余只,倾心归顺等因前来。查海寇屡肆侵犯,今向化投诚,宜加优叙……伪都司吴勋、吴永爵、覃科、赵贵、潘有湖、许龙、黄瑞以上柒员,俱应照原衔授以都司札付,给予全俸。”①黄瑞就是在这样背景下来长葛屯垦的。随黄瑞来此的还有其部下士兵及眷属。今长葛市石象乡营坊村小学西娘娘楼门前有一通康熙年间的石碑,名曰《创建天妃宫碑记》,其中云:“天妃辇来中州,自闽而浙,浙而豫,分驻许昌葛邑。而知豫处天下之中,相其土可种焉,相其地可建庙焉。”这里的“天妃”也称天后,即妈祖。天后乃福建莆田林氏女,系九牧林之后,祖父、父亲均是朝廷命官。莆田有一海岛曰湄洲,与南海普陀遥相辉映,天后先人卜居莆田湄洲屿。天后诞生于宋朝初年建隆年间,幼而颖异,喜好焚香,16 岁时窥井得符,身怀绝技,假寐时便能救亲人于海上。由是名震四方。29 岁时功课圆满,登湄峰升化。因为她能帮人消灾免难,救旱潦,育子嗣,被百姓奉为神灵。尤其福建近海,妈祖作为海上保护神的作用越来越大,于是福建人家家户户都信奉妈祖。清朝初年安置郑成功所部降清官兵到河南屯垦,那些被称为闽营人的闽南将士把妈祖的木雕神像带到河南,使得妈祖文化很快在河南流布,碑文中所说“(长葛)其地可建庙”云云,就是指的天妃宫。碑文又说,建造天妃宫“皆由众功,而经营创立果出吾客。客谓谁,葛垦阃司莆田万荣黄瑞也”。“吾客”指来屯垦的福建人,非土生土长的本地人,故称客。阃司即都司,指黄瑞,由是可知来长葛屯垦的是黄瑞。长葛人对营坊村的来历解释说:

> 清康熙二十二年(1683),郑成功之孙郑克塽降清,其部下黄、庄、陈、林四员将被安置此地建村,因随四位将军同来的兵勇亦定居于此,故名营房,后演变为营坊……村内原有大殿 1 座,供奉 1 位天后娘娘。据传娘娘姓林,福建莆田县莆西所人,17 岁跟随郑成功收复台湾,战功卓著,曾受皇封(指南明皇帝)。四位将军至此后,不忘其功,建殿奉祀。殿址今已改成小学。村南里许有林娘娘墓,1958 年平毁。②

① 台湾“中央研究院”历史语言研究所编:《明清史料》己编,中华书局 1987 年版,第 568—569 页。
② 长葛县地名委员会办公室编:《河南省长葛县地名志》,三秦出版社 1991 年版,第 214 页。

康熙八年(1669)来河南屯垦的闽营人还有守备苏春、总兵曾传、千总林泗等。有记载说:“据河南巡抚查送咨称:苏春供,在福建投诚,于康熙七年迁移河南居住,于八年分在河南府开垦……总兵曾传供,我住在河南,止管官兵种地……千总林泗现在河南府种地。”[①]清代河南府治所在洛阳,下辖洛阳、偃师、宜阳、新安、巩县(今巩义市)、孟津、登封、永宁(今洛宁)、渑池、嵩县等10县,苏春等三人在何县屯垦不详,也不知有官兵多少人。三人中官职最高的是总兵,位于提督之下,守备官职低于总兵,千总又低于守备。总兵是高级军官,守备、千总是中下级军官,三人所率士兵至少得有2000人左右。

三、逃难等其他情况进入河南者

一是逃难入豫者

明朝覆亡后,王室成员四处逃难,有一支逃难至鹿邑县,“改朱姓为仵姓,定居至今”[②]。又如鲁山县交口村陈姓原籍福建,清初徙河南方城县拐河镇。姓祖名叫李浩,在京城任显官,后因大案受到株连,遭家灭九族之灾。“一世祖携妻陈氏潜逃,遂改姓为陈,后裔沿袭至今。其子孙设牌位祭祖先时,仍书李姓,谓‘阳陈阴李’,以示与外族陈姓之区别。清乾隆年间,迁鲁山县交口村定居。”[③]交口村今有陈姓54户,366人。

二是经商入豫者

镇平县在乾隆年间有许多山西、陕西、山东、江西等地的商人来此经商,定居者颇多。舞阳县朱兰村,清初从洪洞县迁来刘、李、张、赵四姓,在路口开饭店,门口有大片蓝色竹子,取名竹兰店,后改名为朱兰村[④]。鹿邑县也有清初的商贾定居。

河南地处全国中心,交通便利,但百姓安土重迁,精于稼穑而不善于商贾,因而成为四方商贾理想的逐利之地,因经商致富卜居河南者不乏其人。如邓

① 中国科学院编:《明清史料》丁编,国家图书馆出版社2008年版,第568页。
② 《鹿邑县志》,中州古籍出版社1992年版,第108页。
③ 《鲁山县志》,中州古籍出版社1994年版,第184页。
④ 《舞钢市志》,中州古籍出版社1993年版,第765页。

州："吾乡之民朴纯少虑，善农而不善贾，惟不善贾，而四方之贾人归焉，西江来者尤众。"①西江即今江西九江市，来邓州经商的多是江西九江人。又如光山县"商贾虽少，不能贸易以济有无，江右（指今江西）、湖、湘、金陵（今江苏南京）一带客商皆反牟利，以至置产起家，婚娶生子，如土著焉"②。江西、湖北、湖南、南京的商人在光山经商致富，置了田产，娶妻生子，意味着他们已卜居不归了。随着来河南经商的外省人增多，他们聚居之处便形成了集镇，如赊店镇、朱仙镇、周家口镇，皆是人烟辐辏，商贾云集，商人中肯定有定居于此，不再迁徙者。赊店镇原名赊旗店，明朝叫兴隆镇，"康熙二十九年（1690）知州潘云桂招徕流寓新设，此店现存数十家"③。既为招徕流寓而设，流寓人中有人变为定居，也在情理之中。朱仙镇因地利之便，商贾纷至沓来："贾鲁河自荥阳至此始能通舟，故商贾云集，今犹为巨镇。"④"朱仙镇全盛时，人口有四万户，二十余万人。"⑤客商中有山西、陕西、甘肃、安徽、福建诸省人。周家口镇在清初顺治时已是商埠，乾隆至道光年间最为繁华，来这里懋迁有无的商贾有安徽、江西、湖广、福建人，"在清代中叶周口的鼎盛时期，全镇的商号数量可达 1500—2000 家，至少会超过千家"⑥。这几个名镇中迁入了多少外省人，尚无确切的统计，但有外省人迁入是肯定的。

三是居官致仕后卜居河南者

在河南居官致仕后，因当地林壑优美而卜居不归，是很常见的现象。

鲁山县宋口村的孙姓，原籍福建，康熙年间，拔贡孙荣携家北上，流离转徙，以授徒谋生。"康熙十一年（1672）任鲁山县丞，他卸任后，阖家子孙在蛮子庄落户。"⑦孙荣后裔今居鲁山者有 300 多户，2000 余人。

鲁山县牛岭石村的黄姓，原籍江西南丰双井村，清初有个叫黄绳祖的人，"初任邯郸知县，乾隆四十七年（1782）调任鲁山县赵村巡检司巡检，携兄弟 6

---

① 〔明〕李贤：《古穰集》卷九《吾乡说》，文渊阁《四库全书》本。

② 〔明〕沈绍庆、王家士纂修：《光山县志》卷一《风土志》，上海古籍出版社 1962 年影印本。

③ 〔清〕董学礼纂修，宋名立续修：《裕州志》卷二，中国国家图书馆藏乾隆五年（1740）刻本。

④ 〔清〕宋继郊编：《东京志略》，河南大学出版社 1999 年版，第 635 页。

⑤ 参见李廉方：《岳飞与朱仙镇》，开封实验教育区编，1934 年版，第 122 页。

⑥ 许檀：《清代河南的商业重镇周口——明清时期河南商业城镇的个案考察》，《中国史研究》2003 年第 1 期。

⑦ 《鲁山县志》，中州古籍出版社 1994 年版，第 184 页。

人，定居牛岭石……黄绳祖就职鲁山后，廉洁执政，遣吏劝农，兴修水利，并从江西老家引进了水稻种子”[①]。如今黄姓已发展至100余户，800余人，分居牛岭石、小尔城等地。

四是其他原因入豫定居的

除以上几种原因外，还有因其他原因迁豫者。如鲁山县昭平台水库地区的胡姓，原籍安徽省太湖县真君保，清代乾隆年间，“其十二祖之一登状，携子庆德、庆二、庆欢及侄儿庆瑄等卜徙鲁山县。嘉庆年间，又有同族庆育自太湖移入。胡氏迁入鲁山后，初居县城西北抱子坡，后因族众，分支于耿集、西马楼、仁义庄、石庙、王楼、三道渠、凉水渠、清水营等地”[②]。舞钢市李辉庄的李姓是在清初由洪洞迁来，迁民者为李辉、李华、李培兄弟三人，到舞钢后给郭姓做佃农。“后郭姓绝户，李辉居此，取名李辉庄。”[③]虞城县道口集陈庄的杨姓是在嘉庆元年(1796)迁入的，“太学生杨勒母孙氏携五子及女儿从山东泰安东智天庄迁至道口集陈庄定居，后分支住刘庄”[④]。明末清初虞城县的抗清志士阎尔梅(1603~1662)，原籍江苏沛县，擅长诗文，曾参加复社，与陈子龙、吴伟业、侯方域、吴应箕等名流唱和。明朝覆亡，清兵南下，阎尔梅在山东参加当地抗清武装，曾两次战败被俘，山东总督问他是否想学文天祥，他昂首高吟：“天如存赵氏，谁可杀文山?”后来越狱逃走，携妻子老小定居虞城县小乔集，从此隐居田园，躬耕陇亩，不问世事。这支阎姓从此在虞城瓜绵椒衍，其孙阎圻中康熙四十七年(1708)进士，授翰林院编修，雍正年间曾参与纂修《明史》。淅川县城内东街及李官桥的李姓是康熙年间由洪洞迁入的，至今已繁衍至500余户；三岔河村的杨姓先世居安徽桐城，康熙年间迁入，至今已有500余户；滔河村的张姓祖籍陕西三原县，乾隆年间迁入，今已有200余户。[⑤] 潢川县杨家巷的雷姓，清初由江西迁至麻树店(今张集乡杨集村)，后移居杨家巷；杨家巷熊氏，原籍湖北黄陂，光绪年间一个叫熊文山的人携眷迁此。卢家大田卢氏，原籍安徽阜阳，清中期迁来，始迁者为卢应。其子卢三多、孙卢怡俱封光禄大夫，曾孙卢士杰，光绪

① 《鲁山县志》，中州古籍出版社1994年版，第185页。

② 《鲁山县志》，中州古籍出版社1994年版，第187页。

③ 《舞钢市志》，中州古籍出版社1993年版，第765页。

④ 《虞城县志》，生活·读书·新知三联书店1991年版，第106页。

⑤ 《淅川县志》，河南人民出版社1990年版，第104页。

十二年(1886)由翰林御史升任漕运总督。中大街小南头曾氏,原籍山东沂水县,清初迁来。[1] 其他县志中也有类似记载。

五是迁入河南的少数民族

1.满族

清代进入河南的满族不外驻军、致仕后入籍、逃荒逃难后定居这三种情况。由于河南居天下之中,是清朝京城北京的屏障,所谓"河南安则北京安,河南危则北京危",因而河南是清廷重点驻兵防守的省份。康熙五十七年(1718)五月,河南巡抚杨宗义奏请在开封设置八旗驻防,以维护地方治安。兵部等有关部门分析研究后上奏说:"河南地接六省,应设八旗满洲、蒙古马兵六百名,鸟枪兵二百名,驻扎开封府。"[2]康熙帝当即准奏,如数派出满族士兵驻入开封。为方便满族士兵生活,康熙五十八年(1719)在开封城西北处,"筑造满城一座,周围六里,四面土墙高一丈,东西南三门,南门城楼三间,东西二门城楼各一间,城门堆房六间,看城兵房十间"[3]。满城建成后,康熙五十九年(1720)正式入驻八旗官兵,人数为1000人。驻防初期,旗营事务由北京直辖,3年换防一次。乾隆二十一年(1756),开封旗营改为河南巡抚统辖,由换防制改为定防,八旗官兵家眷也陆续随军迁入开封并定居下来,形成满城。因满城建于开封城内西北隅,又称为里城。开封驻有多少满族官兵?《钦定八旗通志》记载:"城守尉一人,佐领十人,防御十人,骁骑校十人,八旗满洲、蒙古鸟枪领催十名,鸟枪骁骑二百名,炮领催八名,骁骑校三十二名,领催二十二名,骁骑五百二十八名,养育兵六十名,弓匠、铁匠各十名。"[4]合计911人。这911名兵丁中各有家属跟随,若按每家5口人计算,开封城内满族人口近5000人。辛亥革命后,清朝灭亡,中华民国成立,满族人的社会地位一下子跌到了谷底,连生计都成了问题,不少人家徒四壁,室如悬磬。曾经当过知县的满族人裕坤穷困潦倒,衣食无着,便在相国寺卖卜度日,不久被同行揭穿底细,赶出寺院,悒郁而死。他曾写诗自嘲:"江是眼睛

---

① 《潢川县志》,生活·读书·新知三联书店1992年版,第611—612页。

② 《清圣祖实录》,中华书局1985年版,第733页。

③ 《钦定八旗通志》,吉林文史出版社2003年版,第215页。

④ 《钦定八旗通志》,吉林文史出版社2003年版,第225页。

湖是口,全凭辞令度春秋。谦能获益满招损,莫学裕坤跌破头。”[①]县令尚落魄如此,其他人可想而知。1922 年,河南督军赵倜调开封满城的旗兵到河北良乡参加直奉战争,许多人未再回到开封。冯玉祥任河南督军后,下令旗人迁出满城,将满城内的旗人住房拆毁,把 1000 余名满族青少年送到郑州豫丰纱厂做工,成年人则迁往通许、杞县、陈留等地分田务农。戍守河南省其他地方的满族官兵也在辛亥革命后星散四方,内乡县的满族就是此时迁入的,“主要分布在夏馆、大桥、岞岫、西庙岗等 12 个乡镇。较集中的有大桥乡的明家村、夏馆镇的西河堂村、西庙岗乡的蛮沟村等”[②]。

官宦入籍是河南满族的第二个来源。如顺治年间辽东盖州人张应祥任南汝地方总兵,为清初派驻河南南阳的第一任武官,康熙年间病故,他的后裔便在南阳定居。又如咸丰十一年(1861)镶黄旗人特合图任河南新野县守备,致仕后定居于当地。

逃荒逃难定居是河南满族的第三个来源。乾隆、嘉庆年间,湖北、安徽、江西等省连年遭受水灾,许多良田变为水乡泽国,一批满族人无以为生,便逃难到了河南南阳一带,开荒种田,在这里定居。今南召、内乡、淅川等县的满族人多为这批难民的后裔。淅川发现的道光九年(1829)淤氏碑文记载:“我淤氏,湖北旧族也。家世武昌府大冶县永丰乡流水里前塘堡民……乾隆己亥年(1779)于河南南阳淅川县城东乡神泉铺武丁里小虎里沟落业聚居。”[③]内乡县大桥乡明家村明姓祖谱记载:“先祖明嘉虎、嘉定兄弟二人,于乾隆初由武昌府兴国州三及口迁来,现传九世。”传说明姓先祖是清军的一员大将,因犯法逃匿于兴国州,生有四子,其中两个迁于内乡。兴国州即今湖北阳新县,据调查,那里的明姓祖源与内乡明姓相同,可知明家村的明姓祖谱翔实不诬。内乡县的“满族令狐姓,传说先祖从陕西逃荒要饭到此,以卖盆罐度生,置了田产才能定居落户,今传七世”[④]。詹姓则是从安徽省太湖县迁来。南阳市的《詹姓家谱》记载:“统智公后裔必堂公于清代乾隆四十四年(1779)由安徽太湖县徙居河南省南召县马市坪

---

① 陈雨门:《开封相国寺竹枝词三十首》,《开封文史资料》,转引自黄治国、王晓萍:《辛亥革命与开封驻防旗人生计的变迁》,《沧桑》2012 年第 1 期。

② 《内乡县地名志》,河南人民出版社 1991 年版,第 20 页。

③ 《内乡县地名志》,河南人民出版社 1991 年版,第 20 页。

④ 《南阳地区志》上册,河南人民出版社 1994 年版,第 288 页。

乡头道河村,至今又历十世,从统智公至今已历二十四世。南召詹姓从必堂公徙居南召至今,已分居在十余个乡镇,计三百余户,一千三百余人。同时,詹姓也从太湖县徙居内乡、邓州等县市。”南阳市的《齐姓家谱》记载:“乾隆初年,始祖齐公周高、周英二人携儿带女自安徽安庆府桐城县迁至河南南阳府南召县。”据祖辈相传,他们居住地临近江河,频发水灾,因而拖儿带女,一挑两担,流落南召,在荒山僻野中披荆斩棘,耕种谋生。大多是乾隆年间迁入的,嘉庆以后便很少再迁徙了。

迁入南阳的满族人定居后很少外迁,但因人口繁衍,山凹间耕地有限,弟兄间分家外迁的较为普遍。“如南阳的张姓,后分迁到宛城区的潦河坡、东家后、西罗、邱寨和镇平县的乔其营、小江营以及宝丰县等地;内乡县的明姓后代,历年来除分迁本县几个乡以外,还分布到西峡县、邓州等邻县境内,他们的另一支派,当时沿江而下,定居在湖北省均县一带,成为当地一个大家族。”①

2.高山族

河南省邓州市城西约 15 公里的庙沟河畔,居住着一支台湾高山族陈氏家族,约有 200 人。高山族居住的村子清代叫下营村,后被称为“台湾村”。据陈氏高山族家谱显示,他们的始祖叫依那思罗,原系台湾嘉义县阿里山兹欧部落人,这个部落又称曹族,抗日战争胜利后,改称高山族。这一支高山族是清代迁入河南邓州的。“台湾村”高山族为其始祖依那思罗立的墓碑详细叙述了这支高山族人居中原的经过:

> 始祖公依那思罗,台湾嘉义县阿里山兹欧部族氏,善骑射,精武功。清初延平郡王(按:南明永历帝初封郑成功为威远侯,后又晋升为延平郡王)率黄廷等部收复宝岛,公侍黄廷将军为马夫。后将军所率十万余众北上归服清廷,拥兵卢沟桥,奉命南归,沿途疏散屯垦。康熙七年(1668)黄部五营亲兵抵邓,由州城西湍水之阴分营聚落,且务农桑,且练武功,以备征调。公与我始祖母当地农家岑氏完婚,因妻姓谐音改名陈年,定居庙底沟桥北,胼手胝足,开基创业,兴建家园。所生四男:元、珍、勋、杰。祖公临终垂嘱将其遗骨迁葬回岛,唏今夙愿未偿,仲叔二祖返栖故里。三百余年我伯季裔孙与乡邻结亲联姻,和睦相安,枝繁叶茂……

① 《南阳民俗文化》,河南大学出版社 2003 年版,第 137 页。

墓碑所述依那思罗事迹大致准确，但文中所说黄廷率众北上，“拥兵卢沟桥，奉命南归，沿途疏散屯垦”则不确。2002 年 12 月张村镇上营村陈堂三（时任文渠乡红庙小学校长）皮藏的《邓州台湾土番垦屯陈氏家乘》说：

溯吾邓州垦屯冠军里下营陈氏族，发脉大海彼岸台湾孤岛，源于阿里山土番猎首族矣。始祖公讳依那思罗，侍慕义伯黄廷元帅，鞍前马后，戎涯疆场，屡立战功，深得倚重。逮康熙戊申（康熙七年，1668）冬季垦邓落籍。

这段文字只说陈氏家族来自台湾，始祖依那思罗于康熙七年跟随黄廷至邓州垦屯，未说北上到过卢沟桥，又从卢沟桥南下到邓州垦屯。说依那思罗跟随黄廷北上卢沟桥的是民国《重修邓县志》：

清初，自郑延平故后，所遗思明义师无所依归。康熙三年（1664），海澄公黄梧率以归清。既而梧没，由慕义伯黄廷率领北上。时清廷恐其兵重，聚而生变，因命疏散屯垦。康熙七年，自卢沟桥南下以至于邓，临县留兵屯垦，而在宛者分驻七县。到邓则有五营，分驻于黄渠、新店、茶店、曲河、冠军等五里四十八村。黄廷亦住城西十八里伯府寨，另建议事厅于伯府寨西二里许之太山庙西侧，又建伯府于外城之花园街，建营房于外城东南隅福建会馆左首。①

民国版《重修邓县志》说黄廷部降清后曾北上卢沟桥，而后折回邓州，何所据而云然，不得而知。其他史料未见类似记载。揆诸情理，清廷本就不信任明朝降兵，岂能调他们北上京师？更何况平定台湾后，清朝的统治已经稳固，京师自有重兵防守，何须降兵前往？就算调他们前往，到了卢沟桥，离京城已近咫尺，又让他们南下邓州，康熙帝岂能如此朝令夕改？可见依那思罗随黄廷前去卢沟桥一事纯属子虚乌有。

依那思罗在邓州度过了 14 载屯垦生涯，康熙二十二年（1683），黄廷奉命率邓州屯垦兵随施琅平定台湾，依那思罗随军前往。原来郑成功收复台湾后，于康熙元年（1662）病故，由其子郑经即位。清朝立国伊始，百废待举，无暇顾及台湾。康熙二十二年郑经又撒手人寰，其子郑克塽嗣位，清廷决定趁机将孤悬海外的台湾收入版图。这年六月，清廷派福建水师提督施琅率军 2 万，战船 300 艘，大举进攻澎湖。郑克塽抵挡不住清军的凌厉攻势，于七月间派人至澎湖向

① 郭习敬纂修：《重修邓县志》，邓州市档案馆藏民国 31 年（1942）抄本。

清军投降。八月十八日,施琅率部至台湾,郑克塽率文武大臣剃发迎降。至此,台湾正式归入清朝版图。依那思罗在随军出征时,将次子陈元珍、三子陈元勋带回台湾,加入高山族部落,他本人则在班师后仍回邓州屯垦。后来依那思罗又多次跟随黄廷出征,积功升至参军副将,72 岁时客死邓州,葬于庙沟河畔。

到邓州屯垦的高山族不止依那思罗一家,后来又陆续发现了其他高山族家谱。如《皇清台湾土番邓州慕义垦兵周氏宗谱》所载《皇清敕封骠骑将军从三品官衔土番邓州垦兵籍迪摩达奥汉名周殿卿传》说:

公生于明崇祯丁丑(崇祯十年,1637)二月二十三日午时(11 点到 13 点),台湾凤山西布农族恺感社猎户籍……是年(康熙七年)腊月二十四日,慕义伯带五营亲兵抵邓,自城西沿湍水右官道二侧至冠军故城,分屯五里四十八村。蠲免徭役杂派,寓兵于农,且务农桑,且习武功,以备征调,是为官兵里也。因其众来自闽南沿海,故为地方称为闽营人者。公驻冠军城东南隅,统辖上、下营及尖兵营,为一镇。继而同乡土番依那思罗举家徙下营,乃归属焉。①

黄廷所率降兵分屯邓州的五里四十八村。里、村是清朝最基层的行政单位。周姓高山族驻在邓州冠军城的东南,统辖上、下营及尖兵营,自为一镇,与依那思罗同隶黄廷麾下。

《台湾泰麽族邓州垦兵籍曲河官兵里谢氏族谱》说:

康熙七年,慕义伯黄廷元帅奉命率五营亲兵抵邓州,分驻五个行政官兵里四十八村屯垦定居。其中,筹划自冠军故城遗址以南,黄龙镇至曲河官兵里,辟建台湾一条街,供吾台湾番族互市。故布农族迪摩达奥将军,携士姓番族分驻上营、下营、尖兵营,后概称台湾村也。分拨吾泰麽族谢氏,于街之南端殷洼安营扎寨,因家焉。②

清政府为笼络这批台湾人,特地在邓州建了一条台湾街,供台湾人互市。台湾的泰麽族可能是高山族的一个分支。

《台湾阿美族邓州垦兵籍冠军里尖兵营张许氏家谱》说:

吾冠军尖兵营张许二姓之故里——台湾花莲县南端玉山东麓一带盛

① 政协邓州市委员会编:《邓州与台湾》,2005 年,第 94 页。
② 政协邓州市委员会编:《邓州与台湾》,2005 年,第 103 页。

产烟草……康熙七年，吾众番族自台湾随军徙居万里之遥邓州，分屯于冠军落籍。[①]

居住在冠军城的阿美族和泰麽族一样，也应是高山族的一个支系。

《台湾土番卑南族邓州垦兵籍冠军黄氏家志》也说：

骠骑将军迪摩达奥周殿卿公，率吾台湾土番族周、林、蔡、黄、陈、张、许七姓家族聚居冠军故城南关街，东至塔庙，南到扒鱼河。[②]

卑南族当是高山族的又一个支系，所谓土番族就是高山族。

时间流逝了三百余年，邓州的高山族后裔仍保持着他们特有的习俗，在许多方面都与当地人有差异。如在长相上，脸部均为长形，高鼻梁，眉骨、颧骨突出，眼窝内陷，皮肤呈深黄色；性格豪爽，为人正直；喜欢骑射狩猎、跳舞唱歌。在嫁娶时，他们往往深夜点起篝火，青年男女身穿高山族的华丽服装，通宵同歌共舞。遇到丧事，棺材横放中堂，出殡前一天夜晚，死者子女身背包袱，手拿雨伞，在棺材上跳来跳去，口中念念有词："爹呀，妈呀，回去吧，回到大洋彼岸，那里有阿里山，那里有日月潭！"出棺时棺材小头朝前，另在棺材下面放一块木板，示意让死者灵魂漂洋过海，回到台湾。过节的方式也不同。农历腊月二十三，周边的汉族村民吃火烧馍，放鞭炮庆贺，而"台湾村"的居民则在腊月二十四日过小年，"吃的则是红顶的馒头。原来，相传'台湾村'的始祖依那思罗是在这一天来到邓州的。至于红顶馒头，据说依那思罗是名军官，头戴着红顶花翎的官帽。蒸这种馒头，是因自豪和励志"[③]。尽管邓州的高山族后裔还保留有本民族的一些特色，但语言文字、服饰、生活习俗已与当地汉族无异，他们已和汉人融合在一起了。

3.回族

河南省的回族多是元明时迁入的，清代迁入者不多，且是零星迁入的。迁入原因不外居官致仕入籍、经商、行医等。如清朝初年原籍山东的闻富喜，因曾任南阳镇游击之职，致仕后喜爱这里林壑尤美，遂卜居于镇平县闻家营。后来人丁繁衍，其中一支又迁往裕州（今方城县）闫岗村。道光年间，其后人闻远出

---

① 政协邓州市委员会编：《邓州与台湾》，2005年，第107页。

② 政协邓州市委员会编：《邓州与台湾》，2005年，第113页。

③ 《南阳地区志》上册，河南人民出版社1994年版，第271页。

任新野县守备，又有一支卜居新野。“至今，闻姓家族在南阳、镇平、方城、新野、社旗诸县境内仍分布较广。”①邓州城的马姓与内乡县的马姓，原籍陕西西安市鼓楼街，清初在广东做官，致仕后携眷返乡途中，路过邓州、内乡，遂卜居不归。

因经商、行医、传教而入河南籍者也所在多有。如道光年间南阳县的丁、李二姓自封丘县迁入新店镇，经营商业与旅店业，后来繁衍为大族。居住南阳市区的水姓，原籍陕西省渭南县良天坡，其高祖父行医至镇平时定居，后来有一支分迁到卧龙区。“卧龙区黄台岗乡小陈寨村的陈姓，原是陕西渭南县龙井村人，于清康熙二年(1663)以黄芪为业，贸易于豫宛而落籍。镇平县吕坡答姓，元时由西域入中原，落籍陕西后又迁居湖北省钟祥县答家湖，于清代受吕坡的邀请，来此出任阿訇，遂留居于此。”②

满族、高山族是清代才进入河南的，回族大规模进入河南是在元、明时期，清代入居者只是个别现象。

四、由豫入苏、浙、皖垦荒的移民

1851 年至 1864 年的太平天国运动历时 14 年，战乱波及 18 个省，给百姓带来了沉重灾难，其中苏、浙、皖 3 省是太平天国与清朝作战的主要战场，兵连祸结，田园荒芜，庐舍焚毁，百姓死于兵燹及辗转沟壑者比比皆是。而河南虽然也有战事，但非主要战场，百姓生活相对安定，因而人口增加很快。太平天国运动失败后，清廷为恢复凋弊残破的苏、浙、皖经济，遂有河南百姓移民江南之举，移民多在苏、浙、皖交界地区。如信阳地区光山县“自清同治以来七十年间，因人满之患，迁居江苏、浙江、安徽、江西四省者，占六十余县，人口比老籍加倍，蕃衍之盛，亘古未有”③。又如安徽安国县(今宁国市)“兵燹后土著稀少，田地荒芜，自同治五六年以来，两湖、河南以及皖北等处客民携带家口，前来就垦者人数众多”④。光山县移民迁移之处多达 60 余县，说明该县地少人多，必须迁徙才能谋

① 《南阳地区志》上册，河南人民出版社 1994 年版，第 271 页。

② 《南阳民俗文化》，河南大学出版社 2003 年版，第 129 页。

③ 《光山县志约稿》卷一，民国 25 年(1936)排印本，台湾成文出版社。

④ 《宁国县志》卷一四，民国 25 年(1936)排印本，台湾成文出版社。

生,否则一向安土重迁的农民,谁愿迁往人地两生的他乡?移民垦荒者又多是携家带口迁入,表明他们卜居于此,把他乡视为故乡,不再迁徙了。

浙江湖州府下辖安吉、长兴、德清、归安(今属湖州市)诸县,北邻江苏,西毗安徽,太平天国运动失败后,这里地广人稀,河南人来此垦荒者甚多,如长兴县的河南移民占当地移民总数的40%以上,他们多集中在以"小溪口为中心,方圆十里的几十个自然村"[①],"大部分都是太平天国运动失败,从河南光山、罗山一带移民垦荒者"[②]。德清县的河南移民在该县上柏镇陡门山一带。安吉县的"河南移民主要分布在县境北部的今高禹、南北湖、梅溪、荆湾等乡镇及安城镇、溪龙乡、晓墅镇的部分乡村,其他乡镇也有零星分布"[③]。归安县(今湖州市)西乡一带战乱最惨,村舍丘墟,居民十不存一,荒田多为移民垦种,据民国年间调查,河南、湖北等地的移民竟占总人口的20%[④]。

江苏的河南移民多集中在该省南部诸县,如今镇江市的句容,常州市所辖的溧阳,南京市所属的溧水、高淳,无锡市所属的宜兴等地。句容县的河南移民始于光绪十四年(1888):"至光绪十四年,荆、豫客民又来开垦耕种,兼开诸山,如浮山、历山、方山、丫髻山、瓦屋山一带。"[⑤]看来从湖北、河南进入句容的移民不少,他们不但开垦了废弃的田地,而且开垦了荒山,种上了谷物。溧阳县的河南移民是光绪初年迁入的,"分布在今上兴、上埠、竹箦、旧县、永和以及前马、后周、戴埠等乡镇"[⑥]。溧水县的河南移民有来自汴京者,也有来自洛阳者,他们"主要分布在县境南部,如今共和、东屏、白马、群力等乡镇及云鹤乡杭村"[⑦]。高淳、宜兴也有不少河南移民。

---

① 葛庆华:《近代江南地区的河南移民——以苏、浙、皖交界地区为中心》,《史学月刊》2003年第1期。

② 鲍士杰:《浙江西北部吴语与官话的边界》,《方言》1988年第1期。

③ 葛庆华:《近代江南地区的河南移民——以苏、浙、皖交界地区为中心》,《史学月刊》2003年第1期。

④ 葛庆华:《近代江南地区的河南移民——以苏、浙、皖交界地区为中心》,《史学月刊》2003年第1期。

⑤ (光绪)《句容县志》卷六,台湾成文出版社。

⑥ 葛庆华:《近代江南地区的河南移民——以苏、浙、皖交界地区为中心》,《史学月刊》2003年第1期。

⑦ 葛庆华:《近代江南地区的河南移民——以苏、浙、皖交界地区为中心》,《史学月刊》2003年第1期。

安徽的河南移民多集中在该省南部,如宣城市所属的广德、宣州、旌德、郎溪等地。太平天国运动失败后,两江总督曾国藩多次招募湖北、河南百姓前往皖南垦荒,于是湖北、河南移民络绎前来,垦荒种田。据光绪年间的《广德州志》记载,那里的移民以湖北最多,"居其四,河南人居其三,江北人居其一,浙江人居其一,他省及土著共得其一"①。到了民国年间,"各地移民所占比例发生了变化,河南移民跃居首位,占总人口的6/10……故今广德有小河南之称"②。宣城县(今宣城市)的河南移民主要集中在该县的丁店、洪林、建国等乡镇。郎溪县的河南移民多集中在该县的岗南、梅渚、定埠、凌笪、下湖等乡镇。旌德县虽也有河南移民,但那里山峦起伏,可耕之地不多,因此移民数量甚少。

迁入苏、浙、皖的河南移民胼手胝足,辛勤耕耘,把那里的荆棘草莱之地变成了良田,促进了当地经济的发展,同时兴教办学,改变了那里的文风。如河南商城人程洁荪,在安徽广德受垦荒人之聘,"设帐于小北乡百龙、九斗之间,从游者众。无何,先生入州籍,游庠及门益多。北乡素尚武,中武榜颇不乏人,先生以文教移武风,不数年,风气丕变,文学大兴,及门弟子皆无白丁,北乡文风遂为一州冠"③。

---

① (光绪)《广德州志·卷末》,台湾成文出版社。

② 葛庆华:《近代江南地区的河南移民——以苏、浙、皖交界地区为中心》,《史学月刊》2003年第1期。

③ (民国)《广德县志稿》,转引自葛庆华:《近代江南地区的河南移民——以苏、浙、皖交界地区为中心》,《史学月刊》2003年第1期。

结语

限于体例,本书主要是论述古代河南省的移民,时间下限是清朝覆亡的1911年。中华民国以后的移民,不在本书的论述范围之内。但是如果一点都不涉及,这本移民史便显得不完整,这里就民国时期及1949年以后几次规模较大的移民稍加论述,以期能反映河南移民史的全貌。

一、民国9年(1920)的移民

这次移民是旱灾引起的。民国年间河南可说是无年不灾,无地不灾,诸如水灾、旱灾、蝗灾、风雹灾等,而以水旱灾害最多。每次灾害都会有大批百姓沦为难民,辗转沟壑,漂泊他乡。这年的旱灾范围甚大,灾区波及全省60余县,因久旱不雨,禾苗枯焦,田地龟裂,赤地千里,“灾民一千五百余万人”[①],几占全省人口之半。灾害最严重的是豫北、豫西地区。如豫北林县(今林州市),“逃荒灾民络绎不绝,行至该处无食可觅,有将幼儿抛弃山谷中者”[②]。若非人命危浅,朝不虑夕,谁肯把子女扔入沟壑之中?济源县(今济源市)灾情惨重,因五谷不登,百姓无粮可食,“树皮、草根均已吃尽,现在粮绝疫发,死者已近万人,村落为墟,亘数十里不见人烟”[③]。所谓“数十里不见人烟”,是指百姓非死即迁,死者长已矣,存活的人当然不能坐以待毙,辗转逃往外乡便成了他们唯一的选择。豫西河洛道所辖19县中,偃师、洛阳、渑池、新安等县秋收无望,饥民流徙者相望于道,“愈沿黄河愈西,灾情愈甚”[④],逃难的人群也愈多。

---

① 民国18年《河南新志》,中州古籍出版社1988年版,第556页。

② 《豫境灾荒惨状之半豹》,《大公报》1920年9月28日。

③ 《豫境灾荒惨状之半豹》,《大公报》1920年9月28日。

④ 《直鲁豫灾区分道调查记》,《大公报》1920年10月15日。

逃难的人群一般都是向没有灾情或灾情较轻的地方转移，如山西、湖北，甚至有的逃到了东北。当时的《大公报》报道，河南的饥民有逃往山西者，他们千百成群，络绎而来，“彼等以为山西为富饶之省，其实在直、豫伯仲之间”[①]。山西的灾情其实与河北、河南大致相同，但河南的灾民毫不知情，于是蜂拥来到了山西，这不啻是才离虎穴，又入龙潭。逃入湖北的灾民因无钱买车票，多是扒火车前往，在经过鄂豫两省交界的武胜关时，因车顶与山洞的距离太低而被挤于车下，死于非命者不少：“扒登车顶，以备逃难入鄂。不意行至武胜关出洞口，因车顶太高，致将灾民挤于车下，时男女数百人，多挤成肉饼，一时血肉狼藉，哭声震天，可谓惨矣。”[②]

在当时的中央政府安排下，有一部分灾民迁移到了东北三省。因河南距东北甚远，山水迢递，灾民们没有能力前往，只能由政府组织实施。民国 9 年(1920)旱灾严重时，政府就“电达东三省察绥各区，初告领荒大户及垦殖公司，多招灾区农民前往代佃，以为移民实边之预备”。其时任河南省省长的是张凤台，在旱灾最严重的县内，“选定灾民二万六七千人，准二月六日由京汉路北上，恳请转告曹、张两使，沿途派员照料一切”[③]。于是接近 3 万的河南移民到了东北，从此卜居不归，成了东北人。

二、20 世纪 30 年代进入邓县(今河南邓州)垦荒的移民

抗日战争初期的 1938 年 6 月，国民党政府为防止侵华日军沿陇海铁路南下，炸开了郑州花园口附近的黄河大堤，一时浊浪滚滚、奔腾咆哮的河水固然迟滞了日本侵略者的步伐，但也在豫东、皖北、苏北形成了大面积的黄泛区。洪水所到之处，房屋倒塌，农田淹没，百姓被淹和因饥饿而死者达 89 万人，有 1290 万人辗转沟壑，逃往他乡，景况惨不忍睹。国民党政府为平息百姓怨怒，于 1938 年 9 月设立“邓县移民垦荒办事处”，用来安置黄泛区各地流离失所的灾民。

① 《山西灾区之报告》，《大公报》1920 年 9 月 20 日。
② 《河南难民之惨状》，《申报》1928 年 11 月 23 日。
③ 《豫省亦举办移民》，《晨报》1921 年 3 月 4 日。

垦荒办事处在邓县鼎新乡建成新村7座，“每户按住室3间，棚户1间的标准，共建4000间”①。这7村中有大村3座，每村可住200户垦荒移民；小村4座，每村可住100户垦荒移民。总共可住1000户。“荒村新区建成之后，自1939年年初开始陆续移送难民，至1940年，共接收来自中牟、尉氏、鄢陵、扶沟、西华等21县难民1000户5000余人。”②“垦荒活动的开展还吸引了以前逃亡他乡的原籍难民约千余户陆续返乡归耕。这些难民主要聚居在新建的7个村庄及戴岗、袁庄、刘庄、永安等多个村庄中。其次是开垦了大片荒地，取得了较好的经济效益。由黄泛区移送的难民们先后垦荒2.2万余亩。”③

三、抗日战争时期的人口迁移④

抗日战争期间，兵燹遍地，烽火连天，日寇铁蹄所到之处，烧杀抢掠，无所不用其极，不少无辜百姓惨死于日寇炮火之下，侥幸活下来的百姓因衣食无着，不得不远走他乡。据不完全统计，抗战时期逃往省外者约有300万人之多，十之七八迁入了与河南毗邻的陕西。中牟、安阳、西华、南阳等地的灾民除逃往西安、汉中、宝鸡外，还有一些迁入了当时的陪都重庆。据1946年1月全国各地在重庆的难民调查，45652名外地难民中，河南省的难民有3218人。林县（今林州市）、汲县（今卫辉市）、辉县、济源等地的难民，除一小部分逃往陕西外，大多逃往山西。叶县、太康、信阳等地的难民多逃往湖北、安徽。抗日战争胜利后，这些难民绝大多数并未迁回原籍，而是定居在了那里。

1938年6月的徐州会战，豫北部分地区沦为战场，导致百姓大量迁移，迁移的路线有两条：一是乘车或步行南下，经过长沙、宜昌迁往重庆、四川等地；二是经过粤汉铁路前往湘西。“抗战时期河南人口的迁移对西部地区经济的开发、社会生活、文化教育等产生了一系列影响，对西部地区的发展做出了贡献。”

---

① 《邓县难民垦荒区参观归来》，《河南民国日报》1939年5月8日。

② 曹风雷：《20世纪30年代末河南邓县垦荒考评》，《河南理工大学学报》2014年第2期。

③ 邓州地方史志编纂委员会：《邓州市志》，中州古籍出版社1996年版，第268页。

④ 这一段根据刘红艳《抗战时期河南的人口迁移与社会影响》一文写成，该文载《重庆科技学院学报》2015年第9期。引文不再注明。

四、1942 年因河南省严重荒灾，有不少人移民新疆

“1942 年至 1943 年，河南连续发生旱、风、霜、雹、蝗等灾，灾害波及范围广，持续时间长，造成了抗战时期最严重的荒灾。”①1942 年的灾荒在 1941 年已非常严重，据当时的河南省灾情调查委员会在 1942 年 8 月所编的《河南省各县灾情调查表》统计，1941 年河南省已有 92 个县市受灾，这意味着河南省 90%以上的县市都已受灾。迨至 1942 年，旱魃愈发猖獗，自春徂秋，滴雨未下，加上风、霜、蝗虫，灾情不啻雪上加霜。如洧县（今尉氏县）“去岁天气亢旱，二麦（指大麦、小麦）播种愆期。今春风霜迭降，雨水缺乏，造成空前巨灾。现在于麦收后民鲜盖藏，已十室九空，人民乏食，以野菜、榆叶充腹，泣饥之声惨不忍闻”。禹县“二麦歉收，复遭严重旱灾，秋禾悉行枯萎，晚秋全未播种。现在各县镇外逃者 46195 人，绝粮者 291427 人，占全县人口五分之四。农民以树叶掺面皮充饥”②。

一个偶然的机遇，促成了河南灾民向新疆的转移。当时统治新疆的是盛世才，他拥兵自重，不听中央号令，因新疆与内地相距悬远，蒋介石一时竟无可奈何。后来盛世才与苏联发生龃龉，蒋介石见有隙可乘，便派员赴新疆，敦促盛世才归依中央政府。“盛提出新疆人口有 400 万，其中汉人不到 40 万，因此中央如想统治新疆，必须实施移民。”③这一提议正中蒋介石下怀，他批示先设移民局，核定经费，打算 10 年内向新疆移民百万人。但鉴于抗战时期财力维艰，调配不来那么多车辆，况且西出玉门关后，沿途都是连绵不绝的沙漠，交通不便，要迁移大批河南灾民入新疆并非易事，于是蒋介石打算先迁 5 万河南灾民到甘肃、青海两省黄河以西，即河西走廊与湟水流域一带垦殖，并指定专人办理此事。1942 年 10 月，盛世才与第八战区司令长官朱绍良联袂致电蒋介石说：“新疆蕴藏丰富，地广人稀，汉族约仅二十分之一，内外稍有变动，前途异常危险。”

---

① 刘萍：《1942—1944 年豫籍灾民迁移新疆述略》，《东岳论丛》2014 年第 4 期。

② 河南省灾情调查委员会编：《河南省各县灾情调查表》，1942 年 8 月，转引自刘萍：《1942—1944 年豫籍灾民迁移新疆述略》，《东岳论丛》2014 年第 4 期。

③ 刘萍：《1942—1944 年豫籍灾民迁移新疆述略》，《东岳论丛》2014 年第 4 期。

当此国难正殷之际,“为国家巩固此广大河山计,势亟须于短期内大量移民”①。盛世才急于求成,提出移民多多益善,第一年至少 20 万或 30 万人,以后逐年增加,灾民或退伍军人均可,最好携眷属同往,“并拟在迪化(今乌鲁木齐)成立农牧改进委员会,暂时划定迪化、伊利(今伊犁)、阿山、塔城、焉耆等五区为垦区”②。

蒋介石移民的安排虽好,但执行起来却是一波三折,颇不顺利。个中原因有二:一是抗战时期物力、财力紧张,政府无法筹集到更多的资金安排灾民的衣食住行;二是河南灾民认为新疆是不毛之地,那里气候冱寒,生存条件恶劣,不少移民不愿前往。“据行政院 1945 年的工作报告,1943—1944 年,两年合计共移送垦民 11366 人。”③国民政府对首批移民作了妥善安置,将他们安置在迪化附近各县,每户给地 100 亩,现金 5000 元,并发放垦殖所需之耕牛、种子,以便移民永久居住于此,不再返回故土。这一措施使得河南移民无后顾之忧,得以安心垦殖,把新疆当作故乡,成了那里的永久居民。

五、1949 年以后的移民

1949 年以后的移民分作三类:一是支援外省工农业建设的移民,二是因修建水库而外迁的移民,三是支援河南省建设的移民。

在第一个、第二个五年计划期间,为支援边疆开发建设,中央人民政府曾有计划、有组织地从内地人多地少的省份抽调人口,向尚待开发而又苦于劳力不够的西北和东北移民。“1956 年,河南从全省 8 个地区 91 个县市中,分三批迁出人口 16.5 万多人,分别迁到甘肃省、青海省、新疆维吾尔自治区和黑龙江

① 《盛世才、朱绍良致蒋介石电》(1942 年 10 月 27 日),台北“国史馆”藏档《国民政府:开发西北与移民》,转引自刘萍:《1942—1944 年豫籍灾民迁移新疆述略》,《东岳论丛》2014 年第 4 期。

② 《盛世才、朱绍良致蒋介石电》(1942 年 10 月 27 日),台北“国史馆”藏档《国民政府:开发西北与移民》,转引自刘萍:《1942—1944 年豫籍灾民迁移新疆述略》,《东岳论丛》2014 年第 4 期。

③ 《行政院工作报告》(1944 年 8 月至 1945 年 5 月),《中华民国国民政府公报》渝字第 873 号,1945 年 10 月 4 日。转引自刘萍:《1942—1944 年豫籍灾民迁移新疆述略》,《东岳论丛》2014 年第 4 期。

省。”[1]这些移民“迁入到甘肃省张掖地区的古浪、敦煌、安西、山丹等县有6.62万多人；迁入青海省的民乐，海西自治州的察汉乌苏，新疆南部的阿克苏，北疆的乌苏、沙湾等县4.58万多人；迁入黑龙江省合江地区的宣清、饶河等县1.58万多人”[2]。

河南毗邻湖北，人多地少，湖北省人口较少，劳力不足，“经与湖北省协商，从1957年12月至1959年，从安阳、商丘、开封、南阳等地区，迁出灾民14万多人。其中长期民工3.2万人，分别迁入湖北省的东、西湖农场4000人，荆州地区2.2万人，黄冈地区3500人，孝感地区2500人；临时民工近11万人，分别迁到湖北省西湖地区7万人，荆州地区3.5万人，黄冈地区5000人。安置方式，一部分补充原有国营农场，另一部分新建农场”[3]。

因修建水库而外迁的移民也不在少数。

中华人民共和国成立后，非常重视水利建设，投资兴建了多处大型水库，以利农田灌溉。既要修水库，便会淹没一部分农田和村庄，因而库区人口需要搬迁。移民规模最大的是丹江口水库移民。丹江口水库工程分两期完成：第一期工程淹没了淅川县，淹没面积达54.8万亩，淅川县城及6个大集镇、8个小集镇均成了一片汪洋。“从1959年县城搬迁到1978年，移民工程历时20年。第一批1959年至1966年共移民53435人。第二批1967年移民23311人。第三批1968年移民73844人。这三批移民都安置在湖北省荆门、钟祥二县。”[4]这三次移民加起来竟有15万人之多，他们对湖北省荆门、钟祥的经济、文化发展做出了巨大贡献。除了这三批移民，还有第四批、第五批移民，他们中的一小部分被安置在与淅川县毗邻的邓州市，其余的均安置在了本县的其他公社。

除了丹江口水库，河南省还修建了南湾、薄山、白沙等大型水库，仅南阳地区就修建了鸭河口水库、孤石滩水库、赵湾水库、虎山水库。修建这些水库均需移民，但这些移民大多在本县安置，只有一小部分迁往省内的其他较近县区，这里就不再赘述了。

也有外省因修水库而移民河南的。如“1953年山东省修建东平湖水库时，

---

① 林富瑞：《略论建国以来河南的人口转移》，《河南科学》1985年第4期。

② 林富瑞：《略论建国以来河南的人口转移》，《河南科学》1985年第4期。

③ 林富瑞：《略论建国以来河南的人口转移》，《河南科学》1985年第4期。

④ 《南阳地区志》上册，河南人民出版社1994年版，第636页。

山东省的东平县、梁山县迁入河南省的安阳县412户,3000余人"[①]。

改革开放以后,河南省陆续发现了南阳油田和位于濮阳的中原油田,为了开发油田,国家"从新疆的克拉玛依油田、甘肃的玉门油田、山东的胜利油田、黑龙江的大庆油田调来了7万多名石油职工干部,开发南阳油田和中原油田,对解决我国能源短缺,加速经济建设起着重要作用"[②]。

---

① 林富瑞:《略论建国以来河南的人口转移》,《河南科学》1985年第4期。

② 林富瑞:《略论建国以来河南的人口转移》,《河南科学》1985年第4期。

参考书目

1.〔西汉〕司马迁:《史记》,中华书局1959年版。
2.〔东汉〕班固:《汉书》,中华书局1962年版。
3.〔南朝宋〕范晔:《后汉书》,中华书局1965年版。
4.〔西晋〕陈寿:《三国志》,中华书局1959年版。
5.〔唐〕房玄龄等:《晋书》,中华书局1974年版。
6.〔南朝齐〕沈约:《宋书》,中华书局1974年版。
7.〔南朝梁〕萧子显:《南齐书》,中华书局1972年版。
8.〔唐〕姚思廉:《梁书》,中华书局1973年版。
9.〔唐〕姚思廉:《陈书》,中华书局1972年版。
10.〔北齐〕魏收:《魏书》,中华书局1974年版。
11.〔唐〕李百药:《北齐书》,中华书局1972年版。
12.〔唐〕令狐德棻:《周书》,中华书局1971年版。
13.〔唐〕魏徵等:《隋书》,中华书局1973年版。
14.〔唐〕李延寿:《南史》,中华书局1975年版。
15.〔唐〕李延寿:《北史》,中华书局1974年版。
16.〔五代〕刘昫:《旧唐书》,中华书局1975年版。
17.〔宋〕欧阳修:《新唐书》,中华书局1975年版。
18.〔宋〕薛居正等:《旧五代史》,中华书局1976年版。
19.〔宋〕欧阳修:《新五代史》,中华书局1974年版。

20.〔元〕脱脱等:《宋史》,中华书局 1977 年版。
21.〔元〕脱脱等:《辽史》,中华书局 1974 年版。
22.〔元〕脱脱等:《金史》,中华书局 1975 年版。
23.〔明〕宋濂:《元史》,中华书局 1976 年版。
24.〔清〕张廷玉等:《明史》,中华书局 1974 年版。
25.〔清〕赵尔巽等:《清史稿》,中华书局 1977 年版。
26.〔春秋〕左丘明撰,徐元诰集解:《国语集解》,中华书局 2002 年版。
27.〔西汉〕刘向辑录,〔东汉〕高诱注:《战国策》,上海古籍出版社 1978 年版。
28.〔清〕阎若璩:《尚书古文疏证》,上海古籍出版社 1987 年版。
29.杨伯峻编注:《春秋左传注》,中华书局 1981 年版。
30.〔晋〕孔晁注:《逸周书》,《丛书集成初编》本。
31.金富轼:《三国史记校勘本》,吉林文史出版社 2003 年版。
32.〔宋〕张唐英:《蜀梼杌校笺》,巴蜀书社 1999 年版。
33.〔清〕吴任臣:《十国春秋》,中华书局 1983 年版。
34.〔元〕宇文懋昭:《大金国志校证》,中华书局 1986 年版。
35.〔清〕梁廷楠著,林祥宗校点:《南汉书》,广东人民出版社 1981 年版。
36.〔宋〕李心传:《建炎以来系年要录》,台湾文海出版社 1980 年版。
37.〔清〕王鸣盛:《十七史商榷》,中华书局 1985 年版。
38.〔清〕赵翼著,王树民校证:《廿二史札记校证》,中华书局 1984 年版。
39.〔明〕权衡撰,任崇岳笺证:《庚申外史笺证》,中州古籍出版社 1991 年版。
40.〔宋〕司马光:《资治通鉴》,中华书局 1956 年版。
41.〔宋〕李焘:《续资治通鉴长编》,中华书局 1979 年版。
42.〔清〕黄以周:《续资治通鉴长编拾补》,上海古籍出版社 1986 年版。
43.《明实录》,台湾“中央研究院”历史语言研究所 1962 年版。
44.《清实录》,中华书局 1985 年影印本。
45.〔明〕陈邦瞻:《宋史纪事本末》,中华书局 1997 年版。
46.〔南宋〕叶绍翁著,符均注:《四朝闻见录》,三秦出版社 2004 年版。
47.〔宋〕蔡絛撰,冯惠民、沈锡麟点校:《铁围山丛谈》,中华书局 1983 年版。
48.〔宋〕曹勋:《北狩见闻录》,《丛书集成初编》本。
49.〔宋〕丁特起:《靖康纪闻》,《丛书集成初编》本。

50.〔宋〕李天民、王成棣等辑撰，王汝涛点校:《靖康稗史注》，中州古籍出版社1993年版。
51.〔宋〕徐梦莘:《三朝北盟会编》，上海古籍出版社1987年版。
52.〔元〕苏天爵辑撰，姚景安点校:《元朝名臣事略》，中华书局1996年版。
53.丁传靖:《宋人轶事汇编》，中华书局1981版。
54.〔唐〕吴兢:《贞观政要》，中华书局2003年版。
55.〔唐〕李林甫:《唐六典》，中华书局1992年版。
56.〔唐〕长孙无忌等撰，刘文俊点校:《唐律疏议》，中华书局1983年版。
57.〔唐〕杜佑:《通典》，中华书局1988年版。
58.〔宋〕王溥:《唐会要》，中华书局1955年版。
59.〔宋〕王溥:《五代会要》，上海古籍出版社1978年版。
60.〔清〕徐松辑:《宋会要辑稿》，中华书局1957年版。
61.〔唐〕长孙无忌等监修:《唐律疏议笺解》，中华书局1996年版。
62.〔宋〕宋敏求编:《唐大诏令集》，学林出版社1992年版。
63.毛华轩等编:《唐大诏令集补编》，上海古籍出版社2003年版。
64.〔清〕龙文彬:《明会要》，中华书局1956年版。
65.〔清〕徐松撰，李健超增订:《增订唐两京城坊考》，三秦出版社1996年版。
66.〔唐〕李吉甫撰，贺次君点校:《元和郡县图志》，中华书局1983年版。
67.〔宋〕乐史:《太平寰宇记》，中华书局2000年版。
68.〔宋〕欧阳忞:《舆地广记》，四川大学出版社2003年版。
69.〔宋〕祝穆:《方舆胜览》，中华书局2003年版。
70.〔宋〕王象之:《舆地纪胜》，中华书局1992年版。
71.〔清〕顾祖禹:《读史方舆纪要》，中华书局2005年版。
72.〔宋〕路振:《九国志》，齐鲁书社2000年版。
73.〔宋〕梁克家修纂:《三山志》，海风出版社2000年版。
74.〔宋〕周应合:《景定建康志》，清嘉庆六年金陵孙忠愍祠刻本。
75.〔金〕刘祁:《归潜志》，中华书局1983年版。
76.马蓉等点校:《永乐大典方志辑佚》，中华书局2004年版。
77.〔明〕黄仲昭修纂:《八闽通志》，福建人民出版社2006年版。
78.(万历)《福州府志》，海风出版社2001年福州市地方志编纂委员会整理本。

79.(万历)《获嘉县志》,明万历三十年(1602)刻本。
80.(万历)《漳州府志》,明万历元年(1573)刻本。
81.(嘉靖)《邓州志》,明嘉靖四十三年(1564)刻本。
82.(嘉靖)《光山县志》,天一阁藏明代地方志选刊本。
83.(嘉靖)《开州志》,明嘉靖十三年(1534)刻本。
84.王洪延审定,张万钧校注:《嘉靖郑州志校释》,郑州市地方志编纂委员会1988年印本。
85.〔清〕杨澜:《临汀汇考》,清光绪四年(1878)刻本。
86.〔清〕张澍辑录:《凉州府志备考》,三秦出版社1988年版。
87.(康熙)《南阳府志》,清康熙三十三年(1694)刻本。
88.(康熙)《息县续志》,清康熙三十二年(1693)刻本。
89.(康熙)《延津县志》,清康熙四十一年(1702)刻本。
90.(康熙)《叶县志》,清康熙五十八年(1719)增刻本。
91.(康熙)《宜阳县志》,清康熙三十一年(1692)刻本。
92.(康熙)《漳浦县志》,清康熙四十七年(1708)增刻本。
93.(乾隆)《邓州志》,清乾隆二十年(1755)刻本。
94.(乾隆)《福建通志》,清乾隆二年(1737)刻本。
95.(乾隆)《福州府志》,清乾隆十九年(1754)刻本。
96.(乾隆)《光州志》,清乾隆三十五年(1770)刻本。
97.(乾隆)《河南府志》,清乾隆四十四年(1779)刻本。
98.(乾隆)《龙溪县志》,清乾隆二十七年(1762)刻本。
99.(乾隆)《鲁山县志》,清乾隆八年(1743)刻本。
100.(乾隆)《新野县志》,清乾隆十九年(1754)刻本。
101.(乾隆)《信阳州志》,清乾隆十四年(1749)刻本。
102.(乾隆)《永春州志》,清乾隆五十二年(1787)刻本。
103.(乾隆)《裕州志》,清乾隆五年(1740)刻本。
104.(嘉庆)《洧川县志》,清嘉庆二十三年(1818)刻本。
105.(嘉庆)《云霄厅志》,民国24年(1935)雷寿彭铅印本。
106.(嘉庆)《漳州府志》,清嘉庆十一年(1806)刻本。
107.(光绪)《侯官县乡土志》,清光绪三十二年(1906)铅印本。

108.(光绪)《漳州府志》,清光绪三年(1877)芝山书院刻本。
109.(民国)《永春县志》,民国19年(1930)中华书局铅印本。
110.(民国)《云霄厅志》,民国36年(1947)铅印本。
111.(民国)《云霄县志》,民国36年(1947)铅印本。
112.《范县志》,河南人民出版社1993年版。
113.《方城县志》,中州古籍出版社1992年版。
114.《光山县志》,中州古籍出版社1991年版。
115.《河南省长葛县地名志》,三秦出版社1991年版。
116.《河南省志》,河南人民出版社1994年版。
117.民国18年(1929)《河南新志》,河南省地方史志编纂委员会整理重印1988年版。
118.《淮滨县志》,河南人民出版社1986年版。
119.《潢川县志》,生活·读书·新知三联书店1992年版。
120.《辉县志》,中州古籍出版社1992年版。
121.《建阳县志》,群众出版社1994年版。
122.《焦作市中站区志》,中州古籍出版社1995年版。
123.《浚县志》,中州古籍出版社1990年版。
124.《开封县志》,中州古籍出版社1992年版。
125.《临颍县志》,长城出版社1988年版。
126.《鲁山县志》,中州古籍出版社1994年版。
127.《鹿邑县志》,中州古籍出版社1992年版。
128.《洛宁县志》,生活·读书·新知三联书店1991年版。
129.《密县地名志》,陕西人民出版社1991年版。
130.《南阳地区志》,河南人民出版社1994年版。
131.《内乡县地名志》,河南人民出版社1991年版。
132.《濮阳县志》,华艺出版社1989年版。
133.《钦定八旗通志》,吉林文史出版社2003年版。
134.《任村镇志》,1997年5月版。
135.《商城县地名志》,河南人民出版社1989年版。
136.《沈丘县志》,河南人民出版社1987年版。

137.《卫辉市志》,生活·读书·新知三联书店1993年版。
138.《舞钢市志》,中州古籍出版社1993年版。
139.《舞阳县志》,中州古籍出版社1993年版。
140.《西平县志》,中国财政经济出版社1990年版。
141.《西峡县志》,河南人民出版社1990年版。
142.《淅川县志》,河南人民出版社1990年版。
143.《新乡县地名志》,三秦出版社1993年版。
144.《新野县地名志》,河南人民出版社1990年版。
145.《新野县志》,中州古籍出版社1991年版。
146.《信阳市志》,中州古籍出版社2001年版。
147.《修武县志》,河南人民出版社1986年版。
148.《鄢陵县志》,南开大学出版社1989年版。
149.《延津县志》,生活·读书·新知三联书店1991年版。
150.《虞城县志》,生活·读书·新知三联书店1991年版。
151.《原阳县志》,中州古籍出版社1995年版。
152.《长葛县地名志》,三秦出版社1991年版。
153.《长垣县志》,中州古籍出版社1991年版。
154.《柘城县志》,中州古籍出版社1991年版。
155.《重修邓县志》,民国31年(1942)抄本。
156.〔北魏〕杨衒之:《洛阳伽蓝记》,中华书局2010年版。
157.〔唐〕杜宝撰,辛德勇辑校:《大业杂记辑校》,三秦出版社2006年版。
158.〔宋〕孟元老:《东京梦华录注》,中华书局1982年版。
159.〔宋〕耐得翁:《都城纪胜》,中国商业出版社1982年版。
160.〔宋〕吴自牧:《梦粱录》,中国商业出版社1982年版。
161.〔宋〕周密:《武林旧事》,中国商业出版社1982年版。
162.〔唐〕迦言:《大慈恩寺三藏法师传》,中华书局2000年版。
163.〔宋〕赞宁:《宋高僧传》,中华书局1987年版。
164.白化文、李鼎霞校注:《行历抄校注》,花山文艺出版社2004年版。
165.〔宋〕王钦若等:《册府元龟》,凤凰出版社2006年版。
166.〔清〕陈梦雷:《古今图书集成》,清雍正四年(1726)铜活字本。

167. 中国科学院编:《明清史料》丁编,国家图书馆出版社 2008 年版。
168. 周绍良、赵超:《唐代墓志汇编》,上海古籍出版社 1992 年版。
169. 周绍良、赵超:《唐代墓志汇编续集》,上海古籍出版社 2001 年版。
170. 傅璇琮等主编:《五代史书汇编》,杭州出版社 2004 年版。
171. 沈云龙主编:《近代中国史料丛刊》,文海出版社 1969 年版。
172. 〔唐〕李渊著,韩理洲辑校编年:《唐高祖文集辑校编年》,三秦出版社 2003 年版。
173. 〔唐〕陈子昂:《陈子昂集》,中华书局 1960 年版。
174. 〔唐〕韩愈撰,马其昶校注:《韩昌黎文集校注》,上海古籍出版社 1986 年版。
175. 〔唐〕欧阳詹:《欧阳行周集》,上海古籍出版社 1993 年版。
176. 〔唐〕元结:《元次山集》,中华书局 1960 年版。
177. 〔唐〕张鷟撰,赵守俨点校:《朝野佥载》,中华书局 1979 年版。
178. 〔唐〕郑辂:《宝应录》,中华书局 1985 年版。
179. 〔唐〕钟辂撰:《前定录》,中华书局 1991 年版。
180. 〔宋〕曾肇:《曲阜集》,文渊阁《四库全书》本。
181. 〔宋〕陈起:《江湖小集》,文渊阁《四库全书》本。
182. 〔宋〕陈襄:《古灵集》,文渊阁《四库全书》本。
183. 〔宋〕程珌:《洺水集》,文渊阁《四库全书》本。
184. 〔宋〕范祖禹:《范太史集》,文渊阁《四库全书》本。
185. 〔宋〕洪迈:《容斋随笔》,中州古籍出版社 1994 年版。
186. 〔宋〕胡寅:《斐然集》,岳麓书社 2009 年版。
187. 〔宋〕黄干:《勉斋集》,文渊阁《四库全书》本。
188. 〔宋〕林之奇:《拙斋文集》,文渊阁《四库全书》本。
189. 〔宋〕刘攽:《彭城集》,商务印书馆 1937 年版。
190. 〔宋〕楼钥:《攻媿集》,《丛书集成初编》本。
191. 〔宋〕陆游:《剑南诗稿》,《丛书集成初编》本。
192. 〔宋〕陆游:《渭南文集》,文渊阁《四库全书》本。
193. 〔宋〕吕祖谦:《吕东莱文集》,中华书局 1985 年版。
194. 〔宋〕宋敏求编:《唐大诏令集》,商务印书馆 1959 年版。
195. 〔宋〕苏颂:《苏魏公文集》,文渊阁《四库全书》本。

196.〔宋〕王明清:《挥麈后录》,中华书局1961年版。
197.〔宋〕徐铉:《骑省集》,文渊阁《四库全书》本。
198.〔宋〕杨时:《龟山集》,文渊阁《四库全书》本。
199.〔宋〕杨万里:《杨万里诗文集》,江西人民出版社2006年版。
200.〔宋〕杨亿:《武夷新集》,福建人民出版社2007年版。
201.〔宋〕张邦基:《墨庄漫录》,中华书局2002年版。
202.〔宋〕郑刚中:《北山文集》,《丛书集成初编》本。
203.〔宋〕朱熹:《晦庵文集》,文渊阁《四库全书》本。
204.〔宋〕庄绰著,萧鲁阳点校:《鸡肋编》,中华书局1983年版。
205.〔宋〕邹浩:《道乡集》,文渊阁《四库全书》本。
206.〔晋〕释支遁著,张富春校注:《支遁集校注》,巴蜀书社2013年版。
207.〔宋〕范成大:《揽辔录》,中华书局2002年版。
208.〔宋〕范仲淹著,〔清〕范能浚编集:《范仲淹全集》,凤凰出版社2004年版。
209.〔宋〕方大琮:《铁庵文集》,《北京图书馆珍本丛刊》本。
210.〔宋〕袁燮:《絜斋集》,《丛书集成初编》本。
211.〔宋〕张守:《毗陵集》,《丛书集成初编》本。
212.〔金〕元好问著,贺新辉辑:《元好问诗词集》,中国展望出版社1987年版。
213.〔元〕胡祗遹:《胡祗遹集》,吉林文史出版社2008年版。
214.〔元〕许有壬:《至正集》,文渊阁《四库全书》本。
215.〔元〕黄溍:《金华黄先生文集》卷三五《王府君墓志铭》,文渊阁《四库全书》本。
216.〔元〕余阙:《青阳先生集》,《四部丛刊续编》本。
217.〔元〕虞集:《道园学古录》,文渊阁《四库全书》本。
218.〔元〕陈旅:《安雅堂集》,文渊阁《四库全书》本。
219.〔元〕程文海:《雪楼集》,文渊阁《四库全书》本。
220.〔元〕刘将孙:《养吾斋集》,文渊阁《四库全书》本。
221.〔元〕马祖常:《石田先生文集》,中州古籍出版社1991年版。
222.〔元〕苏天爵:《滋溪文稿》,文渊阁《四库全书》本。
223.〔元〕同恕:《榘庵集》,文渊阁《四库全书》本。
224.〔元〕王恽:《秋涧集》,《元人文集珍本丛刊》本。

225.〔元〕吴澄:《吴文正公集》,清乾隆五十一年(1786)万氏刻本。
226.〔元〕吴海:《闻过斋集》,文渊阁《四库全书》本。
227.〔明〕程敏政:《篁墩文集》,文渊阁《四库全书》本。
228.〔明〕何乔新:《椒邱文集》,文渊阁《四库全书》本。
229.〔明〕黄仲昭:《未轩文集》,文渊阁《四库全书》本。
230.〔明〕李东阳:《怀麓堂集》,文渊阁《四库全书》本。
231.〔明〕李时勉:《古廉文集》,文渊阁《四库全书》本。
232.〔明〕李贤:《古穰集》,文渊阁《四库全书》本。
233.〔明〕于谦:《忠肃集》,文渊阁《四库全书》本。
234.〔明〕李贽:《焚书》,中华书局1975年版。
235.〔明〕廖道南:《殿阁词林记》,文渊阁《四库全书》本。
236.〔明〕罗玘:《圭峰集》,文渊阁《四库全书》本。
237.〔明〕吕维祺:《明德先生文集》,《四库全书存目丛书》本。
238.〔明〕倪谦:《倪文僖集》,文渊阁《四库全书》本。
239.〔明〕宋濂:《宋濂全集》,浙江古籍出版社1999年版。
240.〔明〕王世贞:《弇州续稿》,文渊阁《四库全书》本。
241.〔明〕王直:《抑庵文后集》,文渊阁《四库全书》本。
242.〔明〕吴宽:《家藏集》,文渊阁《四库全书》本。
243.〔明〕徐溥:《谦斋文录》,文渊阁《四库全书》本。
244.〔明〕杨荣:《文敏集》,文渊阁《四库全书》本。
245.〔明〕杨士奇:《东里文集》,文渊阁《四库全书》本。
246.〔明〕杨士奇:《东里续集》,文渊阁《四库全书》本。
247.〔明〕周瑛:《翠渠摘稿》,文渊阁《四库全书》本。
248.〔清〕顾炎武著,黄汝成集释:《日知录集释》,中州古籍出版社1990年版。
249.〔清〕何子祥:《蓉林笔抄》,清乾隆间刻本。
250.〔清〕李清馥:《闽中理学渊源考》,文渊阁《四库全书》本。
251.〔清〕阮元:《揅经室集》,中华书局1993年版。
252.〔清〕赵翼:《陔余丛考》,商务印书馆1957年版。
253.韩理洲辑校编年:《全隋文补遗》,三秦出版社2004年版。
254.〔清〕董诰等编:《全唐文》,中华书局1983年版。

255.周绍良主编:《全唐文新编》,吉林文史出版社2000年版。
256.吴钢主编:《全唐文补遗》,三秦出版社1995年版。
257.〔清〕彭定求等编:《全唐诗》,中华书局1960年版。
258.祝尚书等主编:《全宋文》,巴蜀书社1989年版。
259.李修生主编:《全元文》,江苏古籍出版社1999年版。
260.〔德〕恩格斯:《家庭、私有制和国家的起源》,人民出版社1972年版。
261.翦伯赞:《先秦史》,北京大学出版社1990年版。
262.翦伯赞:《中国史纲》,北京商务印书馆2012年版。
263.李学勤:《走出疑古时代》(修订本),辽宁大学出版社1997年版。
264.徐旭生:《中国古史的传说时代》,广西师范大学出版社2003年版。
265.李民:《殷商社会生活史》,河南人民出版社1993年版。
266.许倬云:《西周史》,生活·读书·新知三联书店1994年版。
267.吕思勉:《中国民族史》,中国大百科全书出版社1987年版。
268.李锡厚、白滨:《中国政治制度通史》,人民出版社1993年版。
269.杜士铎主编:《北魏史》,山西高校联合出版社1992年版。
270.葛剑雄:《中国移民史》,福建人民出版社1997年版。
271.沈益民、童乘珠:《中国人口迁移》,中国统计出版社1992年版。
272.范玉春:《移民与中国文化》,广西师范大学出版社2005年版。
273.任崇岳:《中原移民简史》,河南人民出版社2006年版。
274.林国平、邱季端:《福建移民史》,方志出版社2005年版。
275.安介生:《山西移民史》,山西人民出版社1999年版。
276.陈乐素:《求是集》第二集,广东人民出版社1984年版。
277.陈连开主编:《中国民族史纲要》,中国财政经济出版社1999年版。
278.陈垣:《陈垣学术论文集》第一集,中华书局1990年版。
279.丁山:《商周史料考证》,中华书局1988年版。
280.范文澜:《中国通史简编》第一册,人民出版社1995年版。
281.顾颉刚:《古史辨》第二册,上海古籍出版社1982年版。
282.王玉哲:《中华远古史》,上海人民出版社2000年版。
283.中国先秦史协会秘书处:《先秦史研究》,云南民族出版社1987年版。
284.王国维:《殷周制度论》,《观堂集林》卷十,中华书局1961年版。

285. 王宇信等:《2004 年安阳殷商文明国际学术研讨会论文集》,社会科学文献出版社 2004 年版。
286. 万绳楠整理:《陈寅恪魏晋南北朝史讲演录》,黄山书社 1987 年版。
287. 杨伟立:《前蜀后蜀史》,四川省社会科学院出版社 1986 年版。
288. 陈世松:《大迁徙:胡广填四川历史解读》,四川人民出版社 2005 年版。
289. 陈述主编:《辽金史论集》第三辑,上海古籍出版社 1987 年版。
290. 郭玉堂:《洛阳出土石刻时地记》,洛阳大华书报供应社 1940 年版。
291. 郝本性、李秀萍:《新中国出土墓志·河南》,文物出版社 1994 年版。
292. 何池:《陈元光〈龙湖集〉校注与研究》,鹭江出版社 1990 年版。
293. 何光岳:《商源流史》,江西教育出版社 1994 年版。
294. 何浩:《楚灭国研究》,武汉出版社 1989 年版。
295. 马世之:《中原古国历史与文化》,大象出版社 1998 年。
296. 逄振镐主编:《东夷古国史研究》第一辑,三秦出版社 1988 年版。
297. 湖北省文物考古研究所:《盘龙城》,文物出版社 2001 年版。
298. 湖南省博物馆、湖南省考古学会:《湖南考古辑刊》2,岳麓书社 1984 年版。
299. 李乔:《“闽祖光州”现象研究》,中州古籍出版社 2011 年版。
300. 李文生主编:《龙门石窟志》,中国大百科全书出版社 1996 年版。
301. 李廉方:《岳飞与朱仙镇》,开封实验教育区编 1934 年版。
302. 李永强、余扶危:《洛阳出土少数民族墓志汇编》,河南美术出版社 2011 年版。
303. 乔栋等:《洛阳新获墓志续编》,科学出版社 2007 年版。
304. 刘克、许宛春:《南阳民俗文化》,河南大学出版社 2003 年版。
305. 罗贤佑:《元代民族史》,四川民族出版社 1996 年版。
306. 秦新林:《元代社会生活史》,河南大学出版社 1997 年版。
307. 任崇岳:《中原地区历史上的民族融合》,内蒙古人民出版社 2004 年版。
308. 荣新江、罗丰主编:《粟特人在中国——历史、考古、语言的新探索》,中华书局 2005 年版。
309. 荣振化、莱斯利:《中国的犹太人·骆保禄的第七封书简》,中州古籍出版社 1992 年版。
310. 栾丰实:《海岱地区考古研究》,山东大学出版社 1997 年版。

311.北京大学考古系编:《考古学研究》(二),北京大学出版社1994年版。
312.北京市文物研究所:《琉璃河西周燕国墓地》,文物出版社1995年版。
313.山东大学东方考古研究中心编:《东方考古》第4集,北京科学出版社2008年版。
314.山东大学历史系考古专业教研室:《泗水尹家城》,文物出版社1990年版。
315.文物编辑委员会编:《文物集刊》第三辑,文物出版社1981年版。
316.文物编辑委员会编:《文物资料丛刊》第3辑,文物出版社1980年版。
317.文物出版社编辑部:《文物与考古论集》,文物出版社1986年版。
318.上海图书馆:《中国家谱总目》,上海古籍出版社2008年版。
319.庄为玑、王连茂:《闽台关系族谱资料选编》,福建人民出版社1985年版。
320.庄为玑、郑山玉:《泉州谱牒华侨史料与研究》,中国华侨出版社1998年版。
321.姚薇元:《北朝胡姓考》,科学出版社1958年版。
322.陈支平:《福建族谱》,福建人民出版社1996年版。
323.张新斌:《共工氏与中华龚姓》,大象出版社2016年版。
324.罗香林:《客家史料汇篇》,中国学社1965年版。
325.罗香林:《客家研究导论》,上海文艺出版社1992年影印本。
326.黄泽岭:《大槐树寻根》,当代中国出版社2005年版。
327.任崇岳:《中华姓氏谱·谢》,现代出版社2002年版。
328.任崇岳:《中国大姓寻根与取名·程陈胡韩》,气象出版社1999年版。
329.吴强华:《中华姓氏谱·吴》,现代出版社、华艺出版社2000年版。
330.陈国灿等:《中华姓氏谱·高》,现代出版社2000年版。
331.徐玉清:《周口姓氏文化丛书·袁姓》,中州古籍出版社2006年版。
332.叶县人民政府编:《叶姓溯源》,中州古籍出版社2000年版。
333.无言:《廖姓》,陕西人民出版社2002年版。
334.程有为:《程姓》,陕西人民出版社2002年版。
335.戴庞海:《方姓》,陕西人民出版社2003年版。
336.戴荣芳编著:《建德姓氏》,天津古籍出版社2008年版。
337.孙华、苏荣誉:《神秘的王国》,巴蜀书社2003年版。
338.孙华:《四川盆地的青铜时代》,科学出版社2000年版。
339.台湾"中央研究院"历史语言研究所编:《明清史料》已编,中华书局1987

年版。
340.谭其骧:《长水集》,人民出版社 1987 年版。
341.汤漳平:《河洛文化与闽南文化综论》,河南人民出版社 2014 年版。
342.唐耕耦、陆宏基编:《敦煌社会经济文献真迹释录》第二辑,全国图书馆文献缩微复制中心 1990 年版。
343.翁独健主编:《中国民族关系史纲要》,中国社会科学出版社 1990 年版。
344.王建华:《散居在祖国内地的蒙古族及其后裔》,内蒙古人民出版社 2013 年版。
345.卫绍生:《魏晋文学的多维观照》,河南人民出版社 2014 年版。
346.张国硕:《夏商时代都城制度研究》,河南人民出版社 2001 年版。
347.肖宪:《圣殿长存:古犹太文明探密》,云南人民出版社 2001 年版。
348.徐金星、许桂声:《河洛史话》,中州古籍出版社 1995 年版。
349.徐晓望:《福建思想文化史纲》,福建教育出版社 1996 年版。
350.杨富学:《中国北方民族历史文化论稿》,甘肃人民出版社 2001 年版。
351.袁祖亮:《袁祖亮文集》,河南人民出版社 2013 年版。
352.原思明编:《河南少数民族与地区发展研究》,民族出版社 2012 年版。
353.张恩庭等主编:《石壁之光》,厦门大学出版社 1993 年版。
354.张富春:《中原地区妈祖文化研究》,河南人民出版社 2014 年版。
355.张国硕:《先秦人口流动民族迁徙与民族认同研究》,大象出版社 2011 年版。
356.张青编著:《山西洪洞大槐树》,山西古籍出版社 2004 年版。
357.张沛编:《昭陵碑石》,三秦出版社 1993 年版。
358.郑振铎:《插图本中国文学史》,人民文学出版社 1957 年版。
359.郑州市文物考古研究所:《郑州文物考古与研究》(一),科学出版社 2003 年版。
360.中国考古学会编辑:《中国考古学会第七次年会论文集》,文物出版社 1992 年版。
361.中国考古学会编辑:《中国考古学会第四次年会论文集》,文物出版社 1983 年版。
362.中国社会科学院考古研究所:《新中国的考古发现与研究》,文物出版社

1984 年版。
363.中国社会科学院考古研究所:《中国考古学·夏商卷》,中国社会科学出版社 2003 年版。
364.邹衡:《夏商周考古学论文集》,文物出版社 1980 年版。
365.中国社会科学院考古研究所等:《夏县东下冯》,文物出版社 1988 年。
366.中华文史论丛编辑部:《中华文史论丛》第七辑,上海古籍出版社 1978 年版。
367.周书灿:《中国早期四土经营与民族整合》,合肥工业大学出版社 2011 年版。
368.朱维干:《福建史稿》,福建教育出版社 1984 年版。
369.诸葛计、银玉珍:《闽国史事编年》,福建人民出版社 1997 年版。
370.洪金富:《元代汉人与非人通婚问题初探》,《食货》月刊(复刊)第 6 卷第 12 期,第 7 卷第 1、2 期合刊。
371.唐邦治:《唐郢州刺史许浑传》,《镇丹金溧扬联合月刊》1946 年第 2 期。
372.宋奈雷:《犹太人的同化:中国犹太人之例》,《民族译丛》1979 年第 3 期。
373.樊树志:《明代荆襄流民与棚民》,《中国史研究》1980 年第 3 期。
374.莫锦江:《论前蜀的兴亡》,《四川大学学报》1983 年第 4 期。
375.胡道修:《开皇天宝之间人口的分布与变迁》,《中国史研究》1984 年第 4 期。
376.王兴亚:《明初迁山西民到河南考述》,《史学月刊》1984 年第 4 期。
377.张广达:《论隋唐时期中原与西域文化交流的几个特点》,《北京大学学报》1985 年第 4 期。
378.贾敬颜:《略论汉民族的形成》,《文史知识》1987 年第 2 期。
379.张乃翥:《从龙门石窟造像遗迹看北魏民族关系中的几个问题》,《民族研究》1989 年第 2 期。
380.温玉成:《龙门所见两〈唐书〉中人物造像概说》,《中原文物》1993 年第 4 期。
381.张倩红:《论历史上开封犹太人被同化的原因》,《民族研究》1995 年第 3 期。
382.杨韶华:《驻马店回族概述》,《回族研究》1997 年第 4 期。
383.袁祖亮:《略论先秦秦汉时期的制土分民思想》,《郑州大学学报》1998 年第 3 期。

384.张振杰:《洛宁闽营人》,《中州统战》1999 年第 6 期。
385.蔡家艺:《沙陀历史杂谈》,《民族研究》2001 年第 1 期。
386.许檀:《清代河南的商业重镇周口——明清时期河南商业城镇的个案考察》,《中国史研究》2003 年第 1 期。
387.赵振华:《唐阿史那感德墓志考释》,《史林》2004 年第 5 期。
388.严其林:《镇江与两宋移民》,《寻根》2006 年第 4 期。
389.毛阳光:《两方唐代史姓墓志考略》,《文博》2006 年第 2 期。
390.毛阳光:《洛阳新出土唐代粟特人墓志考释》,《考古与文物》2009 年第 5 期。
391.赵振华:《唐代粟特人史多墓志初探》,《湖南科技学院学报》2009 年第 11 期。
392.张嘉星:《清初河南“闽营”主将黄廷事迹辑考》,《闽台文化交流》2011 年第 3 期。
393.郑友甫:《洛阳新出土唐代粟特人康昭墓志考释》,《河南科技大学学报》(社会科学版)2014 年第 3 期。
394.梁克敏:《论隋唐时期洛阳的人口变迁与城市兴衰》,《三门峡职业技术学院学报》2014 年第 4 期。
395.牛雨:《唐末五代北方政治局势研究——以沙陀族为中心》,陕西师范大学硕士论文 2016 年。

后　记

葛剑雄先生主编的《中国移民史》，引起了学者们对移民史研究的兴趣，福建、山西、山东等地均有专著出版，论文则更多。河南居天下之中，历代王朝在此建都者甚多，八大古都中河南就有安阳、洛阳、开封、郑州4个。每逢朝代更迭或天灾疾疫，都会引起士人和百姓的大量迁徙流移。因此，全面梳理河南的移民问题，剖析这些移民给中原及其他地区带来的深刻影响，研究中原地区的民族融合与中华民族凝聚力的形成，都是非常有意义的。尤其是汉民族形成于中原地区，中原人在历史上多次南迁，在闽、粤、赣交界地区形成的客家民系，则是河南移民史上独有的重大事件，但至今尚未有一部系统、完整的河南移民史。

2005年，中国河洛文化研究会委托任崇岳先生写一本有关河南的移民史，作为“河洛文化研究丛书”的一种。因为时间仓促，作者搜集资料不够详尽，应该写的内容没有写入，未免有遗珠之憾，因此书名定为《中原移民简史》。作者曾表示：“如有机会，当再扩充篇幅，增添内容，写成一本详尽的中国移民史，但这只能俟之他日了。”2015年，在河南省领导的高度重视和支持下，河南省社会科学院启动了河南专门史系列研究重大专项，“河南移民史”有幸被列入首批研究项目，可谓圆了《中原移民简史》作者的心愿。本书作者扩充为任崇岳、李乔、李玲玲3人，由李乔担任课题负责人，负责全书的编撰统筹工作。自受命之日起，我们孜孜矻矻，发扬史学家傅斯年所说“上穷碧落下黄泉，动手动脚找东西”的精神，爬梳剔抉，钩沉发微，在原书基础上增添了许多新内容。本书主要论述中国古代和近代的河南移民，清朝覆亡后的移民虽不在论述范围之内，但倘一点都不涉及,《河南移民史》便不完整,因此本书对中华民国时期及中华人民共和国成立后的移民史也作了简单勾勒,但没有详尽论述。

本书第一章先秦部分由李玲玲撰写,第四章隋唐五代部分由李乔撰写,其余章节及前言由任崇岳撰写。李乔负责框架提纲的起草,以及全书的修改、统稿和定稿等工作,任崇岳审阅了部分书稿。

中国社会科学院白素琴研究员、河南省社会科学院历史与考古研究所所长张新斌通读了全书,并提出许多宝贵意见,在此一并致谢。

限于作者水平,加之由多人分章编写,语言表述与行文风格不尽完全统一,全书定有许多不尽如人意之处,还望学界朋友不吝指正,以匡不逮。

“河南移民史”课题组

2018 年 5 月 2 日